천하를 어지럽게 하던 사람들

천하를 어지럽게 하던 사람들

사도행전 강해 2

초판 1쇄 발행 2023년 10월 10일

지은이 박건일
펴낸이 장길수
펴낸곳 지식과감성#
출판등록 제2012-000081호

교정 김서아
디자인 이은지
편집 이현
검수 한장희
마케팅 김윤길

주소 서울시 금천구 벚꽃로298 대륭포스트타워6차 1212호
전화 070-4651-3730~4
팩스 070-4325-7006
이메일 ksbookup@naver.com
홈페이지 www.knsbookup.com

ISBN 979-11-392-1326-3(04230)
ISBN 979-11-392-1324-9(세트)
값 17,000원

지식과감성#
홈페이지 바로가기

사도행전 강해 2

천하를 어지럽게 하던 사람들

박건일 목사 지음

골목길을 비추는 가로등은,
그가 외로움을 견딤으로 인해 범죄를 막습니다.

세상이 우리를 향해서 착하다고 칭찬하는 것을 좋아하지 마시고,
하나님께서 여러분에게 '착하고 충성된 종'이라고 칭찬하실 것을 기대하시기 바랍니다.

지식과감성#

추천사

제가 이 글의 추천사를 맡게 된 것을 영광으로 생각합니다. 저는 박건일 목사님과 대화하고, 설교를 직접 들으면서 목사님께서 선교사로서, 목사로서, 말씀을 사랑하며, 목회 현실과 학문적 깊이를 잃지 않으려고 노력하는 분이라고 생각했습니다. 또 깊은 신학적 식견과 개혁주의적인 견해를 분명하게 가지신 보기 드문 진주와 같은 매력적인 목회자라고 생각했습니다.

저는 이 설교집을 읽으면서 현직 목회자만이 느낄 수 있는 고뇌와 시원함을 발견했습니다. 너무 깊게 쓰면 어렵거나 현실성과 영성이 떨어지고, 너무 쉽게 쓰면 본문이 사라진 사견이 되기 쉽다는 것을 잘 알고 있기 때문입니다. 사실 사도행전에 관한 뛰어난 주석도 많고, 신학책도 많습니다. 또 설교자들이 가볍게 쓰는 설교집도 수없이 많습니다. 그러나 개혁주의적인 견지에서 신학적 깊이와 수월성의 조화를 이루며 설교한다는 것이, 얼마나 힘들지 잘 알고 있습니다. 목사님께서 둘의 조화를 잘 이루시는 분이라 생각합니다. 특히 칼빈의 설교에서 볼 수 있는 간결성과 용이성(Brevitas et Facilitas)를 잘 실현했다고 생각합니다.

오랜 기간 신학교에서 강의를 해 왔고, 현재 목회자인 저는, 이처럼 균형을 갖춘, 설교집이 한국 교회에 꼭 필요하다고 생각합니다. 이 책과 후속으로 나올 책들이, 한국 교회의 성도들과 목회자들에게 도움이 되리라 생각합니다. 특히, 오랜 기간 선교지에서 사도행전의 바울처럼 성령의 이끌림을 받아 사역한 선교사로서 보낸 목사님의 지난 삶이, 다른 목회자들은 절대 대신할 수 없는, 그만이 볼 수 있는 깊이를 제공한다고 생각합니다. 영성과 학문과 성경의 균형을 제대로 갖춘 설교집이라 생각하기에 적극적으로 추천합니다.

부디 많은 분이 이 책을 통해 사도행전의 선교적, 목회적, 신학적 통찰을 배우게 되기를 바랍니다. 그리고 이 설교집을 통해 현실 속에서 목사님이 원하시는 것처럼, 사도행전에 나타난 성령의 역사가 곳곳에서 다시 나타나기를 바랍니다.

2023년 6월 14일

위례광명교회 심명석 목사

목차

같은 선물을 그들에게도 주셨으니

"내가 말을 시작할 때에 성령이 그들에게 임하시기를 처음 우리에게 하신 것과 같이 하는지라 16. 내가 주의 말씀에 요한은 물로 세례를 베풀었으나 너희는 성령으로 세례를 받으리라 하신 것이 생각났노라 17. 그런즉 하나님이 우리가 주 예수 그리스도를 믿을 때에 주신 것과 같은 선물을 그들에게도 주셨으니 내가 누구이기에 하나님을 능히 막겠느냐 하더라 18. 그들이 이 말을 듣고 잠잠하여 하나님께 영광을 돌려 이르되 그러면 하나님께서 이방인에게도 생명 얻는 회개를 주셨도다 하니라"

베드로가 성령의 인도하심을 따라 이방인 백부장 고넬료의 집으로 가서 그 가정에 복음을 전하고 세례를 베풀었습니다. 예수님께서 승천하시면서 제자들에게 주신 명령처럼, 예루살렘과 유대와 사마리아를 넘어 땅끝까지 복음이 증거되는 출발점이 되는 사건이기도 했습니다. 하지만 이 사건은 예루살렘교회에 큰 혼란과 반발을 일으켰습니다. 베드로가 무할례자, 곧 이방인의 집에 들어가서 그들에게 세례를 주고 함께 음식을 먹은 것에 대해서, 사도들과 예루살렘교회 성도들이 비난하고 따진 것입니다.

1-3, "유대에 있는 사도들과 형제들이 이방인들도 하나님의 말씀을 받았다 함을 들었더니 2. 베드로가 예루살렘에 올라갔을 때에 할례자들이 비난하여 3. 이르되 네가 무할례자의 집에 들어가 함께 먹었다 하니"

그래서 이어지는 4~17절까지의 본문은 그들의 비난에 대한 베드로의 대답으로, 사도행전 10장에서 있었던 사건을 압축해서 설명한 것입니다. 먼저 오늘 본문에 보시면, 예루살렘교회에 있던 사도들과 형제들이 "베드로가 이방인 집에 들어가서 그들과 함께 음식까지 먹은 일"을 따져 묻고 있습니다. 누군가와 함께 음식을 먹은 것이 왜 비난받을 행동일까요? 유대인들에게 있어서 식사를 함께하는 사람은 가족이나 친구와 같은 특별한 관계를 뜻하는 것입니다. 배고픔을 해결하기 위해 밥을 먹는 행위 이상의 깊은 의미가 있다는 것입니다.

사실 우리도 가족이 아닌 누군가와 만나서 식사하게 된다면, 그것은 단지 배고픈 것을 해결하려고 일부러 시간을 정해 만나는 것은 아닐 것입니다. 그 시간이 곧 교제의 시간이고 서로를 더 깊이 알아 가는 시간이 될 것입니다. 베드로가 욥바까지 내려간 이유가 무엇입니까? 예루살렘교회에 일어난 핍박을 피해 사방으로 흩어진 성도들을 만나서 위로하기 위해서 간 것입니다. 그런데 욥바에 있는 형제들이 함께 먹을 점심을 준비하고 있는데, 베드로가 그 형제들을 제쳐 두고 가이사랴까지 가서 이방인과 함께 밥을 먹은 것입니다.

예루살렘교회의 사도들과 성도들이 베드로에게 따져 묻는 것도 바로 이것입니다. 예수님의 수제자나 되는 사람이 욥바에 있는 형제들을 제쳐 두고, 할례도 받지 않은 이방인과 어울려 다닐 때냐는 것입니다. 그런데 오늘 본문은, 베드로가 무할례자인 이방인의 집에 들어가 밥을 먹었다는 말을 하기 전에 이렇게 말씀하고 있습니다.

1, "유대에 있는 사도들과 형제들이 이방인들도 하나님의 말씀을 받았다 함을 들었더니"

여기 '하나님의 말씀을 받았다'라는 말은, 고넬료 가정에 임한 '성령 세례' 사건을 뜻하는 것입니다. 그런데 사도들은 이방인들도 하나님의 말씀을 들었다는 것을 어떻게 알았을까요?

사도행전 10:44-48, "베드로가 이 말을 할 때에 성령이 말씀 듣는 모든 사람에게 내려오시니 45. 베드로와 함께 온 할례 받은 신자들이 이방인들에게도 성령 부어 주심으로 말미암아 놀라니 46. 이는 방언을 말하며 하나님 높임을 들음이러라 47. 이에 베드로가 이르되 이 사람들이 우리와 같이 성령을 받았으니 누가 능히 물로 세례 베풂을 금하리요 하고 48. 명하여 예수 그리스도의 이름으로 세례를 베풀라 하니라 그들이 베드로에게 며칠 더 머물기를 청하니라"

베드로가 고넬료의 집에 들어가서 단지 한 끼 식사만 하고 돌아온 것이 아니라, 그곳에 며칠 더 머물렀다는 소문이 예루살렘까지 들렸던 것으로 보입니다. 여기서 우리가 생각해 봐야 할 것이 있습니다. 이방인들도 하나님의 말씀을 듣고 그들에게 '성령 세례'가 임했다는 것과 베드로가 이방인의 집에 가서 며칠간 머물렀다는 것 중에서 어떤 것이 더 큰 사건일까요? 당연히 이방인들도 복음을 듣고 성령 세례를 받았다는 사건이 큽니다.

하지만 예루살렘에 있던 사도들과 성도들은, 이방인들에게도 성령이 임했다는 사실보다는, 베드로가 이방인의 집에 며칠간 머문 것을 비난하며 지적했습니다. 이것은 예수님을 믿고 구원받았다고 하는 유대 그리스도인들이, 여전히 그들의 삶의 습관과 전통에 얽매여 있었음을 보여 주는 장면입니다. 땅끝까지 이르러 복음이 전파되었다는 소식은, 예루살렘의 사도들과 성도들이 가장 기뻐하며 즐거워해야 할 만한 뉴스가 아니었을까요? 하지만 저들은 관습에 매여 더 중요한 것을 보지 못했습니다. 만약 유대인들이 지켜 오던 그들의 관습만으로도 충분히 구원을 얻을 수 있었다면, 예수님께서 십자가의 죽임을 당하셔야 할 이유가 없었을 것입니다. 만약 복음이 오직 유대 백성들만을 위한 것이었다면, 예수님께서 사람의 몸을 입고 세상에 오셔야 할 이유도 없었을 것입니다. 예수님께서 세상에 오지 않았을 때도 이미 그들은 아브라함의 후손이었고, 하나님께서 선택한 백성으로 알고 있었기 때문입니다.

그들이 구원받을 수 있는 것은, 그들이 지켜 오던 율법의 조문이나 종교적 전통 때문이 아니고, 아브라함의 후손이라는 혈통 때문도 아니었습니다. 인간이 범한 죄의 형벌을 십자가 대속의 죽음으로 예수 그리스도께서 대신 받으시고, 그분께서 행하신 의를 인간에게 덧입혀 주신 것을 믿음으로 구원을 받습니다. 그리고 그리스도의 대속의 은혜가 인간에게 임하였음을 보증하고 확인해 주는 징표가 바로 '성령 세례'입니다. 그래서 이방인과 함께 음식을 먹었다고 베드로를 비난하던 사도들과 성도들이 베드로의 해명을 들은 후에는, 그에 대한 비난을 멈추고 그의 말에 수긍했습니다. 그것이 무엇입니까? 이방인에게도 생명 얻는 회개를 주셨다는 것입니다.

17-18, "그런즉 하나님이 우리가 주 예수 그리스도를 믿을 때에 주신 것과 같은 선물을 그들에게도 주셨으니 내가 누구이기에 하나님을 능히 막겠느냐 하더라 18. 그들이 이 말을 듣고 잠잠하여 하나님께 영광을 돌려 이르되 그러면 하나님께서 이방인에게도 생명 얻는 회개를 주셨도다 하니라"

오늘 우리가 살펴보려고 하는 것이 바로 이것입니다. '성령 세례'가 무엇이기에 분노한 성도들을 진정시킬 수 있었느냐는 것입니다. 베드로가 사도들에게 이렇게 말했습니다.

16, "내가 주의 말씀에 요한은 물로 세례를 베풀었으나 너희는 성령으로 세례를 받으리라 하신 것이 생각났노라"

이것은 예수님께서 승천하시기 전에 그곳에 모인 사람들에게 하신 말씀입니다.

사도행전 1:5, "요한은 물로 세례를 베풀었으나 너희는 몇 날이 못 되어 성령으로 세례를 받으리라 하셨느니라"

그런데 "성령으로 세례를 받으리라"는 말씀은 예수님의 약속으로만 주어진 것이 아니라, 세례 요한이 자기를 찾아오는 사람들에게 먼저 말했던 내용이기도 했습니다. 많은 유대 백성들이 세례 요한을 찾아와 세례를 받자, 제사장과 바리새인들조차도 세례 요한에게 사람을 보내어 그가 그리스도인지 물어봤습니다(요 1:19-27). 그때 세례 요한이 자기는 그리스도가 아니라고 말하면서, 자신과 그리스도가 다른 분명한 차이점에 관해서 설명한 것이 바로 '물세례'와 '성령 세례'입니다.

마태복음 3:11, "나는 너희로 회개하게 하기 위하여 물로 세례를 베풀거니와 내 뒤에 오시는 이는 나보다 능력이 많으시니 나는 그의 신을 들기도 감당하지 못하겠노라 그는 성령과 불로 너희에게 세례를 베푸실 것이요"

여기서 우리가 알아야 할 것이 '물세례'와 '성령 세례'의 차이점입니다. 세례 요한이 줄 수 있는 세례는 오직 '물세례'였습니다. 하지만 자기 뒤에 오시는 예수님께서는 '성령으로 세례'를 줄 거라고 합니다. 그런데 '세례'는 구약 이스라엘 백성들은 하지 않았던 생소한 의식입니다. 세례 요한 이전에 그 어떤 선지자도 '세례'를 베푼 적이 없었기 때문입니다. 하지만 예루살렘과 온 유대 사람들뿐만 아니라 바리새인들과 사두개인들조차도 세례를 받으려고 세례 요한을 찾아왔습니다(마 3:5-7). '물세례'가 원래부터 있던 종교 의식이라고 한다면 이해가 되겠지만, 원래 없었는데 어느 날 세례 요한이 시작했고, 사람들은 그를 찾아와서 세례를 받았습니다.

그렇다 보니 제사장과 바리새인들이 찾아와서 "네가 그리스도도 아니고, 엘리야나 선지자도 아닌데 왜 세례를 베푸는지" 물었던 것입니다(요 1:25). 그때 세례 요한의 대답이 무엇이었습니까? "너희로 회개하게 하려고" 준다는 것입니다. 이스라엘 백성에게 '회개'가 필요한 이유가 무엇일까요? 물론 그들의 조상들이 하나님 앞에 죄를 범해서 나라가 멸망하고, 오랜 포로 생활도 했고, 지금까지도 나라 없는 생활을 하고 있기 때문에 회개는 필요합니다. 하지만 그들이 믿고 있는 것은 무엇입니까? 자기들은 아브라함의 자손이고 언젠가 모세와 같은 선지자만 나타나면, 그들의 조상이 애굽에서 구원받은 것처럼, 자기들도 로마에서 구원받을 것이라 믿었습니다.

바리새인과 제사장들이 세례 요한을 찾아와서 "네가 그리스도냐, 네가 엘리야나 선지자 중의 하나"냐고 묻는 이유도 그것 때문입니다. 제사장과 바리새인들은 세례를 받으려고 세례 요한을 찾아온 것이 아니었습니다. 다만 세례 요한이 자기들이 기다리는 그리스도인지 확인하려고 온 것일 뿐입니다. 그들은 '자기들은 아브라함의 후손이어서 이미 구원을 받았다'라고 생각했습니다. 그런데 그렇게 믿고 있는 사람들을 향해 세례 요한은 이렇게 말합니다.

> 마태복음 3:7-9, "요한이 많은 바리새인들과 사두개인들이 세례 베푸는 데로 오는 것을 보고 이르되 독사의 자식들아 누가 너희를 가르쳐 임박한 진노를 피하라 하더냐 8. 그러므로 회개에 합당한 열매를 맺고 9. 속으로 아브라함이 우리 조상이라고 생각하지 말라 내가 너희에게 이르노니 하나님이 능히 이 돌들로도 아브라함의 자손이 되게 하시리라"

세례 요한은 "너희도 회개하지 않으면 하나님의 진노를 피할 수 없다."라고 했습니다. 다시 말해서, 유대인들 역시 회개하고 구원받아야 하는 대상이라는 것입니다. '물세례'는, 너희도 구원이 필요한 존재이니 하나님 앞에 회개하고 그분의 긍휼을 기다리라는 뜻입니다. 세례 요한의 '물세례'가 이렇게 등장하는 것입니다. 하지만 예수님께서 주시는 '성령 세례'는, 하나님의 백성이 된 표시로 주어지는 것입니다. 그리고 예수님께서 '성령 세례'를 주실 수 있는 것은, 그분이 자기 백성을 구원할 자이시기 때문입니다. 그래서 "그는 성령과 불로 너희에게 세례를 베푸실 것이요"(마 3:11)라는 말씀이 등장하는 것입니다.

'성령과 불'이라고 하니까, '성령 세례'를 받으면 마음이 뜨거워지고,

불같은 은혜로 방언과 예언을 하게 되는 그런 것을 생각하는 사람들이 많습니다. 여기 말하는 '불'은 그런 의미의 불이 아닙니다. '성령 세례'는 예수님을 믿는 자에게 주시는 하나님의 백성이 된 표시로 주어지는 것이지만, 예수님을 믿지 않는 자는 '불'의 심판을 받게 된다는 뜻입니다. 그래서 뒤이어 나오는 "손에 키를 들고 자기의 타작마당을 정하게 하사 알곡은 모아 곳간에 들이고 쭉정이는 꺼지지 않는 불에 태우시리라"(마 3:12) 이 한 절만 더 읽으면 앞서 11절에서 말한 '성령과 불'이 무엇을 의미하는지 바로 알 수 있는데, 그 한 절을 더 읽지 않고 자기 마음대로 해석했기 때문에 말씀의 참뜻을 잘못 해석한 것입니다.

예수님을 믿어 '성령으로 세례'를 받은 사람은 알곡이 되어 구원을 받게 되고, 믿지 않는 사람은 '꺼지지 않는 불'에 태워지는 것입니다. 이것이 바로 '성령 세례'의 참 의미입니다. 세례 요한은 왜 이 말을 하는 것일까요? 제사장과 바리새인들이 찾아와서 "네가 그리스도냐?"라고 물으니까 준 대답입니다. "내 뒤에 오실 그리스도께서 오시면 구원받는 이를 성령으로 확증해 주시고, 구원받지 못한 자들은 꺼지지 않는 불 심판을 받게 될" 거라고 말하는 것입니다. 그러면 이 '성령 세례'는 누가 받게 되는 것입니까? 아브라함의 후손인 유대 백성들뿐만 아니라 헬라인이나 종이나 자유인이나 모든 사람이 다 받을 수 있습니다.

> 고린도전서 12:13, "우리가 유대인이나 헬라인이나 종이나 자유인이나 다 한 성령으로 세례를 받아 한 몸이 되었고 또 다 한 성령을 마시게 하셨느니라"

“유대인이나 헬라인이나 종이나 자유인이나 다 한 성령으로 세례를 받았다.”라고 말씀하고 있습니다. 이른바 ‘성령 세례’입니다. ‘성령 세례’는 무슨 뜻일까요? 성령으로 충만해지고 뜨거워지는 것을 말할까요? 방언을 하게 되고, 예언의 은사, 치유의 은사가 생기는 것을 말할까요? 영어 성경으로 보면, “all baptized by one (Holy) Spirit”로 되어 있습니다. 모든 세례는 성령에 의해서 받는 것입니다. 성령 사역하는 사람들이 흔히 말하는 것처럼, ‘성령 세례’를 받은 사람에게 신체적, 감정적으로 변화가 생기고, 전에 없던 반응이 느껴지는 그런 것이 아닙니다.

오히려 성령 세례가 ‘성령에 의해서 받는 것’이라고 할 때, 우리에게 그것을 주시는 이가 ‘분명한 뜻과 목적을 갖고 주시는 것’이라는 것을 알아야 합니다. 그것이 무엇입니까? 우리에게 세례를 베푸시는 이유는 성령께서 ‘into one body’, 예수 그리스도라는 한 몸으로 이끌어 가기 위해서라는 것입니다. 죄악 된 세상에서 마귀의 종으로 살던 우리를 구원하여 그리스도의 몸으로 인도하시는 일을 성령께서 하십니다. 그것이 바로 ‘성령 세례’입니다.

세례 요한이 왜 이 말을 하겠습니까? 내가 너희에게 ‘물세례’를 주지만, 이 물이 너희를 하나님의 백성으로 만드는 것이 아니라, 너희도 구원이 필요하다는 것을 알려 주려고 주는 것이라는 뜻입니다. “너희가 유대인이기 때문에 십자가가 필요 없다고 생각하냐? 정신 차려라. 물세례 암만 받아 봐야 성령에 의한 세례를 받지 못하면 말짱 꽝이다.” 이 말입니다. 그래서 세례 요한이 말하는 ‘성령 세례’는, 오늘날 ‘성령 세례’를 주장하는 사람들이 말하는 신비한 영적 체험, 각종 은사와 같은 것을 뜻하는 말이 아닙니다.

예수님의 십자가 구속의 은혜를 믿어 '성령으로 세례받은 사람'은 구원받습니다. 하지만 그리스도의 십자가를 믿지 않는 사람은 '영원히 꺼지지 않는 불 심판'을 받습니다. 그래서 베드로가 "그런즉 하나님이 우리가 주 예수 그리스도를 믿을 때에 주신 것과 같은 선물을 그들에게도 주셨으니 내가 누구이기에 하나님을 능히 막겠느냐 하더라"(17) 이렇게 말할 때 아무도 다른 말을 하지 못하는 것입니다. 베드로가 이방인 고넬료의 집에 가서 세례를 줬기 때문에 그 집이 구원받은 것이 아닙니다. 최종적인 결재를 내리고 시행하시는 성령께서 고넬료의 가정에 임하셨으니, 그가 이방인이면 어떻고, 유대인이면 어떻냐, 나에게는 권한이 없었다고 말한 것입니다.

이방인 백부장 고넬료의 집에 복음이 전해지고, 그 가정에 성령이 임한 사건이 사도행전 10장부터 시작해서 11장 17절까지 긴 내용으로 설명되고 있습니다. 왜 이렇게 긴 내용이 필요할까요? 좀 더 간단하게 구원할 수는 없었을까요? 있습니다. 가운데 끼어 있는 베드로만 빠지면 너무나 간단하게 해결될 수 있습니다. 성령께서 고넬료를 찾아오셔서, "너는 경건하고 하나님을 경외하여 기도도 많이 하더니, 유대 백성들을 많이 도와줬더구나. 내가 너를 구원하마!" 이렇게 성령께서 직통으로 고넬료와 그의 가정을 구원하셨다면 예루살렘교회에 소동이 날 이유도 없고, 베드로가 사도들과 성도들 앞에서 구구절절 변명할 필요도 없었을 것입니다.

하지만 베드로가 이방인 백부장 고넬료의 집에 들어감으로 인해서 이런 복잡한 일이 생길 것을 아셨음에도 불구하고 베드로와 고넬료에게 환상을 보여 주면서 그 둘을 만나게 하신 것은 분명한 이유가 있기 때문입니다. '성령 세례'라는 신적 요소에 의한 신비함을 보여 주려는 것이 아니라, 자기들이 받은 성령 세례를 이방인에게도 주시는 하나님의 뜻을 알게 하려는 것입니다. 그래서 예루살렘교회의 사도들과 성도들이 유대인이어서 구원받는 것이 아니라, 그리스도의 십자가 때문에 구원받는 것임을 이 사건으로 가르쳐 준 것입니다. 또한, '성령 세례'는 그것이 임하는 모습이나 형태 때문에 빛이 나는 것이 아니라, 그것이 의미하는 내용 때문에 빛이 나는 것임을 알게 하시는 것입니다.

사도행전 11장까지 우리가 살펴보고 있는데, 어느 한 부분이라도 사도들이 주도적으로 앞장서서 사이다처럼 시원하게 복음을 전파했던 것을 보셨습니까? 성령 강림 이후 사도들이 예루살렘 거리로 뛰쳐나와서 복음을 전하고, 앉은뱅이를 일으키고, 삼천 명씩 회개하고 돌아올 때는 뭔가 새 역사가 일어날 것 같았습니다. 하지만 '사울'이라는 사람이 등장해서 스데반을 돌로 쳐서 죽이고, 예루살렘교회에 본격적으로 핍박이 일어나자 성도들은 다 뿔뿔이 흩어져 버렸습니다. 빌립 집사도 박해를 피해서 도망간 곳이 사마리아였고, 베드로도 사방으로 흩어진 성도들을 돌아보기 위해서 다니다가 고넬료의 집까지 오게 되는 것입니다.

이처럼 인간이 주도적인 생각과 계획을 갖고 복음 전도를 추진하는 것이 아니라, 등 떠밀려서 어쩔 수 없이 가게 된 곳에서 성령의 역사가 일어났습니다. 이런 성경의 기록과 역사적 현장들은 하나도 보지 않고,

'성령 세례, 성령 충만'이라는 단어만 보고 열광하다 보니, 성경이 의도하지 않은 주장을 하는 겁니다. 기독교 신앙에 초월적인 요소가 분명히 있습니다. 성경도 그것을 말합니다. 하지만 기독교 신앙은 초월적인 사건 자체에 목적이 있는 것이 아니라, 그것이 뜻하는 바가 무엇인지를 배우고 따라가는 것입니다.

우리가 예수님의 십자가 구속의 은혜를 믿어 구원을 받았습니다. 그런데 믿음으로 말미암아 구원을 얻는 이 신앙에 대해서 잘 모르는 사람들은, "너희가 믿어서 구원받는다는 것을 어떻게 확신할 수 있느냐?" 라고 묻습니다. 그러한 물음에 대해서 성경은 이렇게 대답합니다.

> 로마서 8:9-11, "만일 너희 속에 하나님의 영이 거하시면 너희가 육신에 있지 아니하고 영에 있나니 누구든지 그리스도의 영이 없으면 그리스도의 사람이 아니라 10. 또 그리스도께서 너희 안에 계시면 몸은 죄로 말미암아 죽은 것이나 영은 의로 말미암아 살아 있는 것이니라 11. 예수를 죽은 자 가운데서 살리신 이의 영이 너희 안에 거하시면 그리스도 예수를 죽은 자 가운데서 살리신 이가 너희 안에 거하시는 그의 영으로 말미암아 너희 죽을 몸도 살리시리라"

우리가 예수님을 믿는다고 말하는 것은, 내 확신이나 신념을 근거로 말하는 것이 아닙니다. 그리스도를 믿는 모든 성도에게 그리스도의 영인 성령을 보내 주십니다. 그리고 우리 안에 계신 그리스도의 영으로 인해, 그리스도와 우리는 하나가 됩니다. 운명 공동체가 된 것입니다. 이것이 바로 '성령 세례'입니다. 그래서 로마서에서 하는 말씀이 무엇입니까? 그리스도의 영이 우리 안에 있으면, 그리스를 죽은 자 가운데서 살리신 하나님께서 그분과 함께 우리의 죽을 몸도 살리신다는 것입니다. 그리스도의 영이 우리 안에 있다는 것은 어떻게 알 수 있습니까?

> 로마서 8:14-16, "무릇 하나님의 영으로 인도함을 받는 사람은 곧 하나님의 아들이라 15. 너희는 다시 무서워하는 종의 영을 받지 아니하고 양자의 영을 받았으므로 우리가 아빠 아버지라고 부르짖느니라 16. 성령이 친히 우리의 영과 더불어 우리가 하나님의 자녀인 것을 증언하시나니"

우리가 하나님을 아빠 아버지라고 부를 수 있게 된다고 했습니다. 하나님과 우리 사이에 관계의 변화에 대해서 예수님께서는 이렇게 말씀했습니다.

> 요한복음 17:21, "아버지여, 아버지께서 내 안에, 내가 아버지 안에 있는 것 같이 그들도 다 하나가 되어 우리 안에 있게 하사 세상으로 아버지께서 나를 보내신 것을 믿게 하옵소서"

하나님 아버지와 아들 그리스도, 그리고 우리가 다 하나가 되었다고 말합니다. 사도 바울 역시 이러한 관계의 변화에 대해서 이렇게 말합니다.

> 갈라디아서 2:20, "내가 그리스도와 함께 십자가에 못 박혔나니 그런즉 이제는 내가 사는 것이 아니요 오직 내 안에 그리스도께서 사시는 것이라 이제 내가 육체 가운데 사는 것은 나를 사랑하사 나를 위하여 자기 자신을 버리신 하나님의 아들을 믿는 믿음 안에서 사는 것이라"

'성령 세례'에 대해서 성경이 가르쳐 주고 있는 것이 무엇입니까? 신비한 현상이고, 능력이고 그렇습니까? 아니요, 관계의 변화를 말하고 있습니다. '영원히 꺼지지 않는 불 심판'을 받아야 마땅한 우리가, 그리스도 예수를 믿음으로 말미암아 구원받았고, 그것을 성령께서 찾아오심으로 확증하셨다는 것입니다. 그렇게 성령께서 우리를 찾아오셨다는 증표가 뭐라고요? 우리가 하나님을 부를 때 '아빠 아버지'라고 부를 수 있게 되었다는 것입니다.

말씀을 정리합니다. 설교를 시작하면서 세례 요한이 자기를 찾아온 제사장과 바리새인들에게 '물세례'와 '성령 세례'에 관하여 설명했던 것을 말씀드렸습니다. 세례 요한의 '물세례'와 예수님의 '성령 세례'는 분명한 차이점이 있습니다. 그것은 어떤 사람들이 말하는 것처럼 물질에 속한 '물'로 세례를 받은 것이냐, 성령에 의해 신비한 경험으로 세례를 받는 것이냐의 차이가 아닙니다. 세례 요한이 주는 '물세례'는 사람들이 자신의 죄를 회개하고 그리스도의 십자가 앞으로 나오도록 하는데 그 의미가 있습니다. 하지만 예수님의 '성령 세례'는 그 자체가 구원받은 것의 표징이요, 죄인인 우리가 하나님의 자녀가 되어 '아빠 아버지'라 부를 수 있는 관계가 변화된 것입니다. 그러면 우리를 구원하여 하나님의 자녀로 삼으셔서 무엇을 하시려는 것일까요? 관계의 깊어짐, 영적인 성숙함과 거룩함으로 이끌어 가시려는 것입니다. 이것은 마치 자녀를 낳아서 키우는 것과 닮았습니다.

집사람이 큰아이 주영이를 가졌을 때, 병원 의사가 하는 말이 "태아가 다운증후군일지도 모릅니다."라고 하면서 양수 검사를 해 볼 것을 권유했습니다. 검사 결과와 상관없이 우리는 주영이를 낳겠다고 결정했지만, 그 후로 주영이가 태어날 때까지 우리의 기도는 오직 하나밖에 없었습니다. 무엇이었을까요? 다른 것 하나도 필요 없으니 건강하게만 태어나게 해 달라고 기도했습니다. 그래서 주영이가 건강하게 태어났습니다. 우리가 원하는 기도가 응답되었으니 그 후로는 우리가 주영이를 위해서 기도하지 않았을까요?

아이가 성장하고, 동생도 생기고, 학교에 입학해서 상급 학교로 올라갈 때마다 그에 맞는 기도를 하게 되고, 아이가 자라는 것만큼 기대하는 것도 있습니다. 저희 부부가 유별나서 그런 기도도 하고, 기대도 하는 것일까요? 아마도 세상의 모든 부모가 저희와 똑같은 마음일 것입니다. 아이가 건강하게 태어나서 신체적뿐만 아니라 정서적인 면에서나 세상을 사는 데 필요한 실력을 만드는 면에 있어서도 잘 자라고 성숙하기를 바랄 것입니다. 우리를 구원하신 하나님의 뜻도 다르지 않습니다. 우리를 구원하신 그리스도의 은혜와 그를 아는 지식에서, 또한 우리가 살아가는 삶의 방식에서 그리스도의 분량까지 자라가는 것입니다.

> 베드로후서 3:18, "오직 우리 주 곧 구주 예수 그리스도의 은혜와 그를 아는 지식에서 자라 가라 영광이 이제와 영원한 날까지 그에게 있을지어다"

> 에베소서 4:15, "오직 사랑 안에서 참된 것을 하여 범사에 그에게까지 자랄지라 그는 머리니 곧 그리스도라"

초대 교회의 사도들과 성도들이 극심한 핍박과 목숨을 위협하는 상황에서도, 세상이 감당하지 못할 믿음의 믿음을 지킬 수 있었던 원인이 무엇이었을까요? 그리스도를 아는 믿음의 지식이 자랐을 뿐만 아니라, 세상의 어떤 위협과 핍박에도 요동하지 않을 만큼 그들이 가진 믿음의 분량이 성장했기 때문입니다. 오늘 저와 여러분의 믿음도 그와 같은 수준까지 자라나기 원합니다. "예수께서 이르시되 너는 나를 본 고로 믿느냐 보지 못하고 믿는 자들은 복되도다 하시니라"(요 20:29) 더 복된 믿음 갖는 저와 여러분이 되길 주님의 이름으로 축원합니다.

그리스도인이라 일컬어짐

"그 때에 스데반의 일로 일어난 환난으로 말미암아 흩어진 자들이 베니게와 구브로와 안디옥까지 이르러 유대인에게만 말씀을 전하는데 20. 그중에 구브로와 구레네 몇 사람이 안디옥에 이르러 헬라인에게도 말하여 주 예수를 전파하니 21. 주의 손이 그들과 함께 하시매 수많은 사람들이 믿고 주께 돌아오더라 22. 예루살렘 교회가 이 사람들의 소문을 듣고 바나바를 안디옥까지 보내니 23. 그가 이르러 하나님의 은혜를 보고 기뻐하여 모든 사람에게 굳건한 마음으로 주와 함께 머물러 있으라 권하니 24. 바나바는 착한 사람이요 성령과 믿음이 충만한 사람이라 이에 큰 무리가 주께 더하여지더라 25. 바나바가 사울을 찾으러 다소에 가서 26.만나매 안디옥에 데리고 와서 둘이 교회에 일 년간 모여 있어 큰 무리를 가르쳤고 제자들이 안디옥에서 비로소 그리스도인이라 일컬음을 받게 되었더라"

스데반의 순교에서 시작된 교회를 향한 핍박은, 성도들이 예루살렘으로부터 점점 더 먼 도시로 흩어져야 하는 상황으로 발전했습니다. 빌립은 박해를 피해 사마리아로 도망갔었고, 사울이라는 청년은 예수 믿는 사람을 붙잡으러 대제사장에게서 발급받은 체포 영장을 들고 다메섹까지 나섰던 것을 확인했었습니다. 베드로는 각처로 흩어진 성도들을 돌아보기 위해 욥바에 들렀다가 성령의 인도하심을 따라 가이사랴에 살던 고넬료의 집으로 가서 복음을 전했습니다. 그리고 오늘 본문에는 흩어진 성도들이 베니게와 구브로와 안디옥까지 이르러 복음을 전했다고 기록하고 있습니다.

베니게는 지중해 연안의 두로와 시돈이라는 도시가 속한 지역으로 유대와 수리아가 국경을 마주한 접경지이며, 예수님께서도 몇 번 방문했던 도시입니다. 구브로는 바나바의 고향으로, 베니게와 안디옥의 중간쯤에 위치해 있는 지중해 동북부의 키프러스로 알려진 섬입니다. 안디옥은 예루살렘에서 북쪽으로 약 480km 떨어진 곳에 있는 수리아 지역(오늘날의 튀르키예)의 대표적인 도시입니다. 안디옥은 당시 인구가 약 50만 명에 달했던 큰 도시로서 로마 제국의 수도였던 로마, 이집트의 알렉산드리아와 더불어서 로마 제국을 대표하는 세 도시 가운데 하나였습니다.

로마 제국은 알렉산더가 세운 그리스 제국을 무너뜨리고 세워진 나라입니다. 그중 안디옥은 헬라 문화의 중심지이자 동서양의 문화가 융합된 곳이었습니다. 앞으로 우리가 바울의 전도 여행을 따라가면서 성경의 기록을 살펴보겠지만, 당시 로마 제국의 사회와 종교, 문화를 아는 것이 성경 이해를 위해 필요합니다. 바울이 복음 전도를 위해 방문한 곳마다, 그 도시가 섬기는 대표적인 신이 있었습니다. 그리스 로마 신화에 나오는 많은 신들 중의 하나입니다. 비록 로마가 군사적, 정치적, 경제적으로는 그리스(헬라) 제국을 무너뜨렸지만, 정신적, 문화적, 종교적 차원에서는 헬라사상의(헬레니즘) 영향 아래 있었습니다.

당시 로마는 막강한 군사력과 경제력으로 주변 나라를 굴복시켰지만, 동시에 물질적인 풍요로 인해 종교적, 도덕적으로는 타락의 끝을 향해 가던 때였습니다. 적국에서 붙잡아 온 포로들을 노예로 부리면서 자기들이 해야 했던 일을 시킨 후, 여유로워진 남은 시간에 할 일이 없어진 로마인(주인)들은 쾌락을 추구하는 생활에 젖어 있었습니다. 그리고 로마 제국을 대표하는 도시 가운데 하나였던 안디옥도 그와 같은 사회, 종교, 문화적인 생활에 아주 익숙했던 도시였습니다. 이렇게 정신적, 도덕적으로 타락한 도시에 예수 믿는 성도들이 들어와서 복음을 전하기 시작했습니다. 그런데 안디옥에 복음이 전파되는 과정이 흥미롭습니다.

> 19, "그 때에 스데반의 일로 일어난 환난으로 말미암아 흩어진 자들이 베니게와 구브로와 안디옥까지 이르러 유대인에게만 말씀을 전하는데"

"스데반의 일로 일어난 환란으로 말미암아 흩어진 자들"은 누구를 말할까요? 예루살렘교회의 성도들을 말합니다. 그들이 안디옥까지 와서 말씀을 전하는데 오직 유대인에게만 전했습니다. 그런데 예루살렘에서 온 성도들이 아닌 다른 곳에서 온 사람들도 예수님을 전파했습니다. 그것도 유대인이 아니라 헬라인, 곧 이방인에게도 복음을 전하기 시작한 것입니다.

> 20, "그중에 구브로와 구레네 몇 사람이 안디옥에 이르러 헬라인에게도 말하여 주 예수를 전파하니"

구레네는 아프리카 리비아 지역으로, 예수님의 십자가를 대신 졌던

'시몬'의 출생지입니다. 구브로도 바나바의 고향이기는 하지만 이방 도시였습니다. 유대 지역에서만 살았던 유대인들은 이방인에게도 복음을 전하는 것에 대해서 상상하지도 못했는데, 이방 땅에서 태어난 무명의 전도자들이 했던 것입니다. 우리가 성경을 제대로 읽지 않으면, 편견을 가지고 사도행전을 읽게 됩니다. 사도행전 하면 생각나는 대표적인 전도자가 베드로와 바울과 바나바입니다. 사도행전의 전반부는 베드로를 중심으로 예루살렘과 유대 땅에 복음이 전파되고, 후반부에는 바울이 중심이 되어 땅끝인 이방 나라로 복음이 전파됩니다. 그래서 초대 교회는 이런 사람들에 의해 복음이 전파되어 세워졌다고 생각합니다.

하지만 오늘 본문은 아주 의외의 사실을 우리에게 가르쳐 줍니다. 베드로나 다른 제자들이 복음을 전하지 않은 곳, 그리고 바울이 아직 복음 전도자의 삶을 시작하기 전에, 무명인 구브로와 구레네 사람에 의해 복음이 전파되었다고 말씀하는 것입니다. 그리고 사도행전 13장에 보면, 그들에 의해 세워진 안디옥교회에서 바울과 바나바가 최초의 선교사로 파송되게 됩니다. 어떻게 이런 일이 가능했을까요?

> 21, "주의 손이 그들과 함께 하시매 수많은 사람들이 믿고 주께 돌아오더라"

'주의 손'이 이방 출신의 구브로와 구레네 사람들과 함께하시니, 수많은 사람이 믿고 주께 돌아오는 역사가 일어난 것입니다. 복음 전도는 누가 하는 것입니까? 베드로가 하고, 바울과 바나바가 합니까? 사도행전의 저자인 누가는 하나님의 능력으로 상징되는 '주의 손'이라는 표현을 사용하여, 이방 전도가 하나님의 능력 안에서 이루어진 것임을 강조하고 있습니다. 그리고 이것은 사도행전이 말하고 있는 일관된 주제입니다. 이렇게 로마 제국의 핵심 도시인 안디옥에도 복음이 전해졌다는 소식이 예루살렘까지 들리니, 사도들이 바나바를 대표자로 선정해서 안디옥으로 보냈습니다.

> 22, "예루살렘 교회가 이 사람들의 소문을 듣고 바나바를 안디옥까지 보내니"

그런데 이것과 똑같은 표현을 사도행전 8장에도 있었습니다. 예루살렘교회가 이방 전도를 위해서 선교사를 이방으로 파송하는 것이 아니라, 사마리아와 안디옥에 복음이 전해졌다는 소문을 듣고, 그 사실을 확인하기 위해서 사도들을 보낸 것입니다.

> 사도행전 8:14, "예루살렘에 있는 사도들이 사마리아도 하나님의 말씀을 받았다 함을 듣고 베드로와 요한을 보내매"

이것이 의미하는 바가 무엇일까요? 사도행전에 베드로나 스데반, 빌립과 바울 같은 사람들이 마치 초대 교회의 주인공처럼 기록되어 있지만, 초대 교회는 사람이 전도해서 세워진 것이 아닙니다. 특히 신약 교회의 이방 선교에 있어서 중추적인 역할을 하게 되는 안디옥교회는, 구브로와 구레네 출신의 이름도 알려지지 않은 성도들에 의해 세워졌습니다.

> 23, "그가 이르러 하나님의 은혜를 보고 기뻐하여 모든 사람에게 굳건한 마음으로 주와 함께 머물러 있으라 권하니"

예루살렘교회에서 파송한 바나바가 안디옥에 와서 보니, 이미 그곳에 하나님의 은혜가 임해 있었습니다. 바나바가 안디옥이라는 도시에서 복음을 전해서 교회를 설립한 것이 아니라는 뜻입니다. 마치 베드로가 고넬료의 집에 갔을 때, 주의 성령이 고넬료 가정에 임했던 것과 같은 모습이 안디옥교회에 있었던 것입니다. 그것이 21절의 표현으로 보면, "주의 손이 그들과 함께" 하셨던 것입니다. 그래서 성경에는 그 어떤 사람도 교회 안에서 자기 자랑을 한 사람이 없습니다. 베드로를 비롯한 열두 제자들이나 바울과 바나바, 초대 교회의 일곱 집사들, 그 외에 등장하는 어떤 교사나 목사들도 자기들의 공로를 자랑한 사람이 없습니다. 오히려 성경은 그들의 실수와 연약한 부분을 낱낱이 드러냈습니다.

베드로가 예수님을 세 번 부인한 뒤에, 부활하신 예수님을 만난 후에도 고기나 잡으며 여생을 보내겠다고 갈릴리로 돌아갔던 것을 기록했습니다. '위로의 아들'이라는 별명을 가진 바나바도 2차 전도 여행을 앞두고 바울과 다툰 후에 갈라져서 다른 길로 갔다고 기록했습니다. 바울도 자기의 약한 것을 자랑하겠다고 하면서, 자신의 연약함 때문에 그리스도의 능력이 자기에게 머무는 것이라고 고백했습니다.

> 고린도후서 12:9, "나에게 이르시기를 내 은혜가 네게 족하도다 이는 내 능력이 약한 데서 온전하여짐이라 하신지라 그러므로 도리어 크게 기뻐함으로 나의 여러 약한 것들에 대하여 자랑하리니 이는 그리스도의 능력이 내게 머물게 하려 함이라"

지금까지 우리가 살펴보고 있는 것처럼, 사도행전에는 복음이 전파되는 곳마다 똑같은 현상이 반복해서 일어나고 있습니다. 복음이 인간의 계획이나 능력에 의해 전해지는 것이 아니라, 박해를 피해 도망가고, 등 떠밀려 방문하고, 예정에 없던 사람들이 찾아와서 복음을 전했습니다. 그리고 그때마다 '주의 손'이 복음을 전하는 자들과 함께하여, 복음을 들은 사람들이 주를 믿고 돌아오게 되는 역사가 일어나는 것입니다. 그래서 복음 전도는 전략이나 전술이 아닙니다.

사도행전의 기록을 보면 인간의 가장 약하고 못난 부분이 '주의 손'에 붙들렸을 때 놀라운 복음의 역사가 나타나고 있습니다. 복음이 우리에게 진짜 복음이 되는 때가 언제인지 아십니까? 복음 앞에서 인간의 연약함과 죄의 본성이 낱낱이 드러날 때입니다.

> 로마서 1:17-20, "복음에는 하나님의 의가 나타나서 믿음으로 믿음에 이르게 하나니 기록된 바 오직 의인은 믿음으로 말미암아 살리라 함과 같으니라 18. 하나님의 진노가 불의로 진리를 막는 사람들의 모든 경건하지 않음과 불의에 대하여 하늘로부터 나타나나니 19. 이는 하나님을 알 만한 것이 그들 속에 보임이라 하나님께서 이를 그들에게 보이셨느니라 20. 창세로부터 그의 보이지 아니하는 것들 곧 그의 영원하신 능력과 신성이 그가 만드신 만물에 분명히 보여 알려졌나니 그러므로 그들이 핑계하지 못할지니라"

복음이란, '하나님의 의'가 나타나는 것입니다. '하나님의 의'란, "모든 경건하지 않음과 불의에 대하여 하나님께서 진노하시는 것"입니다. 인간이 당하는 모든 문제 중에서 가장 심각한 문제가 무엇일까요? 돈이 없는 것일까요, 건강하지 못한 것일까요, 자녀나 배우자의 문제일까요?

가장 심각한 문제는 하나님의 진노를 피할 사람이 없다는 것입니다. 하나님께서는 경건하지 않음과 불의에 대하여 진노하신다고 했습니다. 사람들은 '경건'이라고 할 때 윤리적, 종교적, 도덕적으로 선하고 바르게 살고, 오랜 수양이나 수행으로 세상의 욕심이나 고뇌를 벗은 것으로 생각합니다. 하지만 성경이 말하는 '경건'은, 인간의 노력이나 깨달음을 통해 도달한 어떤 상태를 가리켜 말하지 않고, 그가 "하나님께 속해 있는지" 소속을 지적합니다.

성경이 '경건'에 대해서 이렇게 말할 때, 가장 대표적으로 이해하기 어려운 사람들이 바로 고린도교회 성도들입니다. 바울은 고린도교회에 보낸 편지에서 "거룩하여지고 성도로 부르심을 받은 자들"이라는 표현을 쓰고 있습니다.

> 고린도전서 1:2-3, "고린도에 있는 하나님의 교회 곧 그리스도 예수 안에서 거룩하여지고 성도라 부르심을 받은 자들과 또 각처에서 우리의 주 곧 그들과 우리의 주 되신 예수 그리스도의 이름을 부르는 모든 자들에게 3. 하나님 우리 아버지와 주 예수 그리스도로부터 은혜와 평강이 있기를 원하노라"

그런데 그 고린도교회는 어떤 교회냐 하면, 불신자들도 행하지 않는 음란과 부도덕함의 끝판왕과 같은 사람들이 모여 있던 교회였습니다.

> 고린도전서 5:1, "너희 중에 심지어 음행이 있다 함을 들으니 그런 음행은 이방인 중에서도 없는 것이라 누가 그 아버지의 아내를 취하였다 하는도다"

만약 우리 교회에 이런 사람이 있다고 하면 어떨 것 같습니까? 이런 사람들을 '거룩하여지고 성도로 부르심을 받은 자'라고 할 수 있을까요? 그런데 바울은 그런 고린도교회 사람들에게 '거룩한 성도'(고전 1:2)라고 말하고 있습니다. 왜요? 그 사람들이 거룩하고 경건해서가 아니라 '그리스도 예수' 때문입니다. 하나님의 교회는 어떤 사람들이 모인 곳입니까? 그리스도 예수 안에서 거룩하여진 사람들이 모여 있는 곳입니다. 그 사람이 부도덕한 사람이든, 이방인 중에서도 찾아볼 수 없는 파렴치한 인간이든, 일단 '그리스도 예수' 안에 들어와 있으면 '거룩한 성도'가 되는 것입니다. 왜요? '그리스도 예수'께서 인간의 부도덕하고 파렴치한 모든 것을 다 책임지시고 자기 안에 감추셨기 때문입니다.

코로나 시대를 지나면서 생긴 좋은 습관은, 철저하게 위생을 챙기는 것입니다. 마스크를 하고 외출하고, 물건을 만지고 나서는 손 소독제로 손을 소독합니다. 집에 돌아오면 외출할 때 입었던 옷을 갈아입고, 손발을 씻습니다. 그러면 우리는 정말 깨끗할까요? 사실은 그렇지 않습니다. 우리는 매일 우리 몸 안에 있는 큰 것, 작은 것들을 밖으로 배출합니다. 조금 전까지 우리 몸 안에 있던 것이지만 바깥으로 배출하고 나면, "저것도 내 몸의 일부였는데." 하면서 안타까운 마음으로 쳐다보고 있습니까? 빨리 물을 내리지요. 그러면 그런 것이 내 몸 안에 있었으니, 나도 똥이고 오줌이고 그렇습니까? 비록 며칠 동안 배출하지 못해서 몸 안에 변이 잔뜩 들었다 할지라도, 사람들은 그 사람을 부를 때 '변비아' 이렇게 부르지 않고, 그 사람의 이름을 부릅니다.

바울이 고린도교회의 사람들을 가리켜서 "거룩하여지고 성도라 부르심을 받은 자들"이라고 부른 이유가 바로 여기에 있습니다. '거룩한 이'가 누굽니까? 고린도교회 사람들입니까? 예수 그리스도입니다. 그런데 예수께서 자기 몸과 하나로 묶어 버린 사람, 그래서 예수께서 책임지신 사람이기에, 그 사람들을 가리켜서 '거룩한 성도'라고 하는 것입니다. 마치 내 몸 안에 똥과 오줌이 가득 들어 있어도 나는 '박건일'인 것처럼, 우리가 더럽고 추잡하고 죄 덩어리여도, 예수 안에 있으면 거룩한 성도가 되는 것입니다.

로마서 1장에서 말한 '복음'에 관하여 설명해 드리다가 여기까지 왔습니다. "복음에는 하나님의 의가 나타나서 믿음으로 믿음에 이르게" 한다고 했습니다. '복음'은 예수 그리스도입니다. 예수 그리스도를 통해 인간을 구원하시겠다는 하나님의 뜻, 의지, 방법, 그리고 실제로 그렇게 시행하신 것이 바로 '복음'입니다. '하나님의 의'는, "모든 경건하지 않음과 불의에 대하여 진노하시는 것"(유 1:15)입니다. '모든 불의'는 사람이 경건하지 않기 때문에 나타나는 현상입니다. 그렇다면 '경건'은 무엇입니까? 예수님께 속했느냐, 속하지 않았느냐입니다. 우리가 예수 안에 있으면, 우리가 아무리 더러워도 '경건한 성도'입니다. 하지만 예수님 밖에 있으면, 우리는 그냥 '똥 덩어리, 죄 덩어리'입니다. 똥을 예쁘게 잘 싸 놓았으면 보배가 되고, 퍼지게 싸 놓았으면 더럽습니까? 어떻게 싸 놓았어도 몸 밖으로 나온 똥은 냄새나고 보기 싫은 것입니다.

> 에베소서 2:1-3, "그는 허물과 죄로 죽었던 너희를 살리셨도다 2. 그 때에 너희는 그 가운데서 행하여 이 세상 풍조를 따르고 공중의 권세 잡은 자를 따랐으니 곧 지금 불순종의 아들들 가운데서 역사하는 영이라 3. 전에는 우리도 다 그 가운데서 우리 육체의 욕심을 따라 지내며 육체와 마음의 원하는 것을 하여 다른 이들과 같이 본질상 진노의 자녀이었더니"

우리는 어떤 존재였습니까? '본질상 진노의 자녀'였습니다. 그런데 그리스도께서 '허물과 죄로 죽었던 우리를' 살리셨습니다. 똥은 가만히 내버려 둬도 냄새가 나고 파리가 끓습니다. 예수님과 관계가 없는 자들이 하는 일이 무엇일까요? 이 세상 풍조를 따르고 공중의 권세 잡은 자를 따르는, 냄새나고 파리가 끓는 그런 일을 합니다.

바울은, 전에는 우리도 "불순종의 아들들 가운데 역사하는 영을 따라 우리 육체의 욕심을 따라 지내며, 육체와 마음의 원하는 것을 하며" 살았다고 했습니다. 육체와 마음이 원하는 것을 하며 사는 것이 무엇일까요? 마음에 하나님 두기를 싫어하는 것입니다. 이것은 타락한 인간이 갖는 본성입니다. 그리고 하나님은 인간이 자기 마음이 원하는 대로 살도록 내버려 두셨습니다.

> 로마서 1:28-32, "또한 그들이 마음에 하나님 두기를 싫어하매 하나님께서 그들을 그 상실한 마음대로 내버려 두사 합당하지 못한 일을 하게 하셨으니 29. 곧 모든 불의, 추악, 탐욕, 악의가 가득한 자요 시기, 살인, 분쟁, 사기, 악독이 가득한 자요 수군수군하는 자요 30. 비방하는 자요 하나님께서 미워하시는 자요 능욕하는 자요 교만한 자요 자랑하는 자요 악을 도모하는 자요 부모를 거역하는 자요 31. 우매한 자요 배약하는 자요 무정한 자요 무자비한 자라 32. 그들이 이같은 일을 행하는 자는 사형에 해당한다고 하나님께서 정하심을 알고도 자기들만 행할 뿐 아니라 또한 그런 일을 행하는 자들을 옳다 하느니라"

앞서 "창세로부터 그의 보이지 아니하는 것들 곧 그의 영원하신 능력과 신성이 그가 만드신 만물에 분명히 보여 알려졌나니 그러므로 그들이 핑계하지 못할지니라"(롬 1:20)라고 했습니다. 창조 이후 하나님께서는 인간이 죄를 범할 때마다 홍수 심판으로, 소돔 고모라의 멸망으로, 제국이라 불렸던 나라가 멸망하게 되는 것 등을 통해서 하나님께서 공의로 죄악을 심판하는 것을 만물에 분명히 보여 알게 하셨습니다. 그래서 하나님을 믿는 사람들뿐만 아니라, 믿지 않는 자들까지도 하나님의 공의로우심을 몰랐다고 핑계하지 못하도록 역사 속에서 보여 알게 하셨습니다. 하지만 사람들은 죄 범한 자들의 결국이 사형에 해당한다는 것을 알고도, 자기들뿐만 아니라 자기들처럼 죄 범하는 자들을 옳다고 하며 편들어 주며 삽니다.

오늘 우리가 살펴보고 있는 안디옥이라는 도시에 사는 사람들 역시 그렇게 우상을 섬기며, 자기 마음이 원하는 대로 육체를 따라 살고 있던 사람들이었습니다. 그런 도시에 박해를 피해 흩어진 성도들이 들어와서 유대인들에게 말씀을 전했는데, 구브로와 구레네 출신 사람들 역시 그곳에 와서 헬라인에게도 복음을 전한 것입니다. 사도행전을 설교하면서, 왜 로마서 말씀을 끌어와서 '복음이 무엇인지'에 관하여 설명을 하고 있는지 이해하시기 원합니다.

유대인은 원래부터 거룩한 사람이고, 안디옥 사람들은 더러운 사람입니까? 유대인은 하나님이 택한 백성이니까 죄를 안 짓고, 안디옥 사람들은 우상을 섬기는 사람들이니까 매일 죄 짓고 사는 사람들입니까? 아니요, 같은 사람입니다. 유대에서 흩어진 성도들은 안디옥에 와서 오직 유대인들에게만 말씀을 전했는데, 구브로와 구레네 사람들이 와서 헬라인에게 주 예수를 전했다고 한 것도 똑같은 이유입니다. 유대인이 이방 나라에 복음을 전해서 안디옥에 교회가 세워지고, 고린도, 에베소, 데살로니가에 교회가 세워진 것이 아닙니다. 그 사람의 출신이 어디든, 사도나 교회에서 안수받은 사람이 아니었더라도, 예수를 전하는 사람에게 '주의 손'이 함께 하시니 많은 사람이 주께 돌아온 것입니다.

> 25-26, "바나바가 사울을 찾으러 다소에 가서 26. 만나매 안디옥에 데리고 와서 둘이 교회에 일 년간 모여 있어 큰 무리를 가르쳤고 제자들이 안디옥에서 비로소 그리스도인이라 일컬음을 받게 되었더라"

복음이 전해지고 교회가 세워진 이방 도시 안디옥에서 어떤 일이 벌어지는지 보시기 바랍니다. '다소'는 사울의 고향으로 알려진 곳입니다. 바나바가 안디옥교회의 첫 시작을 사울과 함께하고 있다는 것이 흥미롭습니다. 어떤 학자들은 바나바 혼자서 안디옥교회를 돌아보고, 사람들을 가르치는 일이 버거워서 사울을 불러온 것이라고 말합니다. 하지만 그런 이유라면, 차라리 예루살렘교회에 자신을 도와줄 사람을 보내달라고 지원 요청을 하는 편이 낫습니다.

하지만 바나바는 사도 중에 한 사람을 불러오기보다는, 어떻게 보면 예루살렘교회에서도 인정받지 못한 사울을 데려왔습니다. 비록 사울이 예수님을 믿는 사람으로 개종했다고는 하지만, 그가 그 전에 어떤 사람이었는지는 우리가 다 알고 있습니다. 사람들의 일반적인 상식선에서 생각해 봐도 '사울'은 괜찮은 사람은 아닙니다. 스데반 집사를 죽이는 데 앞장서고, 다메섹까지 찾아가서 예수 믿는 사람을 붙잡아 핍박하려고 했던 사람이 사울 아니었습니까? 이것은 누가가 사도행전을 통해서 전하고자 하는 메시지가 있음을 알아야 합니다. 그것이 무엇입니까? 교회가 인간의 자격이나 사람들의 평판을 기준으로 세워지는 것이 아니라는 것입니다.

바나바도 예수님의 직계 제자가 아니었고, 사울 역시 흠결이 많은 사람입니다. 하지만 이방 도시에 세워지는 처음 교회에 바나바와 사울이 그 역할을 합니다. 다시 말씀드려서, 교회는 '주의 손' 곧 하나님의 손과 능력에 의해 세워지는 것이지, 인간의 자격이나 능력에 의해 세워지는 것이 아니라는 것입니다. 안디옥교회 성도들의 구성원은 유대인들만 있었던 것이 아닙니다.

> 사도행전 13:1, "안디옥 교회에 선지자들과 교사들이 있으니 곧 바나바와 니게르라 하는 시므온과 구레네 사람 루기오와 분봉 왕 헤롯의 젖동생 마나엔과 및 사울이라"

여기에 기록된 사람들은 안디옥교회를 이끌었던 중요한 직분자들입니다. 그중에는 바나바와 사울도 있었지만, 아프리카 출신의 시므온과 리비아 사람 루기오, 그리고 왕족 출신의 마나엔이 있었습니다. 출생한 나라도, 사회적 신분도 다른 사람들이 한 교회의 구성원이 되어, 각자의 역할을 맡아서 그리스도의 몸을 이루어 가고 있었습니다. 그리고 더 중요한 것은, 사도들과 비교하면 부족해 보이는 두 사람에 의해 이방 땅인 안디옥에 세워진 교회에서 '그리스도인'이라고 불리는 제자들이 생긴 것입니다.

'그리스도인'으로 불리는 제자들이 예루살렘이나 유대나 사마리아에서 먼저 생긴 것이 아니라, 이방에 세워진 안디옥교회에서 처음 생긴 것을 주목해야 합니다. '그리스도인'은 어떤 사람입니까? 소속이 바뀐 사람입니다. '본질상 진노의 자식'으로 태어나서 '불순종의 아들들 가운데서 역사하는 영'을 따라 육체와 마음이 원하는 대로 살던 사람이, 그리스도의 사람으로 바뀌었습니다.

'그리스도의 사람'이라는 말은 무슨 뜻일까요? 한마디로 '믿고 섬겨야 할 대상, 따라야 할 사랑의 대상'이 있는 사람, '그리스도의 것'이 되었다는 뜻입니다. 이것과 가장 비슷한 개념을 찾는다면 아마도 '사랑'일 것입니다. 사랑하는 사람이 생기면, 나는 그 사람의 것이 됩니다. 내 생각, 내 취향, 내가 가고 싶은 곳, 먹고 싶은 음식 등 모든 것이 '내가 사랑하는 사람'에게 맞춰서 작동합니다. 그렇지 않습니까? 누군가에게 사랑한다고 고백하고서, 고백한 사람과 상관없이 자기가 하고 싶은 대로 하는 사람은 정말로 사랑하는 사람이 아닐 것입니다.

안디옥교회 성도들이 '그리스도인'으로 불렸다는 말이 이와 같은 의미입니다. 그리스도를 위해서라면 자기 신변의 안전이나 목숨도 내려놓을 만큼 그리스도에 대한 믿음과 그를 향한 사랑에 빠져서 사는 사람이 되었다는 것입니다. 이것은 오늘날 교회가 전도할 때나 설교할 때, "슬픔과 절망 속에 있습니까, 주께 나오십시오. 사업에 실패하고 몸이 아프십니까, 주님께 나오십시오. 풀지 못한 고민이 있습니까, 주님께 나오십시오." 이렇게 전하는 것과 다른 개념입니다.

물론 주님 앞에 나오면 그와 같은 세상의 문제가 해결될 수 있을 것입니다. 하지만 '그리스도인'이 되었다는 것은 그것보다 훨씬 큰 개념입니다. "주님과 함께 고난을 받고, 주님 지신 십자가를 나도 지고 따르고, 세상의 유익과 보람을 따르기보다는 나그네와 행인 같은 삶"을 사는 사람이기 때문입니다. 인생의 아쉬움을 해결하기 위해 신앙생활을 하느냐, 주를 믿는 믿음으로 현재의 고난을 지나고 있음에도 믿음을 지키느냐 하는 것은 비교조차 안 됩니다.

오늘날 교회가 작은 어려움도 견디지 못할 만큼 체력이 약해져 있습니다. 그 이유가 무엇일까요? 하나님의 말씀이 없기 때문입니다. 인간의 어려움과 아쉬움을 걱정하고 위로해 주는 말들은 있지만, 어떤 환란과 핍박도 견뎌 낼 수 있을 만큼 믿음을 더해 주는 살아 있는 말씀이 없기 때문입니다. 바나바가 다소까지 가서 사울을 데리고 온 이유가 무엇이겠습니까? 하나님의 말씀을 강력하게 가르쳐야 할 필요가 있었기 때문입니다. 그리고 그 두 사람이 안디옥에서 일 년 동안 가르쳤더니 '그리스도인'이라 불리는 제자들이 많이 생겼습니다. 오늘 저와 여러분도 '그리스도인'이 되길 원합니다. 우리 하와이한빛장로교회가 '그리스도인'이라 불리는 제자들이 많아지기 원합니다.

대학 시절에 캠퍼스 커플인 친구나 후배들을 가리켜서 '쟤는 누구 거야.'라는 말을 했습니다. 저는 당시에 그런 말을 듣는 사람들이 제일 부러웠습니다. 그런데 지금은 다른 말을 듣고 싶습니다. '박건일 목사는 그리스도 거야.' 이 말을 듣고 싶습니다. 여러분도 그런 말을 들으시기 바랍니다. 우리에게 가장 큰 축복의 별명이요, 그것이 저와 여러분의 정체성이 되기를 원합니다.

그렇게 되니라

"그 때에 선지자들이 예루살렘에서 안디옥에 이르니 28. 그 중에 아가보라 하는 한 사람이 일어나 성령으로 말하되 천하에 큰 흉년이 들리라 하더니 글라우디오 때에 그렇게 되니라 29. 제자들이 각각 그 힘대로 유대에 사는 형제들에게 부조를 보내기로 작정하고 30. 이를 실행하여 바나바와 사울의 손으로 장로들에게 보내니라 1. 그 때에 헤롯 왕이 손을 들어 교회 중에서 몇 사람을 해하려 하여 2. 요한의 형제 야고보를 칼로 죽이니 3. 유대인들이 이 일을 기뻐하는 것을 보고 베드로도 잡으려 할새 때는 무교절 기간이라 4. 잡으매 옥에 가두어 군인 넷씩인 네 패에게 맡겨 지키고 유월절 후에 백성 앞에 끌어 내고자 하더라 5. 이에 베드로는 옥에 갇혔고 교회는 그를 위하여 간절히 하나님께 기도하더라"

오늘 본문에 세 가지 사건이 기록되어 있습니다. 첫째는, 아가보라는 선지자가 에베소에 와서, 글라우디오 황제 때에 예루살렘에 큰 흉년이 들 것이라는 예언을 했는데, 실제로 흉년이 발생하게 된 사건입니다. 그래서 안디옥교회 성도들이 유대에 사는 형제들을 위해서 부조를 보냈습니다. 둘째는, 헤롯 아그립바 1세가 유대의 종교 지도자들과 정치인의 환심을 얻고자 하여, 세베대의 아들 야고보를 칼로 죽인 사건이 있었습니다. 셋째는, 헤롯이 야고보 사도를 죽인 것에 대해서 유대인 지도자들이 기뻐하는 것을 보고, 그 기세를 모아서 베드로까지 잡아 옥에 가두었다고 했습니다.

가뜩이나 나라를 잃고 로마의 속국이 되어 로마에 내야 하는 과도한 세금 때문에 힘들어진 상황에서 큰 흉년까지 닥쳤으니 저들의 삶은 더욱 피폐해졌습니다. 게다가 예루살렘교회를 이끌던 야고보는 정치적 희생양이 되어 부당한 죽임을 당했고, 베드로까지 붙잡혀서 언제 죽게 될지 모르는 상황이 되었습니다. 우리는 이렇게 편안하게 글로 당시 상황을 보고 있지만, 당시 성도들의 처지에서 생각해 보면 하루하루가 불안하고 고단한 삶이었을 것입니다. 그런데 하루하루가 불안하고 고단한 삶을 사는 것은, 당시의 성도들뿐만 아니라 오늘을 사는 우리도 비슷하게 느끼는 현실이고 감정입니다.

지금은 조금 나아졌지만, 1년이 넘도록 계속되고 있는 코로나바이러스 사태로 인해서 우리의 일상이 많이 깨지고 힘들어진 것입니다. 건강을 잃거나, 목숨을 잃은 사람도 많고, 직장을 잃거나 계획했던 일들이 틀어져서 낭패를 본 사람도 많습니다. 무엇보다 하나님께 예배하는 부분에서도 많은 제약이 있었고, 지금도 있습니다. 이처럼 예상하지 못했던 불행한 상황이 갑자기 발생했을 때, 의지하고 따르던 사람이 죽었을 때, 그리고 고난의 상황이 계속 이어질 때 우리는 당황하게 됩니다. 그리고 우리는 천지를 지으신 하나님께 묻게 됩니다. “하나님, 왜 우리에게 이렇게 하시는 겁니까?”

우리는 하나님께서 이 세상을 만드셨고, 온 천하 만물의 주인이시며, 역사를 주관하고 섭리하시는 참되고 유일하신 하나님이신 것을 믿습니다. 하지만 그렇더라도 우리 앞에 당황스러운 사건이 생기고 그런 상황이 계속 이어지면, 참되고 유일하신 하나님에 대한 의문과 섭섭함이 생기는 것이 사실입니다. 사도행전만 봐도 그렇습니다. 오순절 성령 강림으로 다락방에 숨어 있던 사도와 성도들은, 그 전과 후가 완전히 다른 사람이 되었습니다. 겁쟁이처럼 숨어 지내던 사람들이 핍박을 두려워하지 않고 예루살렘 거리로 뛰어나와 담대하게 복음을 전하기 시작했고, 각종 기적의 역사가 함께 일어났습니다.

예루살렘에서 시작된 복음의 역사는 사마리아와 다메섹, 욥바, 가이사랴에 이어서 이방 도시였던 안디옥까지 이어져서 믿는 자의 수가 날로 많아졌습니다. 복음이 전해지는 곳마다 병든 자와 귀신 들린 자가 고침을 받았고, 그곳에 큰 기쁨이 있었습니다. 하지만 동시에 유대인들과 대제사장들이 복음 전하는 사도들을 시기하고 미워해서, 예루살렘을 피해 다른 도시로 도망간 사람들까지 쫓아가서 핍박했습니다. 이미 스데반이 돌에 맞아 죽었고, 베드로도 세 번째 감옥에 갇히게 되었으며, 사도 바울도 그가 쓴 성경 대부분이 감옥에서 교회로 보낸 편지들입니다.

고등학교를 졸업하고 신학 대학에 처음 들어가서 배운 찬양이 있습니다. 그 전까지 교회에서는 찬송가만 불러서 복음 성가는 전혀 몰랐습니다. 그중 가장 은혜로웠던 찬양은 최용덕 가수의 〈오라 우리가 세상을 변화시키자〉였습니다. 그 찬양의 가사는 이렇습니다. "이 세상은 날이 갈수록 악해져 가고 온 거리마다 넘쳐나는 죄악의 물결, 어느 누가 이 세상을 구할 수 있으랴 하나님 없는 저들에게 오직 죽음뿐, 오라 우리가 세상을 변화시키자 오라 우리가 예수 그리스도로."

신학생들 모임이나 기독동아리 모임에서 이 찬양을 부를 때마다 마음이 얼마나 뜨거웠는지 모릅니다. "죄악으로 가득 찬 세상을 변화시켜야지." 정말 우리는 그렇게 할 수 있을 것 같았고, 그렇게 죄악으로 물든 세상을 변화시키는 것이 신학생인 우리가 가진 사명이라고 생각했습니다. 그런데 신학교와 신대원을 졸업하고 20년이 넘게 흘렀지만, 세상은 하나도 변한 것이 없고, 오히려 더 악해졌습니다. 저 역시 "내가 세상을 변화시킬 수는 없구나!"라는 주제 파악을 하게 된 것 같습니다.

내가 혹은 우리가 옳으면, 옳지 않은 세상을 바꿀 수 있을까요? 내가 아무리 옳아도, 옳지 않은 사람들이 다수를 장악하고 있다면 옳고 그름과 상관없이 세상은 다수가 장악한 쪽으로 흘러갑니다. 그뿐이겠습니까? 옳지 않은 자들이 다수를 장악한 세상은, 자기들이 옳지 않은 것을 합리화하고 정당화하는 쪽으로 이끌어 가지, 자기들의 옳지 않은 것을 고치려는 쪽으로 가지 않습니다.

동성애를 인정하는 것에 더해서 동성 간 결혼을 합법화하고, 잉태된 생명이라도 자기가 원하지 않으면 죽이는 낙태를 합법화하는 곳이 세상입니다. 그런 법안에 찬성하는 사람은 전부 하나님을 모르고 예수 안 믿는 사람일까요? 미국의 경우 크리스천 의원 중에도 그런 법안에 찬성하는 사람들이 많고, 한국도 선거가 다가오면 신앙 양심과 관계없이 표가 되는 쪽으로 움직입니다. 코로나 시대를 지나면서 쇼핑몰이나 놀이공원에 사람들이 모이는 것은 반대하지 않으면서, 예배하는 것은 절대 안 된다고 했던 사람이 교회의 안수집사라고 알려진 총리였습니다. 뉴스와 신문마다 무슨 교회에서 확진자가 몇 명 나왔다고 연일 보도했는데, 정작 감염 대책 당국자는 그 확진자가 교회에서 예배드리다가 감염됐다는 추적 결과는 없다고 발표했습니다.

지금 드리려는 말씀은, 초대 교회 때처럼 복음이 전해지는 곳마다 기적이 일어나고, 주를 믿는 사람들이 엄청나게 많이 생기면 세상이 좋은 쪽으로 변할까요? 예수 믿는 우리의 마음이 진실하고, 누가 오른뺨을 때리면 왼뺨도 대 주고, 내 것을 하나도 아끼지 않고 가난한 사람들에게 다 나눠 주면 세상이 변할까요? 나 한 사람으로는 부족하니 세상의 모든 교회가 다 그렇게 교회 재정을 팔아서 사람들에게 나눠 주면, 세상에서 가난한 사람이 없어지고 잘살게 될까요?

우리가 살펴봤지만, 성도들이 자기의 재산을 팔아 사도들 발 앞에 두고, 사람마다 필요에 따라 나눠 가져서 그들 가운데 가난한 사람이 없다고 했습니다. 하지만 이 말씀은 현실적으로 가난한 사람이 하나도 없었다는 뜻이 아닙니다. 초대 교회 성도들이 세상의 물질이 없는 것 때문에 부족함을 느끼거나 허전해하는 마음의 가난이 없었다는 뜻입니다. 실제로는 헬라파 과부가 히브리파 과부에 비해서 구제에 빠지게 된 것 때문에 다툼이 있었지 않습니까? 그래서 그 문제를 해결하기 위해 일곱 집사를 세웠던 것입니다.

복음이 전파되는 곳마다 기적과 기쁨이 넘쳐나고 주를 믿는 사람들이 날마다 더해졌습니다. 하지만 그렇다고 해서 예수 믿는 사람들의 삶의 형편이 더 나아졌다거나, 복음을 전하던 사도들이 좋은 대접을 받았다거나, 세상이 변했다는 기록은 없습니다. 오히려 예수를 믿기 시작하는 순간부터, 유대교로부터 받던 구제에서 제외됐을 뿐만 아니라, 예수 믿는 것 때문에 핍박을 받게 되었고, 결국 고향을 떠나야 했습니다. 복음을 전하던 사도들 역시, 누군가는 돌에 맞아 순교했고, 누군가는 매를 맞고 감옥에 갇히고, 누군가는 목 베임을 받아서 죽는 일이 벌어졌습니다. 그래서 "왜 예수를 잘 믿는데도 불구하고 현실에서 만나는 괴로움과 고통의 문제가 해결되지 않는가?" 하는 질문이 계속 드는 것입니다.

먼저 우리가 분명히 알아야 할 것은, 기독교는 일반 종교가 가지고 있는 '종교에 대한 일반적인 기대' 위에 서 있지 않다는 것입니다. 일반 종교가 가지고 있는 '종교에 대한 일반적인 기대'는 무엇입니까? 첫째는, 신이 가진 초월적 능력으로 내가 가진 현재의 문제를 해결하는 것입니다. 둘째는, 자연재해로 상징되는 '신의 진노'를 면하는 것입니다. 그래서 자연신을 섬기는 하등 종교 신도도 신에게 드리는 제사를 지냈습니다. 그런데 기독교 신앙은 내가 가진 아쉬운 문제를 신의 능력에 기대어 해결하려고 하거나, 신에 대한 두려움 때문에 예배를 드리는 그런 종교가 아닙니다. 성경은 하나님과 우리와의 관계에 관해서 설명할 때, 하나님께서 우리를 '아들'로 삼아 주시고, 아버지와 아들의 관계 안에서 사랑을 주신다고 말씀합니다.

> 로마서 8:15, "너희는 다시 무서워하는 종의 영을 받지 아니하고 양자의 영을 받았으므로 우리가 아빠 아버지라고 부르짖느니라"

세상 종교를 믿는 사람들이 자기가 섬기는 신에게 치성을 드리고 원하는 소원을 이루었다 할지라도, 그 사람과 그가 섬기는 신 사이에 아무런 관계가 없습니다. 먼 길을 떠날 때 산신제를 드리고, 용왕제를 드린 후에 무사히 다녀왔다고 해서 자기들이 제사를 드렸던 신과 더 가깝고 친밀해지는, 그런 것은 없습니다. 왜 그렇습니까? 그들이 만든 신들이 다 실체가 없는 헛된 우상이기 때문입니다. 아무것도 없는데 어떻게 관계가 형성될 수 있겠습니까?

하지만 천지를 지으신 하나님께서는 우리를 당신의 자녀로 삼으시고, 우리를 구원하기 위해서 독생자 예수를 대신 십자가에 못 박을 만큼 우리를 사랑하십니다. 그래서 기독교 신앙이 무엇인지 알기 위해서 가장 먼저 필요한 것이, 하나님이 누구신지에 대한 '신관'이 분명히 세워져 있어야 합니다. 하나님이 누구신지 정확하게 알지 못하면, 세상 사람들이 저마다 자기가 믿는 각양 신들이 있는데, 기독교는 하나님이라는 신을 믿는 종교로 이해하게 됩니다. 오늘 전하려는 말씀이 종교심을 가진 세상 사람들이 믿는 신과 우리가 믿는 하나님이 어떻게 다른지 말하려는 것이 아니므로, 이 부분은 넘어가겠습니다. 하지만 우리가 분명히 알아야 하는 것은, 우리가 오늘날 당면하는 모든 현실은 우리 신앙의 유익을 위해서 하나님께서 주신 것이라는 사실입니다.

그 현실은 오늘 본문의 말씀처럼, 천하에 흉년이 드는 것일 수도 있고, 야고보가 목 베임 당해 순교하고, 베드로가 감옥에 갇히게 되는 일일 수도 있습니다. 이것이 바로 세상의 다른 종교들과 우리 기독교가 근본적으로 다른 점입니다. 세상의 종교는 신에게 정성만 열심히 바치면 화는 면하고 복을 받는다고 합니다. 하지만 하나님께서는 아들을 징계하지 않는 아버지가 어디 있느냐고 말씀합니다.

> 히브리서 12:5-8, "또 아들들에게 권하는 것 같이 너희에게 권면하신 말씀도 잊었도다 일렀으되 내 아들아 주의 징계하심을 경히 여기지 말며 그에게 꾸지람을 받을 때에 낙심하지 말라 6. 주께서 그 사랑하시는 자를 징계하시고 그가 받아들이시는 아들마다 채찍질하심이라 하였으니 7. 너희가 참음은 징계를 받기 위함이라 하나님이 아들과 같이 너희를 대우하시나니 어찌 아버지가 징계하지 않는 아들이 있으리요 8. 징계는 다 받는 것이거늘 너희에게 없으면 사생자요 친아들이 아니니라"

하나님은 자식이 잘되기를 바라는 부모와 같이 자기 백성을 지극히 사랑하십니다. 하나님께서 우리에게 '징계와 꾸지람'을 하시는 것은, 하나님과 우리 사이의 관계를 설명하는 것임과 동시에, 아버지로서 의무를 말씀하는 것입니다. 사도행전을 강해하면서 제가 자주 드리는 말씀이 '관계'라는 것을 기억하십시오. 하나님께서 사람을 창조하신 이유도 '관계' 때문이고, 노아와 아브라함을 찾아오셔서 구원과 축복의 약속을 주신 이유도 이 '관계' 때문입니다. 하나밖에 없는 아들을 세상에 보내셔서, 우리가 마땅히 져야 할 죄의 형벌을 그리스도께 대신 지도록 하신 이유도 이 '관계' 때문입니다. 그 '관계'는 어떤 관계입니까? 아버지와 아들, 부모와 자식의 관계입니다.

저는 아직 자녀를 오래 키워 보지 않아서 아직도 모르는 부분이 많이 있습니다. 그런데 자녀를 낳아서, 그 자녀가 옳은 방향으로 살도록 생각을 붙잡아 주고, 좋은 습관을 만들어 주는 것이 얼마나 어려운지 조금은 알 것 같습니다. 앞서도 말씀드린 것처럼, 사람들은 옳고 유익한 것을 알았다고 해서 옳고 유익한 쪽으로 가지 않습니다. 오히려 반대로 가려고 할 때가 훨씬 더 많습니다. 목사가 하는 일이 무엇일까요? 성경에 무엇이 우리에게 옳고 유익한지 말씀해 주셨으니, 그것을 찾아서 성도들에게 가르쳐 주는 일을 하는 것입니다. 그런데 목사가 하는 일에는 한계가 있습니다. 말씀을 가르치고 선포하는 것까지입니다. 마치 물을 떠서 줄 수는 있지만, 억지로 먹일 수는 없는 것과 같습니다.

그런데 가르쳐야 할 대상이 내 아들이라면 조금 다릅니다. 아버지이기 때문에 강한 행동을 할 때도 있습니다. 가르쳐도 보고, 타일러도 보고, 야단도 쳐 보지만, 도무지 말을 듣지 않을 때는 매를 때려서라도 아이의 생각을 바꾸고, 잘못된 습관을 바꾸려고 하는 것입니다. 왜요? 자식에게 매를 때리는 것이 마음 아픈 일이더라도 그것이 자녀에게 더 유익하기 때문입니다. 그래서 성경은 하나님께서 아들과 같이 우리를 대하시는데, 아버지가 징계하지 않는 아들이 어디에 있겠느냐고 말씀합니다(히 12:7-8). 이것은 아버지가 아들을 그만큼 사랑한다는 뜻입니다.

히브리서 기자는 "아버지의 징계가 곧 아들 됨의 증거"라고 말씀합니다. 왜 우리가 예수를 잘 믿고, 신앙생활을 잘함에도 불구하고 고난을 받는가, 어려운 일이 꼬리에 꼬리를 물고 계속 이어지는가? 이와 같은 질문이 생길 때, 성경이 주는 첫 번째 답이 바로 이것입니다. 우리가 경험하는 모든 현실은 하나님께서 허락하신 것이라는 것입니다. 그러면 이런 생각이 듭니다. 하나님은 나에게 무슨 억하심정이 있으시기에 이런 어려움을 주시는가? 그때 성경이 주는 답이 뭡니까? '너를 위해서 준다.'입니다. 어렵지요. 사랑하고 위한다면서 왜 나를 괴롭게 하시고, 그런데 그것이 또한 나를 위한 거라고 말하는 것을 우리가 어떻게 이해할 수 있을까요?

> 시편 119:67, "고난 당하기 전에는 내가 그릇 행하였더니 이제는 주의 말씀을 지키나이다"

> 시편 119:71, "고난 당한 것이 내게 유익이라 이로 말미암아 내가 주의 율례들을 배우게 되었나이다"

사람은 말로 해서 알아들을 만큼 그 마음이 선하거나, 이해력이 높지 않습니다. 이것이 우리가 고난을 통과해야 하고 징계가 필요한 이유입니다. 예수님께서 제자들에게 영생하는 천국과 지옥에 대해서 가르쳐 주시면서, 손과 발, 눈과 같은 자기의 신체 일부분을 잘라 내거나 빼내더라도 그것을 가지고 지옥에 던져지는 것보다, 그것 없이 천국에 가는 것이 낫다고 말씀하셨습니다.

> 마가복음 9:43-49, "만일 네 손이 너를 범죄하게 하거든 찍어버리라 장애인으로 영생에 들어가는 것이 두 손을 가지고 지옥 곧 꺼지지 않는 불에 들어가는 것보다 나으니라 45. 만일 네 발이 너를 범죄하게 하거든 찍어버리라 다리 저는 자로 영생에 들어가는 것이 두 발을 가지고 지옥에 던져지는 것보다 나으니라 47. 만일 네 눈이 너를 범죄하게 하거든 빼버리라 한 눈으로 하나님의 나라에 들어가는 것이 두 눈을 가지고 지옥에 던져지는 것보다 나으니라 48. 거기에서는 구더기도 죽지 않고 불도 꺼지지 아니하느니라 49. 사람마다 불로써 소금 치듯 함을 받으리라"

이 말씀은 예수님께서 제자들에게, 자신의 현재의 삶에 대한 철저한 자기 책임과 윤리적 절제, 그리고 죄에 대한 철저한 회개를 강조하신 말씀입니다. 오늘날 우리는 '죄'에 대해서 무감각한 시대를 살고 있습니다. '죄 없는 사람은 하나도 없다'라는 말이, "너도 죄가 있고, 나도 죄가 있으니 서로 잘못했다고 지적하지 말고 눈감아 주고, 덮어 주자." 처럼 되어 버렸습니다. 성경이 "죄 없는 사람은 하나도 없다."라고 말했을 때 그 뜻은, 우리 모두가 죄 용서를 받아야 하고 구원받아야 하는 대상이라는 뜻입니다.

하지만 세상에서뿐만 아니라 교회 안에서도, 자꾸 불편하게 '죄' 이런 이야기하지 말고, 서로 격려하고 위로해 주고 사랑하자는 설교를 해야 한다고 합니다. 그런데 우리가 '죄'에 대해서 서로 덮어 주자 하고, 괜찮다고 하면 모든 문제가 없어지고 정말로 괜찮아집니까? 그렇지 않습니다. 하나님께서는 죄를 싫어하고 미워하십니다. 그래서 예수님은 극단적인 표현까지 사용하시면서 죄지은 신체를 잘라 버리고 천국에 가는 것이 그것들을 다 갖고 지옥에 가는 것보다 낫다고 한 것입니다.

우리가 세상에서 왜 고난을 받고 어려운 일은 끊임없이 나를 찾아오는지, 그것이 하나님께서 주시는 징계는 아닌지 그 원인을 추적하고 있습니다. 오늘 본문에 아가보라는 선지자가 성령으로 예언하면서, "천하에 큰 흉년이 들리라"라고 했는데, 실제로 글라우디오 황제 때에 큰 흉년이 들었습니다

> 28, "그 중에 아가보라 하는 한 사람이 일어나 성령으로 말하되 천하에 큰 흉년이 들리라 하더니 글라우디오 때에 그렇게 되니라"

여기서 우리가 제일 먼저 생각해야 하는 것은, 하나님께서 첫 사람인 아담과 하와를 위해 만들어 주셨던 에덴동산에는 '흉년'과 같은 자연재해가 없었습니다. 하지만 아담과 하와가 죄를 범하고 타락하고 나자 땅이 저주를 받았고, 그 후 홍수 심판도 있었고, 바벨탑도 무너졌고, 소돔 고모라의 멸망도 있었습니다. 인간이 재난을 당하게 되는 가장 근본적인 이유가 무엇입니까? '죄' 때문입니다. 그러면 이렇게 세상에 '큰 흉년'과 같은 재난을 당하게 될 때, 예수 믿는 성도들은 그 재난을 면하고 그냥 통과하는 법이 있습니까? 그런 법은 없습니다.

> 열왕기상 17:1, "길르앗에 우거하는 자 중에 디셉 사람 엘리야가 아합에게 말하되 내가 섬기는 이스라엘의 하나님 여호와께서 살아 계심을 두고 맹세하노니 내 말이 없으면 수 년 동안 비도 이슬도 있지 아니하리라 하니라"

> 야고보서 5:17, "엘리야는 우리와 성정이 같은 사람이로되 그가 비가 오지 않기를 간절히 기도한즉 삼 년 육 개월 동안 땅에 비가 오지 아니하고"

북이스라엘의 아합 왕이 통치하던 시절은 이스라엘의 우상 숭배가 가장 극심했던 때입니다. 하나님께서는 아합 왕과 북이스라엘의 죄를 벌하기 위해서 이스라엘에 삼 년 육 개월 동안 비가 내리지 않게 하셨습니다. 그러면 죄를 범하지 않은 엘리야가 사는 곳은 비가 내렸을까요? 아니요, 엘리사 역시 똑같이 가뭄을 견디며 살았습니다.

우리가 사는 세상은 죄악으로 가득한 곳이며, 언제 하나님의 심판이 임해도 전혀 이상하지 않은 상황에서 우리가 살고 있습니다. 그래서 오늘 밤 하나님의 심판이 내리지 않고 유보되었다면, 오늘을 산 만큼 우리에게 은혜입니다. 우리가 죄를 범했을 때, 하나님께서 개별적으로 징계를 내리실 수 있습니다. 그때는 빨리 회개하고 하나님께로 돌아오면 됩니다. '천하에 큰 흉년이 들리라.', 흉년이 드는 것 자체는 괴로운 일일 수 있으나, 그렇게 흉년이 드는 근본적인 이유는 인간이 지은 죄 때문인 것을 알아야 합니다. 그럴 때 우리 성도들은 어떻게 해야 할까요?

> 29-30, "제자들이 각각 그 힘대로 유대에 사는 형제들에게 부조를 보내기로 작정하고 30. 이를 실행하여 바나바와 사울의 손으로 장로들에게 보내니라"

안디옥에 사는 성도들이 흉년으로 인해 힘들어하는 예루살렘 성도들을 위해 부조를 보내서 도와주면서 함께 고난의 시기를 견뎌 내고 있습니다. 이 땅에 교회가 있는 이유가 바로 이런 이유 때문입니다. 우리는 각자도생, 자기가 알아서 생존해야 하는 서바이벌 세상에서 사는 것이 아니라, 그리스도의 몸 된 지체로서 서로 돌아보면서 함께 견디는 사람들입니다. 코로나 시대를 1년 넘게 지나오고 있습니다. 이제 끝이 보이는 것 같습니다. 잘 견디셨습니다. 마지막까지 서로 돌아보며 잘 견뎌 내길 기원합니다.

> 12:1-2, "그 때에 헤롯 왕이 손을 들어 교회 중에서 몇 사람을 해하려 하여 2. 요한의 형제 야고보를 칼로 죽이니"

세상 사람들에게 가장 무서운 것이 있다면 아마도 '죽는 것'일 것입니다. 죽음은 모든 것의 종결이고, 무덤이고, 뜨거운 불입니다. 그러니

"숨 쉴 기운만 있다면 더 살고 싶다."라는 말이 우스갯소리는 아닙니다. 그런데 성경은 '죽음'에 대해서 종결, 두려움, 암흑이라고 말하지 않습니다.

> 베드로후서 3:11-13, "이 모든 것이 이렇게 풀어지리니 너희가 어떠한 사람이 되어야 마땅하냐 거룩한 행실과 경건함으로 12. 하나님의 날이 임하기를 바라보고 간절히 사모하라 그 날에 하늘이 불에 타서 풀어지고 물질이 뜨거운 불에 녹아지려니와 13. 우리는 그의 약속대로 의가 있는 곳인 새 하늘과 새 땅을 바라보도다"

주님 재림의 그날이 오면 모든 것이 불에 타고 녹아내릴 것입니다. 그때가 되면 주를 믿지 않은 사람들, 구원의 반열에 들지 못한 사람들은 영원한 불의 형벌을 받게 될 것입니다. 하지만 우리는 하나님께서 약속하신 새 하늘과 새 땅에서 살게 될 것입니다. 또한, 구원받은 우리는 하나님의 백성이 되고, 하나님은 친히 우리와 함께 계셔서 다시는 사망이나, 애통하는 것이나, 아픈 것이 없는 곳에서 살게 하실 것입니다. 그뿐만 아니라 끝까지 믿음을 지키고 이겨 낸 사람은, 하나님의 아들로서 하나님의 유업을 상속으로 받게 될 것입니다.

> 요한계시록 21:1-7, "또 내가 새 하늘과 새 땅을 보니 처음 하늘과 처음 땅이 없어졌고 바다도 다시 있지 않더라 2. 또 내가 보매 거룩한 성 새 예루살렘이 하나님께로부터 하늘에서 내려오니 그 준비한 것이 신부가 남편을 위하여 단장한 것 같더라 3. 내가 들으니 보좌에서 큰 음성이 나서 이르되 보라 하나님의 장막이 사람들과 함께 있으매 하나님이 그들과 함께 계시리니 그들은 하나님의 백성이 되고 하나님은 친히 그들과 함께 계셔서 4. 모든 눈물을 그 눈에서 닦아 주시니 다시는 사망이 없고 애통

하는 것이나 곡하는 것이나 아픈 것이 다시 있지 아니하리니 처음 것들이 다 지나갔음이러라 5. 보좌에 앉으신 이가 이르시되 보라 내가 만물을 새롭게 하노라 하시고 또 이르시되 이 말은 신실하고 참되니 기록하라 하시고 6. 또 내게 말씀하시되 이루었도다 나는 알파와 오메가요 처음과 마지막이라 내가 생명수 샘물을 목마른 자에게 값없이 주리니 7. 이기는 자는 이것들을 상속으로 받으리라 나는 그의 하나님이 되고 그는 내 아들이 되리라"

성경에서 믿는 자의 죽음을 말할 때, 죽음의 의미는 바로 이런 것입니다. 아버지 하나님과 영원히 거함, 아버지의 상속자가 되어 유업을 누리는 것입니다. 세상의 기준으로 보면, 야고보 사도의 갑작스러운 죽음은 충격과 당혹스러움입니다. 언제 그러한 죽음이 나에게도 미칠지 모르는 두려움과 공포입니다. 하지만 우리 믿는 성도들에게 '죽음'은 두려움과 공포가 아니라 기대와 소망입니다.

히브리서 11:36-38, "또 어떤 이들은 조롱과 채찍질뿐 아니라 결박과 옥에 갇히는 시련도 받았으며 37. 돌로 치는 것과 톱으로 켜는 것과 시험과 칼로 죽임을 당하고 양과 염소의 가죽을 입고 유리하여 궁핍과 환난과 학대를 받았으니 38. (이런 사람은 세상이 감당하지 못하느니라) 그들이 광야와 산과 동굴과 토굴에 유리하였느니라"

세상이 감당하지 못하는 믿음, 세상은 알지 못하는 천국에 대한 소망, 이것이 바로 사도행전 말씀이 야고보 사도의 죽음을 담담하게 기록한 이유입니다. 오늘 저와 여러분이 이와 같은 믿음을 갖게 되길 기원합니다. 다음 시간에는 베드로가 붙잡혀서 감옥에 갇혔다가 풀려나게 되는 사건을 살펴보려고 합니다. 자기 백성을 향한 하나님의 사랑과 그들을 챙기시는 하나님의 보호하심이 얼마나 철저하게 이루어지고 있는지 확인하게 될 것입니다.

우리는 버려진 사생자가 아니라 하나님의 아들들입니다. 하나님께서 아들을 징계하시는 것은 사랑하시기 때문이요, 잘되기를 원하시기 때문입니다. 그것이 징계라는 모습으로 보일지라도, 그 모든 것은 우리를 위한 것입니다. 그런데 우리가 그것을 하나님의 사랑으로 느끼지 못하는 것은, 아직 우리가 신앙에 있어서 철이 들지 않아서입니다. 주를 향한 소망을 더욱 굳게 하시고, 영원한 천국을 바라보며, 함께 잘 견뎌 나가는 저와 여러분이 되길 기원합니다.

내가 이제야 참으로 알겠노라

"이에 베드로는 옥에 갇혔고 교회는 그를 위하여 간절히 하나님께 기도하더라 6. 헤롯이 잡아 내려고 하는 그 전날 밤에 베드로가 두 군인 틈에서 두 쇠사슬에 매여 누워 자는데 파수꾼들이 문 밖에서 옥을 지키더니 7. 홀연히 주의 사자가 나타나매 옥중에 광채가 빛나며 또 베드로의 옆구리를 쳐 깨워 이르되 급히 일어나라 하니 쇠사슬이 그 손에서 벗어지더라 8. 천사가 이르되 띠를 띠고 신을 신으라 하거늘 베드로가 그대로 하니 천사가 또 이르되 겉옷을 입고 따라오라 한대 9. 베드로가 나와서 따라갈새 천사가 하는 것이 생시인 줄 알지 못하고 환상을 보는가 하니라 10. 이에 첫째와 둘째 파수를 지나 시내로 통한 쇠문에 이르니 문이 저절로 열리는지라 나와서 한 거리를 지나매 천사가 곧 떠나더라 11. 이에 베드로가 정신이 들어 이르되 내가 이제야 참으로 주께서 그의 천사를 보내어 나를 헤롯의 손과 유대 백성의 모든 기대에서 벗어나게 하신 줄 알겠노라 하여 12. 깨닫고 마가라 하는 요한의 어머니 마리아의 집에 가니 여러 사람이 거기에 모여 기도하고 있더라"

사도행전 11장부터 이어지는 세 가지 사건을 묶어서 살펴보고 있습니다. 아가보라 하는 선지자가 안디옥에 와서 성령의 인도하심을 따라 천하에 큰 흉년이 들 것이라고 예언했고, 예루살렘에 큰 흉년이 들었습니다(행 11:27-28). 이에 안디옥의 성도들은 유대에 사는 형제들을 위해 부조를 보내기로 하고, 바나바와 사울 편에 예루살렘교회에 부조를 보냈습니다(행 11:29-30). 그와 비슷한 시기에 유대의 분봉왕이었던 헤롯 아그립바 1세는 유대 종교 지도자들에게 환심을 얻으려고 야고보 사도(세베대의 아들)를 칼로 죽였습니다[(2)]. 이렇게 야고보 사도를 죽인 일에 대하여 유대인들이 기뻐하는 것을 본 헤롯은, 그 여세를 몰아 베드로까지 죽이기 위해 붙잡아 옥에 가두었습니다.

> 4, "잡으매 옥에 가두어 군인 넷씩인 네 패에게 맡겨 지키고 유월절 후에 백성 앞에 끌어 내고자 하더라".

붙잡혀 온 베드로는, "군인 넷씩인 네 패에게 맡겨져서" 특별한 감시를 받았고, 잠을 잘 때는 "두 군인 틈에서 두 쇠사슬에 매인 채 잠을 자야" 했습니다.

> 6, "헤롯이 잡아내려고 하는 그 전날 밤에 베드로가 두 군인 틈에서 두 쇠사슬에 매여 누워 자는데 파수꾼들이 문 밖에서 옥을 지키더니"

"베드로가 두 군인 틈에서 두 쇠사슬에 매여 누워잤다."는 말이 무슨 뜻일까요? 간수 두 명이 감옥 안으로 들어와서 베드로의 두 손에 쇠사슬을 채우고 간수들도 자기 손목에 쇠사슬을 채워서 지키고, 다른 두 명은 바깥에서 지킨 것입니다. 간수들이 이렇게까지 하는 이유는, 왕이 붙잡아 가둔 죄수를 놓치면 안 됐기 때문입니다. 그런데 이런 상황에서도 깊은 잠에 빠진 베드로의 모습이 놀랍습니다.

7, "홀연히 주의 사자가 나타나매 옥중에 광채가 빛나며 또 베드로의 옆구리를 쳐 깨워 이르되 급히 일어나라 하니 쇠사슬이 그 손에서 벗어지더라"

주의 천사가 베드로의 옆구리를 쳐서 깨웠다고 했는데, 여기서 '쳤다'(파타쏘)는 단어의 원어의 뜻은 '때려눕힌다.' 또는 '죽인다.' 등으로 사용되는 단어입니다. 베드로가 얼마나 깊이 잠이 들었는지 때려눕힐 정도로 쳐야 했다는 말입니다. 6절에 "헤롯이 잡아내려고 하는 그 전날 밤"이라고 했으니, 내일이 되면 베드로는 사람들이 보는 앞으로 끌려 나와서 죽게 될 것입니다. 그런데 베드로는 아무 고민도, 아무 생각도 없이 잠만 깊이 잘 자고 있습니다.

요즘에 이런 것 없어도 수면제나 신경 안정제를 먹지 않으면 잠을 잘 자지 못하는 사람들이 얼마나 많습니까? 어떤 탐사 보도 프로그램을 보니까, 자살하는 사람 중에는 너무 오랫동안 잠을 자지 못해서, 그 고통을 끝내려고 자살을 시도하는 사람도 있다고 합니다. 그런데 베드로는 내일이면 죽게 될 것이고, 그것 때문에 쇠사슬에 매인 채 군인 두 사람 틈에 끼어서 잠을 자야 하는 상황인데도 너무 잘 자고 있습니다. 더 압권인 것은 감옥 밖으로 나온 베드로가 정신을 차리고 한 말입니다.

11, "이에 베드로가 정신이 들어 이르되 내가 이제야 참으로 주께서 그의 천사를 보내어 나를 헤롯의 손과 유대 백성의 모든 기대에서 벗어나게 하신 줄 알겠노라 하여"

이 말씀은 '주님께서 그의 천사를 보내어 자신을 구출하실 수도 있다는 환상을 봤다는 것'이 아니라, 실제로 구출되었다는 사실을 알았다는 뜻입니다. 또한, 베드로의 이 말은 "하나님께서 마음만 먹으면 천사를 보내서 나를 구원할 수 있는 능력이 있는 분이라는 사실을 이제 알았다." 이런 뜻이 아닙니다. 오늘 우리가 살펴보려고 하는 내용이 바로 이것입니다. 사도행전 11장부터 이어지는, 유대에 큰 흉년이 들고, 헤롯왕에 의해 야고보 사도가 베임을 받아서 죽고, 베드로가 감옥에 갇혔다가 천사에 의해 풀려납니다. 이 세 가지 사건은 서로 연관성이 없는 것처럼 보이지만, 사실은 하나입니다. 어떤 의미에서 하나의 사건인가 하면, 하나님의 뜻을 나타냄에 있어서 하나입니다.

지난 시간에도 말씀드렸던 것처럼, 세상에 흉년이 들고 자연재해가 발생하는 이유는 인간이 지은 죄의 결과물입니다. 하나님께서 처음 인간인 아담과 하와를 위해 만들어 주셨던 에덴동산에서는 자연재해나 흉년과 같은 것이 없었습니다. 인간이 타락한 이후 땅이 저주를 받았고, 그 결과 이런 재앙이 발생하는 것입니다. 이렇게 흉년이 들거나 재해가 발생하면, 믿는 자나 믿지 않는 자나 똑같이 당합니다. 예수를 잘 믿는다고 재해나 재난이 비껴가거나 면제되지 않습니다. 이럴 때는 안디옥교회처럼 포도나무이신 그리스도께서 자신의 몸에 접붙여서 하나로 묶어 주신 교회 공동체 안에서, 서로 돕고 격려하며 버텨 나가야 합니다.

야고보 사도처럼 본인이 잘못한 것이 없음에도, 단지 예수를 믿는다는 이유로 정치적, 종교적 목적에 의해 죽임을 당하게 되는 사건이 생길 수도 있습니다. 사실 복음이 전파되는 모든 나라와 현장마다 이렇게 순교한 분들이 많습니다. 그분들이 하나님 앞에 죄를 지어서 죽은 것이 아니라 복음 때문에 죽었습니다. 서울 양화진에는, 조선이라는 나라가 있는지도 모르던 시기에 동양의 가장 가난한 나라에 와서 복음을 전하다가 이름도 없이 순교한 선교사들의 무덤이 있습니다. 세상적 기준과 관점에서 보면 너무나 무모한 죽음이고, 안타까운 죽음입니다. 그런데 아이러니하게도, 그렇게 선교사들의 순교가 이어졌던 나라에는 복음이 더 빨리, 더 영향력 있게 전파되었습니다. 그 선교사들은 어떻게 자기 목숨도 아끼지 않고 다른 나라에 가서 복음을 전하다가 죽는 길을 택했을까요?

우리 기독교 신앙이 죽음을 대하는 자세가 세상과 다르다는 것을 보여 주는 대표적인 예가 바로 순교입니다. 세상은 죽음이 끝이고 영원한 암흑입니다. 가장 강력한 불행이고 절망입니다. 하지만 기독교 신앙은 부활이 있고 영원한 생명이 있음을 믿는 사람들입니다. 오늘 우리가 부활 주일 예배를 드리고 있는데, 만약 죽음이 없다면 죽음이 전제되어야 하는 부활도 기대할 수 없습니다. 부활이 기쁘고 감사할 수 있는 것은, 그 앞에 있는 죽음이 우리에게 아무런 영향력을 줄 수 없기 때문입니다. 그런 면에서 야고보 사도의 죽음은 우리에게 소망과 기쁨을 주는 사건입니다.

그렇다면 왜 야고보 사도는 죽었고, 베드로는 감옥에 갇혔다가도 다시 풀려납니까? 기독교 신앙을 이해하려면 현실에서 만나는 이와 같은 차이를 알아야 합니다. 조금 더 덧붙이자면, 베드로가 감옥에 갇히자 교회는 그를 위하여 기도했습니다. "이에 베드로는 옥에 갇혔고 교회는 그를 위하여 간절히 하나님께 기도하더라"(5) 교회가 베드로를 위해 했던 기도는 무엇이었을까요? 표면적으로 보면, 야고보 사도가 헤롯에게 붙잡혀 가서 죽은 것을 본 성도들이, 이제 베드로까지 붙잡혀 가자 그를 위해 기도한 것처럼 보입니다. 물론 드러난 사건을 중심으로 보면 분명히 그런 이유로 기도했을 것입니다. 그런데 그렇게만 보면, 우리는 당시 성도들의 상황을 너무 모르는 것입니다.

> 1-2, "그 때에 헤롯 왕이 손을 들어 교회 중에서 몇 사람을 해하려 하여
> 2. 요한의 형제 야고보를 칼로 죽이니"

헤롯이 표적으로 삼고 있는 사람들이 누구입니까? 교회 다니는 사람입니다. 그래서 야고보도 붙잡혀 가서 죽었고, 베드로도 붙잡혀 갔습니다. 이럴 때 위험을 피하는 가장 좋은 방법은 무엇입니까? 흩어져 도망가는 것입니다. 그런데 당시 교회 성도들은 무엇을 했습니까? 다 같이 모여서 기도했습니다. 위기와 고난이 닥쳤을 때 성도들은 흩어지는 것이 아니라 모여서 기도하고 서로 도우면서, 하나님의 뜻을 구하면서 하나님의 약속을 기다리고 있습니다. 베드로의 고백으로 설명하면, "내가 이제야 참으로 주께서 그의 천사를 보내어 나를 헤롯의 손과 유대 백성의 모든 기대에서 벗어나게 하신 줄 알겠노라"

이것이 무슨 뜻일까요? 헤롯의 손과 유대 백성의 모든 기대가 무엇이었을까요? 야고보를 죽인 것처럼, 베드로도 죽이는 것입니다. 세상의 논리로 보면, 날이 밝으면 베드로가 죽게 될 것은 분명한 사실입니다. 헤롯은 모든 권세를 가진 왕이요, 유대 백성은 이방인의 손을 빌려

서 눈엣가시와 같은 베드로를 죽이고 싶어 하고 있기 때문입니다. 하지만 세상의 어떤 것도 하나님께서 허락하지 않으시면 우리를 해치지 못합니다.

> 로마서 8:35, "누가 우리를 그리스도의 사랑에서 끊으리요 환난이나 곤고나 박해나 기근이나 적신이나 위험이나 칼이랴"

> 로마서 8:38-39, "내가 확신하노니 사망이나 생명이나 천사들이나 권세자들이나 현재 일이나 장래 일이나 능력이나 39. 높음이나 깊음이나 다른 어떤 피조물이라도 우리를 우리 주 그리스도 예수 안에 있는 하나님의 사랑에서 끊을 수 없으리라"

내일이면 광장으로 끌려 나가서 죽게 될 베드로가, 두 손을 쇠사슬로 묶인 채 두 명의 병사들 사이에 끼어서도 깊은 잠에 빠진 것을 우리가 보고 있습니다. 얼마나 깊이 잠이 들었는지 천사들이 옆구리를 쳐서 깨워야 할 만큼 잠들었습니다. 헤롯이 살기가 등등하여 교회 중 몇 사람을 본보기로 죽이겠다고 작정하고 그 대상을 찾고 있는 것을 뻔히 알면서도, 성도들이 모여서 함께 기도하고 있습니다. 마치 다니엘이 메대나라의 다리오 왕 시절에 왕 외의 어떤 신에게나 사람에게 기도하면 사자 굴에 던져 넣기로 한 왕의 금령에 도장이 찍힌 것을 알고도 기도한 것과 같습니다.

> 다니엘 6:10, "다니엘이 이 조서에 왕의 도장이 찍힌 것을 알고도 자기 집에 돌아가서는 윗방에 올라가 예루살렘으로 향한 창문을 열고 전에 하던 대로 하루 세 번씩 무릎을 꿇고 기도하며 그의 하나님께 감사하였더라"

다니엘은 무슨 담력이 있어서 이와 같은 기도를 할 수 있었을까요?

> 다니엘 6:21-22, "다니엘이 왕에게 아뢰되 왕이여 원하건대 왕은 만수무강 하옵소서 22. 나의 하나님이 이미 그의 천사를 보내어 사자들의 입을 봉하셨으므로 사자들이 나를 상해하지 못하였사오니 이는 나의 무죄함이 그 앞에 명백함이오며 또 왕이여 나는 왕에게도 해를 끼치지 아니하였나이다 하니라"

부활의 신앙, 기독교 신앙은 바로 이런 것입니다. 굶주린 사자가 다니엘을 해칠 수 있습니까? 하나님께서 허락하지 않으면 그럴 수 없습니다. 이것을 가리켜서 하나님의 주권이라고 말합니다.

'하나님의 주권'이라는 말씀을 잘 이해해야 합니다. 잘못하면 동식물이나 자연물을 신으로 섬기는 토템 신앙이나, 인간이 우상을 만들어 놓고 그 우상의 힘을 두려워하는 우상 신앙과 혼동하기 쉽습니다. 세상을 창조하신 하나님께서, 당신의 형상과 모양을 따라 사람을 만드셨습니다. 그것은 다른 피조물들과 달리, 사람에게 하나님을 알 만한 영이 있는 것입니다. 비록 인간이 범죄하여 타락함으로 영이 죽고 하나님 앞에서 쫓겨났지만, 인간에게는 하나님을 알 만한 양심이 있습니다. 이것이 인간이 동물과 다른 점입니다.

> 로마서 1:18-19, "하나님의 진노가 불의로 진리를 막는 사람들의 모든 경건하지 않음과 불의에 대하여 하늘로부터 나타나나니 19. 이는 하나님을 알 만한 것이 그들 속에 보임이라 하나님께서 이를 그들에게 보이셨느니라"

양심이 하는 일은 하나님의 진노가 불의 앞에 임한다는 것을 알게 하는 것입니다. 그래서 하나님을 믿는 자나 믿지 않는 자나, 보편적으로 '권선징악'이 있다는 것을 알고 있으며, 그것이 시행되는 것에 대해서 정당하다고 생각합니다. 그 '권선징악'을 누가 시행하느냐고 했을 때, '하늘이 아신다'고 하지 않습니까? 하나님께서는, 하나님께 대하여 바르지 않은 태도를 보이는 '경건치 않음'과 인간에 대하여 바르지 않게 행하는 '불의'에 대하여 심판하십니다. '불의'는 하나님을 두려워하지 않는, '경건치 않은' 자들이 행한 결과입니다. '불의로 진리를 막는다'는 것은, 진리 곧 하나님을 아는 지식을 따라 순종하지 않고 오히려 하나님의 뜻을 거슬러 행하는 것입니다.

마치 애굽 왕 바로가 하나님의 뜻과 능력을 열 번도 넘게 확인하고도 하나님의 명령을 거스른 것과 같습니다. 그래서 이러한 자들에 대하여 하나님의 진노가 임하는 것입니다. 이처럼 인간의 양심만으로는 창조주이며 전능자이신 하나님을 알 수 없습니다. 왜냐하면, 하나님께서 불의한 인간에게서 당신의 얼굴을 가리셨기 때문입니다.

> 에스겔 39:24, "내가 그들의 더러움과 그들의 범죄한 대로 행하여 그들에게 내 얼굴을 가리었었느니라"

문제는 하나님의 진노가 인간이 죄를 범한 즉시가 아니라, 노아의 때와 소돔 고모라에 임한 것과 같이 예측하지 못하는 때와 시기에 갑자기 임하기도 합니다. 그래서 하나님을 아는 지식이 없는 상태에서 하나님의 '권선징악'을 접하게 될 때, 인간은 자연을 두려워하게 되고 보이지 않는 영을 두려워하게 됩니다.

결국, 인간이 가진 종교성은 인간의 더러워진 양심과 결합하여, 하나님에게서 더 멀어지는 우상을 섬기게 되고 멸망을 자초하게 되는 것입니다. 이처럼 하나님을 알지 못하는 자들이 천성적으로 가진 종교성과 양심만으로 불의에 대하여 심판하시는 '하나님의 주권'을 접했을 때, 두려울 수밖에 없습니다. 그러면 내일이면 죽게 될 것을 알고도 편히 잠만 자는 베드로와 헤롯의 핍박을 알고도 함께 모여서 기도하는 성도들은 하나님의 주권을 어떻게 이해했을까요?

신명기 4:31-40, "네 하나님 여호와는 자비하신 하나님이심이라 그가 너를 버리지 아니하시며 너를 멸하지 아니하시며 네 조상들에게 맹세하신 언약을 잊지 아니하시리라 32. 네가 있기 전 하나님이 사람을 세상에 창조하신 날부터 지금까지 지나간 날을 상고하여 보라 하늘 이 끝에서 저 끝까지 이런 큰 일이 있었느냐 이런 일을 들은 적이 있었느냐 33. 어떤 국민이 불 가운데에서 말씀하시는 하나님의 음성을 너처럼 듣고 생존하였느냐 34. 어떤 신이 와서 시험과 이적과 기사와 전쟁과 강한 손과 편 팔과 크게 두려운 일로 한 민족을 다른 민족에게서 인도하여 낸 일이 있느냐 이는 다 너희의 하나님 여호와께서 애굽에서 너희를 위하여 너희의 목전에서 행하신 일이라 35. 이것을 네게 나타내심은 여호와는 하나님이시요 그 외에는 다른 신이 없음을 네게 알게 하려 하심이니라 36. 여호와께서 너를 교훈하시려고 하늘에서부터 그의 음성을 네게 듣게 하시며 땅에서는 그의 큰 불을 네게 보이시고 네가 불 가운데서 나오는 그의 말씀을 듣게 하셨느니라 37. 여호와께서 네 조상들을 사랑하신 고로 그 후손인 너를 택하시고 큰 권능으로 친히 인도하여 애굽에서 나오게 하시며 38. 너보다 강대한 여러 민족을 네 앞에서 쫓아내고 너를 그들의 땅으로 인도하여 들여서 그것을 네게 기업으로 주려 하심이 오늘과 같으니라 39. 그런즉 너는 오늘 위로 하늘에나 아래로 땅에 오직 여호와는 하나님이시요 다른 신이 없는 줄을 알아 명심하고 40. 오늘 내가 네게 명령하는 여호와의 규례와 명령을 지키라 너와 네 후손이 복을 받아 네 하나님 여호와께서 네게 주시는 땅에서 한 없이 오래 살리라"

감옥에서 깊은 잠에 빠진 베드로나, 헤롯이 보낸 군인들에게 붙잡히면 죽게 될 수도 있는 상황에서도 모여서 기도하고 있는 성도들이 가진 믿음이 이것입니다. 천지를 지으시고 섭리하시는 하나님께서 그들을 위하고 편들어 주시고 있는데 누가 하나님의 손에서 그들을 빼앗아서 위해를 가할 수 있겠습니까? 오늘 저와 여러분이 배우고, 가져야 할 신앙도 바로 이것입니다. 기독교 신앙의 핵심은, 하나님께서 우리에게 베푸시는 사랑과 구원의 계획을 한순간도 포기하지 않으시고 이루어 가고 있다는 것을 믿는 것입니다. 그 순간이 큰 흉년의 시기를 통과하는 기간일 수도 있고, 야고보처럼 목 베임을 당해 죽게 되는 순간일 수도 있고, 베드로처럼 감옥에 갇힐 수도 있습니다.

이처럼 우리는 사는 동안 수많은 어려움과 난처한 사건을 만날 수 있습니다. 하지만 분명한 사실은, 하나님께서는 우리에게 분명한 목적을 갖고 계신다는 것이고, 그 목적이 다 이루어질 때까지 우리를 이끌어 가신다는 것입니다. 그 목적이 무엇일까요? 하나님의 자녀요, 상속자로서의 실력이 갖춰질 때까지 하나님께서 뜻을 두고 만들어 가시는 것입니다. 그 실력은 '깨달아 알았다, 결심했다.' 하는 정도로 완성되는 것이 아닙니다. 완성될 때까지 그렇게 살아야 하고, 그 과정에서 만나는 어려움을 겪어야 합니다. 공부가 어려운 것이 그런 점 아니겠습니까? 우리가 미국에 살다 보니 영어를 잘해야 한다는 것을 누구보다 잘 압니다. 그리고 영어 공부를 열심히 해야겠다는 결심도 아마 수없이 했을 것입니다. 하지만 그렇게 절실하게 깨닫고 결심만 굳게 하면 영어가 됩니까, 잘 나옵니까? 시간을 들이고 검은 머리가 흰 머리가 되도록 공부를 해야 합니다. 단지 결심만, 단지 생각만 해서는 영어 실력이 느는 법이 없습니다.

공부만 그렇습니까? 우리 신앙이 자라는 것도 똑같습니다. 단지 교리적 지식만 많이 알았다고 해서, 단지 신앙적으로 열심히 해 보겠노라는 결심만 해서는 우리 신앙이 자라는 법이 없습니다. 하나님이 우리 아버지이시고, 누구보다 우리를 사랑하시지만, 그래서 우리를 가만히 내버려 두고, 마냥 오냐오냐하시는 법이 없습니다. 우리를 하나님의 자녀요, 상속자로 만드시기 위해 각종 훈련의 과정을 우리 앞에 펼쳐 주십니다. 그리고 그 과정을 통과하도록 지혜를 주시고 힘을 주십니다. 우리가 읽은 신명기 말씀이 바로 그런 내용입니다.

> 신명기 4:35, “이것을 네게 나타내심은 여호와는 하나님이시요 그 외에는 다른 신이 없음을 네게 알게 하려 하심이니라”

하나님께서 그들의 하나님 되심을 광야에서 수없이 많이 나타내 보이셨습니다. 하지만 그들은 그렇게 그들을 위하고 사랑하시는 하나님을 경험하고도, 그들을 향한 하나님의 계획과 사랑과 인도하심을 믿지 못했습니다. 결국, 가데스 바네아에서 가나안 땅을 정탐한 뒤에 하나님을 믿지 못하고 원망한 죄로 인해서 40년 동안 광야 생활의 훈련을 받아야 했습니다. 그들의 광야 생활은 “하나님 외에 다른 신이 그들에게 없음”을 확인하는 시간이었습니다. 그 훈련을 통과한 사람은 가나안 땅에 들어갔고, 통과하지 못한 사람은 광야에서 죽었습니다. 우리의 신앙 생활도 광야 이스라엘과 다르지 않습니다. “하나님 외에 다른 신이 우리에게 없음”을 확인시켜 주기 위해 여러 가지 사건과 상황을 만나게 하실 것입니다. 그리고 그 하나님을 아는 지식에 자라게 하실 것입니다.

이스라엘이 특별한 자격 요건을 갖추어서 하나님의 백성이 된 것이 아닙니다. 하나님께서 아브라함에게 약속하신 그 약속을 지키기 위해 그들을 부르셨습니다. 그러면 아브라함은 특별한 사람이었습니까? 그것도 아니었습니다. 하나님께서 일방적으로 아브라함을 찾아오셨고, “내가 너로 큰 민족을 이루고 네게 복을 주어 네 이름을 창대하게”(창 12:2) 하겠노라고 약속을 주신 것입니다. 이 약속에서 중요한 것이 무엇입니까? 아브라함이 복을 받는 것입니까? “누가 아브라함에게 약속을 줬냐?”, 약속을 주신 이가 하나님이시라는 것입니다. 하나님께서 약속을 주셨고, 하나님이 약속하셨기 때문에 실패도 없고, 취소가 없고, 깜빡 잊어버리는 것도 없이 다 이루어지는 것입니다.

베드로가 쇠사슬에 두 손이 묶인 채 군인들 사이에 끼어서 자면서도, 천사들이 옆구리를 쳐서 깨워야 할 만큼 깊이 잠이 든 이유가 바로 이것입니다. 베드로를 향한 하나님의 계획과 뜻이 남아 있는 한 베드로는 죽지 않습니다. 베드로를 위해 기도하고 있는 성도들에 대한 하나님의 계획과 뜻이 있는 한, 헤롯이 보낸 군인들에게 그들이 허무하게 붙잡혀서 끌려가는 일은 없습니다. 이것을 가리켜서 '하나님의 주권, 하나님의 섭리'라고 하는 것입니다. 저와 여러분, 우리 하와이한빛장로교회가 하나님의 손에 붙잡혀 있음을 잊지 마시기 바랍니다. 하나님의 자녀와 상속자로서 우리가 해야 할 일이 남아 있고, 만들어져 가야 할 우리의 인격과 소양과 그릇이 완성되기 전까지 우리가 죽는 일은 없습니다. 이것을 알지 못하면 우리는 언제나 '문제 중심의 신앙생활'을 할 수밖에 없습니다.

오늘은 부활 주일입니다. 부활의 신앙을 갖는다는 것은, 우리를 구원하여 하나님의 자녀와 백성으로 삼으신 하나님에 대한 믿음을 갖고 있다는 것입니다. 야곱이 아버지와 형을 속이고 도망가다가 벧엘 어느 곳에서 돌을 베고 잠잘 때 하나님께서 그에게 나타나서 이런 약속을 주셨습니다.

> 창세기 28:15, "내가 너와 함께 있어 네가 어디로 가든지 너를 지키며 너를 이끌어 이 땅으로 돌아오게 할지라 내가 네게 허락한 것을 다 이루기까지 너를 떠나지 아니하리라 하신지라"

"내가 네게 허락한 것을 다 이루기까지 너를 떠나지 아니하리라" 이 약속을 믿는 것이 부활 신앙입니다. 이 약속을 누가 주셨습니까? 하나님이 우리를 사랑하시고, 하나님께서 우리를 지키시니 누가 우리를 하나님의 사랑에서 끊을 수 있겠습니까? 문제를 만날 때마다 전전긍긍하는 '문제 중심의 신앙'이 아니라, 약속을 주신 하나님을 믿는 믿음으로, 어떤 상황에서도 깊은 잠을 잘 수 있는 베드로 같은 신앙, 최고 권력자가 목숨을 위협해도 모여서 함께 기도하는 신앙을 갖기를 원합니다. 저와 여러분도 이렇게 성장하게 되길 기원합니다.

떠나 다른 곳으로 가니라

"이에 베드로가 정신이 들어 이르되 내가 이제야 참으로 주께서 그의 천사를 보내어 나를 헤롯의 손과 유대 백성의 모든 기대에서 벗어나게 하신 줄 알겠노라 하여 12. 깨닫고 마가라 하는 요한의 어머니 마리아의 집에 가니 여러 사람이 거기에 모여 기도하고 있더라 13. 베드로가 대문을 두드린대 로데라 하는 여자 아이가 영접하러 나왔다가 14. 베드로의 음성인 줄 알고 기뻐하여 문을 미처 열지 못하고 달려 들어가 말하되 베드로가 대문 밖에 섰더라 하니 15. 그들이 말하되 네가 미쳤다 하나 여자 아이는 힘써 말하되 참말이라 하니 그들이 말하되 그러면 그의 천사라 하더라 16. 베드로가 문 두드리기를 그치지 아니하니 그들이 문을 열어 베드로를 보고 놀라는지라 17. 베드로가 그들에게 손짓하여 조용하게 하고 주께서 자기를 이끌어 옥에서 나오게 하던 일을 말하고 또 야고보와 형제들에게 이 말을 전하라 하고 떠나 다른 곳으로 가니라"

베드로가 천사의 인도를 받아 감옥을 나온 후, 자기를 위해 기도하고 있는 사람들이 있는 요한의 어머니 마리아의 집으로 갔습니다. 성경학자들은 마가 요한의 집이 상당히 부잣집이었을 것으로 추정합니다. 베드로가 '대문'을 두드렸다고 했는데, 단어의 뜻이 '궁전의 큰 대문'을 의미하고 있고, 성령 강림이 있었던 마가의 다락방에 120명의 성도가 있었기 때문입니다. '로데'라는 여자아이가 '영접하러' 나왔다고 했는데,

본체와 멀리 떨어진 대문 옆의 작은 방에 살면서 손님이 오면 문을 열어 주는 일을 했던 것으로 보입니다.

베드로가 문을 두드렸을 때, 로데라 하는 여종은 음성만 듣고도 베드로인 줄 알았지만, 문도 열어 주지 않고 안으로 들어가서 밖에 베드로가 왔다고 알렸습니다. 집 안에 있던 사람들은 베드로도 야고보처럼 순교를 당하리라 예상했는데, 여종이 들어와서 베드로가 왔다고 말을 하니까 '네가 미쳤다'라는 반응을 보였습니다. 베드로를 위해서 기도했던 사람들이, 정작 베드로가 왔다고 하니까 '미쳤다' 또는 '그의 천사'라고 말하는 것은 불신앙처럼 보입니다. 하지만 사람들이 이렇게 추측했던 이유는, 베드로가 붙잡혀 가기 전에 야고보가 헤롯에 의해 참수형을 당한 것을 알고 모였었기 때문입니다. 다시 말씀드려서 당시 성도들이 모여서 기도했던 것은, 베드로의 석방을 위해서라기보다는 그런 상황에서도 믿음을 지키기 위해서 기도했던 것으로 보입니다. 그런데 집 안에 있던 사람들이 로데에게 '네가 미쳤다', '그의 천사다'라고 말하는 순간에도 대문 두드리는 소리가 계속 들렸습니다.

> 16-17, "베드로가 문 두드리기를 그치지 아니하니 그들이 문을 열어 베드로를 보고 놀라는지라 17. 베드로가 그들에게 손짓하여 조용하게 하고 주께서 자기를 이끌어 옥에서 나오게 하던 일을 말하고 또 야고보와 형제들에게 이 말을 전하라 하고 떠나 다른 곳으로 가니라"

16절에 "그들이 문을 열어 베드로를 보고 놀라는지라"라고 했습니다. 집 안에 있던 몇 사람이 대문까지 나와서 베드로가 온 것을 확인한 것입니다. 그런데 베드로가 그들에게 보인 반응이 예사롭지가 않습니다. 문 열어 준 사람들과 함께 안으로 들어가서 자기가 어떻게 감옥에서 나올 수 있게 되었는지 말한 것이 아니라, 형제들에게 자신이 감옥에서 나온 사실을 전하라고 말한 후 바로 떠났습니다.

하나님은 왜 천사를 보내어 베드로를 구해 주셨을까요? 사도로서 베드로가 해야 할 일이 남아 있기 때문에 구해 주셨을 것입니다. 또한, 베드로가 풀려난 것은 기도하고 있는 성도들에게 위로와 기쁨이 되었을 것입니다. 이런 기적을 경험했을 때 우리에게 가장 익숙한 상황은 무엇일까요? 베드로가 형제들이 기도하고 있는 방으로 들어와서 자기가 어떻게 구출되었는지, 그게 환상인지 생시인지 몰랐는데 나와 보니 알게 됐다고 간증하는 것입니다. 그리고 베드로를 위해서 기도하고 있던 사람들은, 베드로를 구해 주신 하나님을 찬양하면서, 세상의 어떤 권세도 그들을 막지 못한다는 확신을 갖는 것입니다. 헤롯이 붙잡아 감옥에 가두고, 군인 네 사람이 네 패로 짝을 지어 24시간을 지켜도 하나님께서 천사를 보내어 구출해 줄 것이기에 걱정할 것이 없습니다. 이제 믿음의 성도들은 더 이상 무서울 것이 없어졌습니다. 그래서 "베드로가 붙잡힌 뒤에 숨어서 기도하던 성도들이, 이제는 용기를 얻어서 베드로와 함께 밖으로 나가 더욱 열심히 복음을 전했다." 이렇게 되어야 합니다.

그런데 성경은 이렇게 우리가 익숙한 방법이 아니라 그 반대로 기록되어 있습니다. 천사의 도움을 받아 세상이 경험하지 못한 방법으로 풀려난 베드로가, 자기를 보고 놀라고 기뻐하는 형제들에게 조용히 하라고 손짓하며 말렸습니다. 그리고 자기를 위해 기도하고 있는 형제들에게 들어가 보지도 않고, 단지 자기가 나왔다는 소식을 전하라고 말한 뒤에 조용히 사라졌습니다. 마치 독립운동을 하던 사람들이 자기들의 신분을 숨기고 은밀하게 다녔던 것처럼, 베드로도 자기가 감옥에서 구출된 것이 드러날까 봐 숨기는 것처럼 보입니다. 이게 얼마나 믿음 없는 모습처럼 보입니까? 하나님께서 천사를 보내서 구출해 주셨으면, 자기를 붙잡은 헤롯 앞에 당당하게 나와서 "네가 나를 붙잡아도 하나님이 구해 주신다." 이래야 하지 않을까요? 그런데 베드로는 그렇게 하지 않고, 형제들에게조차 자기가 어디로 가는지 목적지도 말하지 않고 그냥 '다른 곳으로' 떠났습니다.

> 17, "베드로가 그들에게 손짓하여 조용하게 하고 주께서 자기를 이끌어 옥에서 나오게 하던 일을 말하고 또 야고보와 형제들에게 이 말을 전하라 하고 떠나 다른 곳으로 가니라"

오늘 우리가 배워야 할 내용이 바로 이것입니다. 하나님은 전능하고 유일하신 참 하나님입니다. 하나님은 사랑이 많으셔서 우리를 위하실 뿐만 아니라, 우리의 구원을 위해서 자기 아들까지 주신 분입니다. 우리를 위해 필요하다면 홍해도 가르시는 분이시고, 40년 동안 매일 아침 만나도 내려 주시는 분이시고, 하룻밤에 13만 5천의 적군을 죽이기도 하는 분입니다. 하지만 그 하나님은 또한 어떤 분이냐면, 세상을 심판하시기 전까지는 당신이 창조하신 역사와 자연의 질서가 보존되고 운영되도록 섭리하시는 하나님입니다. 우리가 이것을 알아야 기독교에서 말하는 '기적'을 이해할 수 있습니다.

세상의 그 어떤 권세가 하나님께서 하시는 일을 막을 수 있겠습니까? 세상의 그 어떤 자연 만물이 하나님께서 하라는 일을 거역하겠습니까? 그래서 하나님께서 역사하시면 베드로를 붙잡았던 쇠사슬도 풀리고, 감옥의 문도 저절로 열려서 걸어 나오는데 그를 지키던 군사들은 전혀 모르는 일이 생깁니다. 여기까지만 보면, 하나님을 믿는 우리의 관점에서 감사이고 할렐루야입니다. 하나님을 믿는 우리들의 앞길을 누가 막을 수 있겠습니까?

그런데 실제 우리의 삶은 어떤가요? 정말 하는 일마다 기적적으로 잘 풀리나요? 오히려 어쩜 이렇게 하는 일마다 잘 안 풀리나, 난 뭐가 잘못됐나 싶지 않나요? 그래서 하는 기도가 뭡니까? 하나님이 계시면 나에게도 보여 달라는 것입니다. 성경에 그렇게 많은 기적이 기록되어 있고, 내 주변에도 하나님의 기적을 경험했다고 하는 사람들이 그렇게 많은데, 왜 나는 이 모양 이 꼴인가 싶습니다. 그래서 응답받았다, 기적을 경험했다는 사람들을 찾아가서 물어보면, 기도가 부족하다, 금식이 부족하다, 뭘 해야 한다고 하면서 말하는 민간요법도 많습니다. 그렇게 따라다니면서 정성을 들이면, 정말 하나님이 기적을 내려주십니까? 이 방법, 저 방법 다 해 봐도 실패한 사람들이 오만 팔천 명도 넘습니다. 그러면 이게 뭐냐는 것이죠.

왜 다른 사람은 되고 나는 안 되는 것일까요? 성경에서 기적이 등장한 것이 그런 용도로 사용된 것이 아니기 때문입니다. 성경에서의 기적은 개인의 아쉬움을 해결하는 용도로 사용된 것이 아닙니다. 하나님은 질서의 하나님이십니다. 천지를 창조하신 때부터 지금까지 세상의 모든 이치는 하나님께서 만드신 질서와 체계를 따라 움직이고 있습니다. 여기에서 조금이라도 빗나가면, 바로 재앙이고 우주의 멸망입니다.

지구를 비롯한 태양계의 행성이 하나님께서 창조하신 원리를 따라 태양을 중심으로 공전하고 있습니다. 그리고 달은 지구를 중심으로 공전합니다. 창조 때부터 지금까지 태양계의 공전의 궤도는 단 1mm도 오차가 없습니다. 만약 행성의 어느 하나라도 궤도의 오류가 생기면 대폭발이 일어날 것입니다. 지구를 공전하는 달도, 그 궤도가 조금만 틀어지면 지구의 환경이 바뀔 것입니다. 그래서 지구에서 살아가는 사람들에게 가장 큰 기적은 무엇입니까? 하나님께서 창조하신 것이 질서를 따라 한 치도 오차 없이 움직이는 것입니다. 만약 우주의 질서가 흩어져서 뉴스를 틀 때마다 무슨 행성이 지구를 향하고 있는데, 몇 달 뒤에 충돌할 거다, 이런 뉴스를 매일 보게 된다면 어떨까요? "지구를 향해서 오던 행성이 하나님의 은혜로 빗겨 나갔습니다. 다행입니다." 이런 뉴스를 매일 봐야 한다면 불안해서 살겠습니까? 그 기적이 감사할까요? 오늘 기온이 몇 도고 비가 오고, 안 오는 날씨 뉴스만 보는 것이 은혜입니다.

그러면 여러분의 삶에서 기적을 보는 것은 어떻습니까? 물론 우리 인간이 연약하기 때문에 하나님의 도우심이 필요하고, 기적이라는 방법으로라도 우리의 어려운 문제가 해결되기 바라는 마음이 있는 것도 사실입니다. 그리고 그와 같은 이유로 우리가 하나님을 찾는 간절함과 하나님을 의지하는 믿음이 더해지는 부분도 있습니다. 하지만 그럴지라도 우리에게 있어서 가장 큰 기적과 은혜는, 우리 일상이 하나님이 창조하신 질서와 체계를 따라 예측할 수 있게 움직이고 있다는 것입니다. 또한, 우리가 그 질서와 체계를 따라 살아가고 있다는 것이 은혜입니다.

오늘 베드로가 천사에 의해 감옥에서 풀려나와 형제들을 다시 만난 후에, 야고보와 다른 형제들도 만나지 않고 조용히 사라진 이유가 바로 이것입니다. 베드로가 하나님의 능력과 방법으로 감옥에서 빠져나오지 않았습니까? 두 명의 군인이 감옥 안에서 지키고, 두 명의 군인이 문 앞에서 지켰습니다. 그뿐만 아니라 첫째와 둘째 파수를 지나 시내로 통하는 쇠문에 이르기까지 삼중 구조로 된 교도소의 모든 출입문을 걸어서 통과하는데 아무도 막지 못했습니다.

결국, 베드로를 지키던 파수꾼들은 심문을 받은 뒤에 다 죽었습니다[(18-19)]. 이렇게 다음 날 사형 당할 사형수가 천사의 도움을 받아서 이렇게 감옥을 탈출할 수 있었다면 두려울 것이 뭐가 있겠습니까? 대제사장이 또 잡아 가두면 하나님께서 천사를 보내어 또 풀어 줄 수 있지 않겠습니까? 그런데 하나님께서 언제나 그렇게 일하신다면, 하나님께서 세우신 질서를 하나님께서 스스로 파괴하는 것이 되고 맙니다. 비록 불의한 권세라 할지라도 하나님께서 정하여 주신 것입니다. 따라서 권세를 거스르는 자는 하나님의 명을 거스르는 것과 같다고 했습니다.

> 로마서 13:1-2, "각 사람은 위에 있는 권세들에게 복종하라 권세는 하나님으로부터 나지 않음이 없나니 모든 권세는 다 하나님께서 정하신 바라 2. 그러므로 권세를 거스르는 자는 하나님의 명을 거스름이니 거스르는 자들은 심판을 자취하리라"

빌라도가 예수님에게 "내가 너를 놓을 권한도 있고, 십자가에 못 박을 권한도 있다는 걸 알지 못하느냐?"고 물었을 때, 예수님께서 이렇게 말씀했습니다.

> 요한복음 19:11, "예수께서 대답하시되 위에서 주지 아니하셨더라면 나를 해할 권한이 없었으리니 그러므로 나를 네게 넘겨 준 자의 죄는 더 크다 하시니라"

빌라도는 자기가 예수님을 죽일 것인지, 살릴 것인지 권한을 갖고 있다고 생각했지만, 예수님께서는 하나님께서 허락하지 않으면 할 수 없다고 말씀했습니다. 하나님께서 예수님이 십자가에 못 박혀 죽게 되는 것을 허락하지 않으셨다면 예수님은 십자가 죽음을 당하지 않으셨을 것입니다. 하지만 인간을 구원하기 위해서는 예수님의 대속의 죽음이 반드시 있어야 했기 때문에, 하나님께서 예수님의 죽음을 허락하신 것입니다.

하나님께서 어느 때 기적을 사용하시고, 사용하지 않으시는지, 왜 베드로는 놀라운 기적을 경험하고도 밤중에 아무도 모르는 곳으로 떠났는지 이유를 찾고 있습니다. 오늘날 기독교를 성령의 이름으로 기적을 경험하는 종교로 생각하는 사람들이 있습니다. 그분들은 성경에 기록된 수많은 기적을 그 근거로 제시하기도 합니다. 그러면서 성령을 경험하고, 기적을 경험할 수 있는 여러 방법을 가르쳐 줍니다. 그런데 성경의 기적들은, 기적을 경험했던 수혜자들이 너무나 간절한 믿음이 있었기 때문에, 또는 하나님에 대한 특별한 믿음이 있어서 경험한 것이 아닙니다.

성경에 기록된 기적들은, 기적이 필요한 인간의 소원이나 정성의 크기에 따라 이루어진 것이 아니라, '하나님의 하나님 되심'을 나타내는 것들입니다. 오늘 본문만 봐도, 내일이면 끌려 나가 죽게 될지도 모르는 베드로가 두려움과 불안한 마음으로 하나님께 풀려나게 해 달라고 밤새도록 기도했더니 천사가 찾아와서 풀어 준 것이 아닙니다. 베드로는 잠만 쿨쿨 잘 자고 있는데, 천사가 옆구리 쳐서 깨워서 데리고 나왔습니다. 게다가 베드로는 밖으로 완전히 나올 때까지 그게 환상인지 생시인지 몰랐습니다. 성전 미문 앞에 앉아서 구걸하던 앉은뱅이도, 베드로와 요한이 지나가는 것을 보고 자기를 고쳐 달라고 간절한 마음으로 부탁해서 걷게 된 것이 아니었습니다.

> 사도행전 3:3-8, "그가 베드로와 요한이 성전에 들어가려 함을 보고 구걸하거늘 4. 베드로가 요한과 더불어 주목하여 이르되 우리를 보라 하니 5. 그가 그들에게서 무엇을 얻을까 하여 바라보거늘 6. 베드로가 이르되 은과 금은 내게 없거니와 내게 있는 이것을 네게 주노니 나사렛 예수 그리스도의 이름으로 일어나 걸으라 하고 7. 오른손을 잡아 일으키니 발과 발목이 곧 힘을 얻고 8. 뛰어 서서 걸으며 그들과 함께 성전으로 들어가면서 걷기도 하고 뛰기도 하며 하나님을 찬송하니"

보시는 것처럼 기적의 수혜자였던 앉은뱅이가 남다른 믿음이 있었다거나, 걷기 원하는 간절한 마음으로 소원을 빌었다는 내용이 없습니다. 그냥 평소처럼 구걸하고 있는데, 베드로와 요한이 '우리를 보라'고 하더니 그 사람의 의지와 상관없이 나사렛 예수 그리스도의 이름으로 고쳐 줬습니다.

애굽을 떠나 홍해 바다 앞까지 온 이스라엘 백성들이 자기들을 추격해 오는 이집트의 군대를 보면서 불안하고 다급한 마음으로 하나님께 합심해서 간절히 기도했더니 바다가 열린 것입니까? 오히려 자기들을 죽이려고 데려왔느냐고 하면서, 그 시간에 하나님과 모세를 원망했습니다. 그때 하나님께서 어떻게 일하셨습니까?

> 출애굽기 14:13-14, "모세가 백성에게 이르되 너희는 두려워하지 말고 가만히 서서 여호와께서 오늘 너희를 위하여 행하시는 구원을 보라 너희가 오늘 본 애굽 사람을 영원히 다시 보지 아니하리라 14. 여호와께서 너희를 위하여 싸우시리니 너희는 가만히 있을지니라"

그들이 하나님께 구름 기둥, 불기둥을 보내 달라고 한 적이 있습니까, 만나를 내려 달라고 통성 기도를 했습니까, 반석에서 물을 내달라고 방언 기도를 했습니까? 이스라엘 백성들이 한 것이라고는 원망하고 불평한 것밖에 없습니다. 하지만 하나님께서 그들에게 필요하니 기적이라는 방법으로 홍해도 건너게 하시고, 먹을 것과 마실 것도 주시고, 대적들로부터 안전하게 보호해 주셨습니다. 이스라엘 백성들이 가나안 땅에 들어갈 때까지, 자기들을 위해서 성을 쌓은 적이 없었음에도, 그 어떤 대적도 무방비 상태의 이스라엘을 이기지 못했습니다.

오늘날 교회에 성경적이지 않은 두 가지 흐름이 있습니다. 첫째는, 성경의 기적을 '신화처럼' 여겨서 부인하는 사람들이 있습니다. 그들은 홍해가 갈라진 것이나, 오병이어의 기적이나, 예수님께서 물 위로 걸으신 기적을 실제의 사실로 믿지 않고 성경의 저자들이 신화화한 것이라고 말합니다. 마치 어린아이들이 동화 속 이야기에서 권선징악의 교훈을 배우는 것처럼, 기적 이야기를 통해 전하고자 하는 하나님의 상징적 뜻을 배워야 한다고 주장합니다.

둘째는, 기적을 현재화해서 지금도 사도행전의 역사가 일어나고 있다고 합니다. 물론 하나님의 자유로우신 뜻에 따라 기적은 지금도 많은 현장에서 일어납니다. 그런데 하나님께서 선지자나 사도들을 통해서 기적을 보이신 이유가 있습니다. 기적을 경험한 사람들에게 하나님이 누구신지 알게 하려고 보여 주신 것입니다. 그래서 선지자나 사도들을 통해 기적을 경험한 사람들은, '하나님의 하나님 되심'을 찬송하면서 하나님께 영광을 돌렸습니다.

> 마태복음 15:31, "말 못하는 사람이 말하고 장애인이 온전하게 되고 다리 저는 사람이 걸으며 맹인이 보는 것을 무리가 보고 놀랍게 여겨 이스라엘의 하나님께 영광을 돌리니라"

그러면 하나님께서는 자신의 존재를 사람들에게 알게 하려고 늘 기적이라는 초월적 방법을 사용하실까요? 자동차 회사는 자기들이 만든 차에 심각한 문제가 발견됐을 때 리콜을 해서 고쳐 줍니다. 그런데 한두 번이 아니라 그 회사가 만드는 모든 차가 매번 리콜이 필요한 차라고 한다면 그 회사는 소비자로부터 신뢰를 받지 못할 것이고, 결국 망하고 말 것입니다. 앞서도 말씀드렸지만, 하나님께서는 창조하실 때 정하신 질서를 따라 세상을 보존하시고 섭리하시는 분이십니다. 만약 하나님께서 자신을 증명하기 위해서 자연의 질서를 거스르는 기적을 계속 사용하셔야 한다면, 최초에 창조하신 것이 잘못되었음을 인정하는 것과 같습니다. 하나님을 알지 못하는 사람들에게 '하나님의 하나님 되심'을 알려 주기 위해 기적을 사용하시기도 하시지만, 그 후로는 기록된 말씀으로 가르쳐 주셨습니다.

> 출애굽기 17:14, "여호와께서 모세에게 이르시되 이것을 책에 기록하여 기념하게 하고 여호수아의 귀에 외워 들리라 내가 아말렉을 없이하여 천하에서 기억도 못 하게 하리라"

> 여호수아 1:8, "이 율법책을 네 입에서 떠나지 말게 하며 주야로 그것을 묵상하여 그 안에 기록된 대로 다 지켜 행하라 그리하면 네 길이 평탄하게 될 것이며 네가 형통하리라"

또한, 책에 기록하여 기념하게 하고, 외우고, 묵상하고 지켜 행하라고 말씀했습니다.

> 예레미야 36:2, "너는 두루마리 책을 가져다가 내가 네게 말하던 날 곧 요시야의 날부터 오늘까지 이스라엘과 유다와 모든 나라에 대하여 내가 네게 일러 준 모든 말을 거기에 기록하라"

모세 이후의 선지자들도 하나님께서 말씀하셨던 것들이 그들의 삶에서 실제로 이루어진 일들과, "내가 네게 일러 준 모든 말" 즉 하나님께서 말씀하신 모든 내용을 기록해서 하나님이 누구신지 알게 하셨습니다. 그래서 예수님께서도 바리새인들에게 너희가 모세를 믿는다면 나도 믿었을 거라고 말씀하셨습니다.

> 요한복음 5:46, "모세를 믿었더라면 또 나를 믿었으리니 이는 그가 내게 대하여 기록하였음이라"

그리고 예수님께서도 성경에 기록된 대로 오셔서, 성경에 기록된 대로 우리 대신 죽임을 당하셨습니다.

> 누가복음 18:31, "예수께서 열두 제자를 데리시고 이르시되 보라 우리가 예루살렘으로 올라가노니 선지자들을 통하여 기록된 모든 것이 인자에게 응하리라"

베드로가 천사의 도움으로 감옥에서 풀려나는 기적을 경험하고도, 왜 사람들을 조용히 시키고 자신의 모습을 감춘 채 어디론가 떠났는지 살펴보고 있습니다. 베드로가 자기에게 일어난 일을 간증하면서 자기를 위해 기도하던 동료들, 성도들과 함께 얼마든지 기쁨을 나눌 만도 한데 그렇게 하지 않은 것입니다. 베드로가 그렇게 했다면, 아마도 그곳에 모인 어떤 성도들은 분명히 믿음의 담력을 얻었을 것입니다. 헤롯의 위협에도 불구하고 밖으로 나가서 거리낌 없이 복음을 전했을 것입니다. 왜요? 감옥에 붙잡혀 들어가도 천사들이 구출해 줄 것이기 때문입니다. 하지만 그건 사람의 기대이지, 하나님께서 계속 그렇게 하실지는 모르는 일입니다.

> 고린도전서 4:9-14, "내가 생각하건대 하나님이 사도인 우리를 죽이기로 작정된 자 같이 끄트머리에 두셨으매 우리는 세계 곧 천사와 사람에게 구경거리가 되었노라 10. 우리는 그리스도 때문에 어리석으나 너희는 그리스도 안에서 지혜롭고 우리는 약하나 너희는 강하고 너희는 존귀하나 우리는 비천하여 11. 바로 이 시각까지 우리가 주리고 목마르며 헐벗고 매맞으며 정처가 없고 12. 또 수고하여 친히 손으로 일을 하며 모욕을 당한즉 축복하고 박해를 받은즉 참고 13. 비방을 받은즉 권면하니 우리가 지금까지 세상의 더러운 것과 만물의 찌꺼기 같이 되었도다 14.

> 내가 너희를 부끄럽게 하려고 이것을 쓰는 것이 아니라 오직 너희를 내 사랑하는 자녀 같이 권하려 하는 것이라"

이 말씀을 기억하시기 바랍니다. 성경에는 기적 이야기만 있는 것이 아닙니다. 하나님께서 사도인 자기들을 죽이기로 작정한 자 같이 끄트머리에 두셨답니다. 그리고 자기들은 세계, 곧 천사와 사람에게 구경거리가 되었다고 고백합니다. 그래서 사도들이 어떤 일을 겪었습니까? 그리스도 때문에 어리석고, 약하고, 비천하고, 주리고, 목마르고, 헐벗고, 매 맞고, 정처 없이 다니고, 모욕을 당해도 축복해 주고, 박해를 받아도 참아야 했습니다. 그 결과 자기들은 세상의 더러운 것과 만물의 찌꺼기처럼 되었다고 합니다. 이런 경험을 누가 했습니까? 베드로가 하고, 바울이 하고, 사도들이 했습니다.

이상하지 않습니까? 감옥에 갇히면 천사들이 꺼내 주고, 병자를 고치고 귀신을 쫓아낸 사람인데, 그들의 평상시의 삶은 이런 험악한 일을 늘 당했던 것입니다. 오죽하면 하나님께서 자기들을 죽이기로 작정한 자를 같이 두셨다고 했을까요. 그래서 성경은 내가 좋아하는 한쪽 면만 봐서는 안 되고, 다른 면도 봐야 합니다. 왜 베드로가 자기를 보고 기뻐하는 형제들과 함께 방으로 들어가서 음식도 먹고, 자기가 풀려난 경험도 간증하면서 기뻐하는 시간을 갖지 않았을까요? 혹시라도 이웃에게 발각될까 해서 사람들을 조용히 시킨 후에, 자기가 풀려난 것을 다른 형제들에게 전하라고 하고선 그냥 어디론가 조용히 떠났을까요? 바로 이와 같은 이유가 있었기 때문에 그렇게 한 것입니다.

하나님의 주권적 방법인 기적으로 자기가 감옥에서 풀려나긴 했지만, 그것이 질서 있는 하나님께서 늘 일하시는 방법은 아니었기 때문입니다. 하나님께서 세상의 권세자에게 누군가를 붙잡을 권리, 벌 줄 권리를 주셨습니다. 아주 예외적인 상황에서 하나님께서 그들에게 주셨던 권리를 뺏을 수도 있지만, 늘 그렇게 하시는 것은 아닙니다. 그래서 보통은 고린도전서 말씀처럼, 사도들이 마치 죽음 앞에 선 사람들처럼 살았고, 온갖 고생과 고통을 당하면서 살았던 것입니다. 베드로가 경험한 것 같은 기적을 경험하고 싶으십니까? 그렇다면 그가 살았던 일상의 삶도 똑같이 경험하면서 살고 싶으십니까? 예전에 어떤 개그맨이 그러더군요. "해 보지 않았으면 말을 하지 마!"

> 고린도전서 1:22-24, "유대인은 표적을 구하고 헬라인은 지혜를 찾으나 23. 우리는 십자가에 못 박힌 그리스도를 전하니 유대인에게는 거리끼는 것이요 이방인에게는 미련한 것이로되 24. 오직 부르심을 받은 자들에게는 유대인이나 헬라인이나 그리스도는 하나님의 능력이요 하나님의 지혜니라"

오늘날 교회 안에 표적을 구하는 유대인처럼 '기적'을 좇는 사람들이 있습니다. 또한, 성경의 기적을 신화화해서 상징적 의미와 지혜를 찾는 사람들도 있습니다. 그런데 그들은 십자가에 못 박힌 그리스도를 제대로 알지 못하는 사람들입니다. 하나님의 부르심을 받은 우리는 그리스도가 능력이요 지혜인 사람들입니다. 하나님께서 여러분에게 예측 가능한 일상의 삶을 주신 것을 감사하시기 바랍니다. 그리고 기록된 성경과 우리에게 보내 주신 성령을 통해서 하나님을 충분히 알게 하시고, 그리스도를 우리의 구주로 믿고 시인하게 한 것을 감사하시기를 바랍니다. 저와 여러분도 질서 있게 섭리하시는 하나님의 은혜 안에 살면, 그런 하나님을 경배할 수 있게 되기를 기원합니다.

내가 불러 시키는 일을 위하여

> "안디옥 교회에 선지자들과 교사들이 있으니 곧 바나바와 니게르라 하는 시므온과 구레네 사람 루기오와 분봉 왕 헤롯의 젖동생 마나엔과 및 사울이라 2. 주를 섬겨 금식할 때에 성령이 이르시되 내가 불러 시키는 일을 위하여 바나바와 사울을 따로 세우라 하시니 3. 이에 금식하며 기도하고 두 사람에게 안수하여 보내니라"

스데반의 순교 이후 예루살렘에서 일어난 환란으로 인해 흩어진 성도들이 안디옥까지 가게 되고, 구브로와 구레네 사람도 그곳으로 와서 복음을 전했습니다. 그로 인해 안디옥에 교회가 세워지게 되고, 그에 대한 소문을 들은 예루살렘교회는 안디옥에 바나바를 파송하여 교회를 도왔습니다(행 11:19-23). 바나바는 다소에 있는 사울을 데리고 와서 일 년간 성도들을 가르쳤고, 제자가 된 안디옥교회 성도들은 '그리스도인'이라는 별명을 얻게 됩니다(행 11:25-26). 유대에 큰 흉년이 들었을 때는 부조를 모아 보내기도 했습니다(행 11:28-30).

본문 1절에, 안디옥교회의 선지자들과 교사들의 이름을 소개하고 있습니다. 여기에 언급된 사람들은 안디옥교회를 이끌어 가는 직분자들로 보입니다. 그중에는 니게르라 하는 아프리카 출신의 시몬과 역시 아프리카 리비아의 트리폴리 지방인 구레네 사람, 그리고 왕족 출신의 사람이 함께 있었습니다. 아무리 이방에 세워진 교회라 할지라도 엄연히 신분상의 차별이 있던 시대였는데, 안디옥교회에는 신분이 아니라 믿음을 따라 교회의 직분자가 세워졌습니다. 이것을 보면 사도행전 11장에 안디옥교회가 처음 설립될 당시보다 신앙 면에서 많은 성장을 한 것으로 보입니다.

2절에 "주를 섬겨 금식할 때에"라고 했는데, 유대인들은 금식하는 절기를 정해 놓고 지켰습니다(행 27:9). 그런데 안디옥교회 성도들이 한 금식은 유대인의 금식과는 다른 것으로 보입니다. 유대인의 절기를 따라 금식했다고 하지 않고 '주를 섬겨'라는 단서가 있습니다. 그런데 '섬기다'라는 말에는 '봉사하다'라는 뜻과 '예배하다'라는 뜻도 있습니다. 그래서 어떤 번역 성경은 "주님께 예배드리고 있을 때"라고 번역하기도 했습니다. 이렇게 안디옥교회를 이끄는 직분자들이 금식하고 있을 때 성령께서 "내가 불러 시키는 일을 위하여 바나바와 사울을 따로 세우라"고 명령하셨습니다. 그리고 안디옥교회는 성령의 명령하심을 따라 바나바와 사울에게 안수하여 이방 선교를 위한 선교사로 보냅니다.

3절에도 "이에 금식하며 기도하고"라고 했는데, 여기서 언급되는 금식과 기도는 바나바와 사울을 파송하기 위해 특별히 드린 예배로 보입니다. 그래서 2절과 3절 사이에는 얼마간 시간적 간격이 있었음을 추측할 수 있습니다. 여기서 우리가 한 가지 먼저 확인해야 할 것은, 성령의 지시를 받은 안디옥교회가 바나바와 사울을 즉시 보냈다는 사실입니다.

1절에 안디옥교회를 이끌었던 직분자들의 이름이 나열되어 있는데, 그 이름이 등장하는 순서가 중요합니다. 이 순서는 어떻게 정해진 것일까요? 이 순서는 사회적 신분이나 나이에 따른 순서가 아니라, 교회 내에서의 영향력에 따른 순서입니다. 바나바는 예루살렘교회에서 안디옥교회를 돌보라는 사명을 줘서 보낸 사람입니다. 이에 비해서 사울은, 그가 비록 바나바와 함께 안디옥교회에서 성경을 가르치기는 했지만, 교회에서의 영향력은 그리 크지 않았던 것으로 보입니다. 그런데 성령께서 "내가 불러 시키는 일을 위하여 따로 세우라"고 말씀하시니, 교회에서 가장 큰 영향력이 있는 바나바를 사울과 함께 보내고 있습니다. 이것을 오늘날 교회에 대비해서 말씀드리면, 한참 성장하고 있는 교회의 담임목사와 성경을 가장 잘 가르치는 교사를 함께 선교사로 보낸 것과 같습니다. 이렇게 바나바와 함께 전도 여행을 떠난 사울은, 구브로 지역의 '바보'라는 섬에서 그의 이름이 '바울'로 바뀝니다.

9, "바울이라고 하는 사울이 성령이 충만하여 그를 주목하고"

앞서 이름이 기록된 순서는 '영향력'의 순서라고 말씀드렸습니다. 그런데 사울이 바울로 이름이 바뀐 뒤에, 바나바와 바울의 이름이 기록된 순서가 바뀝니다. 앞서 에베소교회의 지도자들을 소개할 때 바나바의 이름이 가장 먼저 나왔고, 사울의 이름은 가장 마지막에 나왔습니다. 그런데 막상 성령의 지시함을 따라 두 사람의 전도 여행이 시작되자 그 여행의 영향력, 다시 말해서 전도 여행의 주도권이 바나바에서 바울로 넘어간 것입니다.

46, "바울과 바나바가 담대히 말하여 이르되 하나님의 말씀을 마땅히 먼저 너희에게 전할 것이로되 너희가 그것을 버리고 영생을 얻기에 합당하지 않은 자로 자처하기로 우리가 이방인에게로 향하노라"

어떤 사람은 두 사람이 함께 전도 여행을 다니면서 어떤 때는 바울이 주도하기도 하고, 또 어떤 때는 바나바가 주도하기도 한 것 아니냐고 말하기도 합니다. 그런데 1차 전도 여행을 마치고 안디옥교회로 돌아왔다가, 교회에 문제가 생겨서 예루살렘에 있는 사도들에게 두 사람을 보낼 때도 뒤바뀐 순서가 유지됩니다. 다시 말해서 안디옥교회에서도 이 두 사람의 바뀐 영향력을 인정한 것입니다.

사도행전 14:26-28, "거기서 배 타고 안디옥에 이르니 이 곳은 두 사도가 이룬 그 일을 위하여 전에 하나님의 은혜에 부탁하던 곳이라 27. 그들이 이르러 교회를 모아 하나님이 함께 행하신 모든 일과 이방인들에게 믿음의 문을 여신 것을 보고하고 28. 제자들과 함께 오래 있으니라"

사도행전 13~14장은 바나바와 사울의 1차 전도 여행을 소개하고 있습니다. 그리고 이 두 사람은 전도 여행을 마친 후 안디옥교회로 돌아와서 선교 보고를 한 후, 그들과 함께 오래 머물면서(약 1년) 2차 전도 여행을 준비하게 됩니다.

이렇게 바울과 바나바가 안디옥교회에 머물러 있을 때, 예루살렘에서 온 어떤 사람들이 안디옥교회의 형제들에게 바울과 바나바와 다른 가르침을 전했습니다. 이방인이라도 모세의 법대로 할례를 받지 않으면 구원을 받지 못한다고 가르친 것입니다. 그래서 바울 및 바나바와 그들 사이에 적지 않은 다툼이 벌어집니다. 그 내용에 관해서는 사도행전 15장을 강해할 때 살펴보도록 하겠습니다. 어쨌든 그 문제를 해결하기 위해 예루살렘교회로 대표자를 보내게 되는데, 그때 선발된 사람들을 소개하면서 바울의 이름을 바나바보다 먼저 기록한 것입니다.

> 사도행전 15:2, "바울 및 바나바와 그들 사이에 적지 아니한 다툼과 변론이 일어난지라 형제들이 이 문제에 대하여 바울과 바나바와 및 그 중의 몇 사람을 예루살렘에 있는 사도와 장로들에게 보내기로 작정하니라"

이처럼 안디옥교회가 예루살렘에 있는 사도와 장로들에게 대표자를 보낼 때, '바울과 바나바 및 그중 몇 사람'이라고 해서 그 이름의 순서를 공인했습니다. 지금 말씀드리려는 것은 "누가 교회에서 더 영향력이 있었다.", "누가 주도권을 갖고 선교를 했다." 이렇게 세상 기준의 영향력을 말씀드리는 것이 아닙니다. 물론 세상에서는 누가 더 높냐, 누가 대장이냐 하는 이런 순서가 중요합니다. 하지만 교회나 선교 현장에서는 세상에서의 영향력이 아니라, 하나님께서 누구를 세워서 사용하시느냐에 따라 그 영향력이 달라집니다.

가장 대표적인 예를 들자면, 하나님께서 어린 사무엘을 부르신 것입니다. 사사 시대 마지막 시기인 엘리 제사장 때, 그의 두 아들 홉니와 비느하스가 성전에서 악을 행함으로 인해 하나님께서 그들을 심판하기로 작정하셨습니다. 당시 사무엘은 아직 어린아이에 불과했고, 이스라엘에는 엘리 제사장이 있기 때문에 하나님께서 엘리 제사장에게 말씀하셔야 했지만, 사무엘을 부르신 것입니다. 당시 이스라엘의 상황에 대해서 성경은 이렇게 말씀했습니다.

사무엘상 3:1, "아이 사무엘이 엘리 앞에서 여호와를 섬길 때에는 여호와의 말씀이 희귀하여 이상이 흔히 보이지 않았더라"

구약 시대에는 하나님께서 제사장이나 선지자에게 직접 계시를 주셨는데, 사무엘이 엘리 제사장의 감독을 받던 때는 여호와의 말씀이 희귀했다고 했습니다. 말씀이 희귀했다는 표현은 그 시대의 부패한 영적 상황을 암시하는 말입니다. 이스라엘 백성들이 영적, 도덕적으로 타락하여 하나님의 말씀이 그들에게 주어지지 않았거나, 또는 이스라엘이 하나님의 말씀에 무관심했음을 뜻합니다.

"이상(환상)이 흔히 보이지 않았더라."라고 했는데, 환상은 하나님께서 특별한 방법을 통해서 선지자에게 하나님의 뜻을 전하시는 계시의 수단입니다. 당시에 이런 환상이 흔히 보이지 않았다는 말은, 바꿔서 말하면 엘리 제사장 이전에는(또는 그가 영적으로 깨어 있던 때) 이런 환상이 흔히 있었다는 뜻입니다. 그러면 왜 이때는 환상이 흔히 보이지 않았을까요?

사무엘상 3:2, "엘리의 눈이 점점 어두워 가서 잘 보지 못하는 그 때에 그가 자기 처소에 누웠고"

이스라엘 백성뿐만 아니라 엘리 제사장의 눈(영적 상태)도 점점 어두워졌습니다. 그런데 엘리 제사장의 눈이 어두워졌다고 해서(영적으로 어두워졌다) 이스라엘을 향한 하나님 관심과 사랑도 함께 캄캄해진 것은 아니었습니다.

사무엘상 3:3, "하나님의 등불은 아직 꺼지지 아니하였으며 사무엘은 하나님의 궤 있는 여호와의 전 안에 누웠더니"

하나님의 등불은 꺼지지 않았고, 어린 사무엘은 하나님의 궤가 있는 여호와의 성전에서 잠을 자고 있을 때, 하나님께서 사무엘의 이름을 불렀습니다.

엘리 제사장은 자기가 부르지도 않았는데 사무엘이 세 번이나 찾아오자, 다음에 또 누가 부르거든 "주의 종이 듣겠나이다"라고 대답하라고 가르쳐 줬습니다.

사무엘상 3:9, "엘리가 사무엘에게 이르되 가서 누웠다가 그가 너를 부르시거든 네가 말하기를 여호와여 말씀하옵소서 주의 종이 듣겠나이다 하라 하니 이에 사무엘이 가서 자기 처소에 누우니라"

여호와의 말씀이 희귀하고, 제사장에게 보여 주시던 환상도 보이지 않던 때에, 하나님께서 자기가 아닌 사무엘을 부르셨다면 그 이유를 물어봐야 했습니다. 하지만 엘리 제사장은 하나님께서 사무엘을 부르면 어떻게 하라고 방법을 가르쳐 주고, 자기는 다시 처소로 들어가 잠을 잤습니다. 그만큼 어두웠던 것입니다. 하나님께서는 이처럼 하나님의 말씀을 듣는 것에 대해서 무감각했던 엘리 제사장과 그의 집을 영원히 심판하겠노라고 하셨습니다.

사무엘상 3:11-13, "여호와께서 사무엘에게 이르시되 보라 내가 이스라엘 중에 한 일을 행하리니 그것을 듣는 자마다 두 귀가 울리리라 12.

내가 엘리의 집에 대하여 말한 것을 처음부터 끝까지 그 날에 그에게 다 이루리라 13. 내가 그의 집을 영원토록 심판하겠다고 그에게 말한 것은 그가 아는 죄악 때문이니 이는 그가 자기의 아들들이 저주를 자청하되 금하지 아니하였음이니라"

오늘 본문에 성령께서 "내가 불러 시키는 일을 위하여 바나바와 사울을 따로 세우라"(행 13:2)고 하신 말씀을 살펴보고 있습니다. 성경에 기록된 말씀은 그 어느 것 하나 의미 없이 기록된 것이 없습니다. 사울이 회개하여 성도가 되었지만, 믿는 형제들로부터 동료로 인정받지 못하던 시절에, 바나바가 사울을 변호해 주어 형제의 한 사람으로 인정받게 해 줬습니다. 바나바가 안디옥교회에 왔을 때는, 다소에 있던 사울을 데리고 와서 그가 성경 교사로 일을 하고 인정받을 수 있도록 기회도 만들어 줬습니다.

성령의 지시를 따라 세계 선교를 위해서 바나바와 사울을 보낼 때도, 안디옥교회 성도들은 바나바가 하는 일을 사울이 도울 거로 생각했을 것입니다. 하지만 하나님께서는 사울의 이름을 바울로 바꿔 주신 후에, 바울을 통하여 전도의 일을 하게 하셨습니다. 당시 유대 사회와 교회의 관례나 전통이 있지 않았겠습니까? 그래서 안디옥교회의 직분자들을 처음 소개할 때 바나바의 이름이 제일 먼저 언급했던 것입니다. 그런데 전도 여행이 시작되고 얼마 되지 않아서 바울이 바나바보다 앞에 있습니다. 인간적으로 생각하면 바나바는 속상할 수 있습니다. 마치 뒤통수 맞은 느낌, 배신당한 느낌을 가질 수도 있었을 것입니다.

하지만 바나바는 누가 주도권을 갖고 일을 하고, 누구의 이름이 앞에 나오고 하는 일에 관심을 갖는 것이 아니라 하나님께서 하시는 일에 순종하고 있습니다. 이것이 바로 하나님께서 일하시는 방법이고, 교회가 순종하는 모습입니다. 세상은 능력이 검증된 누군가가 필요하고, 명성이 드높은 누군가가 주도권을 갖고 일을 하면 잘 될 것으로 생각하지만, 그것은 세상이 일하는 방법입니다.

하나님께서는 이스라엘 나라에서 공인된 엘리 제사장이 아니라, 성전에서 심부름이나 하던 어린 사무엘을 불러서 그에게 환상을 보이시고 말씀을 주셨습니다. 그리고 엘리 제사장과 그의 두 아들이 하나님의 심판을 받아 죽은 뒤에는, 사무엘이 제사장과 사사로써 이스라엘을 다스리도록 하셨습니다. 사무엘뿐만 아니라, 사사 시대에 하나님께서 사사들을 부르실 때도 인간의 능력이나 명성을 보고 세우신 것이 아니라, 평균 미달의 사람들을 불러 쓰셨습니다. 사사 중에는 겁쟁이(기드온, 삿 6:11-8:35)도 있었고, 오른손을 쓰지 못하는 장애인(에훗, 삿 3:12-30)도 있었고, 기생의 아들도(입다, 삿 11:1-40) 있었습니다. 사람의 수로 세지 않는 여자를 세우기도 하셨고(드보라), 드보라가 함께 가지 않으면 가지 않겠다고 하면서 여자에게 기댔던 바락도 있었습니다.

> 사사기 4:8-9, "바락이 그에게 이르되 만일 당신이 나와 함께 가면 내가 가려니와 만일 당신이 나와 함께 가지 아니하면 나도 가지 아니하겠노라 하니 9. 이르되 내가 반드시 너와 함께 가리라 그러나 네가 이번에 가는 길에서는 영광을 얻지 못하리니 이는 여호와께서 시스라를 여인의 손에 파실 것임이니라 하고 드보라가 일어나 바락과 함께 게데스로 가니라"

이렇게 성경의 기록들을 토대로 보면, 하나님께서는 자격과 실력을 갖춘 사람을 불러 쓰시는 것이 아니라, 하나님 말씀에 순종하는 사람을 쓰십니다. 오늘 본문에, 하나님께서 안디옥교회에 “내가 불러 시키는 일을 위하여 바나바와 사울을 따로 세우라”고 하실 때, 안디옥교회는 그 말씀에 즉시 순종했습니다. 앞서도 말씀드린 것처럼, 바나바는 당시 안디옥교회의 담임목사와 같은 사람이고, 사울 역시 바나바가 직접 데리고 온 성경 교사인데 붙잡지 않는 것입니다. 두 사람을 보냄으로 인해서 교회가 휘청할 것 같은데도 순종하여 보냈습니다. 그뿐만 아니라 안디옥교회에서 가장 영향력 있던 바나바 역시, 사람들이 바울보다 자기를 덜 알아주는 것에 대해서 섭섭함을 토로하지 않았습니다. 교회에서 자기의 지분을 주장하거나, 바울이 주도권을 갖고 일하는 것에 대해서 불평하지 않았습니다. 다만 하나님께서 맡기신 일에 충성할 뿐이었습니다.

오늘날 교회가 배워야 하는 것이 바로 이런 점입니다. 하나님께서 하나님의 일을 하실 것입니다. 교회는 누가 있다고 해서 되고, 누가 없다고 해서 안 되는 곳이 아닙니다. 엘리 제사장처럼 한때는 잘 쓰임 받다가도, 하나님 앞에 죄를 범해서 그 직을 감당하지 못하는 사람이 있습니다. 그런 목회자들이 주변에 많지 않습니까? 반면에 사울처럼 전혀 의외의 사람이 등장하여 복음의 일을 감당하기도 합니다. 그럴 때 교회가 해야 할 일은 무엇입니까? 하나님의 뜻에 순종하는 것입니다. 하나님께서 누군가에게 일을 맡기실 때도 이유가 있고, 맡기셨던 일을 거두실 때도 이유가 있습니다. 누군가를 들이실 때도 있고 내보내실 때도 있습니다. 그럴 때 우리가 해야 할 일은 안디옥교회처럼, 바나바처럼 순종하는 것입니다.

고린도전서 4:1-2, "사람이 마땅히 우리를 그리스도의 일군이요 하나님의 비밀을 맡은 자로 여길찌어다 2. 그리고 맡은 자들에게 구할 것은 충성이니라"

하나님께서 맡기신 일을 할 때, "사람들이 나를 알아주느냐, 안 알아주느냐? 누가 주도권을 갖고 일을 하느냐?" 하는 것은 우리가 고려할 사안이 전혀 아닙니다. 우리는 그리스도의 일꾼인데, 특별히 '하나님의 비밀을 맡은 자'라고 했습니다. 외교에 있어서 대통령의 특별한 임무를 맡은 사람, 또는 대통령의 친서를 가지고 가는 사람을 가리켜서 '특사'라고 합니다. '특사'는 그가 맡은 임무 자체가 영광이고, 그 사람을 보증하는 신분입니다. 그래서 대통령의 특사로 상대 나라를 방문하면, 물론 그 특사를 보낸 나라의 국력과 연동되기는 하지만, 마치 대통령이 직접 온 것과 비슷한 예우를 받습니다.

하나님께서 우리를 "하나님의 비밀을 맡은 일꾼"으로 세상에 보내셨습니다. 우리가 '하나님의 비밀을 맡은 사람'이라는 것이 우리의 영광이어야 합니다. 그 사람이 바로 성도입니다. 그래서 '성도'라는 이름 자체가 직분이고 영광입니다. 안디옥교회에서 안수를 받고 떠날 때는 바나바의 이름이 바울보다 먼저 있었지만, 그 뒤에는 바울의 이름이 먼저 나와도 바나바가 불평하지 않은 이유입니다. "그리고 맡은 자들에게 구할 것은 충성이니라"(고전 4:2) 하나님께서 우리에게 요구하시는 것은 충성인데, 우리는 "내가 어떤 사람인 줄 알아?" 하면서 자기를 알아봐 달라고 말하는 것은 본말이 전도된 것입니다.

2절에 "내가 불러 시키는 일"이라고 했는데, 원어의 표현으로 정확하게 번역하면 "내가 불러 시키기로 이미 작정한 일을 위하여"라는 말입니다. 이것은 성령 하나님께서 이제부터 바나바와 사울을 불러서 일을 시키겠다고 하신 것이 아니라, 그보다 훨씬 오래전부터 이미 계획을 갖고 계셨다는 뜻입니다. 그 계획은 어떤 것일까요? 이에 대해서 바울은 이렇게 설명하고 있습니다.

> 갈라디아서 1:11-16, "형제들아 내가 너희에게 알게 하노니 내가 전한 복음이 사람의 뜻을 따라 된 것이 아니라 12. 이는 내가 사람에게서 받은 것도 아니요 배운 것도 아니요 오직 예수 그리스도의 계시로 말미암은 것이라 13. 내가 이전에 유대교에 있을 때에 행한 일을 너희가 들었거니와 하나님의 교회를 심히 핍박하여 잔해하고 14. 내가 내 동족 중 여러 연갑자보다 유대교를 지나치게 믿어 내 조상의 유전에 대하여 더욱 열심이 있었으나 15. 그러나 내 어머니의 태로부터 나를 택정하시고 은혜로 나를 부르신 이가 16. 그의 아들을 이방에 전하기 위하여 그를 내 속에 나타내시기를 기뻐하셨을 때에 내가 곧 혈육과 의논하지 아니하고"

바울이 복음 전하는 자가 되어 이방에 그 아들, 곧 예수 그리스도를 전하고 있습니다. 하지만 바울이 이와 같은 사명을 받은 것은 사람에게 받은 것이 아닙니다. 또한, 바울이 사람에게 배워서 이 일을 하는 것도 아닙니다. 하나님께서 알게 하셨고, 그리스도께서 다메섹에서 계시로 보여 주신 것입니다. 왜요? 바울을 통해서 그리스도를 나타내시기를 기뻐하셨기 때문입니다. 하나님께서 바울을 통해서 그런 일을 하시겠다고 언제 결정했습니까? "내 어머니의 태로부터 나를 택정하시고 은혜로 나를 부르셨다"(갈 1:15)라고 했습니다. 표면적으로 바울을 부르신 것은 안디옥교회에서 부르신 것 같지만, 실제로는 바울이 어머니의 태에서 아직 인간의 형상도 만들어지기 전에 부르신 것입니다.

그러면 하나님께서 이렇게 특별하게 바울을 부르셨으니, 바울이 하는 일마다 잘 되고 형통한 길을 걸었을까요? 전혀 그렇지 않습니다. 다메섹에서 예수님을 만난 후 앞을 보지 못하는 사울을 '아나니아'라고 하는 제자에게 보낼 때, 주님께서 아나니아를 찾아와서 하신 말씀입니다.

> 사도행전 9:15-16, "주께서 이르시되 가라 이 사람은 내 이름을 이방인과 임금들과 이스라엘 자손들에게 전하기 위하여 택한 나의 그릇이라 16. 그가 내 이름을 위하여 얼마나 고난을 받아야 할 것을 내가 그에게 보이리라 하시니"

여러분은 〈당신은 사랑받기 위해 태어난 사람〉이라는 찬양을 아실 겁니다. 자신의 삶과 존재의 이유에 대해서 스스로 의심하고 회의적일 때, 누군가 나에게 "당신은 사랑 받기 위해 태어났고, 당신이 이 세상에 존재하는 것 자체가 우리에게 큰 힘이 된다."라고 말해 준다면 얼마나 힘과 위로가 되겠습니까? 듣기만 해도 사랑받는 것 같을 것입니다. 그런데 성경에서 바울에 대해서는 뭐라고 말합니까? 바울을 그의 어머니 태에서부터 그를 택하시고 불렀다고 하시고는, "그가 내 이름을 위하여 얼마나 고난을 받아야 할 것을 그에게 보여 주겠다"라고 하십니다. 세상에 이런 험한 말이 또 어디에 있습니까?

"당신을 사랑한다", "당신은 사랑받기 위해 태어났다"라고 말해 줘도 험한 세상을 살아가기 힘든 판국인데, "내 이름을 위해서 고난받아야 할 것"을 보여 주겠답니다. 그런데 바울은 이런 사실을 깨닫고도 오히려 감사하고 기뻐했습니다.

> 디모데전서 1:14-16, "우리 주의 은혜가 그리스도 예수 안에 있는 믿음과 사랑과 함께 넘치도록 풍성하였도다 15. 미쁘다 모든 사람이 받을만한 이 말이여 그리스도 예수께서 죄인을 구원하시려고 세상에 임하셨다 하였도다 죄인 중에 내가 괴수니라 16. 그러나 내가 긍휼을 입은 까닭은 예수 그리스도께서 내게 먼저 일절 오래 참으심을 보이사 후에 주를 믿어 영생 얻는 자들에게 본이 되게 하려 하심이라"

하나님께서 바울을 불러서 복음 전도자로 삼으신 이유가 무엇이라고 했습니까? "죄인 중에 괴수와 같은 자신도 하나님의 긍휼을 입었다, 나 같은 인간이라도 그리스도께서 오래 참으셔서 구원해 주셨다. 내가 바로 그 본보기다." 이 말입니다. 우리는 자꾸 "내가 재능이 있어서, 내가 이런 면은 다른 사람보다 탁월하니까, 나 같은 인재가 썩고 있는 게 아까워서" 하나님이 특별히 불렀다고 생각합니다. 그게 아닙니다. 예수님 편에서 보자면 가장 반대쪽에 있던 사람이 사울입니다. 그런데 "그런 사람조차 오래 참고 긍휼을 베푸셔서 구원해 주셨다면, 그보다 덜 악당 같은 사람이라면 당연히 구원하시지 않겠느냐? 사울을 봐라!" 이 뜻입니다.

오늘부터 사도행전 마지막 장까지 사도 바울이 각 도시를 다니며 전한 복음의 내용과 그가 행한 일들을 살펴보게 될 것입니다. 그런데 사도행전을 읽으면서 "바울이 얼마나 하나님께 대하여 진심의 믿음과 열정을 가지고 일을 했는지"에 초점을 맞춰서 읽으면 성경을 잘못 읽는 것입니다. 오히려 "하나님께서 뭐가 아쉬워서 바울 같은 사람에게 저 큰일을 맡기셨는가?"에 초점을 맞춰야, 바울에게 직분을 맡기신 하나님의 은혜가, 은혜가 될 것입니다. 사람을 크게 보지 마시고 죄인 중에 괴수와 같은 사람, 사무엘처럼 어린아이, 겁쟁이, 장애인, 사람으로 쳐주지도 않던 시대에 여자를 쓰신 하나님을 보십시오.

교회에 들어와서 성경을 읽으면서도 사람을 보기 시작하면, 사람 영웅 만들고 끝납니다. 거기에 하나님의 능력은 없고, 그리스도의 은혜는 사라지고 맙니다.

> 열왕기상 8:26-28, "그런즉 이스라엘 하나님이여 원컨대 주는 주의 종 내 아비 다윗에게 하신 말씀이 확실하게 하옵소서 27. 하나님이 참으로 땅에 거하시리이까 하늘과 하늘들의 하늘이라도 주를 용납지 못하겠거든 하물며 내가 건축한 이 전이오리이까 28. 그러나 나의 하나님 여호와여 종의 기도와 간구를 돌아보시며 종이 오늘날 주의 앞에서 부르짖음과 비는 기도를 들으시옵소서"

솔로몬이 그 당시 최고의 건축 기술과 최고의 재료를 사용해서 가장 아름다운 성전을 짓고도, 하나님께 기도했던 내용이 바로 이것입니다. "하늘과 하늘들의 하늘이라도 주를 용납지 못하겠거든 하물며 내가 건축한 이 전이오리이까"

세상 각 분야마다 잘나고 유능한 사람이 얼마나 많을 텐데, 사람뿐이겠습니까? 시간과 공간을 초월하는 천사들도 있을 텐데, 그런 유능한 피조물들, 절대로 실패하지 않을뿐더러 최고의 결과물을 만들어 낼 다른 존재도 많은데 왜 나입니까? 그래서 우리는 땅바닥에 고개를 처박고 "나 같은 무지렁이에게 귀한 직분을 맡기시다니요, 황공합니다." 이렇게 해야 맞지 않겠습니까? 어린아이들에게 위인전을 읽게 하는 이유는, "너도 책을 읽고 저 위인처럼 위대한 사람이 돼라." 그런 의미 아닙니까? 그런데 성경은 그렇게 읽으면 안 됩니다. 성경은 위인전에 나오는 영웅 이야기가 아닙니다. 위인전에 나오는 위인들은 모두 될성부른 떡잎이었고, 출생부터 남다릅니다.

하지만 성경에 나오는 인물들 중에서 변변한 사람이 없고, 떡잎부터 남다른 사람이 없었습니다. 하나같이 모자라고 흠이 많은 사람이었습니다. 그런데 하나님께서 그런 사람들을 불러서 특별하게 만드셨습니다. 죄인 중에 괴수 같은 인간을 불러서 구원해 주시고, 직분을 맡겨 주셨습니다. 우리가 남달라서 구원받았습니까? 우리가 남보다 특별해서 직분을 맡고, 하나님의 일을 하는 것입니까? 그런 것 아닙니다. 주제 파악을 똑바로 해야 합니다. 바울의 고백처럼, 주님께서 우리에게 오래 참으셔서 우리가 구원받은 것입니다. 아닌 것 같습니까? 집에 가셔서 거울 한번 보시기 바랍니다. 집으로 돌아가시는 길에 여러분이 가진 스마트폰으로 운전하는 여러분의 모습을 녹화해 보시기 바랍니다. 도착해서 영상을 재생하는 순간 깜짝 놀라 자빠지게 될지도 모릅니다.

우리에게 일절 오래 참으심으로 구원해 주시고, 우리가 가진 하찮은 재능도 크게 보셔서 하나님의 일을 맡기신 것에 감사하면서 충성하시기 바랍니다. 그래서 우리가 할 수 있는 고백, 또 해야 하는 고백은 '감사합니다'여야 합니다. 저와 여러분도 이렇게 감사함으로 하나님 앞에 나와 예배하고, 맡겨 주신바 책임을 충성되게 잘 감당할 수 있게 되길 기원합니다.

이제 주의 손이 네 위에 있으니

"두 사람이 성령의 보내심을 받아 실루기아에 내려가 거기서 배 타고 구
브로에 가서 5. 살라미에 이르러 하나님의 말씀을 유대인의 여러 회당에
서 전할새 요한을 수행원으로 두었더라 6. 온 섬 가운데로 지나서 바보
에 이르러 바예수라 하는 유대인 거짓 선지자인 마술사를 만나니 7. 그
가 총독 서기오 바울과 함께 있으니 서기오 바울은 지혜 있는 사람이라
바나바와 사울을 불러 하나님의 말씀을 듣고자 하더라 8. 이 마술사 엘
루마는 (이 이름을 번역하면 마술사라) 그들을 대적하여 총독으로 믿지
못하게 힘쓰니 9. 바울이라고 하는 사울이 성령이 충만하여 그를 주목하
고 10. 이르되 모든 거짓과 악행이 가득한 자요 마귀의 자식이요 모든
의의 원수여 주의 바른 길을 굽게 하기를 그치지 아니하겠느냐 11. 보
라 이제 주의 손이 네 위에 있으니 네가 맹인이 되어 얼마 동안 해를 보
지 못하리라 하니 즉시 안개와 어둠이 그를 덮어 인도할 사람을 두루 구
하는지라 12. 이에 총독이 그렇게 된 것을 보고 믿으며 주의 가르치심을
놀랍게 여기니라"

바나바와 사울이 항구가 있는 실루기아로 가서 배를 타고 구브로로 갔습니다. 구브로는 바나바의 고향이기도 하고, 구브로 출신의 사람이 안디옥에 와서 헬라인에게도 복음을 전하여 교회가 세워지는 데 역할을 하기도 했습니다(행 11:20). '살라미'는 구브로 섬 동쪽에 있는 해안 도

시로, 해상 무역을 통해 상업이 발달한 큰 도시였습니다. 5절에 두 사람이 '살라미'의 여러 회당에서 복음을 전했다고 했습니다. 바나바와 바울이 유대인의 여러 회당에서 복음을 전했다고 하는 것을 보면, 살라미라는 도시에 유대인들이 많이 거주했던 것으로 보입니다. 앞으로도 계속 살펴보겠지만, 바나바와 바울이 이방 도시에서 복음을 전할 때 주로 유대인의 회당을 중심으로 했던 것을 알 수 있습니다. 이것은 유대인들도 복음 전도의 대상이었음을 알 수 있는 장면입니다.

6절에 바나바와 바울 일행이 살라미에서 구브로 섬의 반대쪽 끝에 있는 도시인 '바보'라고 하는 곳으로 갔습니다. 7절에 그곳에 '서기오 바울'이라고 하는 총독이 있었다고 하는 것을 보면, 아마도 '바보'라고 하는 도시가 구브로 섬의 행정 도시였던 것으로 보입니다. 어떤 도시나 나라에서 가장 영향력이 있는 사람은 누구일까요? 일반적으로 주지사나 시장, 또는 그 나라의 대통령이라고 생각할 것입니다. 바나바와 바울이 '바보'에 와서 구브로 섬의 총독을 만났다고 했습니다. 그런데 바나바와 바울이 복음을 전하려 총독을 찾아간 것이 아니라, 총독인 서기오 바울이 바나바와 바울을 불러서 하나님의 말씀을 듣고자 했다고 합니다.

> 7, "그가 총독 서기오 바울과 함께 있으니 서기오 바울은 지혜 있는 사람이라 바나바와 사울을 불러 하나님의 말씀을 듣고자 하더라"

사도행전을 기록한 누가는 총독인 서기오 바울에 대해서 '지혜 있는 사람'이라고 묘사하고 있습니다. 이것은 구브로 섬의 총독이었던 서기오 바울이, 재판을 하고 통치하는 면에 있어서 공명정대하고 분별력이 있었던 사람이었음을 알 수 있습니다. 또한, 이 총독은 바나바와 바울이 구브로에 와서 온 섬을 다니며 복음을 전하고 있는 것을 알고는, 일부러 불러서 하나님의 말씀을 듣고자 했습니다. 이것은 서기오 바울이 '하나님의 말씀'에 대한 갈급한 마음이 있었다는 것을 알 수 있는 장면입니다. 그런데 오늘 살펴보려는 것은, 바울과 바나바가 구브로 섬의 총독을 만나서 하나님의 말씀을 전하고 전도했다는 내용이 아닙니다. 실제로 오늘 본문에는 바울과 바나바가 총독을 만나서 그에게 하나님의 말씀을 전했다는 내용은 하나도 없습니다.

대신 구브로 섬의 총독으로서 지혜가 있고, 하나님의 말씀을 듣고 싶은 마음을 가지고 있던 서기오 바울 옆에, 거짓 선지자 엘루마가 있었다고 말합니다. 이 엘루마는 어떤 사람이었느냐 하면, 바울과 바나바를 대적하여 총독이 복음을 듣고 예수님을 믿지 못하도록 힘썼던 사람입니다. "이 마술사 엘루마는 (이 이름을 번역하면 마술사라) 그들을 대적하여 총독으로 믿지 못하게 힘쓰니"(8) 최근에 처음 알게 된 단어가 있습니다. '가스라이팅'gaslighting이라는 말입니다. '가스라이팅'은 상대방의 심리를 교묘하게 조작해서 그 사람의 판단력을 잃게 만들어 타인을 통제하는 행위를 뜻하는 말입니다. '가스라이팅'의 핵심은 상대방을 힘으로 굴복시키는 게 아니라, 감정적으로 세뇌해서 그 사람의 행동을 조종manipulation하는 것입니다.

앞서 7절에 서기오 바울은 지혜 있는 사람이었다고 했습니다. 그는 구브로 섬의 총독이었고, 종교심도 있어서 이방인이었지만 하나님의 말씀을 듣고자 했습니다. 하지만 구브로 섬의 총독인 서기오 바울은 거짓 선지자인 마술사 바예수에게 정신적으로, 영적으로 붙잡혀 있으면서 그의 행동을 조종당하고 있었습니다. 그래서 오늘 본문에 보면, 바울과 바나바가 바보에 와서 제일 먼저 만난 사람의 이름을 소개하고 있는데, 총독이 아니라 '바예수'라 하는 마술사 엘루마였습니다.

> 6, "온 섬 가운데로 지나서 바보에 이르러 바예수라 하는 유대인 거짓 선지자인 마술사를 만나니"

성경에 기록된 순서나 단어들은 하나도 의미 없이 기록된 것이 없다고 했습니다. 바울과 바나바가 총독의 초청을 받아서 왔으면, 당연히 그들이 총독을 만났다고 말해야 하지 않겠습니까? 가령 바이든 대통령의 초청을 받아서 백악관에 간 사람이, "내가 백악관에 갔더니 때마침 마술 공연을 하더라고. 그 마술사 정말 대단하던데." 그러겠습니까? 백악관에서 마술 공연을 하든, 오페라 공연을 하든 그게 중요합니까? 대통령이 만나자고 해서 갔으면, 대통령 만나서 대화한 게 가장 크지요. 구브로 섬의 총독이 하나님의 말씀을 듣고 싶다면서 바울과 바나바를 초대했으니, 총독에게 복음을 전해서 그를 믿게 했다고 하는 것이 자연스럽지 않을까요?

그런데 총독에게 어떻게 복음을 전했다는 내용은 하나도 없고, 총독 관저에 가서 '바예수'라 하는 거짓 선지자인 마술사 엘루마를 만났다고 말하고 있습니다. 그러면서 그 엘루마가 어떤 사람이냐 하면, 총독 서기오 바울과 함께 있는 사람이었다, 다시 말해서 총독을 실질적으로 조정하는 사람이었다고 말합니다. 그래서 바울과 바나바가 한 일이 무엇입니까? 총독에게 복음을 전하는 것이 아니라, 총독 옆에 있으면서 그를 영적으로 조종하고 있던 거짓 선지자 마술사 엘루마를 물리치는 일을 하는 것입니다.

이런 상황을 목격한 바울은 마술사 엘루마를 책망한 뒤에 맹인으로 만들어서 여러 해 동안 보지 못하게 했고, 그것을 본 총독이 주를 믿게 되었다고 본문은 기록하고 있습니다. 바울과 바나바가 이방인에게 전도 여행을 시작하면서 처음 행한 기적이, 유대인 거짓 선지자요 마술사인 엘루마의 눈을 멀게 해서 보지 못하게 한 것입니다. 바울과 바나바가 이방인에게 복음을 어떻게 전했느냐고 할 때, 전도 대상자를 붙잡고 성경을 가르쳐서 그 사람을 이해시켜서 믿게 했다고 말하지 않습니다. 대신 그 사람을 붙잡고 있는 실질적인 권세를 깨뜨려서 믿게 합니다. 그것이 말하자면, 거짓 선지자요 마술사인 바예수의 눈을 멀게 하는 것입니다.

바울과 바나바가 전도 여행을 시작하면서 처음으로 행한 기적이, 누군가를 고쳐 준 기적이 아니라 마술사의 눈을 멀게 한 기적이었다는 것이 중요합니다. 왜 이런 기적이 필요합니까? 그가 거짓과 악이 가득한 마귀의 자식으로, 주님께서 하시는 일을 방해하는 악한 자였기 때문에, 그를 먼저 제압한 것입니다. 구브로 지역에서 가장 높은 총독이고 지혜가 있는 사람이라도, 그의 정신과 영이 거짓 선지자에게 붙잡혀 있으면 복음을 들어도 주님을 영접할 수 없습니다. 그래서 그 총독 옆에서 가스라이팅을 하는 사람을 제압했던 것입니다.

골로새서 1:13-14, "그가 우리를 흑암의 권세에서 건져내사 그의 사랑의 아들의 나라로 옮기셨으니 14. 그 아들 안에서 우리가 속량 곧 죄 사함을 얻었도다"

바나바와 바울이 이방인에게 복음을 전할 때 왜 기적이 동반해서 일어났는지, 왜 병자가 고침을 받고 귀신이 쫓겨나게 되었는지를 알아야 합니다. 구원이 무엇입니까? 그리스도께서 우리를 흑암의 권세에서 건져 내는 것입니다. 건져 내서 무엇을 합니까? 그 아들의 나라로 옮겨 주시는 것입니다. 우리가 구원받고 죄 사함을 얻는 것이, 내가 복음을 듣고 이해해서 예수를 주로 영접해서 받는 것이 아니라, 그 아들 곧 그리스도의 힘으로 받는 것입니다.

흥선대원군이 고종을 대신해서 나라를 다스리던 조선 말기에서부터 오늘날의 대한민국이 건국하게 되는 중간에, 일제 강점기라는 36년의 세월이 있습니다. 1905년에 일본은 고종과 대신들을 위협해서, 우리나라 외교권과 통치권을 박탈하여 '보호국'으로 삼는 을사늑약을 강제로 체결했습니다. 일본은 외교 활동을 통해서 미국, 영국, 독일, 프랑스 등 열강들이, 우리나라를 침략해서 국권을 빼앗은 일본의 행위를 묵인하도록 만들었습니다. 그 결과 1945년 2차 세계 대전 패전국인 일본이 미국과 연합군에 항복할 때까지, 우리나라는 국제 사회에서 주권을 가진 나라로 인정받지 못했습니다.

당시 우리나라가 1907년 네덜란드 헤이그에서 열린 만국 평화 회의에 비밀리에 특사를 파견하기도 하고, 내외부적으로 독립운동도 했지만 성공하지 못했습니다. 일본이 더 큰 욕심을 부리지 않고 우리나라를 빼앗은 것에 만족해서 2차 세계 대전을 일으키지 않았다면, 어쩌면 우리는 일본 사람으로 살았을지도 모릅니다. 따지고 보면 대한민국의 독립은 우리가 스스로 만들어 낸 것이 아니라, 미국과 연합군이 우리나라를 붙잡고 있던 일본을 물리쳐 준 결과로 얻어진 것입니다.

구원이 무엇입니까? 우리를 붙잡고 있는 흑암의 세력, 죄의 권세, 사망의 형벌에서부터 건져 내는 것입니다. 우리 스스로는 그 세력들을 물리칠 수 없습니다. 그 일을 누가 합니까? 십자가에 못 박힌 예수 그리스도께서 하시는 것입니다.

> 고린도전서 2:1-2, "형제들아 내가 너희에게 나아가 하나님의 증거를 전할 때에 말과 지혜의 아름다운 것으로 아니하였나니 2. 내가 너희 중에서 예수 그리스도와 그가 십자가에 못 박히신 것 외에는 아무것도 알지 아니하기로 작정하였음이라"

바울과 바나바가 구브로 총독에게 하나님의 증거, 곧 복음을 전할 때 말과 지혜의 아름다운 것으로 하지 않았습니다. 무엇으로 합니까? 죄와 마귀와 사망의 권세를 이기신 예수 이름으로 했습니다. 그 예수는 어떤 분입니까? 우리를 대신해서 십자가에 못 박히신 분입니다. 참 이상하지 않습니까? 2차 세계 대전에서 미국이 일본을 이길 수 있었던 결정적인 이유는, 일본의 히로시마와 나가사키에 핵폭탄을 떨어트린 것이었습니다. 1945년 8월 6일과 9일, 두 차례에 걸친 핵폭탄 공격을 받은 일본은, 6일 뒤인 8월 15일에 항복 선언을 했고, 바로 그날이 우리나라의 해방일이 되었습니다. 이처럼 누군가를 붙잡고 있는 강력한 권세를 이기려면, 핵폭탄을 터트리든지 무슨 수를 쓰든지 해서 그보다 더 강력한 힘으로 찍어 눌러야 합니다. 그런데 예수님께서 죄와 마귀와 사망을 이기신 것은, 그와 같은 세상의 방법과 힘으로 이기신 것이 아닙니다. 십자가 위에서 죽는 것으로 이기셨습니다.

> 고린도전서 2:4-5, "내 말과 내 전도함이 설득력 있는 지혜의 말로 하지 아니하고 다만 성령의 나타나심과 능력으로 하여 5. 너희 믿음이 사람의 지혜에 있지 아니하고 다만 하나님의 능력에 있게 하려 하였노라"

죽는 것이 어떻게 이기는 방법이 될 수 있습니까? 우리를 구원하려는 하나님의 뜻과 능력이 그리스도의 십자가 죽음에서 완성되기 때문입니다. 예수님께서 세상에 오셔서 하신 일이 얼마나 많습니까? 물로 포도주도 만드시고, 오병이어의 기적, 물 위를 걸으신 기적, 병자를 고치고 귀신을 쫓아내시고, 죽은 사람도 살리신 이가 바로 예수 그리스도입니다. 하지만 예수님께서 하신 일 가운데 가장 위대한 사역이 무엇이냐고 묻는다면, 그것은 바로 예수님의 십자가 사건입니다.

> 빌립보서 2:5-8, "너희 안에 이 마음을 품으라 곧 그리스도 예수의 마음이니 6. 그는 근본 하나님의 본체시나 하나님과 동등됨을 취할 것으로 여기지 아니하시고 7. 오히려 자기를 비워 종의 형체를 가지사 사람들과 같이 되셨고 8. 사람의 모양으로 나타나사 자기를 낮추시고 죽기까지 복종하셨으니 곧 십자가에 죽으심이라"

예수님께서 행하신 일 가운데 가장 위대한 일은 자기를 비우신 것입니다. 그분은 원래 하나님의 본체, 다시 말해서 하나님과 하나이셨던 분이었지만, 하나님과 동등하게 되려고 생각하지 않으시고 자기의 모든 권리를 비우셨습니다. 그렇게 비웠더니 어떻게 되었습니까? 신이 아니라 사람의 하나가 되었습니다. 그리고 마치 종과 같이 하나님이 하시는 명령에 순종하는 사람이 되었습니다. 이렇게 예수님께서 자신의 권리, 자기의 생각, 자기의 의지를 모두 비우고 아버지께서 원하시는 뜻대로 순종하겠다고 하시자 하나님께서 무엇을 주셨습니까? 그 빈자리에 하나님의 능력과 영광을 주신 것이 아니라, 십자가 죽음을 채우셨습니다. 가장 수치스럽고 고통스러운 죽음을 당하게 하신 것입니다. 그리고 예수님은 그와 같은 하나님의 명령까지 순종했습니다.

오늘날 교회에서 예수님의 순종과 십자가 죽음을 말하려고 하지 않습니다. 대신 그분께서 병든 자와 가난한 자를 돌보신 것을 강조하며 설교합니다. 당시 유대 종교 지도자와 권력을 잡은 자들이 외면했던 세리와 죄인, 창녀를 돌아보셨던 예수님을 부각하면서, 우리도 예수의 정신을 닮아야 한다고 강조합니다. 어린아이와 여성의 인권을 챙겨 주신 예수님을 말하면서, 만약 예수님이 요즘 시대에 계셨더라면 동성애자와 성전환자의 편이 되어 주셨을 거라고 합니다. 자기들이 원하는 형상形像에 예수께서 행하신 한쪽 면만 끌어와서, 이것이 바로 예수님이다, 하나님께서 원하시는 사랑이 이런 것이라고 사람들을 선동합니다. 하지만 그들이 말하는 것은 복음도 아니요, 예수님이 세상에 오신 목적도 아닙니다.

예수님께서 무엇 때문에 하늘 보좌를 버리고, 낮고 천한 인간의 몸을 입고 세상에 오셨는지, 무엇 때문에 예수님께서 죽기까지 순종하셨는지 알아야 합니다. 골로새서 말씀처럼, "그가 우리를 흑암의 권세에서 건져내사 그의 사랑의 아들의 나라로 옮기시려고"(골 1:13) 세상에 오신 것입니다. 그리고 그가 우리를 흑암의 권세에서 건지셨다는 증거가 바로 기적들입니다. 세상에 오신 예수님께서 우리를 붙잡고 있던 공중권세 붙잡은 자들, 흑암의 권세들을 물리치셨습니다. 그 결과로 나타난 것이, 날 때부터 소경 된 자, 앉은뱅이 된 자, 38년 된 중풍 병자, 열두 해를 혈우병으로 앓던 자들이 오랜 중병에서 해방된 것입니다.

예수님께서 갈릴리 호수 근처의 한 마을에 계실 때, 한 중풍 병자를 네 명의 친구들이 침상에 매고 와서 지붕을 뜯고 예수님 앞에 달아 내렸습니다. 그때 예수님께서 그들의 믿음을 보시고 중풍 병자의 죄를 용서해 주셨습니다. 그런데 예수님께서 병자들을 고치신 것은, 단지 육체의 병만 고친 것이 아닙니다. 그 병이 온 원인이던 죄를 용서하시니, 죄의 결과로 온 병이 치료된 것입니다.

> 누가복음 5:20-26, "예수께서 그들의 믿음을 보시고 이르시되 이 사람아 네 죄 사함을 받았느니라 하시니 21. 서기관과 바리새인들이 생각하여 이르되 이 신성 모독 하는 자가 누구냐 오직 하나님 외에 누가 능히 죄를 사하겠느냐 22. 예수께서 그 생각을 아시고 대답하여 이르시되 너희 마음에 무슨 생각을 하느냐 23. 네 죄 사함을 받았느니라 하는 말과 일어나 걸어가라 하는 말이 어느 것이 쉽겠느냐 24. 그러나 인자가 땅에서 죄를 사하는 권세가 있는 줄을 너희로 알게 하리라 하시고 중풍병자에게 말씀하시되 내가 네게 이르노니 일어나 네 침상을 가지고 집으로 가라 하시매 25. 그 사람이 그들 앞에서 곧 일어나 그 누웠던 것을 가지고 하나님께 영광을 돌리며 자기 집으로 돌아가니 26. 모든 사람이 놀라 하나님께 영광을 돌리며 심히 두려워하여 이르되 오늘 우리가 놀라운 일을 보았다 하니라"

예수님께서 귀신을 쫓아내신 것도 같은 이유입니다. 예수님께서 귀신 들려 눈멀고 말 못하는 사람을 고쳐 주시자, 바리새인들은 그가 귀신의 왕 바알세불을 힘입어 고친 것이라고 했습니다. 그들의 생각을 아신 예수님께서 "만일 사탄이 사탄을 쫓아내면 스스로 분쟁하는 것이니 그리하고야 어떻게 그의 나라가 서겠느냐"(마 12:26)고 말씀하셨습니다. 그러면서 "그러나 내가 하나님의 성령을 힘입어 귀신을 쫓아내는 것이면 하나님의 나라가 이미 너희에게 임하였느니라 사람이 먼저 강한 자를 결박하지 않고서야 어떻게 그 강한 자의 집에 들어가 그 세간을 강탈하겠느냐 결박한 후에야 그 집을 강탈하리라"(마 12:28-29)고 하셨습니다. 이 말씀이 의미하는 바가 무엇입니까? 예수님께서 사탄을 결박하고 이길 수 있는 권세가 있다는 것입니다.

예수님께서 거라사 지방을 지나가실 때 더러운 귀신 들린 사람을 만났습니다. 그 사람은 무덤 사이에 거처하면서 쇠사슬과 쇠고랑으로 묶어도 깨뜨릴 만큼 괴력을 가진 사람이었고, 누구도 귀신 들린 사람을 힘으로 제어하지 못했습니다. 사람들이 그 사람을 쇠사슬과 쇠고랑으로 묶어 두려고 했던 것은, 그 사람이 무덤 사이와 산에서 소리를 지르고, 돌로 자기 몸을 해치며 위협이 됐기 때문입니다. 그런데 예수님께서 그 사람을 보시고, "더러운 귀신아 그 사람에게서 나오라"라고 말씀하셨습니다. 그러자 그 사람을 붙들고 있던 군대 귀신이, 자기들을 근처에 있는 돼지에게로 들어가게 해 달라고 부탁했습니다.

> 마가복음 5:11-15, "마침 거기 돼지의 큰 떼가 산 곁에서 먹고 있는지라 12. 이에 간구하여 이르되 우리를 돼지에게로 보내어 들어가게 하소

서 하니 13. 허락하신대 더러운 귀신들이 나와서 돼지에게로 들어가매
거의 이천 마리 되는 떼가 바다를 향하여 비탈로 내리달아 바다에서 몰
사하거늘 14. 치던 자들이 도망하여 읍내와 여러 마을에 말하니 사람들
이 어떻게 되었는지를 보러 와서 15. 예수께 이르러 그 귀신 들렸던 자
곧 군대 귀신 지폈던 자가 옷을 입고 정신이 온전하여 앉은 것을 보고 두
려워하더라"

아담과 하와가 에덴동산에 살 때는 죽음이 없었고, 고통이 없었고, 질병이 없었고, 늙는 것이 없었습니다. 하지만 그들이 죄를 범한 후 그곳에서 쫓겨났습니다. 그 결과로 오게 된 것이 질병, 고통, 죽음 같은 인간이 가진 근본 문제들입니다. 에덴동산에서 쫓겨난 인간은, 그리스도께서 재림하여 세상을 심판하기 전까지 공중권세를 붙잡고 있는 악한 마귀의 세력 아래서 살 수밖에 없게 되었습니다. 그래서 하는 일이 무엇입니까?

요한복음 8:44, "너희는 너희 아비 마귀에게서 났으니 너희 아비의 욕심대로 너희도 행하고자 하느니라 그는 처음부터 살인한 자요 진리가 그 속에 없으므로 진리에 서지 못하고 거짓을 말할 때마다 제 것으로 말하나니 이는 그가 거짓말쟁이요 거짓의 아비가 되었음이라"

여기 "진리가 그 속에 없으므로 진리에 서지 못하고 거짓을 말한다"고 했습니다. 지금 이 말씀은, 바울이 마술사 엘루마를 책망했던 말과 똑같습니다.

10, "이르되 모든 거짓과 악행이 가득한 자요 마귀의 자식이요 모든 의의 원수여 주의 바른 길을 굽게 하기를 그치지 아니하겠느냐"

예수 복음 앞에 마귀의 일이 파괴되는 일은 누가 해도 똑같은 결과가 나옵니다. 우리가 첫 번째로 기억해야 할 것은, 예수께서 죄와 마귀와 사망을 이기셨다는 것입니다. 그래서 누구든지 그 이름을 믿는 자는 구원을 받는다는 것입니다. 죄와 마귀와 사망의 권세를 이기신 예수께서는 중병으로 고통받고, 귀신 들려 고통받고, 죽음으로 슬퍼하는 사람들을 구원하셨습니다. 그런데 이것만 알면 안 됩니다. 한 가지 더 기억해야 합니다. 예수님께서 자기를 비우시고, 하나님의 뜻에 죽기까지 순종하셨다는 것입니다. 그 순종이 얼마나 힘들고 어려운지, 붙잡히시던 밤에 겟세마네 동산에서 땀이 땅이 떨어지는 핏방울같이 될 만큼 세 번이나 하나님께 간절히 기도하셨습니다. 그 내용이 무엇이었습니까?

누가복음 22:42, "이르시되 아버지여 만일 아버지의 뜻이거든 이 잔을 내게서 옮기시옵소서 그러나 내 원대로 마시옵고 아버지의 원대로 되기를 원하나이다 하시니"

사람들은 자기가 보고 싶은 것만 봅니다. 자기가 좋아하는 것만 기억합니다. 그래서 "예수 믿으면 병 낫는다, 귀신도 쫓겨난다, 성공한다." 이것만 봅니다. 그런데 왜 병이 낫게 되었는지, 왜 더러운 귀신에서 해방되어 괜찮아졌는지는 전혀 관심이 없습니다. 오늘 본문에 바울이 구브로 총독을 영적으로, 정신적으로 지배하고 있던 거짓 선지자요 마술사인 바예수를 벌하여, 총독인 서기오 바울을 구해 내고 있습니다.

9-11, "바울이라고 하는 사울이 성령이 충만하여 그를 주목하고 10. 이르되 모든 거짓과 악행이 가득한 자요 마귀의 자식이요 모든 의의 원수여 주의 바른 길을 굽게 하기를 그치지 아니하겠느냐 11. 보라 이제 주

의 손이 네 위에 있으니 네가 맹인이 되어 얼마 동안 해를 보지 못하리라 하니 즉시 안개와 어둠이 그를 덮어 인도할 사람을 두루 구하는지라"

바울은 어떻게 이런 일을 할 수 있었을까요? 그런데 여기서도 사람들은 또 자기가 보고 싶은 것만 봅니다. 그래서 자기들도 바울처럼 되게 해 달라고 했습니다. 그런 사람들을 향해서 바울이 어떻게 그런 일을 할 수 있는지 가르쳐 줬습니다.

사도행전 20:22-25, "보라 이제 나는 성령에 매여 예루살렘으로 가는데 거기서 무슨 일을 당할는지 알지 못하노라 23. 오직 성령이 각 성에서 내게 증언하여 결박과 환난이 나를 기다린다 하시나 24. 내가 달려갈 길과 주 예수께 받은 사명 곧 하나님의 은혜의 복음을 증언하는 일을 마치려 함에는 나의 생명조차 조금도 귀한 것으로 여기지 아니하노라 25. 보라 내가 여러분 중에 왕래하며 하나님의 나라를 전파하였으나 이제는 여러분이 다 내 얼굴을 다시 보지 못할 줄 아노라"

이 말씀을 잘 이해해야 합니다. 바울이 하려는 말은, "내가 목숨까지도 아끼지 않고 주의 일을 위해서 돌진했다."라는 말이 아닙니다. 23절 말씀처럼 "결박과 환난이 너를 기다린다.", 다시 말해서 바울은 주님께서 자기 목숨을 요구하셨다는 것을 알고도 순종함으로 가는 것입니다. 그래서 바울이 에베소교회 장로들에게 하는 말이 무엇입니까? "이제는 여러분이 다 내 얼굴을 다시 보지 못할 줄 아노라."입니다. 그러면 바울만 이렇게 살았습니까? 제자들에게도 똑같은 것을 요구하셨습니다.

마가복음 8:34, "무리와 제자들을 불러 이르시되 누구든지 나를 따라오려거든 자기를 부인하고 자기 십자가를 지고 나를 따를 것이니라"

자기를 부인하고 내려놓는 것이 무엇인지, 순종이 무엇인지 배우고 있습니다. 베드로나 바울이 행한 기적들만 보면서 "나도 저런 능력을 행하게 해 주소서."라고 바랄 것이 아니라, 그들의 자기 부인과 순종을 배워야 합니다. "자기 십자가를 지고 나를 따르라는 예수님의 명령"에 대한 제자들의 자기 부인과 순종의 삶이, 귀신이 쫓겨나고 병자가 고침 받는 기적으로 나타난 것입니다. 그래서 베드로든, 바울과 바나바든 그들을 통해 이러한 기적이 일어났을 때, 사람들이 자기들을 주목해서 보는 것을 옷을 찢으면서 말렸습니다. 그러면서 누구를 드러냈습니까? 나사렛 예수를 드러내고(행 3:12-16), 천지와 바다를 지으신 하나님께로 돌아오라고 말했습니다(행 14:13-15).

자기를 부인하고 죽기까지 순종하는 일을 우리가 어떻게 할 수 있을까요? 자주 말씀드리지만, 신앙은 뜨거운 결심이나 활활 타오르는 열정이 아닙니다. 냉정하게 쌓아 가야 하고, 더 깊이 하나님을 알아 가야 하는 기나긴 여정입니다.

> 베드로후서 1:3-9, "그의 신기한 능력으로 생명과 경건에 속한 모든 것을 우리에게 주셨으니 이는 자기의 영광과 덕으로써 우리를 부르신 이를 앎으로 말미암음이라 4. 이로써 그 보배롭고 지극히 큰 약속을 우리에게 주사 이 약속으로 말미암아 너희가 정욕 때문에 세상에서 썩어질 것을 피하여 신성한 성품에 참여하는 자가 되게 하려 하셨느니라 5. 그러므로 너희가 더욱 힘써 너희 믿음에 덕을, 덕에 지식을, 6. 지식에 절제를, 절제에 인내를, 인내에 경건을, 7. 경건에 형제 우애를, 형제 우애에 사랑을 더하라 8. 이런 것이 너희에게 있어 흡족한즉 너희로 우리 주 예수 그리스도를 알기에 게으르지 않고 열매 없는 자가 되지 않게 하려니와 9. 이런 것이 없는 자는 맹인이라 멀리 보지 못하고 그의 옛 죄가 깨끗하게 된 것을 잊었느니라"

하나님께서는 우리가 정욕 때문에 세상에서 썩어질 것을 피하여 신의 성품에 참여하는 자가 되길 원하십니다. 우리가 가진 인간적인 성품도 그것을 좀 더 좋게 바꾸려면 시간이 걸립니다. 그런데 '신의 성품'에 참여해야 하는 것이라면, 그게 금식 몇 번 하고 철야 기도 몇 번 해서 완성되겠습니까? 성품이 바뀌는 것은 기도한다고 바뀌고, 금식한다고 되는 것이 아닙니다. 살아 내는 것이지요. 끊임없이 자기를 비워야 흉내라도 낼 수 있는 것입니다.

뜨겁게 은혜받고, 눈이 붓도록 울고, 그래서 굳은 다짐을 하면 바뀝니까? 아니요. 살아 내야지요. 뜨겁게 올라오는 화도 참고, 억울해서 터져 나오는 눈물도 속으로 삼키고, 굳은 다짐으로 복수를 포기하면서 참아 내야 하는 것입니다. 그렇게 터진 가슴이 또 터지고, 또 터져서 굳은 살이 단단하게 박혀도 바뀔까 말까 하는 게 성품 아닙니까? 이렇게 자기를 비우는 게 힘들고, 순종하는 게 힘든데 무슨 기적을 바라고, 하나님의 능력이 나를 통해서 나올 것을 기대합니까? 아직 멀었습니다.

예수님께서 저와 여러분을 바울처럼 부르고, 베드로의 길로 부르고 있습니다. "자기를 부인하고 자기 십자가를 지고 나를 따르라.", 그 자기 부인과 자기 십자가는 '신의 성품' 곧 그리스도의 성품을 닮아 가는 길로 인도하고 있습니다. 그 길의 끝은 어디입니까? 세상에서의 성공과 잘 되는 것이 아니라 죽음입니다. 왜 꼭 죽어야만 합니까? "우리를 흑암의 권세에서 건져 내사 그의 사랑의 아들의 나라로 옮기셔야" 하기 때문입니다. 그래서 "이 땅에 하나님의 나라가 이루어지게 해 달라."라고 하는 사람들의 거짓말에 속으면 안 됩니다. 그 사람들은 모순

된 주장을 하고 있는데, 문제는 그 말을 듣는 예수 믿는 성도들이 자기들이 속고 있다는 사실을 깨닫지 못한다는 것입니다.

하나님의 공의가 이 땅에 임하면 어떻게 될까요? 예수님의 재림이고 심판입니다. 그런데 그 사람들이 예수님의 재림을 원하고, 하나님의 심판을 원합니까? 아니요. 그래서 하는 말이 뭐죠? 자기들이 하나님의 의를 세상에 이루겠다고 합니다. 그게 가능합니까? 자기들이 뭐라고 하나님의 공의를 이 땅에 이루겠습니까? 그게 바로 거짓 선지자 엘루마입니다. 헛된 속임수에 속지 마시고, 여러분의 일상과 평생의 삶 속에서 하나님을 더욱 알아 가시기를 바랍니다.

바울과 바나바가, 베드로와 사도들이 복음을 전할 때 각종 기적이 일어났습니다. 그 기적들은 바울과 사도들을 돋보이게 하려는 기적이 아니라, 예수 복음을 믿지 못하게 하는 악한 마귀의 권세를 깨뜨렸다는 증거로 나타난 기적들입니다. 마귀의 권세를 누가 깨뜨릴 수 있습니까? 자기를 부인하고 자기 십자가를 지고 죽기까지 순종했던 예수 그리스도와 그분의 도를 따랐던 사람들이 했습니다. 기적이라는 결과만 보고 따라갈 것이 아니라, 하나님의 명령에 자기를 비우고 죽기까지 순종했던 그리스도와 제자들의 삶을 보고 따라야 할 것입니다.

하나님께서 오늘 저와 여러분에게 요구하시는 것이 있습니다. 처음부터 십자가를 주면서 너희도 죽으라고 하시겠습니까? 그렇게 하지 않죠. 대신 우리에게 '신의 성품'에 참여하는 자가 되라고 말씀하고 있습니다. 예수 그리스도를 알기에 게으르지 말고, 우리가 만나는 삶의 현장에서 자기를 비우고 말씀에 순종하는 연습을 먼저 하라고 말씀하십니다. 그렇게 우리가 '신의 성품'에 참여하다 보면, 자기를 비우고 순종하는 것이 우리에게 익숙해지면, 우리도 주님 가신 십자가의 길에 동참하게 될 것입니다. 저와 여러분이 그렇게 될 때까지 잘 비우고, 순종하는 삶을 살 수 있게 되길 기원합니다.

사도행전 13:44~48

이방인들이 듣고 기뻐하여

"그러므로 형제들아 너희가 알 것은 이 사람을 힘입어 죄 사함을 너희에
게 전하는 이것이며 39. 또 모세의 율법으로 너희가 의롭다 하심을 얻
지 못하던 모든 일에도 이 사람을 힘입어 믿는 자마다 의롭다 하심을 얻
는 이것이라 40. 그런즉 너희는 선지자들을 통하여 말씀하신 것이 너희
에게 미칠까 삼가라 41. 일렀으되 보라 멸시하는 사람들아 너희는 놀라
고 멸망하라 내가 너희 때를 당하여 한 일을 행할 것이니 사람이 너희에
게 일러줄지라도 도무지 믿지 못할 일이라 하였느니라 하니라 42. 그들
이 나갈새 사람들이 청하되 다음 안식일에도 이 말씀을 하라 하더라 43.
회당의 모임이 끝난 후에 유대인과 유대교에 입교한 경건한 사람들이 많
이 바울과 바나바를 따르니 두 사도가 더불어 말하고 항상 하나님의 은
혜 가운데 있으라 권하니라 44. 그 다음 안식일에는 온 시민이 거의 다
하나님의 말씀을 듣고자 하여 모이니 45. 유대인들이 그 무리를 보고 시
기가 가득하여 바울이 말한 것을 반박하고 비방하거늘 46. 바울과 바나
바가 담대히 말하여 이르되 하나님의 말씀을 마땅히 먼저 너희에게 전할
것이로되 너희가 그것을 버리고 영생을 얻기에 합당하지 않은 자로 자처
하기로 우리가 이방인에게로 향하노라 47. 주께서 이같이 우리에게 명
하시되 내가 너를 이방의 빛으로 삼아 너로 땅 끝까지 구원하게 하리라
하셨느니라 하니 48. 이방인들이 듣고 기뻐히여 하나님의 말씀을 찬송
하며 영생을 주시기로 작정된 자는 다 믿더라"

오늘 본문 15~41절까지는 사도 바울이 비시디아 안디옥 지방의 한 회당에서 안식일에 전했던 설교입니다. 정말 희한한 것은, 바울이 회당에서 전한 설교 내용은 유대인들은 그 내용을 이해하겠지만, 이방인들은 바울이 무슨 말을 하는지 이해하기 어려운 내용입니다. 성경 전체를 읽으면 좋겠지만 짧게 요약을 하면, "하나님께서 모세를 보냈다, 사사를 보냈다, 다윗을 세웠다, 요한을 보냈다, 예수님을 보내 주셨다, 하나님께서 주셨고, 보냈고, 그 일을 이루셨다, 하지만 너희는 예수를 죽였다." 이것입니다. '모세, 사사, 다윗, 세례 요한, 예수 그리스도' 이런 인물들은 모두 유대인이고, 유대의 역사에 등장하는 사람들입니다. 당연히 이방인들은 바울이 언급한 사람들에 대한 이해가 부족할 수밖에 없고, 혹시 알 수 있는 사람이 있다 해도 세례 요한이나 예수님 정도일 것입니다.

그런데 바울이 설교했을 때, 유대인들뿐만 아니라 유대교에 입교한 경건한 이방인들이 그 말씀 듣는 것을 기뻐했고, 계속 듣고 싶어 했다는 것입니다(42-43). 그래서 그다음 안식일이 돌아왔을 때 그곳의 온 시민이 하나님의 말씀을 들으려고 모였다고 할 만큼, 많은 사람이 바울의 설교를 들으려고 모였습니다(44). 하지만 바울의 설교를 듣기 위해 많은 사람이 모인 것을 보면서 시기한 바리새파 유대인들은, 전날 바울이 전한 설교를 반박하며 비방했습니다(45). 그러자 바울과 바나바는 하나님의 말씀을 마땅히 너희에게 먼저 전해야 하지만, 너희가 그것을 버리고 영생을 얻기에 합당하지 않은 자로 자처했다고 말했습니다.

유대인들이 먼저 받아야 할 복음을, 그들 스스로 가치 없는 것으로 여겼으므로 자기들은 이방인에게 복음을 전하여 구원하러 간다고 선언한 것입니다(46-47). 그러자 어떤 일이 벌어졌을까요?

> 48, "이방인들이 듣고 기뻐하여 하나님의 말씀을 찬송하며 영생을 주시기로 작정된 자는 다 믿더라"

바울의 설교를 알아들었을 것 같은 바리새파 유대인들은 바울을 비방하고, 그의 설교를 못 알아들었을 것 같은 이방인들은 듣고 기뻐하는 일이 생긴 것입니다. 그런데 이것이 바로 '구원을 주시는 하나님의 복음'이 갖는 특징입니다. 우리가 복음을 어떻게 이해하고, 어떻게 믿을 수 있습니까? 바울처럼 성경에 능통하고, 복음을 정확하게 설명할 수 있는 훌륭한 설교자가 말씀을 전하니까 사람들이 그 말씀을 이해하고 예수님을 영접한 것입니까? 아닙니다. 구원 얻는 복음은 '인간이 이해해서 받아들여 주는 것'이 아닙니다. 하나님께서 당신이 구원하고자 하는 사람을 찾아오셔서 항복시키는 것입니다. 그래서 "이방인들이 복음을 알아듣고 이해해서 영접했다."라고 말하지 않고, "(하나님께서) 영생을 주시기로 작정된 자는 다 믿더라."라고 한 것입니다.

우리는 창세기부터 요한계시록까지 기록된 성경 전체를 손에 들고, 거기에 기록된 인물들과 역사와 사건들을 다 알고 있는 상태에서 본문을 보고 있습니다. 그런데 바울이 설교하고 있는 당시의 시점으로 들어가서 바울의 설교를 듣고 있는 바리새파 유대인의 시각에서 바울을 바라보시기 바랍니다. 바리새파 유대인들은 왜 바울을 비방하며, 그가 전하는 설교를 반박했을까요? 바울이 전한 설교 중에 뭐가 잘못되었기에 한쪽에서는 바울을 비방했고, 바울과 바나바는 "너희가 그렇게 말했으니 우리는 이방인에게로 간다."라고 했던 걸까요?

시간을 조금 더 앞당겨서 보면, 바리새파 유대인들이 바울에게 보이는 적대감과 반발심은, 스데반의 설교를 들었을 때 '사울'이 보였던 반응과 똑같습니다. 사도행전 7장에서 스데반이 했던 설교도 바울이 했던 설교와 비슷했습니다. "너희의 조상들이 애굽에서 종노릇할 때 하나님께서 그들을 구원하기 위해 모세를 보냈지만, 너희 조상들이 그를 받아들이지 않았다. 그 후에도 하나님께서 많은 선지자를 보냈지만, 너희 조상들은 받아들이지 않았다. 너희 조상들이 선지자 중에서 누구라도 박해하지 않은 사람이 있냐? 하나님께서 약속하셨고 너희가 기다리던 메시아인 예수 그리스도를 보내 주셨지만, 너희가 그분을 받아들이지 않고 죽이지 않았느냐?"(행 7:20-53)

그 당시 스데반의 설교를 들었던 대제사장과 유대인들의 반응이 어땠을까요? "그들이 이 말을 듣고 마음에 찔려 그를 향하여 이를 갈거늘"(행 7:54) 만약 스데반의 설교가 잘못됐다면 '이 말을 듣고 마음에 찔릴' 이유가 없습니다. "무슨 말도 안 되는 소리를 하고 있냐, 너 가서 성경 다시 읽고 와라." 그러지 않았겠습니까? 하지만 스데반의 설교가 너무나 정확했기에 마음에 찔린 것입니다. 그리고 스데반의 설교를 들으면서 마음에 찔림을 받았던 사람들 속에는 이 설교를 하는 바울도 있었습니다.

본문에 바리새파 유대인들이 바울의 설교를 들으면서 반박하고 비방하는 이유가 바로 여기에 있습니다. 한마디로 "네가 언제부터 그런 사람이었느냐."는 것이죠. 여기에 복음이 갖는 특징이 있습니다. 앞서도 말씀드린 것처럼, 복음은 사람이 듣고 이해하고 받아들여서 인정해 주니까 비로소 '복음'이 되는 것이 아닙니다. 복음은 하나님께서 구원하기로 작정한 사람을 찾아와서 '듣게 만드는 것'입니다. 그러면 하나님께서 구원하기로 작정한 사람은 어떤 사람일까요? '신'을 만나기 위해서 수행을 하고, 공덕을 쌓고, 선을 행하는 사람일까요?

> 마태복음 11:2-5, "요한이 옥에서 그리스도께서 하신 일을 듣고 제자들을 보내어 3. 예수께 여짜오되 오실 그이가 당신이오니이까 우리가 다른 이를 기다리오리이까 4. 예수께서 대답하여 이르시되 너희가 가서 듣고 보는 것을 요한에게 알리되 5. 맹인이 보며 못 걷는 사람이 걸으며 나병 환자가 깨끗함을 받으며 못 듣는 자가 들으며 죽은 자가 살아나며 가난한 자에게 복음이 전파된다 하라"

복음이 무엇이며, 복음이 누구에게 전해지는지 가장 잘 알 수 있는 내용입니다. 예수님께서 5절에 언급한 사람들을 보십시오. '맹인, 앉은뱅이, 나병 환자, 귀머거리, 죽은 자, 가난한 자'에게 복음이 전파된다고 전하라고 말씀하셨습니다. 이 사람들의 특징이 무엇일까요? 자기 힘으로 아무것도 할 수 없는 사람입니다. 맹인이 무슨 수로 보겠으며, 못 걷는 사람이 어떻게 혼자 걷겠으며, 나병 환자가 어떻게 저절로 깨끗하게 치료되겠습니까? 듣지 못하는 자는 어떻게 듣게 되며, 이미 죽은 자가 어찌 다시 살아나겠습니까? 구원 얻는 복음의 탁월함은, 그 진리를 얻기 위해서 수행하고, 공덕을 쌓고, 탐구해서 얻어지는 것이 아니라, 절대 무능력자에게 일방적으로 주어지는 것입니다. 심지어 죽은 자도 다시 살아나서 듣게 하는 것이 바로 복음입니다. 스데반의 설교를 들으면서 이를 갈며 분개했고, 그래서 돌로 쳐서 죽이는 일에 앞장섰던 사울이, 복음을 전하는 자가 되어 이방인 앞에 서게 된 이유입니다.

사울이 어떻게 예수를 믿게 되었습니까? 표면적으로는 사울이 다메섹으로 가고 있을 때, 예수님께서 강한 빛과 함께 그를 찾아와 만나 주셔서 믿게 됐습니다. 하지만 사울의 회심은 다메섹에서 예수님을 만나서 이루어진 것이 아닙니다. 하나님께서 모든 사람에게 증인이 되게 하려고 만세 전에 택하셔서 된 것입니다.

> 사도행전 22:11-15, "나는 그 빛의 광채로 말미암아 볼 수 없게 되었으므로 나와 함께 있는 사람들의 손에 끌려 다메섹에 들어갔노라 12. 율법에 따라 경건한 사람으로 거기 사는 모든 유대인들에게 칭찬을 듣는 아나니아라 하는 이가 13. 내게 와 곁에 서서 말하되 형제 사울아 다시 보라 하거늘 즉시 그를 쳐다보았노라 14. 그가 또 이르되 우리 조상들의 하나님이 너를 택하여 너로 하여금 자기 뜻을 알게 하시며 그 의인을 보게 하시고 그 입에서 나오는 음성을 듣게 하셨으니 15. 네가 그를 위하여 모든 사람 앞에서 네가 보고 들은 것에 증인이 되리라"

기독교 진리, 구원 얻는 복음이 반복해서 강조하는 단어들을 기억해야 합니다. 보신 것처럼, '택함', '믿음', '은혜', '순종' 이런 것들입니다. 이런 단어들은 스스로 존재하는, 그 단어 자체가 의미를 지닌 말이 아닙니다. 이 단어들은 언제나 주인이 있어야 하는 말들이고, 이 단어들을 향한 인격적 대상이 있어야 비로소 의미가 생기는 말들입니다. '은혜'라는 말은 절체절명의 위기에 있는 나에게 구원의 손길, 도움의 손길을 건네준 누군가가 있을 때, 그 인격적인 존재(대상)에게 '은혜를 입었다'라고 말합니다.

'믿음'도 대상이 있어야 합니다. '순종'은 마땅히 순종해야 하는 대상에게 하는 것입니다. '택함'이라는 단어 역시, 내 의지나 동의 여부와 상관없이 누군가가 나를 선택해서 나에게 도움을 준다는 것입니다. 그래서 나를 선택해서, 나에게 은혜를 베풀어 주신 분, 천지를 지으신 유일하신 하나님을 내가 믿으며, 그분의 말씀에 내가 순종하며 나가는 것입니다. 그래서 기독교 신앙은 절대적 존재이신 하나님을 제외하면 존립할 수 없습니다. 그런데 오늘날 기독교회에서 절대적 존재이신 하나님을 빼 버리고 있습니다. 물론 표면적으로 하나님을 빼 버리는 교회는 없습니다. 다 하나님께 예배합니다. 하지만 하나님을 향하는 절대적 가치, 절대적 단어들을 빼 버렸습니다.

그게 무엇입니까? '택함', '믿음', '은혜', '순종' 이런 것들입니다. 대신에 그 자리에 하나님이라는 절대적 대상이 필요 없는 단어들로 채웠습니다. '사랑', '평화', '화해', '포용'과 같은 대중적이고 일반적인 가치를 기독교 신앙이 추구해야 할 핵심 주제로 바꿔 버린 것입니다. "하나님께서 우리를 택하셨다, 우리는 하나님의 은혜로 산다, 우리가 그 하나님을 믿는다, 그러니 하나님께 순종해야 한다." 이런 절대적 대상을 없앴습니다. 대신에 "우리가 서로 사랑하며 평화롭게 살자, 다른 종교를 믿는다고 미워하지 말고 서로 화해하고, 조금 달라서 오해되는 것은 포용하며 살자"라고 합니다. 기독교 신앙이 나가야 할 방향을, 하나님을 빼 버려도 우리끼리 얼마든지 공존할 수 있고, 서로 어울려서 재미있게 살 수 있는 단어들로 바꿔 버린 것입니다. 여러분, 이것이 기독교입니까? 이건 기독교가 아니라 그냥 일반 종교입니다. 교회에서 설교하고 가르친다고 기독교 복음이 아니라, 기독교 신앙이 가야 할 방향을 제시하고, 그 가치를 제대로 가르쳐야 제대로 된 교회가 되는 것입니다.

스데반이 전하는 복음을 듣고 분기가 탱천하여 그를 돌로 쳐서 죽였던 사울이, 스데반이 전했던 복음과 똑같은 내용의 설교를 이방인에게 전하고 있습니다. 어떻게 이런 일이 있을 수 있을까요? 바울에게 무슨 일이 생긴 걸까요? 더 희한한 것은, 유대인의 역사와 그들의 조상을 알지도 못하는 이방인들이, 바울이 전하는 복음을 듣고 기뻐하면서 바울과 바나바를 따랐다는 것입니다(43). 바울이 '사랑'을 말했습니까? '이해, 포용, 화해, 평화' 이런 것을 말했나요? 아니요, 바울은 스데반이 했던 설교에서 이어지는, 맥락이 같은 설교를 했습니다.

"하나님께서 광야 40년 동안 이스라엘이 행한 소행을 참으시고 그들에게 가나안 땅을 주셨다(18-19). 그들을 위해 사사도 보내 주고, 사울과 다윗 왕도 주셨다. 다윗의 후손에서 이스라엘을 위하여 구주를 보내 주겠다고 약속하신 대로 예수를 보내 주셨고, 그에 앞서서 세례 요한을 보내 메시아 오실 것을 알게 해 주셨다. 그런데 예루살렘에 사는 자들과 그 관리들이, 죽일 죄가 하나도 없는 예수를 죽여 달라고 빌라도를 겁박해서 결국 나무에 매달아서 죽였다(20-29). 그런데 하나님께서 예수를 죽은 자 가운데서 다시 살리셨고, 부활하신 예수께서는 갈릴리로부터 예루살렘까지 다니시며 제자들과 사람들에게 보이셨다. 너희가 알아야 할 것은, 예수 그리스도를 힘입어 죄 사함을 얻고, 의롭다 하심을 얻고, 구원을 받아라. 믿지 않는 자는 멸망하게 된다."(30-41)라는 것이었습니다.

기독교가 말하는 진리, 기독교가 가르쳐야 하는 복음이 무엇입니까? 인간을 구원하기 원하시는 하나님의 계획, 그분의 선택, 그리고 그 일을 위해서 당신의 아들까지 아끼지 않고 보내 주신 하나님의 놀라운 결단과 실행입니다. 성부 하나님께서 그렇게 일하시니, 성자 예수 그리스도께서는 자기를 비우고 사람의 하나가 될 뿐만 아니라, 종의 모습으로 세상에 오셔서 죽기까지 순종했습니다. 성령 하나님께서는 그리스도께서 이루신 대속의 구원을 사람들에게 알게 하시고, 그들이 자기 입술을 열어 그리스도를 주로 고백하고 구원받게 해 주셨습니다. 그래서 기독교 진리, 기독교가 말하는 복음은, 인간을 구원하기 위해서 성삼위 하나님께서 행하신 모든 은혜에 감사하면서, 믿음으로 순종하자는 것입니다.

기독교 진리가 '믿음'과 '순종'을 가르치는 것은, 그것들이 우리가 믿고 순종해야 할 대상을 가리키는 말들이기 때문이며, 그곳이 우리가 갈 방향이기 때문입니다. '목표와 방향'이 있다는 것은, 거기까지 도달하기 위한 '과정'이 필요하다는 말이고, 그 과정에 '훈련', '절제', '인내'를 거쳐 '성장'이 이루어지는 것을 뜻합니다. '사랑', '평화', '화해', '포용'과 같은 말들은 듣기에 좋고, 모두가 공감할 수 있는 말입니다. 하지만 그런 말들은 절대적 대상이 필요 없는 말들입니다. 절대적으로 '사랑'해야 하는 누군가가 없어도 사람이 사는 데 지장 없습니다.

모두가 평화로우면 참 좋겠지만 세계 1, 2위 국가인 중국과 미국이

팽팽한 긴장 관계에 있으며, 우리나라도 북한과 잠재적 전쟁 위협 관계로 살고 있습니다. 모든 사람과 '화해'하고, 모두를 '포용'하고 삽니까? 그렇게 살지 못합니다. 그래서 우리가 모든 사람을 사랑하지 못하고, 이해하고 포용하지 못하고, 평화롭지 못하니까 도무지 살 수 없는 세상이 되었나요? 그래도 잘 살고 있습니다. 믿음의 대상이 될 수 없고, 우리가 도달해야 할 목적지가 아닌 곳으로 이끌어 가는 잘못된 이정표를 제시하는 가짜 복음을 조심해야 합니다. '택함', '믿음', '은혜', '순종'처럼 우리가 절대적으로 따라야 할 대상을 가르치지 않고, 단지 '감동 주는 말'들은 복음이 될 수 없다는 것을 기억하시기 바랍니다.

세례요한이 제자들을 예수님께 보내서 자기들이 기다리는 메시아가 맞는지 물었습니다. 예수님께서는 '소경, 앉은뱅이, 문둥병자, 귀머거리, 죽은 사람, 가난한 자'에게 복음이 전파된다고 전하라고 대답하셨습니다. 절대적 무능력자, 0%라는 말도 사치스럽게 여겨질 만큼 가능성과 희망이 전혀 없는 사람에게 복음이 전파되는 것입니다. 그 사람들이 무슨 수로 보게 되고, 듣게 되고, 걷게 되고, 피부가 깨끗하게 되겠으며, 이미 죽은 사람이 어떻게 다시 살아나서 복음을 들을 수 있겠습니까? 그런데 복음이 그런 것입니다. 가능성 0%인 사람이 복음을 듣는 것입니다. 사울처럼 예수와 반대쪽으로 마이너스 무한대로 가던 사람이, 가던 길을 돌이켜서 자기 목숨을 아끼지 않고 복음을 전하는 사람으로 변하게 되는 것입니다.

성경을 알고, 이스라엘 역사를 알고, 그 역사 속에서 하나님을 만났던 조상들을 아니까 복음을 이해하고 예수를 영접했습니까? 오히려 반대하고 비방했습니다. 반면에 이스라엘과 전혀 상관없는 이방인들이 복음을 듣고 제자가 되고 있습니다. 저와 여러분이 이 말씀을 듣고, 이해할 수 있게 된 것에 감사하시기 바랍니다. 우리가 무엇을 했기에 이 말씀이 이해된다는 말입니까? 그래서 우리를 하나님의 백성으로 선택해 주신 은혜에 감사하며 믿는 것입니다.

오늘 우리가 첫 번째로 기억해야 할 것은, 복음은 인간이 이해하고 동의해서 복음이 되는 것이 아니라, 하나님께서 일방적으로 우리에게 주신 것입니다. 가능성 0%인 우리에게 은혜를 주시고, 믿음을 주셔서 믿게 된 것입니다. 복음이 무엇인지에 관해서 두 번째로 우리가 알아야 할 것이 있습니다. 그것은 복음이 '하나님의 말씀'이라는 절대적 권위 위에 서 있다는 것입니다. 복음이 절대적 권위 위에 있다는 말은, 타협이나 변형될 수 없다는 뜻입니다. 분명 복음은 '소경, 앉은뱅이, 문둥병자, 귀머거리, 죽은 사람, 가난한 자'와 같은 절대적 무능력자에게까지 은혜를 베푸는 기쁜 소식입니다. 하지만 동시에 이 복음은, 인간의 이해나 동의를 구하고, 서로 맞지 않는 부분은 절충하고 양보해서 인간이 받아들일 수 있는 부분만 전달하는 것이 아닙니다.

사도행전 13장에는 '하나님의 말씀'이라는 말이 일곱 번이나 나옵니다. 그 '하나님의 말씀'은 어떤 것입니까? 창세기 1장이 가장 잘 설명해 줍니다. "태초에 하나님이 천지를 창조하시니라"(창 1:1). 밑도 끝도 없습니다. 느닷없이 하나님이 나타나셔서 천지를 창조했다고 합니다. 하나님이 어떻게 세상을 창조하셨습니까? 말씀으로 창조하셨습니다. "하나님이 이르시되 빛이 있으라 (말씀)하시니 빛이 있었고"(창 1:3). 하나님께서 세상을 창조하실 때, 도구나 재료를 사용하여서 하신 것이 아니라 단지 말씀으로 창조하셨고, 명령으로 하셨습니다.

> 창세기 1:6-8, "하나님이 이르시되 물 가운데에 궁창이 있어 물과 물로 나뉘라 하시고 7. 하나님이 궁창을 만드사 궁창 아래의 물과 궁창 위의 물로 나뉘게 하시니 그대로 되니라 8. 하나님이 궁창을 하늘이라 부르시니라 저녁이 되고 아침이 되니 이는 둘째 날이니라"

하나님이 어떤 분이신지, 태초에 천지를 창조했다고 했는데 그전에는 뭘 하고 계셨는지, 선악과는 왜 만들었는지, 성경에는 아무런 설명이 없습니다. 아담과 하와가 선악과를 따 먹을 땐 뭐하고 계셨는지, 왜 하와가 선악과를 따려고 손을 뻗는 순간 '안 돼' 하면서 막지 않으셨는지 설명해 주지 않습니다. 오직 절대적 명령으로 말씀하시니 그대로 되어 천지가 창조됐습니다. 절대적 명령으로 '선악과를 먹으면 정녕 죽으리라' 하셨으니 그대로 됐습니다. 하나님 말씀이 절대적 권위를 갖는 것은, 그분의 능력이 절대적이기 때문입니다. 말한 대로 안 됐다면 절대적이라고 할 수 없겠지만, 말씀하신 대로 다 됐습니다. 어쩌다 한 번 된 것이 아니라, 이스라엘의 역사가 그 사실을 증명하고 있습니다.

오늘날 기독교 신앙이 위협 받고 있습니다. 하나님 말씀의 절대적 권위를 인정하기보다는, 사람들이 납득하고 동의할 만한 객관적인 증거와 논리를 가지고 복음을 설명하려고 하고 있기 때문입니다. 하나님께서 천지를 창조하실 때 말씀으로 하셨다고 했는데, 그걸 증명하기 위해서 어디로 가서 어떤 증거물을 찾아와야 하나님의 창조를 설명할 수 있을까요? 하나님께서 모세를 통해 홍해를 가르시고, 2백만 명이 넘는 사람을 40년 동안 사막 광야에서 만나와 메추라기를 보내서 먹이셨는데 그걸 어떻게 증명할까요? 예수님의 동정녀 탄생과 부활은 어떻게 객관적으로 설명할 수 있을까요?

그래서 하는 말이 기독교 신앙 안에 있는 '신화적 요소, 종교적 요소'를 제거하고, 성경을 통해서 가르쳐 주시는 하나님의 마음을 이해해야 한다고 주장합니다. 그러면 그 사람들이 '성경'은 하나님의 영감으로 기록된 말씀으로 믿을까요? 그것도 아닙니다. 성경은 이스라엘 민족이 자기 백성과 후손들에게 그들이 넘겨주고 싶은 정신적인 유산을 '신화화, 종교화'해서 기록으로 남긴 것이라고 합니다. 그래서 '천지를 지으신 하나님이라는 신'을 등장시켜서 종교적 분위기를 고취한 후에, 그 신적 권위를 힘입어 자기들의 정신 유산을 계승하게 한 것이라고 합니다.

예수님의 동정녀 탄생이나 부활도 그런 관점의 연장선상에서 보는 것입니다. 실제로 예수님이 부활했다는 것이 아니라, 예수님이 살아났다고 여길 만큼 예수께서 가르쳐 주셨던 윤리적, 포용적 가르침의 감동이 제자들에게 있었다고 합니다. 그러니 우리도 '천국이 있다 없다', '하나님이 뭘 만들었다 아니다', '예수님이 부활했다 아니다'하는 것에 얽매일 것이 아니라, 그 정신을 배우면 된다고 합니다. 복음을 권위 있는 하나님의 절대적 말씀 안에서 찾으려는 것이 아니라, 인간이 추구하는 좀 더 고차원적인 윤리적이고 정신적인 가치의 하나로 만든 것입니다.

그렇다 보니 교회 안에서 꼭 예수님만 가르쳐야 할 필요가 없어졌습니다. 구원 얻는 생명이 아니라 생물학적 생명, 죄 범한 인간이 그리스도를 통해 창조주인 하나님과 하나되고 일치되는 것이 아니라, 인간끼리 하나 됨을 말합니다. 그것이 종교다원주의를 표방하는 세계교회협의회(WCC)가 주장하는 내용입니다. 저들은 복음의 핵심 진리인 '택함', '믿음', '은혜', '순종'과 같은, 절대적 대상이 있어야 하는 가르침들을 권위적이고 배타적이라고 하면서 말하지 않았습니다. 대신 세상 모든 사람이 좋아하면서도 절대적 개념이 아닌, 상대적 개념의 '사랑', '평화', '화해', '포용'과 같은 말들을 감동적인 언어로 가르치기 시작했습니다. 그 결과 교회에서 무엇이 사라졌습니까? 예수 그리스도가 사라졌습니다. 결국 "예수를 믿지 않아도 구원받을 수 있다, 인간을 사랑하시는 하나님의 너그러움을 '오직 예수만'이라는 좁은 틀에 가두면 안 된다."라고 주장하는 것입니다.

오늘 본문에 바울이 전하는 복음, 그의 전도 방법을 자세히 보시기 바랍니다. 바리새파 유대인을 설득하고, 이방인들을 설득해서 전도하기 위해서 증거물을 가지고 오고, 철학적 종교적 논리로 그들의 동의를 끌어내지 않았습니다. '이것이 바로 하나님의 말씀'이라고 하면서, 마치 왕의 뜻을 전하는 사신과 같이, 사람들 앞에 서서 당당하게 전하는 것입니다. 그런 면에서 전도란 믿지 않는 사람들, 모르는 사람들에게 가서 설득하는 것이 아니라 유일하신 하나님, 주권자인 하나님께서 정하신 뜻을 선포하는 것입니다. 그 뜻은 무엇입니까? 예수 그리스도를 믿으면 구원, 안 믿으면 멸망입니다. 여기에는 모두가 모여 함께 행복할 수 있는 중간 지대나 서로의 요구를 수용하기 위한 타협과 절충은 없습니다. '사람들이 그것을 받아들일 만하냐, 그렇지 않냐.' 하는 것으로 복음의 권위가 좌우되지 않습니다. 오직 하나님의 하나님 되심만이 유일한 권위입니다. 이에 관해서 다니엘이 하나님께 드린 기도를 살펴보고 설교를 마무리하겠습니다.

> 다니엘 9:4-7, "내 하나님 여호와께 기도하며 자복하여 이르기를 크시고 두려워할 주 하나님, 주를 사랑하고 주의 계명을 지키는 자를 위하여 언약을 지키시고 그에게 인자를 베푸시는 이시여 5. 우리는 이미 범죄하여 패역하며 행악하며 반역하여 주의 법도와 규례를 떠났사오며 6. 우리가 또 주의 종 선지자들이 주의 이름으로 우리의 왕들과 우리의 고관과 조상들과 온 국민에게 말씀한 것을 듣지 아니하였나이다 7. 주여 공의는 주께로 돌아가고 수치는 우리 얼굴로 돌아옴이 오늘과 같아서 유다 사람들과 예루살렘 거민들과 이스라엘이 가까운 곳에 있는 자들이나 먼 곳에 있는 자들이 다 주께서 쫓아내신 각국에서 수치를 당하였사오니 이는 그들이 주께 죄를 범하였음이니이다"

다니엘이 기도하는 것이 무엇입니까? "우리가 하나님 말씀을 듣지 않았습니다. 주의 종과 선지자들이 그렇게 가르쳐 줘어도 우리의 고관들과 조상들과 온 국민이 듣지 않았더니, 우리가 나라를 빼앗기고 포로가 되어 수치를 당하고 있습니다. 이렇게 하나님의 목소리를 듣지 않고 말씀을 지켜 행하지 않았더니, 하나님께서 율법에 말씀하신 대로 우리가 멸망했습니다. 하지만 우리는 멸망당해도 쌉니다." 이렇게 기도했습니다.

> 다니엘 9:8-11, "주여 수치가 우리에게 돌아오고 우리의 왕들과 우리의 고관과 조상들에게 돌아온 것은 우리가 주께 범죄하였음이니이다 마는 9. 주 우리 하나님께는 긍휼과 용시하심이 있사오니 이는 우리가 주께 패역하였음이오며 10. 우리 하나님 여호와의 목소리를 듣지 아니하며 여호와께서 그의 종 선지자들에게 부탁하여 우리 앞에 세우신 율법을

행하지 아니하였음이니이다 11. 온 이스라엘이 주의 율법을 범하고 치우쳐 가서 주의 목소리를 듣지 아니하였으므로 이 저주가 우리에게 내렸으되 곧 하나님의 종 모세의 율법에 기록된 맹세대로 되었사오니 이는 우리가 주께 범죄하였음이니이다"

하지만 다니엘은 자조와 비관으로 가득한 기도만 한 것이 아니라, 하나님의 긍휼과 용서를 바라며 이렇게 기도했습니다.

다니엘 9:18-19, "나의 하나님이여 귀를 기울여 들으시며 눈을 떠서 우리의 황폐한 상황과 주의 이름으로 일컫는 성을 보옵소서 우리가 주 앞에 간구하옵는 것은 우리의 공의를 의지하여 하는 것이 아니요 주의 큰 긍휼을 의지하여 함이니이다 19. 주여 들으소서 주여 용서하소서 주여 귀를 기울이시고 행하소서 지체하지 마옵소서 나의 하나님이여 주 자신을 위하여 하시옵소서 이는 주의 성과 주의 백성이 주의 이름으로 일컫는 바 됨이니이다"

다니엘이 하나님께 용서를 구하면서, "우리가 주 앞에 간구하옵는 것은 우리의 공의를 의지하여 하는 것이 아니요 주의 큰 긍휼을 의지한다."라고 했습니다.

복음은 절대적 권위를 가지신 하나님의 말씀 위에 서 있습니다. 우리가 그 복음의 말씀을 듣고 순종하면 구원을 얻을 것이고, 듣지 않으면 하나님께서 말씀하신 대로 수치와 멸망만 그 앞에 있을 것입니다. 구원에 관하여 우리가 할 수 있는 것은 하나님의 큰 긍휼을 의지하는 것입니다. 자기들이 뭔가 할 수 있을 것 같은, '우리의 공의에 의지하여' 하나님께 나가려고 하는 것은 복음과 상관없는 것들입니다.

둘째로 꼭 기억하셔야 할 것은, 복음은 인간이 만든 가치와 논리에 부합해서 복음이 되는 것이 아니라, 절대적인 하나님의 말씀이기 때문에 복음인 것입니다. 기독교가 사랑을 말해야 하고, 평화, 화해, 포용, 공존도 말해야 합니다. 하지만 그런 개념들은 절대적 개념이 아니라 상대적 개념입니다. '사랑, 평화, 화해, 포용, 공존'도 생명이 없다면 아무 소용없는 것들입니다. 기독교는 생명을 말하는 종교입니다. 그 생명이 무엇입니까? 구원입니다. 그래서 성경이 말하는 복음은 모두 구원 얻는 방법에 관한 내용입니다.

하나님이 여러분을 '선택'하셨습니다. 하나님께서 여러분에게 '구원의 은혜'를 베풀어 주셨습니다. 그 하나님은 우리가 '믿음'으로 하나님께 나오길 원하십니다. 절대적인 하나님의 말씀을 우리가 '순종'해야 할 유일한 권위로 인정하시고, 바울의 설교를 듣고 기뻐했던 안디옥 사람들처럼, 이 말씀을 사모하시기 바랍니다. '사랑, 평화, 화해, 포용, 공존'은 교회가 아니더라도 어디서나 들을 수 있습니다. 하지만 '생명, 영생, 구원'은 교회가 아니면 어디서도 들을 수 없는 진리입니다.

두 가지를 말씀드렸습니다. 첫째로, 복음은 인간이 이해하고 동의해서 복음이 되는 것이 아니라, 하나님께서 일방적으로 우리에게 주신 것입니다. 둘째로, 복음은 인간이 만든 가치와 논리에 부합해서 복음이 되는 것이 아니라, 절대적인 하나님의 말씀이기 때문에 복음인 것입니다. 바른 진리를 듣는 것이 점점 힘들어져 가는 시대를 우리가 살고 있습니다. 이럴 때일수록 더욱 성경을 귀히 여기시고, 하나님 말씀 듣는 것을 사모하는 저와 여러분 되시기를 기원합니다.

거기서 복음을 전하니라

"주의 말씀이 그 지방에 두루 퍼지니라 50. 이에 유대인들이 경건한 귀부인들과 그 시내 유력자들을 선동하여 바울과 바나바를 박해하게 하여 그 지역에서 쫓아내니 51. 두 사람이 그들을 향하여 발의 티끌을 떨어 버리고 이고니온으로 가거늘 52. 제자들은 기쁨과 성령이 충만하니라 14:1. 이에 이고니온에서 두 사도가 함께 유대인의 회당에 들어가 말하니 유대와 헬라의 허다한 무리가 믿더라 2. 그러나 순종하지 아니하는 유대인들이 이방인들의 마음을 선동하여 형제들에게 악감을 품게 하거늘 3. 두 사도가 오래 있어 주를 힘입어 담대히 말하니 주께서 그들의 손으로 표적과 기사를 행하게 하여 주사 자기 은혜의 말씀을 증언하시니 4. 그 시내의 무리가 나뉘어 유대인을 따르는 자도 있고 두 사도를 따르는 자도 있는지라 5. 이방인과 유대인과 그 관리들이 두 사도를 모욕하며 돌로 치려고 달려드니 6. 그들이 알고 도망하여 루가오니아의 두 성 루스드라와 더베와 그 근방으로 가서 7. 거기서 복음을 전하니라"

바울과 바나바가 안식일에 비시디아 안디옥의 회당에서 복음을 전했을 때, 유대인뿐만 아니라 유대교에 입교한 경건한 사람들이 그 복음을 듣고 기뻐했습니다. 그들은 바울과 바나바에게 다음 안식일에도 와서 복음을 전해 달라고 부탁했습니다. 그다음 안식일이 돌아왔을 때 회당에는, 그 도시의 온 시민이 하나님의 말씀을 듣고자 하여 모였다고 할 만큼 많은 군중이 몰려들었습니다[44]. 하지만 복음을 듣기 위해 몰려든 많은 군중을 보면서 시기한 바리새파 유대인들은, 바울이 전하는 복음을 반박하고 비방했습니다[45]. 바울과 바나바는, 하나님의 말씀이 너희에게 먼저 전해지는 것이 마땅하나, 너희가 영생을 얻기에 합당하지 않은 자로 자처했다고 말했습니다. 그러면서 너희가 거부한 복음을 이방인에게 전하러 가겠다고 선언했습니다[46].

그러면서 주님께서 자기들을 "이방의 빛으로 삼아 그들로 하여 땅끝까지 구원하게 하리라."라고 하셨다고 말했습니다[47]. 바울과 바나바의 선언을 들은 이방인들은 크게 기뻐하면서 하나님의 말씀을 찬송했고, 영생 얻기에 작정된 사람은 모두 믿음을 갖게 되었습니다[48]. 그리고 '주의 말씀', 곧 구원 얻는 복음이 그 지방에 두루 퍼졌습니다[49]. 하지만 바리새파 유대인들은, 복음을 듣고 기뻐했던 경건한 귀부인들과 그 도시의 유력자들을 선동해서 바울과 바나바를 박해하고 쫓아냈습니다[50].

추방당한 바울과 바나바는 예수님의 말씀대로 발에 티끌을 떨어 버리고 그곳에서 동쪽으로 약 120km 떨어진 '이고니온'이라는 도시로 갔습니다. '발의 티끌을 떨어 버리는' 것은, 유대인들이 이방인의 지역에서 나올 때 행하는 종교적인 행위입니다[마 10:14-15]. 예수님께서는 복음을 듣지 않는 자들이 받게 될 심판에 대해서 말씀하시면서, 소돔과 고모라 땅이 그들이 받을 심판보다 가벼울 것이라고 말씀했습니다. 비록 바울과 바나바는 안디옥에서 추방당했지만, 그곳의 제자들은 기쁨과 성령이 충만했습니다[52].

이것은 오순절 다락방과 안디옥의 성도들에게 임한 성령이 같은 분임을 뜻합니다. 이렇게 '이고니온'으로 온 바울과 바나바는 또다시 유대인의 회당으로 가서 복음을 전했습니다(행 14:1). 그들이 회당에 들어가 복음을 전했을 때, "유대와 헬라의 허다한 무리가 믿더라."라고 한 것을 보면, 안식일 예배를 위해 모인 사람에게 전한 것으로 보입니다. 이렇게 바울과 바나바가 복음을 전했을 때, 이고니온에서도 안디옥에서와 같이 유대인과 헬라인 구별 없이 예수님을 믿고 기독교로 개종하는 일이 생겼습니다. 하지만 동시에 그들이 전하는 복음을 믿지 않는 유대인들은, 이방인들의 마음을 선동해서 바울과 바나바에게 악한 감정을 품게 했습니다(행 14:2).

오늘 우리가 살펴보려고 하는 내용이 바로 이 부분입니다. '복음'을 전했을 때, 복음을 듣고 기뻐하며 믿음을 갖는 사람이 있는가 하면, 본인도 싫어할 뿐만 아니라 다른 사람도 악한 마음을 품게 하는 사람도 있습니다. 그렇게 복음에 반대하기 위해 동원하는 수단이 무엇일까요? '선동'입니다. 이 같은 '선동'에 예수님은 십자가에 못 박혔고, 스데반은 돌에 맞아 죽었습니다. 도대체 바울과 바나바는 무슨 잘못을 했기에 그들이 가는 도시마다, 그것도 동족인 유대인들이 이방인들을 선동해서 추방하거나 죽이려고 하는 것일까요? 그런데 성경을 보면, 이와 같은 현상이 반복되고 있고 또한 공통점도 있습니다.

먼저 바울이 비시디아 안디옥에서 전했던 복음의 결론을 보겠습니다. 바울이 전했던 복음은, '이 사람' 곧 "예수 그리스도를 힘입어 죄 사함을 받는다는 것과 그를 믿는 자마다 의롭다 하심을 얻는다."라는 것이었습니다.

> 사도행전 13:38-39, "그러므로 형제들아 너희가 알 것은 이 사람을 힘입어 죄 사함을 너희에게 전하는 이것이며 39. 또 모세의 율법으로 너희가 의롭다 하심을 얻지 못하던 모든 일에도 이 사람을 힘입어 믿는 자마다 의롭다 하심을 얻는 이것이라"

비록 베드로가 고넬료의 집에서 추방당하거나 핍박당한 것은 아니지만, 베드로가 고넬료의 집에서 전했던 복음도 바울이 전한 복음과 같은 내용이었습니다. "하나님께서 살아 있는 자와 죽은 자의 재판장으로 예수 그리스도를 정하셨으며, 그를 믿는 사람들은 그 이름을 힘입어 죄 사함을 받습니다."

> 사도행전 10:42-43, "우리에게 명하사 백성에게 전도하되 하나님이 살아 있는 자와 죽은 자의 재판장으로 정하신 자가 곧 이 사람인 것을 증언하게 하셨고 43. 그에 대하여 모든 선지자도 증언하되 그를 믿는 사람들이 다 그의 이름을 힘입어 죄 사함을 받는다 하였느니라"

똑같은 내용을 바울이 아테네의 '아레오바고'라는 곳에서도 전했습니다. "하나님께서 천하를 공의로 심판하실 그리스도를 죽은 자 가운데서 다시 살리시고, 모든 사람에게 그리스도를 믿을 만한 증거를 주셨습니다. 그러니 어디에 사는 사람이든지 회개하고 그리스도를 믿어야 구원받습니다."

사도행전 17:30-31, "알지 못하던 시대에는 하나님이 간과하셨거니와 이제는 어디든지 사람에게 다 명하사 회개하라 하셨으니 31. 이는 정하신 사람으로 하여금 천하를 공의로 심판할 날을 작정하시고 이에 그를 죽은 자 가운데서 다시 살리신 것으로 모든 사람에게 믿을 만한 증거를 주셨음이니라 하니라"

돌에 맞아 죽은 스데반이 전했던 복음도 바울과 베드로가 전했던 복음과 그 내용이 똑같습니다. 하나님께서 아브라함과 모세와 선지자들에게 약속하시고, 우리를 구원하기 위해 보내 주신 예수 그리스도를 너희가 죽였다는 것이었습니다.

사도행전 7:51-53, "목이 곧고 마음과 귀에 할례를 받지 못한 사람들아 너희도 너희 조상과 같이 항상 성령을 거스르는도다 52. 너희 조상들이 선지자들 중의 누구를 박해하지 아니하였느냐 의인이 오시리라 예고한 자들을 그들이 죽였고 이제 너희는 그 의인을 잡아 준 자요 살인한 자가 되나니 53. 너희는 천사가 전한 율법을 받고도 지키지 아니하였도다 하니라"

이처럼 어떤 사람이 어디서 복음을 전했든지, 그 복음의 내용은 똑같았습니다. 그리고 '복음'을 들은 사람들의 반응도 비슷한 모습으로 등장합니다. 복음을 듣고 기뻐하고, 또 듣고 싶어 하며, 예수님을 믿는 사람들이 있었습니다. 반면 그 말을 듣고 마음에 찔려서 이를 갈고 선동하는 사람들도 있었습니다(행 7:54). 안디옥에서도 바울과 바나바를 미워해서 사람들을 선동해서 추방했습니다.

사도행전 13:50, "이에 유대인들이 경건한 귀부인들과 그 시내 유력자들을 선동하여 바울과 바나바를 박해하게 하여 그 지역에서 쫓아내니"

그리고 이와 같은 현상은 이고니온에서도 똑같이 반복됩니다. "그러나 순종하지 아니하는 유대인들이 이방인들의 마음을 선동하여 형제들에게 악감을 품게 하거늘"(행 14:2), "이방인과 유대인과 그 관리들이 두 사도를 모욕하며 돌로 치려고 달려드니"(행 14:5) 결국, 바울과 바나바는 그곳을 떠나서 '루스드라'라는 도시로 피했습니다. 그런데 안디옥과 이고니온에서부터 바울을 추격해 온 유대인들이 '루스드라'까지 쫓아와서 복음을 전하는 바울을 돌로 쳤습니다. 바울에 대하여 악한 감정을 품은 사람들이 반드시 바울을 죽이고야 말겠다는 집념을 끝내 이룬 것입니다.

사도행전 14:19, "유대인들이 안디옥과 이고니온에서 와서 무리를 충동하니 그들이 돌로 바울을 쳐서 죽은 줄로 알고 시외로 끌어 내치니라"

여러분 보시기에는 바울이 돌에 맞아 죽을 만큼 잘못한 것이 있는 것 같습니까? 그런데 제가 주일마다 여러분에게 하는 설교도 바울이 전한 복음과 똑같습니다. "하나님께서 우리를 구원하시려고 독생자 아들을 세상에 보내서 우리가 받아야 할 죄의 형벌을 대신 받도록 하셔서, 우리 대신 십자가에서 돌아가셨습니다. 하나님께서는 무덤에 계신 예수님을 부활의 첫 열매로 다시 살리셨고, 이제 누구든지 예수를 믿으면 죄 사함을 받고 구원받아 영생을 얻게 됩니다."

스데반과 베드로와 바울이 아브라함을 말하고, 모세를 말하고, 다윗과 선지자들을 말했던 것은, 하나님께서 그들에게 약속하신 메시아를 설명하기 위함이었습니다. 우리는 성경 전체를 손에 들고 읽고 있기에, 하나님께서 구약의 성도들에게 약속하신 메시아가 예수 그리스도인 것을 다 알고 있습니다. 하지만 예수님과 동시대를 살았던 사람들은 예수님이 하나님의 아들이신 것을 모르고 있었기에, 구약과 이스라엘 역사를 짚어 가며 설명했던 것입니다. 그래서 스데반과 베드로와 바울의 설교를 들으면서, 자기들이 십자가에 못 박아 죽인 예수님이 그리스도인 것을 깨닫게 된 사람들이 마음에 찔렸던 것입니다.

그렇게 마음에 찔린 것에 대한 반응이 두 종류로 나타났던 것입니다. 첫째는, 유대인이든 이방인이든 자기 죄를 회개하고 예수님을 믿는 사람들이 생겼습니다. 그리고 그들은 성령으로 인해서 기쁨이 충만해졌습니다. 둘째는, 사람들을 선동해서 복음을 전하는 스데반을 죽이고, 다른 도시로 피한 바울과 바나바를 끝까지 쫓아와서 박해하는 사람들이 있었습니다. 사실 이런 모습은 낯선 장면이 아닙니다. 바울도 사울이던 시절에 예수 믿는 사람을 핍박하기 위해 다메섹까지 쫓아가지 않았습니까?

오늘 본문 말씀을 통해 우리가 살펴보려고 하는 내용이 바로 이 부분입니다. "왜 유대인들은 복음 전하는 사도들을 저리도 미워했을까?" 하는 점입니다. 그리고 얼마나 사도들이 미웠으면 다른 도시로 도망간 사람을 끝까지 쫓아와서 돌로 쳐서 죽이려고 했을까 하는 점입니다. 바울이 죽지 않고 살아나긴 했지만, 사실 그 사람들은 바울이 죽은 줄 알고 성 밖으로 끌어다가 버렸으니까, 실제로는 바울을 돌로 쳐서 죽인 것입니다.

우리가 성경을 읽을 때, 성경이 우리에게 가르쳐 주려는 내용이 무엇인지 배우고 알아야 하지, 내가 읽고 싶고 좋아하는 내용만 보고 감동하면 안 됩니다. 사도행전은 "예루살렘과 온 유다와 사마리아와 땅끝까지 이르러 내 증인이 되리라"라고 하신 주의 명령을 따라, 사도들이 전했던 복음 사역을 기록한 책입니다. 이렇게 사도들이 땅끝까지 다니면서 복음을 전했을 때, 수많은 기적과 성령의 함께하시는 역사가 일어났고, 복음을 믿는 사람들은 기쁨이 충만해졌습니다. 그렇다 보니 많은 교회와 성도들이 사도행전에 나타났던 부흥의 역사가 지금도 일어나길 기대하면서, 지금도 그때와 같은 성령의 역사가 필요하다고 주장합니다.

그런데 이렇게 성경을 읽고 기대하는 것은, 내가 좋아하는 것만 보는 것입니다. 성경이 우리에게 가르쳐 주는 것은, 사도들이 저렇게 붙잡혀서 돌에 맞고, 감옥에 갇히고, 핍박을 당하면서도 복음 전하는 일을 계속했던 이유가 있다는 것입니다. 다시 여러분이 성경을 잘 보시면, 사도들이 병자를 고치고, 귀신을 쫓아냈기 때문에 돌에 맞고 핍박을 받은 것이 아닙니다. 오히려 사도들이 병자를 고쳤을 때는 사람들이 너무나 좋아했을 뿐만 아니라, 신이 세상에 내려왔다고 하면서 그들을 섬기려고 했습니다.

> 사도행전 14:8-12, "루스드라에 발을 쓰지 못하는 한 사람이 앉아 있는데 나면서 걷지 못하게 되어 걸어 본 적이 없는 자라 9. 바울이 말하는 것을 듣거늘 바울이 주목하여 구원 받을 만한 믿음이 그에게 있는 것을 보고 10. 큰 소리로 이르되 네 발로 바로 일어서라 하니 그 사람이 일어나 걷는지라 11. 무리가 바울이 한 일을 보고 루가오니아 방언으로 소리 질러 이르되 신들이 사람의 형상으로 우리 가운데 내려오셨다 하여 12. 바나바는 제우스라 하고 바울은 그 중에 말하는 자이므로 헤르메스라 하더라"

하지만 사도들이 자기들에게 제사 드리려는 사람들을 말리면서, 하나님께로 돌아와서 하나님을 섬기라고 말하니까(15) 돌로 바울을 쳤습니다. 여러분이 이것을 아셔야 합니다. 공중권세를 붙잡은 사탄이 가장 싫어하는 것이 무엇인지 아십니까? "주 너의 하나님께 경배하고 다만 그를 섬기라"라고 하는 복음입니다(마 4:10). 이 말씀은 마귀가 예수님을 높은 산으로 데려가서 천하만국과 그 영광을 보여 주면서 "내게 엎드려 경배하면 이 모든 것을 주겠다."라고 시험한 것의 대답입니다. 마귀는 예수님에게 '하나님이 아니라 네가 세상의 왕'이 되라며 시험했습니다.

이 시험은 마귀만 한 것이 아닙니다. 예수님께서 오병이어의 기적을 행하셨을 때, 그곳에 모인 사람들도 예수님을 자기들의 왕으로 삼으려고 했습니다. "그러므로 예수께서 그들이 와서 자기를 억지로 붙들어 임금으로 삼으려는 줄 아시고 다시 혼자 산으로 떠나 가시니라"(요 6:15) 그런데 떡 먹고 배부른 군중들뿐만 아니라 제자들도 그들과 똑같은 기대를 했습니다.

> 마가복음 10:36-37, "이르시되 너희에게 무엇을 하여 주기를 원하느냐 37. 여짜오되 주의 영광중에서 우리를 하나는 주의 우편에, 하나는 좌편에 앉게 하여 주옵소서"

마귀는 "하나님께 경배하고 오직 그분만 섬기는 것"을 막을 수만 있다면 누가 세상의 왕이 되든지 상관없습니다. 그가 예수님이더라도 괜찮다는 것입니다. 하지만 예수님께서는 '네가 세상의 왕'이 되라는 마귀의 시험을 이기셨습니다. 오히려 종과 같이 자기를 낮추시고 죽기까지 하나님 말씀에 순종하셨습니다.

> 빌립보서 2:6-8, "그는 근본 하나님의 본체시나 하나님과 동등됨을 취할 것으로 여기지 아니하시고 7. 오히려 자기를 비워 종의 형체를 가지사 사람들과 같이 되셨고 8. 사람의 모양으로 나타나사 자기를 낮추시고 죽기까지 복종하셨으니 곧 십자가에 죽으심이라"

예수님께서 자기를 낮추시고 죽기까지 복종하신 것은, "자기 백성을 그들의 죄로부터 구원하시려는 하나님의 뜻"을 이루는 목적으로 세상에 오셨기 때문입니다.

> 마태복음 1:21, "아들을 낳으리니 이름을 예수라 하라 이는 그가 자기 백성을 그들의 죄에서 구원할 자이심이라 하니라"

앞서 복음이란, 하나님께 경배하고 다만 그를 섬기는 것이라고 말씀드렸습니다. 그러면 우리가 하나님께 경배하고 영광을 돌리는 것은 어떻게 할 수 있습니까? "모든 입으로 예수 그리스도를 주라 시인하는 것"(빌 2:11)이 바로 아버지께 경배하는 것입니다. 그리고 이것이 바로 돌에 맞으면서도 사도들이 전했던 복음입니다.

사회의 어떤 이슈를 선점하고 대중을 이끌어 가는 정치인이나, 재판정에서 사실과 거짓을 분별해야 하는 법조인들이 논쟁에서 승리할 수 있는 공식이 있습니다. "메시지가 분명해서 반박할 수 없다면, 메신저를 공략하라."라는 것입니다. 밝혀진 사실(메시지)이 완벽해서 반박할 수 없을 때는, 그것을 주장하는 사람(메신저)의 개인적인 흠결을 들춰

내서 그의 주장에 신빙성을 떨어뜨리라는 것입니다.

대제사장과 바리새인들이 사람들을 선동해서 예수님을 십자가에 못 박을 때도 이와 같은 방법을 사용했습니다. 예수님께서 행하신 일들은 하나님의 아들이 아니라면 할 수 없는 것이었습니다. 사람이 어찌 나면서부터 앉은뱅이였던 사람, 눈멀고 귀먹었던 사람, 군대 귀신에 들렸던 사람을 고칠 수 있으며, 물 위를 걷고 풍랑을 잠잠하게 할 수 있겠습니까? 성경에 능통한 서기관과 바리새인들이 예수님을 시험한 적도 얼마나 많습니까? 하지만 예수님께서 그들의 질문에 대답하셨을 때, 서기관과 바리새인들은 한 마디도 반박할 수 없었습니다.

> 누가복음 20:26, "그들이 백성 앞에서 그의 말을 능히 책잡지 못하고 그의 대답을 놀랍게 여겨 침묵하니라"

독일의 철학자 쇼펜하우어는 그의 책 《논쟁에서 이기는 38가지 방법》에서, "상대가 아닌 청중을 설득하고, 상대를 청중의 증오의 범주에 넣으라."라고 말했습니다. 예수님께서 하신 말씀이나 그분이 행하신 일에 대해서 흠잡을 것이 없자, 그들은 '신성 모독'이라는 '증오의 죄목'을 덧씌워서 예수님을 십자가에 못 박았습니다. 대제사장과 바리새인들이 예수님을 죽이고, 복음을 전하는 사도들을 핍박해서 얻고자 하는 것이 무엇이었을까요? 사도들이 병자를 고치든, 귀신을 쫓아내든 그건 아무 상관이 없습니다. 하지만 예수 그리스도를 통해서만 구원받을 수 있는 이 복음은, 어떤 방법을 사용해서라도 전하지 못하게 하는 것입니다.

요한복음 8:43-45, “어찌하여 내 말을 깨닫지 못하느냐 이는 내 말을 들을 줄 알지 못함이로다 44. 너희는 너희 아비 마귀에게서 났으니 너희 아비의 욕심대로 너희도 행하고자 하느니라 그는 처음부터 살인한 자요 진리가 그 속에 없으므로 진리에 서지 못하고 거짓을 말할 때마다 제 것으로 말하나니 이는 그가 거짓말쟁이요 거짓의 아비가 되었음이라 45. 내가 진리를 말하므로 너희가 나를 믿지 아니하는도다”

대제사장, 바리새인, 유대인들이 예수님을 반대하고 믿지 못하게 하는 것은, 그들 뒤에 있는 마귀가 진리 곧 복음을 듣지 못하게 방해하고 있기 때문입니다. 그러면 복음을 듣지 못하게 하고, 우리 기독교 신앙이 가야 할 방향을 다른 곳으로 바꾸려고 하는 마귀들은 지금 어떤 방법을 사용하고 있을까요? 사도들이 복음을 전하던 당시에나 2천 년이 지난 오늘날이나, 예수 복음을 듣지 못하게 방해하는 자들이 사용하는 방법은 똑같습니다. 복음의 진리를 반박할 수 없으니 그것을 전하는 메신저를 공격하는 것입니다. 그것이 무엇입니까? 다양한 방법으로 교회와 성도들을 공격하는 것입니다.

가장 대표적인 것이 무엇입니까? “교회가 뭐 그래? 예수 믿는 사람들이 하나도 착하지 않던데.” 이런 것입니다. “교회가 무슨 재산이 그렇게 많아, 목사들이 좋은 집에 살고 좋은 차 타고 다니더라, 대형 교회 목사가 자기 아들에게 세습하더라.” 이런 식의 비판입니다. “교회가 어떤 부류의 사람들을 차별하고 혐오한다, 좋은 건물 지어 놓고 자기들끼리만 혜택을 누린다.” 이런 비판도 있습니다. 이런 상황에서 ‘코로나 팬데믹 사태’가 발생하니까, 각종 언론은 모든 감염병의 원산지가 교회인 것처럼 선동했고 교회에 대한 사람들의 증오도 커졌습니다. 왜 이런 현상이 벌어졌을까요? 정말 교회는 코로나 감염병의 발원지이며, 정말 교회는 부도덕하고 이기적인 집단일까요?

우리가 알아야 할 것은, "정말로 교회가 자기만 위하는 이기적인 집단이냐, 또는 교회 다니는 사람들이 착하지 않더라." 하는 것은 전혀 중요한 문제가 아닙니다. 마귀가 첫째로 원하는 것은, 복음을 전하는 메신저 곧 교회와 성도들을 공격함으로 인해서, 사람들이 교회와 성도들이 전하는 복음을 믿지 못하게 하는 것입니다. 교회에 대한 사회적 이미지를 나쁘게 만들어서, 교회가 무슨 말을 하든지 듣지 않게 만들고, 오히려 교회를 증오하게 만든 것입니다.

마귀의 작전은 여기서 끝나지 않았습니다. 두 번째 작전이 있습니다. 그것은 교회와 성도들이 가져야 하고 전해야 하는 진리가 아니라, 사람들에게 메신저 자체 곧 교회와 자기들을 좋아하도록 하는 방법을 쓰게 한 것입니다. 그래서 교회에서 성경이 말하는 천국과 구원을 말하지 않도록 만들었습니다. 하나님이 계신 곳, 하나님의 영향력이 미치는 곳이라면 거기가 어디든지 다 천국이라고 하면서, 하나님의 관심과 눈물이 있는 곳이 바로 천국이라고 말합니다. 그러면서 죽어서 가는 천국을 기대하며 살 것이 아니라, 우리가 사는 세상에서 하나님의 사랑을 체험하면서 잔치와 같은 삶을 사는 것이 중요하다고 말합니다. 그래서 예수의 사랑으로 모두가 행복하고 평화롭게 사는 세상을 만들자고 합니다.

이런 논리는 마귀가 예수님을 시험했던 세 번째 시험과 똑같습니다. 내가 너에게 천하만국과 모든 영광을 다 줄 테니 세상의 왕이 되라는 것입니다. 여러분, 예수님이 왕으로 계신 나라, 예수님이 대통령인 나라는 어떤 나라일까요? 그런 나라가 있다면 정말 정의롭고 아름다운 나라일 것 같지 않습니까? 그런데 예수님은 자기가 왕이 되어 다스리는 나라를 만들려고 오신 것이 아닙니다. 예수님은 늘 "내 아버지 집에 거할 곳이 많도다"(요 14:2)라고 하셨고, "내 아버지의 뜻대로 행하는 자가 천국에 들어가리라"(마 7:21)라고 하셨습니다. 만약 우리를 구원하려는 목적이 없었다면, 예수님이 세상에 오실 이유도 없고, 우리 죄를 대신 지고 십자가에서 죽으실 이유도 없습니다.

그런데 천국을 지워 버리고 나니, 예수님의 부활도 별로 필요 없게 되었습니다. 예수를 믿어야 구원을 받고, 구원받아야 천국을 갈 수 있는데, 이 땅에서 하나님을 체험하면 거기가 천국이라고 하니 예수 믿고 구원받아야 할 이유가 있습니까? 그러니 예수님의 부활에 대해서도, 실제로 예수님이 부활한 것이 아니라 제자들의 마음속에 예수님의 가르침이 마치 살아 있는 것처럼 느꼈던 것이라고 합니다. 그러면서 죽어서 부활하는 것이 아니라, 우리의 삶에서 예수님의 가르침을 잘 지켜내는 것이 예수님의 부활을 경험하는 것이라고 말합니다.

이런 주장들이 그럴 듯하게 들리십니까? 그렇다면 그들이 주장하는 것과 사도행전에 베드로와 스데반과 바울이 전한 복음을 비교해서 살펴보시기 바랍니다. 만약 사도들이 사람들에게 회개하고 예수 믿고 죄 사함 받고 구원받으라는 말을 하지 않았다면, 그들이 사람들에게 돌에 맞을 일도 없고 죽을 일도 없었습니다. 그런데 사도들은 세상이 좋아하는 일반적인 가치, 인류 공동체가 더불어 살아가는 데 필요한 평화, 이해, 사랑, 포용, 화합과 같은 주제를 말하지 않았습니다. 사람들에게 자기를 좋게 보이려고 사회봉사를 하거나, 교회의 재산을 사회에 환원하는 이벤트를 열지도 않았습니다.

그런데 오늘날 교회가 하는 일을 보십시오. 구원 얻는 진리인 복음의 메시지가 아니라, 메신저인 자기들을 좋게 보이려고 포장하는 일을 하고 있습니다. 교회에 성도들이 많이 모이고, 그래서 예배당을 크게 만들고, 아이들을 가르치기 위해서 교육관을 지은 것이 잘못된 것입니까? 이것은 핵심 주제가 아닙니다. 알라모아나에 있는 메이시스 백화점이 카할라에도 있고 아이에아에도 있습니다. 그렇게 큰 백화점이 도시 여기저기에 있으면 됩니까, 안 됩니까? 그러면 대형 교회가 도시 여기저기에 있는 것은 왜 안 됩니까?

그런데 세상 눈치를 보는 교회가 어떤 짓을 하는지 아십니까? 교회가 너무 대형화되고, 재산을 많이 소유한 것이 문제라고 하면서 현재 교회를 30개로 나누고, 교회가 가지고 있던 재산은 모두 사회로 환원하겠다고 합니다. 멀쩡한 교회를 쪼개고, 교회 재산을 사회로 환원하면 사람들이 복음을 듣습니까? 교회가 해야 할 일이 무엇인지, 교회가 무엇을 위해서 존재하는지 모르니까, 메시지가 아니라 메신저를 좋게 보이려고 저렇게 잘못된 결정을 하는 것입니다.

바울이 모든 사람에게 신뢰를 받을 만한 사람이어서 복음을 전한 것이 아닙니다. 만약 그랬다면 안디옥과 이고니온 사람들이 루스드라까지 좇아와서 바울에게 돌을 던져 죽이려고 하지 않았을 것입니다. 사도로 활동했던 사람들, 성경에 믿음의 위인들로 소개된 사람 중에서 누가 봐도 인정할 만큼 인간적으로 괜찮은 사람이 있습니까? 노아, 아브라함, 모세, 삼손, 다윗, 베드로, 바울, 다 어딘가 부족한 사람들입니다.

> 고린도전서 1:27-29, "그러나 하나님께서 세상의 미련한 것들을 택하사 지혜 있는 자들을 부끄럽게 하려 하시고 세상의 약한 것들을 택하사 강한 것들을 부끄럽게 하려 하시며 28. 하나님께서 세상의 천한 것들과 멸시 받는 것들과 없는 것들을 택하사 있는 것들을 폐하려 하시나니 29. 이는 아무 육체도 하나님 앞에서 자랑하지 못하게 하려 하심이라"

우리가 지혜롭고, 잘났고, 뭘 맡겨도 충분히 감당할 만해서 하나님께서 우리에게 복음을 맡기신 것이 아닙니다. 오히려 그 반대라서 맡긴 것입니다. 왜요? 아무 육체도 하나님 앞에서 자랑하지 못하게 하려고 그렇게 하신 것입니다. 복음은 우리가 착해서 사람들에게 복음으로 인정받는 것이 아닙니다. 복음은 우리가 사회봉사와 기부를 많이 했더니 사람들이 들어 주는 것이 아닙니다. "이방인들이 듣고 기뻐하여 하나님의 말씀을 찬송하며 영생을 주시기로 작정된 자는 다 믿더라"(행 13:48) 하나님께서 영생을 주기로 작정한 사람은 다 믿게 되는 것입니다. 그러니 우리가 할 일은 무엇입니까? 하나님께서 맡겨 주신 일을 하면 됩니다.

"예수 믿는 것 말고 구원 얻을 수 있는 다른 방법은 없다. 그러니 예수 믿어라" 이 복음은 마귀도 반박할 수 없는 진리입니다. 그러니 마귀는 메시지가 아니라 메신저를 자꾸 공격합니다. 넌 예수 믿는다면서 왜 그렇게 못 됐냐, 너도 죄 짓고 살지 않냐, 교회가 왜 그따위냐? 라는 식입니다. 그때 여러분, 이렇게 대답해 주십시오. "내가 착하게 살면 당신이 천국 가냐? 내가 어떻게 살든지 당신이 예수 믿어야 천국에 간다." 예수 믿어야 천국에 갑니다. 내가 믿고 싶은 대로 믿어도 되는 것이 아니라, 성경에 가르쳐 주신 대로 믿어야만 천국에 갑니다.

예수님을 시험하던 악한 마귀는 지금도 우리를 미혹하고 시험합니다. 천국은 은유적인 표현이지 실제로 하늘나라가 있는 것은 아니라고 합니다. 예수 믿고 구원받은 사람이 죽어서 가는 곳이 천국이 아니라, 세상에서 하나님이 주신 복을 받아서 잘 먹고 잘 사는 것이 바로 천국의 삶이라고 유혹합니다. 네가 하나님을 인정하고 함께 있다고 생각하면 거기가 바로 천국이라고 말합니다. 그런 말을 교회가 하고 있습니다. 헛된 속임수에 속지 마시기 바랍니다. 성경의 진리 위에 제대로 뿌리내리시고, 예수 믿고 죄 사함 받고, 구원받아, 영원한 본향인 천국을 바라보고 소망하는 복된 신앙생활을 하시기를 기원합니다.

주를 힘입어 담대히 말하니

"이에 이고니온에서 두 사도가 함께 유대인의 회당에 들어가 말하니 유대와 헬라의 허다한 무리가 믿더라 2. 그러나 순종하지 아니하는 유대인들이 이방인들의 마음을 선동하여 형제들에게 악감을 품게 하거늘 3. 두 사도가 오래 있어 주를 힘입어 담대히 말하니 주께서 그들의 손으로 표적과 기사를 행하게 하여 주사 자기 은혜의 말씀을 증언하시니 4. 그 시내의 무리가 나뉘어 유대인을 따르는 자도 있고 두 사도를 따르는 자도 있는지라 5. 이방인과 유대인과 그 관리들이 두 사도를 모욕하며 돌로 치려고 달려드니 6. 그들이 알고 도망하여 루가오니아의 두 성 루스드라와 더베와 그 근방으로 가서 7. 거기서 복음을 전하니라"

지난 시간에 복음이란, 예수님께서 자신을 시험하던 마귀에게 하셨던 말씀 곧, "주 너의 하나님께 경배하고 다만 그를 섬기라"라고 말씀드렸습니다(마 4:10). 그러면 우리가 하나님께 경배하고 영광을 돌리는 것은 어떻게 할 수 있습니까? "모든 입으로 예수 그리스도를 주라 시인하여 하나님 아버지께 영광을 돌리게 하셨느니라"(빌 2:11) "모든 입으로 예수 그리스도를 주라 시인하는 것", 그래서 하나님께서 인류에게 주시려고 작정한 구원의 선물을 받는 것이 바로 아버지께 경배하는 것입니다.

하지만 마귀는 사람들이 모든 입으로 예수 그리스도를 주라 시인하고 구원받는 것을 가장 싫어합니다. 그래서 모든 방법으로 그것을 막으려고 하는 것입니다. 그 대표적인 방법이 구원을 얻는 복음인 진리의 말씀을 반박할 수 없으니, 그 진리를 전하는 메신저 곧 신약 시대에는 사도들을 공격했고, 오늘날에는 교회와 성도들을 공격합니다. 특히 오늘날 교회와 성도들을 향한 마귀의 공격은 상당히 효과를 거두고 있습니다.

그 첫 번째 공격이 무엇입니까? "너희는 왜 착하지 않냐, 왜 교회라는 곳이 그 모양이냐?"라는 식의 비난이라고 말씀드렸습니다. 기독교 복음, 성경 말씀이 진리인 이유는 그것이 하나님의 말씀이기 때문입니다. 우리가 성경 말씀을 믿고 따라야 하는 이유는, 그 말씀이 사람들이 이해하기에 옳고 바르기 때문에 믿고 따르는 것이 아니라, 그것이 하나님의 말씀이기 때문에 따르는 것입니다. 많은 교회와 성도들이 이 부분을 놓치고 있습니다. 그래서 교회가 세상의 다른 종교나 사회 윤리 운동을 하고 바르게 살기 실천 본부 식의 세상 도덕 단체와 견주면서 '누가 더 착한지' 경쟁하려고 합니다. 이것은 기독교 진리를 전혀 알지 못하는 사람들이 하는 행위입니다.

기독교 복음이 유일한 진리인 이유는, 그 말씀을 주신 이가 천지를 창조하시고 우리에게 구원의 은혜를 주시는 유일하신 하나님이시기 때문입니다. 그런데 악한 마귀는 진리의 문제를 도덕과 윤리의 실천 여부로 바꿔 버렸습니다. 그래서 다른 종교를 믿는 사람들과 '자유 평등 박애'와 같은 인본주의 가치를 따르는 사람들이, 교회를 향해 그들의 가치에 동참할 것을 요구하고 있습니다. 그들의 모임에 참여한 교회와 성도들은 착한 사람, 깨어 있는 시민으로 인정하고, 그들의 모임에 참여하지 않는 교회와 성도들은 적폐 세력처럼 만드는 것입니다.

기독교 진리를 윤리와 도덕의 실천 영역으로 가지고 가서 거기서 경쟁하자고 하는 것은, 성경이 가르치는 복음이 아닙니다. 우리가 구원의 은혜를 받고, 성령의 감동으로 하나님의 말씀을 깨달아 알게 된 것은 너무나 감사한 일입니다. 그리고 이 은혜와 사랑을 받은 우리는 마땅히 하나님을 사랑하는 것처럼, 우리의 이웃을 내 몸과 같이 사랑해야 합니다. 하지만 성경은, 우리가 이웃을 충분히 사랑하지 못하고, 세상 사람보다 도덕적인 삶을 살지 않으면 구원받지 못한다고 말하지 않습니다. 우리가 얼마나 착한 사람이냐, 우리가 얼마나 이웃을 사랑하고 이웃을 위해 자신을 희생했느냐는 것과 그래서 구원받았다 하는 것은 전혀 다른 문제입니다. 우리가 구원받은 것은, 우리가 착해서 또는 남을 위해 희생해서 구원받은 것이 아니라, 하나님의 일방적인 사랑과 그리스도의 희생으로 구원받은 것입니다. 거기에 우리의 착함이나 우리의 행위는 숟가락 하나도 올려놓을 수 없습니다.

그런데 메시지가 아닌 메신저를 공략하는 마귀의 계략에 빠진 교회와 성도들은, "왜 너희는 착하지 않냐?"라고 하는 세상의 질문에 쩔쩔매기 시작했습니다. 그래서 한 일이 무엇입니까? "우리도 착하다는 것을 보여 주자."로 간 것입니다. 우리가 해야 할 일, 우리가 전해야 할 복음과 진리는 뒤로 제쳐 두고, 너도나도 누가 더 착하게 보이는지 경쟁하는 쪽으로 세상을 향해 달려가기 시작했습니다. 세상에 이것보다 더 답답한 노릇이 없습니다. 우리가 착하면 성경이 진리가 되고, 우리가 착하지 않으면 성경이 진리가 아닌 것이 되는 것입니까? 세상 사람들이 인정해 주면 성경이 진리가 되고, 세상이 인정해 주지 않으면 성경은 진리가 아닌 것이 됩니까? 이렇게 너도나도 착한 쪽으로 달려가다 보니, 이제는 어떤 신을 믿든지 착하게 살면 구원받는다는 쪽으로 모이게 됐습니다. 그게 WCC 종교 다원주의입니다.

기독교 진리를 윤리와 도덕의 영역으로 끌고 가서, 거기서 비교하고 경쟁하게 만드는 마귀의 계략을 직시해야 합니다. 기독교 진리는, 우리가 하나님이 주신 은혜를 믿음으로 구원받았다는 것입니다. 성경은 우리에게 "너희는 그 은혜에 의하여 믿음으로 말미암아 구원을 받았다." 라고 했습니다.

에베소서 2:8-9, "너희는 그 은혜에 의하여 믿음으로 말미암아 구원을 받았으니 이것은 너희에게서 난 것이 아니요 하나님의 선물이라 9. 행위에서 난 것이 아니니 이는 누구든지 자랑하지 못하게 함이라"

그 은혜는 무엇입니까? 긍휼이 풍성하신 하나님의 큰 사랑이, 허물과 죄로 죽은 우리를 그리스도와 함께 다시 살리신 것입니다. 이것이 바로 구원이고, 기독교가 가진 진리입니다.

에베소서 2:4-5, "긍휼이 풍성하신 하나님이 우리를 사랑하신 그 큰 사랑을 인하여 5. 허물로 죽은 우리를 그리스도와 함께 살리셨고 (너희는 은혜로 구원을 받은 것이라)"

우리가 이 내용을 알고 성경을 읽는 것과 모르고 읽는 것은 완전히 다릅니다. 인간은 그 누구도 완전하지 않습니다. 허물 많고 죄 많은 존재가 인간입니다. 하지만 하나님의 말씀은 그 자체로 완전하여 죽은 영혼도 다시 살립니다.

> 시편 19:7, "여호와의 율법은 완전하여 영혼을 소생시키며 여호와의 증거는 확실하여 우둔한 자를 지혜롭게 하며"

'영혼을 소생 시키다'라고 한 영어 번역은 'reviving the soul'이라고 되어 있습니다. 완전하신 여호와의 말씀은 죽은 영혼도 되살린다고 한 것입니다. 죽은 사람이 뭘 할 수 있을까요? 그래서 우리가 뭘 하고 안 하고가 중요하지 않습니다. 하나님의 존재 자체가 진리이고, 하나님의 약속과 말씀이 곧 진리입니다. 사도들이 선포한 복음도, '하나님이 진리다, 우리를 구원하겠다고 약속하신 하나님의 말씀이 진리다, 그 약속의 성취로 오신 그리스도를 믿는 것이 진리다.'였습니다. 오늘날 교회와 성도들이 해야 할 일도 바로 이 진리를 선포하는 것입니다.

그런데 오늘날 교회가 해야 할 일은 하지 않고 엉뚱한 일만 하고 있습니다. 그게 무엇입니까? "우리가 착한 일을 해서 세상으로부터 칭찬을 받아야 그 사람들이 우리가 하는 말을 듣지 않겠냐." 하면서 자기들이 칭찬을 들으려고 합니다. 다시 말씀드립니다. 우리가 세상에서 착하다고 칭찬을 들어서 성경이 진리로 인정되는 것이 아니라, 우리와 전혀 상관없이 하나님의 말씀 자체가 진리입니다.

"이에 이고니온에서 두 사도가 함께 유대인의 회당에 들어가 말하니 유대와 헬라의 허다한 무리가 믿더라"[(1)]라고 했습니다. 그런데 이 말씀은 앞의 13장 말씀과 같이 읽어야 제대로 이해할 수 있습니다.

> 사도행전 13:46-47, "바울과 바나바가 담대히 말하여 이르되 하나님의 말씀을 마땅히 먼저 너희에게 전할 것이로되 너희가 그것을 버리고 영생을 얻기에 합당하지 않은 자로 자처하기로 우리가 이방인에게로 향하노라 47. 주께서 이같이 우리에게 명하시되 내가 너를 이방의 빛으로 삼아 너로 땅 끝까지 구원하게 하리라 하셨느니라 하니"

바울과 바나바가 '비시디아 안디옥'의 회당에서 복음을 전하다가 유대인들이 비방하고 반대하자 '우리는 이방인에게로 가겠다.'라고 말하며 그곳을 떠났습니다. 그런데 '이고니온'에 도착한 바울과 바나바는 다시 유대인의 회당으로 갔습니다. 그곳에서 복음을 전했을 때 일어난 반응도 안디옥에서의 반응과 똑같습니다. "유대와 헬라인의 허다한 무리가 믿더라."라고 할 만큼 믿는 자가 생겼습니다. 하지만 그 반대의 반응도 있었습니다.

> 2, "그러나 순종하지 아니하는 유대인들이 이방인들의 마음을 선동하여 형제들에게 악감을 품게 하거늘"

여기에 '순종하지 아니하는 유대인들'은 누구였을까요? 아마도 바울과 바나바를 방해하려고 안디옥에서부터 따라온 사람들이었을 것입니다. 그리고 바울과 바나바를 반대하는 사람들의 규모는 점점 더 커져서, 마침내 '루스드라'까지 쫓아가서 바울을 돌로 쳐서 죽이는 일까지 하게 됩니다.

19, “유대인들이 안디옥과 이고니온에서 와서 무리를 충동하니 그들이 돌로 바울을 쳐서 죽은 줄로 알고 시외로 끌어 내치니라”

오늘 우리가 살펴보려고 하는 것이 바로 이 부분입니다. “바울과 바나바는 왜 굳이 회당으로 갔을까?”라는 상식적인 의문입니다. 바울과 바나바는 자기들이 하는 일에 악한 마음을 품고 쫓아오는 사람들이 있다는 사실을 몰랐을까요? 분명히 알았을 것입니다. 예전에 사울이던 시절에 대제사장으로부터 공문서를 받아들고서 다메섹에 있는 그리스도인들을 붙잡으러 갈 때처럼, 그들을 쫓아오는 사람들이 있었습니다. 그런데 그 사실을 알고도 바울과 바나바는 ‘이고니온’에 오자마자 회당으로 가서 복음을 전하기 시작했습니다.

우리가 글로 된 성경을 읽고 있기는 하지만, 이 말씀을 읽을 때 당시의 분위기를 느껴 가면서 읽을 필요가 있습니다. 바울과 바나바가 자기들을 추격해 오는 사람들의 분위기를 몰랐을까요? 그 분위기는 바울이 스데반을 돌로 쳐서 죽일 때의 분위기와 같은 것입니다. 적대적이면서도 사람들을 선동하는 데 능한 사람들이 쫓아오고 있는 것입니다. 이럴 때 가장 안전한 방법은 무엇이겠습니까? 조용히 혼자 믿는 것입니다. 복음을 전하더라도 개인적으로 전하거나, 드러나지 않게 전하는 것입니다.

하지만 바울과 바나바는 당당하게 회당으로 들어가서 공개적으로 전했습니다. 사람들이 자기들의 말을 듣든지 안 듣든지, 그들이 전하는 복음을 듣고 믿는 자가 생기든지 혹은 사람들을 선동하여 공포 분위기를 조성하든지 괘념치 않았습니다. 그리고 바울과 바나바는 그렇게 한 번만 담대하게 복음을 전하고 다른 곳으로 몸을 피난한 것이 아니라, 오랫동안 그곳에 머물면서 복음을 전했습니다. 사도들이 자기들에게 악한 감정을 품은 자들이 있는 적대적인 분위기 속에서도, 그곳에 오래 머물면서 복음을 전할 수 있었던 동기가 무엇이었을까요?

> 3, "두 사도가 오래 있어 주를 힘입어 담대히 말하니 주께서 그들의 손으로 표적과 기사를 행하게 하여 주사 자기 은혜의 말씀을 증언하시니"

'주를 힘입어'라고 했습니다. 그 말씀을 맡기신 이가 주님이시니 순종한 것입니다.

> 고린도전서 4:1-2, "사람이 마땅히 우리를 그리스도의 일꾼이요 하나님의 비밀을 맡은 자로 여길지어다 2. 그리고 맡은 자들에게 구할 것은 충성이니라"

우리 고사성어에 '함흥차사'라는 말이 있습니다. 심부름을 보냈는데 돌아오지 않는 사람을 가리켜서 하는 말입니다. '함흥차사'는 조선의 3대 임금이었던 이방원이 아버지인 이성계에게 '차사'(사자, 使者)를 여러 번 보냈는데, 이성계가 죽여서 돌아오지 않아서 생긴 말입니다. 이성계는 둘째 부인에게서 얻은 막내아들을 세자로 삼고자 했는데, 그것을 안 다섯째 이방원이 동생들을 모두 죽이는 왕자의 난을 벌였습니다. 화가 난 이성계는 둘째 아들을 왕으로 세우고 고향인 함흥으로 가 버렸습니다.

하지만 조선의 2대 왕이 된 정종은, 왕이 되려고 하는 이방원을 두려워하여 3년 만에 스스로 왕위를 내려놓고 이방원에게 왕권을 넘겨줍니다. 비록 이방원이 왕이 되기는 했지만, 아버지로부터 인정받지 못했기에 '차사'를 보내어 이성계에게 궁궐로 돌아올 것을 부탁했습니다. 하지만 화가 난 이성계는 찾아오는 '차사'들을 죽이거나 옥에 가두어서 개성으로 돌아가지 못하게 했던 것입니다. 그래서 생겨난 말이 '함흥차사'입니다. 당시 '차사'가 되어 이성계를 찾아가는 사람들은 진심으로 가기 싫었을 것입니다. 하지만 왕의 명령이기 때문에 가면 죽게 될 것을 알고도 가는 것입니다.

바울이 고린도교회 성도들에게 하는 말이 바로 그것입니다. "우리는 하나님의 비밀을 맡은 자이며, 마땅히 할 일은 충성"이라는 것입니다. 바울이 그 일을 하다가 돌에 맞은 적이 한두 번입니까? 채찍에도 맞고, 죽을 뻔한 위기도 숱하게 겪고, 수많은 핍박을 받고, 헐벗고 궁핍한 삶을 살았습니다. 그런데 바울은 자기가 하나님께서 맡겨 주신 일을 하면서 그렇게 핍박을 당하고 곤고한 삶을 사는 것에 대해서 부당하다고 불평하거나 억울해하지 않았습니다. 오히려 하나님께서 자기에게 맡긴 교회를 염려하는 마음으로 애타 했습니다.

> 고린도후서 11:27-29, "또 수고하며 애쓰고 여러 번 자지 못하고 주리며 목마르고 여러 번 굶고 춥고 헐벗었노라 28. 이 외의 일은 고사하고 아직도 날마다 내 속에 눌리는 일이 있으니 곧 모든 교회를 위하여 염려하는 것이라 29. 누가 약하면 내가 약하지 아니하며 누가 실족하게 되면 내가 애타지 아니하더냐"

바울과 바나바가 자기들에게 악감정을 품고 추격해 오는 사람들이 있는 것을 알고도 회당으로 가서 복음을 전한 이유가 바로 이것입니다. '주의 명령'이 있었기에 자기들의 형편을 고려하지 않고 담대히 전한 것입니다. 이렇게 복음을 전할 때 어떤 일이 생겼습니까? "주께서 그들의 손으로 표적과 기사를 행하게"(3) 해 주셨습니다. 그런데 그 표적과 기사는 "은혜의 말씀을 증언"하는 하나의 도구였습니다. 바울이 복음을 전할 때 병자가 고침을 받고, 귀신이 쫓겨 나갔습니다. 심지어는 죽은 사람이 다시 살아나기도 했습니다. 대단한 능력 아닙니까? 그런데 사도들은 그 대단한 능력을 자기를 증명하는 수단으로 삼지 않았습니다. 대신 그들은 그런 기적들을 행하게 하시는 능력 있는 하나님을 전했습니다. 우리가 성경을 읽을 때 이것을 정확하게 알아야 합니다.

> 고린도전서 9:7, "누가 자기 비용으로 군 복무를 하겠느냐 누가 포도를 심고 그 열매를 먹지 않겠느냐 누가 양 떼를 기르고 그 양 떼의 젖을 먹지 않겠느냐"

군인이 나라를 지키는 일을 하면서 그 삯을 받고, 농작물을 키우거나 양 떼를 기르는 사람이 추수한 열매와 양에게 얻은 우유를 먹는 것은 당연합니다. 하지만 사도들은 복음을 전하면서 자기들을 통해 나타나는 능력과 기적들을 자기 자신을 위해 사용하지 않았습니다.

> 고린도전서 9:12, "다른 이들도 너희에게 이런 권리를 가졌거든 하물며 우리일까보냐 그러나 우리가 이 권리를 쓰지 아니하고 범사에 참는 것은 그리스도의 복음에 아무 장애가 없게 하려 함이로다"

사도들은 자기들이 전하는 복음이, 사람들에게 복음의 권위와 능력으로 온전히 나타나도록 하려고, 그 권리를 쓰지 않고 범사에 참는다고 말하고 있습니다. 그러면 바울과 사도들은 무엇을 위해서 복음을 전했을까요? 복음 전하는 일은 자기가 반드시 해야 할 일이라고 하면서, 나는 '사명'을 받았노라고 고백하고 있습니다.

> 고린도전서 9:16-18, "내가 복음을 전할지라도 자랑할 것이 없음은 내가 부득불 할 일임이라 만일 복음을 전하지 아니하면 내게 화가 있을 것이로다 17. 내가 내 자의로 이것을 행하면 상을 얻으려니와 내가 자의로 아니한다 할지라도 나는 사명을 받았노라 18. 그런즉 내 상이 무엇이냐 내가 복음을 전할 때에 값없이 전하고 복음으로 말미암아 내게 있는 권리를 다 쓰지 아니하는 이것이로다"

이렇게 바울이 자기가 마땅히 누릴 수도 있는 권리를 포기할 뿐만 아니라, 심한 핍박과 어려움을 당하면서도 복음 전하는 일을 중단하지 않은 이유는 무엇일까요? "내가 복음을 위하여 모든 것을 행함은 복음에 참여하고자 함이라"(고전 9:23) 복음, 곧 하나님께서 행하시는 구원 사역에 참여하는 기쁨이 있었기 때문입니다. '복음에 참여하는 것'이 얼마나 좋은 일이기에, 바울은 그렇게 많은 핍박을 당하고, 춥고 굶고 헐벗는 일을 당하면서도 이 일을 계속했을까요?

신인 가수나 악기를 연주하는 연주자들이, 이른바 국민 가수라고 칭함을 받는 선배 가수나, 또는 세계적인 음악가와 협연하는 것을 볼 때가 있습니다. 그때 신인급 가수나 연주자들이 한결같이 하는 고백이 있습니다. "저 같은 사람이 이런 자리에서 함께 노래하고 연주하는 것이 영광입니다." 국민 가수나 세계적인 연주자와 함께 연주하는 기회를 얻은 것이 얼마나 귀한 것인지 모르는 사람은 이해하지 못합니다. 하지만 그 가치와 귀함을 아는 사람은 그 순간을 평생의 영광으로 삼을 것입니다. 그리고 그런 자리에 함께할 수만 있다면 어떤 희생도 기꺼이 감내할 것입니다.

바울의 고백이 바로 이것입니다. 하나님께서 하시는 복음 사역에 자기 같은 사람에게 기회를 주신 것에 대해서 감사하면서 기쁨으로 그 일을 하는 것입니다. 우리가 믿는 기독교 신앙도 마찬가지입니다. '복음'이 무엇인지, '진리'가 무엇인지 알지 못하는 사람은 추상적인 신앙생활을 할 수밖에 없습니다. 진리이신 하나님을 믿는 것이 아니라, 자기가 믿기 때문에 진리라고 생각하면서 신앙생활을 하는 것입니다. 그 사람들은 무엇을 믿을까요? '자기가 옳다고 생각하는 것'을 믿는 것입니다. '살인하지 말라, 간음하지 말라, 도둑질하지 말라'라는 말이 옳으니까 그 말을 믿고, '내 이웃을 네 몸과 같이 사랑하라'라는 말씀이 옳으니까 그 말을 믿습니다.

그런데 기독교 신앙은 그 말씀, 그 내용이 옳기 때문에 믿는 것이 아닙니다. 그 말씀을 주신 이가 전능하신 하나님이시기 때문에 옳다고 믿는 것입니다. 우리가 이 두 가지의 차이를 분명히 알아야 합니다. 전자는 무엇입니까? 옳고 그름의 판단을 자기가 하는 것입니다. 그래서 자기가 생각했을 때, 그 말이 옳으니까 믿겠다는 것입니다. 하지만 후자는 하나님이 옳으시니, 그분의 모든 것이 옳다고 믿는 것입니다.

자기가 옳고 그름을 판단하고 믿는 믿음이 가진 문제가 있습니다. 성경에는 인간의 지식과 경험과 통계와 과학과 사회 통념상 이해되지 않는 말씀들이 너무나 많다는 것입니다. 일단 성경의 첫 페이지, 첫째 줄부터가 이해가 안 되고, 말이 안 됩니다. "태초에 하나님이 천지를 창조하시니라"(창 1:1) 여러분 이 말이 이해가 되십니까? 도대체 하나님이라는 신이 누구기에 천지를 창조한단 말입니까? 그것도 단지 말로만 세상과 우주의 모든 것을 창조했다고 합니다. 창조뿐이겠습니까? 성경에 나오는 거의 모든 기적을 신화 이야기라고 주장합니다. 그래서 하는 말이 무엇입니까? 그런 기적 이야기를 통해서 교훈을 주시려는 하나님의 선한 뜻을 발견하고 실천하는 것이 기독교 정신이라고 주장합니다.

이렇게 성경을 윤리와 도덕, 고매한 철학과 사상의 한 줄기로 끌어가서 해석하니까, 하나님께서 '죄'라고 말씀하신 모든 내용은 의미 없는 소리가 됐습니다. 인간의 '죄' 문제를 해결하기 위해서 예수님을 세상에 보냈는데, '죄' 문제는 빼 버리고 윤리와 도덕과 고매한 사상을 앞세웠으니 예수도 필요 없게 됐습니다. 그러니 종교다원주의를 주장하는 사람들이 하는 말이 무엇입니까? "인간을 사랑하고, 모든 인류를 구원하기 원하시는 하나님께서, 예수 외에도 구원의 방법을 열어 두셨을 가능성을 배제하지 말아야" 한다고 주장하는 것입니다. 성경을 이렇게 잘못 이해하고 엉뚱한 방향으로 가게 된 이유가 무엇일까요? 인간이 자기가 옳다고 생각하는 것을 믿으려고 하는, 옳고 그름의 기준을 자기에게 두려고 하는 데서 시작된 잘못된 믿음입니다.

그러면 참된 기독교 신앙은 무엇입니까? 하나님이 옳으시고, 그분만

이 참이시니 그분의 모든 것이 옳다고 믿는 것입니다. 왜 우리가 이웃을 사랑해야 하고, 십계명을 지켜야 합니까? 그것을 명령하시는 분이 하나님이시기 때문에 우리가 지켜야 합니다. 순종의 근거가 내 판단과 내 기준에 있는 것이 아니라, 그것을 명하시는 하나님의 준엄하신 권위에 있는 것, 그것이 바로 기독교 신앙입니다. 우리가 많은 사람이 옳다고 인정하는 것을 행했을 때는 환란과 핍박이 없습니다. 하지만 우리가 하나님께서 옳다고 말씀하는 것을 하면 환란과 핍박이 있습니다. 우리는 내가 생각하고 기대하는 방식으로 믿는 것이 아니라, 성경이 무엇을 말씀하고 있는지 그 말씀에 근거해서 믿어야 합니다.

사도들이 병자를 고치고, 귀신을 쫓아낸 것이 돌에 맞아 죽어야 할 만큼 잘못된 일입니까? 하지만 사도들은 병 고쳐 주고, 귀신 쫓아내 준 뒤에 돌에 맞았습니다. 왜요? 사도들이 행한 그 일로 인해서 복음의 진리가 전해졌기 때문입니다. 참된 기독교 신앙을 가진 성도들이 취해야 할 태도가 무엇입니까? 세상에서 미움 받고 환란당하는 것을 두려워하지 않는 것입니다.

> 마태복음 5:11-12, "나로 말미암아 너희를 욕하고 박해하고 거짓으로 너희를 거슬러 모든 악한 말을 할 때에는 너희에게 복이 있나니 12. 기뻐하고 즐거워하라 하늘에서 너희의 상이 큼이라 너희 전에 있던 선지자들도 이같이 박해하였느니라"

'진리'라는 말은 '정답'이라는 말이고, '타협할 수 없다'는 말과 같습니다. 사지선다형, 오지선다형의 시험 문제에 예시로 나온 답변들이 있습니다. 서로 사이가 좋아지려면 보기로 제시된 네 가지, 다섯 가지 문항이 다 맞는다고 동그라미 쳐 주면 사이가 좋을 것입니다. 아무도 틀리지 않았으니 얼마나 좋나요. 하지만 그렇게 다 맞는다고 동그라미를 쳐서 답안지를 제출하면 그 사람의 성적은 몇 점이라고 나올까요? 빵점일 것입니다. 모든 것이 '진리'라는 말은, 모든 것이 '거짓'이라는 말과 같은 뜻입니다.

기독교 복음이 세상의 다른 종교나 이념이나 가치들과 융합할 수 없는 것은, 오직 하나님의 말씀만이 '진리'이기 때문입니다. 사도들이 이 '진리'를 전하다가 핍박을 받았고 순교했습니다. 종교 개혁 시대의 순교자들도 이 '진리'를 가르치고 전하다가 순교했습니다. 그런데 오늘도 악한 마귀는 우리가 이 '진리'를 전하고 가르치는 것을 막으려고 합니다. 왜 바울과 바나바가 죽을 줄 알고도 회당으로 들어가서 복음을 전했습니까? 그것이 진리이기 때문이며, 주님께서 그 진리를 전하는 일을 그들에게 맡기셨기 때문입니다.

오늘도 하나님께서는 저와 여러분, 우리 하와이한빛장로교회에 똑같은 것을 요구하고 계십니다. 여러분이 바른 진리의 말씀을 받았다는 것을 기뻐하시기 바랍니다. 그리고 그 바른 진리의 믿음을, 여러분의 입술로 고백하시기 바랍니다. 여러분이 능력 있고 잘난 사람이어서 고백할 수 있는 것이 아닙니다. 여러분에게 이 비밀을 맡기신 분이 전능하신 하나님이시기 때문에 할 수 있는 것입니다. 악한 감정을 품고 자기들을 죽이려고 멀리서부터 추격해 오는 사람들 앞에서, '주를 힘입어 담대히 복음을 전했던' 사도들처럼, 저와 여러분도 험악한 세상에서 진리의 복음을 사수하고 전하는 참된 믿음의 성도들이 되기를 기원합니다.

하나님의 나라에 들어가려면

"유대인들이 안디옥과 이고니온에서 와서 무리를 충동하니 그들이 돌로 바울을 쳐서 죽은 줄로 알고 시외로 끌어 내치니라 20. 제자들이 둘러섰을 때에 바울이 일어나 그 성에 들어갔다가 이튿날 바나바와 함께 더베로 가서 21. 복음을 그 성에서 전하여 많은 사람을 제자로 삼고 루스드라와 이고니온과 안디옥으로 돌아가서 22. 제자들의 마음을 굳게 하여 이 믿음에 머물러 있으라 권하고 또 우리가 하나님의 나라에 들어가려면 많은 환난을 겪어야 할 것이라 하고 23. 각 교회에서 장로들을 택하여 금식 기도하며 그들이 믿는 주께 그들을 위탁하고"

5~7절에 보면, 이방인과 유대인과 그 관리들이 바울과 바나바를 모욕하며 돌로 치려고 달려드니, 그들을 피하여 '루스드라'로 와서 복음을 전했다고 했습니다. 루스드라에 온 바울과 바나바는 나면서부터 앉은뱅이였던 사람을 고쳐 주었습니다. 그 모습을 본 루스드라 사람들은 "신들이 사람의 형상으로 우리 가운데 내려오셨다"라고 하면서 바울과 바나바에게 제사를 하려고 했습니다(11-13). 하지만 바울과 바나바는 소리를 지르면서 그들의 하려는 행위를 막았습니다(14). 그러면서 헛된 신화에 빠져 살지 말고 살아 계신 하나님께로 돌아오라고 했습니다.

15, “이르되 여러분이여 어찌하여 이러한 일을 하느냐 우리도 여러분과 같은 성정을 가진 사람이라 여러분에게 복음을 전하는 것은 이런 헛된 일을 버리고 천지와 바다와 그 가운데 만물을 지으시고 살아 계신 하나님께로 돌아오게 함이라”

바울과 바나바가 앉은뱅이였던 사람을 고쳐 준 것은, 당사자뿐만 아니라 그 모습을 목격한 그 누구에게도 개인적인 이익을 취하기 위해서 한 것이 아니었습니다. 오히려 그것을 목격한 사람들이 바울과 바나바를 신처럼 섬기려고 하는 것을 막으면서, ‘오직 하나님께로 돌아올 것’을 강력하게 선포했습니다. 하지만 바울이 오직 복음만을 선포한 것 때문에 오히려 돌에 맞아 죽게 됩니다. 먼저 우리는 바울이 돌에 맞게 되는 과정을 살펴볼 필요가 있습니다.

16-19, “하나님이 지나간 세대에는 모든 민족으로 자기들의 길들을 가게 방임하셨으나 17. 그러나 자기를 증언하지 아니하신 것이 아니니 곧 여러분에게 하늘로부터 비를 내리시며 결실기를 주시는 선한 일을 하사 음식과 기쁨으로 여러분의 마음에 만족하게 하셨느니라 하고 18. 이렇게 말하여 겨우 무리를 말려 자기들에게 제사를 못하게 하니라 19. 유대인들이 안디옥과 이고니온에서 와서 무리를 충동하니 그들이 돌로 바울을 쳐서 죽은 줄로 알고 시외로 끌어 내치니라”

바울과 바나바는 자기들을 신으로 여겨서 제사하려고 하는 사람들을 말린 것 외에는 돌에 맞을 만한 잘못을 한 것이 없습니다. 그런데 안디옥과 이고니온에서부터 추격해 온 유대인들이 사람들을 선동하자 그 사람들이 돌을 들어서 바울을 쳤고, 죽은 줄 알고 성 밖에 갖다 버린 것입니다. 우리가 이 사건을 통해서 꼭 기억해야 하는 것이 있습니다.

구약 이스라엘 백성들이 하나님을 원망하고, 하나님 대신 우상을 섬기고, 하나님께서 하지 말라고 금하신 죄를 범하는 일을 계속 반복하다가 결국 멸망했습니다. 그들이 하나님을 원망하고 그들을 구원하신 하나님을 배신하고 우상을 섬기며, 죄를 범한 이유가 하나님께서 그들에게 잘해 주지 않았기 때문이었을까요? 오히려 그 반대입니다. 하나님은 그들의 조상에게 약속하신 대로 젖과 꿀이 흐르는 땅으로 인도해 주셨고, 수많은 대적의 손에서 건져 주셨습니다. 그들은 자기들이 심지 않은 것을 먹었고, 짓지 않은 집에서 살았습니다.

여러분, 이 순서를 잘 기억하셔야 합니다. 하나님은 인간이 정성을 바치고, 하늘에 닿을 만큼 공덕을 쌓는 것을 먼저 받으시고 은혜를 주시는 분이 아닙니다. 하나님께서는 당신의 백성에게 필요한 모든 것을 조건 없이 먼저 주시는 분입니다. 모세는, 하나님께서 이스라엘 백성들이 건축하지 않은 성에 살게 하고, 아름다운 집과 파지 않은 우물과 심지 않은 과실나무를 얻게 하실 것이라고 말했습니다. 그런데 그렇게 얻은 땅과 집에서 배불리 살게 될 때 "너희를 구원하신 여호와 하나님을 잊지 말고, 그분을 경외하며, 다른 신을 섬기지 말 것"을 당부했습니다.

> 신명기 6:10-15, "네 하나님 여호와께서 네 조상 아브라함과 이삭과 야곱을 향하여 네게 주리라 맹세하신 땅으로 너를 들어가게 하시고 네가 건축하지 아니한 크고 아름다운 성읍을 얻게 하시며 11. 네가 채우지 아니한 아름다운 물건이 가득한 집을 얻게 하시며 네가 파지 아니한 우물을 차지하게 하시며 네가 심지 아니한 포도원과 감람나무를 차지하게 하사 네게 배불리 먹게 하실 때에 12. 너는 조심하여 너를 애굽 땅 종 되었던 집에서 인도하여 내신 여호와를 잊지 말고 13. 네 하나님 여호와를

경외하며 그를 섬기며 그의 이름으로 맹세할 것이니라 14. 너희는 다른 신들 곧 네 사면에 있는 백성의 신들을 따르지 말라 15. 너희 중에 계신 너희의 하나님 여호와는 질투하시는 하나님이신즉 너희의 하나님 여호와께서 네게 진노하사 너를 지면에서 멸절시키실까 두려워하노라"

10~11절에 보시는 것처럼, 하나님께서는 이스라엘 백성들에게 먼저 주셨습니다. 그리고 그렇게 배불리 먹고 난 뒤에 '너는 조심해라' 그리고 '너를 애굽 땅 종 되었던 집에서 인도하여 내신 여호와를 잊지 말라'고 하면서 당부까지 했습니다. 하지만 이스라엘 백성들은 모세의 이 당부를 기억하지 못하고 다 잊었습니다. 그리고 그들은 끊임없이 하나님을 떠나 우상을 섬기고 죄를 범했습니다. 그러다가 결국 나라를 빼앗기고, 오랜 세월을 나라 없는 백성으로 살게 됩니다.

성경은 인간에게 주신 하나님의 약속을 기록한 책입니다. 그리고 동시에 그 약속이 인간의 역사에서 어떻게 성취되었는지를 보여 주는 역사 기록입니다. 우리가 500~600년 전 조선 땅에서 무슨 일이 있었는지 모릅니다. 하지만 역사 기록이 남아 있고, 왕조실록이 남아 있어서 그 기록을 통해서 조선이 어떻게 건국되었는지, 왕들이 어떻게 통치를 했는지 다 알 수 있습니다. 그 역사 기록을 통해서 어떤 왕이 백성들에게 존경과 사랑을 받았는지, 또 어떤 왕들이 본분을 망각하고 나쁜 짓을 했는지 다 알 수 있지 않습니까?

하나님께서 인간 저자를 통해 성경을 기록하게 하신 것은, 하나님께서 어떻게 사람에게 대하셨는지 그리고 인간은 어떻게 반응했는지 알게 하신 것입니다. 그래서 성경을 읽으면 인간이 가진 본래 모습을 적

나라하게 알 수 있습니다. 사람들은 걱정거리가 없고, 하는 일이 잘 풀리면 마음이 너그러워지고 그래서 착한 일을 할 거로 생각합니다. 하지만 성경을 보면 그 반대입니다. 하던 일이 잘 풀리고 걱정거리가 없게 되면, 그들을 구원하신 하나님을 잊어버리고 죄 범하는 쪽으로 더 열심히 달려갑니다. 솔로몬 시대 이후에 이스라엘 역사에서 가장 전성기였던 때가 언제였는지 아십니까? 남북이스라엘 역사에서 가장 악한 왕이었던 아합 왕 시절이었습니다.

예수님이 수많은 병자와 귀신 들린 사람을 고쳐 주었고, 죽은 사람도 살리셨습니다. 사도들이 복음을 전할 때도 예수님께서 하셨던 역사가 똑같이 있었습니다. 하지만 사람들을 고쳐 주고 도와주셨던 예수님은 십자가에 못 박히셨고, 사도들도 방법은 다르지만, 온갖 핍박을 당하다가 순교로 그들의 생을 끝마쳤습니다. 여러분은 예수님과 사도들이 비참한 죽임을 당한 이유가 뭐라고 생각하십니까? 그분들이 착한 일을 하지 않아서입니까, 우리가 모르는 죄를 지었기 때문일까요? 그분들이 죽임을 당한 이유는 하나밖에 없습니다. 그것은 인간을 구원하기 원하시는 하나님의 뜻을 전하다가 그렇게 된 것입니다.

구약 시대나 신약 시대, 그리고 오늘날에도 인간을 향한 하나님의 관심과 뜻은 오직 하나입니다. 그것은 하나님께서는 모든 사람이 구원받기 원하신다는 것입니다. 하지만 사람은 구원받아 하나님의 백성이 되는 것보다는, 세상에서 잘 먹고 잘사는 것, 육체의 욕심을 따라 재미있게 사는 것에만 관심이 있습니다. 바울과 바나바가 나면서부터 앉은뱅이였던 사람을 고쳐 주었을 때는 사람들이 바울과 바나바를 신처럼 추앙하면서 섬기려고 했습니다. 하지만 바울과 바나바가 "우리는 당신들과 똑같은 사람이니 우리를 섬기려고 하지 말고 천지를 지으신 하나님을 섬기라."라고 말했더니 돌로 쳐서 죽였습니다.

바울이 돌에 맞고, 예수님이 십자가에 못 박히신 이유를 아시겠습니까? 마귀는 누가 세상의 왕이 되든지 상관없습니다. 마귀는 사람들이 세상에서 잘 먹고 잘 사는 것, 세상을 지상 낙원으로 여기면서 사는 것을 가장 좋아합니다. 그러면 마귀가 가장 싫어하는 것은 무엇일까요? 사람이 하나님을 섬기는 것입니다. 그래서 오늘 본문에도 보시면, 바울과 바나바가 앉은뱅이를 고쳐 주자 사람들이 몰려와서 바울과 바나바를 신처럼 섬기려고 했습니다. 만약 바울과 바나바가 자기들을 신으로 섬기려는 사람들로부터 제사를 받고 대접받았다면 돌에 맞아 죽게 되지는 않았을 것입니다.

하지만 바울과 바나바는 옷을 찢고 소리를 지르면서 그들을 말리면서, 헛된 우상을 버리고 천지를 지으신 한 분 하나님만 섬기라고 말했습니다. 그러자 분노한 사람들이 돌을 던져서 바울을 죽이려고 했던 것입니다. 사람들이 왜 바울에게 돌을 던졌는지 일반적인 상식으로는 이해가 되지 않습니다. 앉은뱅이를 고쳐 준 것이 돌에 맞아 죽을죄입니까? 더구나 조금 전까지만 해도 바울과 바나바를 신으로 섬기려고 했던 사람들 아니었습니까? 하지만 그 배후에 있는 마귀를 보면 이해가 됩니다. 마귀는 하나님만 섬기라는 복음을 전하는 사람을 용서할 수 없습니다. 그래서 죽이려고 한 것입니다.

마귀의 이러한 본성은 지금도 똑같습니다. 마귀는 예수 믿고 구원받은 사람이 하나님만 섬기게 되는 것을 가장 싫어합니다. 그래서 그것을 막으려고 합니다. 우리 교회와 성도들이 신앙생활 하면서 분명히 붙잡아야 할 것이 있습니다. 세상이 교회를 싫어하고 예수를 믿지 않으려고 하는 이유는, 교회가 사회봉사나 착한 일을 하지 않아서 또는 대형 교회가 너무 많아서 그러는 것이 아닙니다. 세상이 교회를 싫어하는 것은 교회가 예수 복음을 전하기 때문이며, 헛된 우상을 버리고 천지를 지으신 하나님을 섬기라는 복음을 전하기 때문입니다.

> 갈라디아서 1:6-9, "그리스도의 은혜로 너희를 부르신 이를 이같이 속히 떠나 다른 복음을 따르는 것을 내가 이상하게 여기노라 7. 다른 복음은 없나니 다만 어떤 사람들이 너희를 교란하여 그리스도의 복음을 변하게 하려 함이라 8. 그러나 우리나 혹은 하늘로부터 온 천사라도 우리가 너희에게 전한 복음 외에 다른 복음을 전하면 저주를 받을지어다 9. 우리가 전에 말하였거니와 내가 지금 다시 말하노니 만일 누구든지 너희가 받은 것 외에 다른 복음을 전하면 저주를 받을지어다"

바울은 갈라디아 교회 성도들이 그리스도의 은혜로 그들을 부르신 하나님을 너무나 쉽게 저버리고 '다른 복음'을 따르는 것에 대해서 당황스러워하고 있습니다. 바울이 말하는 '다른 복음'이란, "예수 그리스도를 믿음으로 말미암아 구원을 받는다."라는 참 복음이 아닌 '변질된 복음'을 가리켜 말하는 것입니다. 그 '변질된 복음'이 무엇이냐 하면, 유대주의자들이 주장하는 "예수를 믿는 것만으로는 충분하지 못하며 율법을 행해야 구원을 받는다."라는 것이었습니다. 이와 같은 잘못된 가르침은 예루살렘교회에서 사도들과 장로들이 모여서 회의를 통해 결론을 내려야 할 만큼, 초대 교회 시절 내내 따라다녔던 문제였습니다.

> 사도행전 15:1, "어떤 사람들이 유대로부터 내려와서 형제들을 가르치되 너희가 모세의 법대로 할례를 받지 아니하면 능히 구원을 받지 못하리라 하니"

그 자세한 내용은 15장 강해 시간에 살펴보겠지만 결론적으로 미리 말씀을 드리면, 구원은 인간의 행위로 받는 것이 아니라 하나님의 은혜로 받는 것입니다. 그래서 이 문제에 대한 결론을 편지로 써서 각 교회로 보냈습니다(행 15:22-29). 그런데 초대 교회 때부터 지금까지 계속되는 미혹이 뭐냐 하면, '인간이 선을 행해서 구원을 받는다.' 또는 '하나님의 율법을 지켜서 구원받는다.'라는 주장이 계속 반복되고 있는 것입니다. 하지만 구원은 우리가 착해서 또는, 하나님의 율법을 다 지켜서 받는 것이 아닙니다.

> 갈라디아서 2:16, "사람이 의롭게 되는 것은 율법의 행위로 말미암음이 아니요 오직 예수 그리스도를 믿음으로 말미암는 줄 알므로 우리도 그리스도 예수를 믿나니 이는 우리가 율법의 행위로써가 아니고 그리스도를 믿음으로써 의롭다 함을 얻으려 함이라 율법의 행위로써는 의롭다 함을 얻을 육체가 없느니라"

사도들이 전한 복음, 그들에 의해 세워진 교회가 전했던 복음이 무엇입니까? 우리가 의롭게 되고 구원 얻는 것은 예수 그리스도를 믿음으로 된다는 것입니다. 그래서 바울은 "누구든지 너희가 받은 것 외에 다른 복음을 전하면 저주를 받을지어다"(갈 1:9)라고 했습니다. 만약 바울이 착한 일을 해서 복음이 전해졌다면, 그는 돌에 맞으면 안 됩니다. 예루살렘에 복음이 전해지고 교회가 세워져서 하나님의 말씀이 선포되었을 때 허다한 제사장의 무리도 이 도에 복종했다고 말씀하고 있습니다(행 6:7). 초대 교회 성도들은 자기 소유를 주장하지 않고, 자기의 재산을 팔아서 가난한 사람을 도울 만큼 착한 일을 많이 했습니다. 그럼에도 불구하고 예루살렘에서는 교회에 대한 핍박이 극심해져서, 사도들을 제외한 모든 성도들이 다른 도시로 피난을 하여야 하는 일이 생겼습니다.

오늘날 교회가 사회에서 비난과 조롱의 대상이 되고, 마땅히 영광을 받으셔야 할 하나님의 이름이 더럽힘을 당하는 이유는 우리가 착하지 않아서가 아닙니다. 그런 식으로 따진다면 예수님의 십자가 죽음과 사도들의 순교와 예루살렘에 일어난 교회를 향한 핍박은 설명할 방법이 없어집니다. 우리를 구원하기 위해 오신 예수님께서는 당신이 창조한 피조물들 앞에서 벌거벗김을 당한 채 십자가에 매달리는 수치와 고난을 참으셨습니다. 우리보다 앞서간 구름 같이 많은 허다한 믿음의 선조들이 있습니다. 그중에는 예수님께서 당한 고난을 목격한 사람들도 있고, '믿음의 주요 온전하게 하시는 이'이신 예수를 바라보는 믿음으로 고난을 견뎌 낸 사람도 있었습니다.

> 히브리서 12:1-2, "이러므로 우리에게 구름 같이 둘러싼 허다한 증인들이 있으니 모든 무거운 것과 얽매이기 쉬운 죄를 벗어 버리고 인내로써 우리 앞에 당한 경주를 하며 2. 믿음의 주요 또 온전하게 하시는 이인 예수를 바라보자 그는 그 앞에 있는 기쁨을 위하여 십자가를 참으사 부끄러움을 개의치 아니하시더니 하나님 보좌 우편에 앉으셨느니라"

바울과 바나바가 '더베'라는 곳에서 복음을 전한 뒤에 다시 루스드라와 이고니온과 안디옥으로 돌아왔습니다.

> 20-21, "제자들이 둘러섰을 때에 바울이 일어나 그 성에 들어갔다가 이튿날 바나바와 함께 더베로 가서 21. 복음을 그 성에서 전하여 많은 사람을 제자로 삼고 루스드라와 이고니온과 안디옥으로 돌아가서"

이 말씀을 바울이 '루스드라와 이고니온과 안디옥'에서 어떤 일을 당했었는지를 생각하면서 읽어야 합니다. 안디옥에서는 복음 전하는 일을 방해받고 비난을 들었고, 이고니온에서는 돌에 맞을 뻔한 위협을 당했으며, 루스드라에서는 실제로 돌에 맞아 죽을 뻔했습니다. 정상적인 판단을 하는 사람이라면, 자신들을 죽이려고 했던 사람들이 있는 도시를 일부러 찾아 들어가지 않을 것입니다. 그런데 바울과 바나바는 마치 작정했다는 듯이 왔던 길을 되짚어서 돌아갔습니다.

> 22, "제자들의 마음을 굳게 하여 이 믿음에 머물러 있으라 권하고 또 우리가 하나님의 나라에 들어가려면 많은 환난을 겪어야 할 것이라 하고"

기독교 진리가 세상의 다른 종교와 구별되는 차이가 바로 이런 점입니다. 사람들이 종교 생활을 통해 얻고자 하는 일반적인 기대가 있을 것입니다. 개인적으로는 마음의 안정과 인생의 새로운 의미를 찾게 해주고, 사회적으로는 도덕적 질서를 지켜 주는 역할을 하는 정신문화의 하나로써 작용하는 것입니다. 그와 더불어서 살면서 겪게 되는 어려 현실 속에서, 신의 힘을 힘입어서 복福은 끌어오고 예상치 못한 화禍는 면하는 것을 기대하는 것입니다. 인간이 신에게 기도하는 가장 큰 이유도 바로 이런 이유 때문일 것입니다.

그런데 성경이 말하는 기독교 진리는 화禍를 면하는 법을 말하지 않습니다. 오히려 22절 말씀처럼, “또 우리가 하나님의 나라에 들어가려면 많은 환난을 겪어야 할 것이라”라고 말씀하고 있습니다. 많은 환란을 겪을 것이라는 맥락의 말씀은 성경 곳곳에 기록되어 있습니다.

> 로마서 5:1-4, “그러므로 우리가 믿음으로 의롭다 하심을 받았으니 우리 주 예수 그리스도로 말미암아 하나님과 화평을 누리자 2. 또한 그로 말미암아 우리가 믿음으로 서 있는 이 은혜에 들어감을 얻었으며 하나님의 영광을 바라고 즐거워하느니라 3. 다만 이뿐 아니라 우리가 환난 중에도 즐거워하나니 이는 환난은 인내를, 4. 인내는 연단을, 연단은 소망을 이루는 줄 앎이로다”

우리가 믿음으로 의롭다 하심을 받았고, 예수 그리스도를 통해 하나님과 화목하게 되었습니다. 그리고 하나님의 영광에 참여하는 은혜도 받았습니다. 인간이 하나님과 화목하게 되어 함께할 수 있는 것보다 더 큰 축복이 있을까요? 그런데 그 뒤에 이어지는 말씀이 너무나 당황스럽습니다. 하나님과 화목하게 된 뒤에 제일 먼저 당하는 현실이 ‘환난’이기 때문입니다. 3절에 “우리가 환난 중에도 즐거워하나니”라고 했습니다. 이것은 “우리가 하나님과 한 편이 되었으니 환난이 와도 그 속에서 기뻐할 수 있다, 하나님이 내 편이시니 환난에도 불구하고 즐겁다” 이런 말씀이 아닙니다. 이 말씀은 “환난 자체를 즐거워한다.”라는 뜻입니다. 이 말씀에 대한 보다 정확한 의미를 야고보서 1장에서 이렇게 설명합니다.

> 야고보서 1:2-4, "내 형제들아 너희가 여러 가지 시험을 당하거든 온전히 기쁘게 여기라 3. 이는 너희 믿음의 시련이 인내를 만들어 내는 줄 너희가 앎이라 4. 인내를 온전히 이루라 이는 너희로 온전하고 구비하여 조금도 부족함이 없게 하려 함이라"

세상에서 우리가 당하는 환난이나 시험 자체를 기뻐하라는 것입니다. 왜요? 우리가 환난이나 시험을 당하는 것이 하나님의 의도된 간섭이기 때문입니다. '하나님의 의도된 간섭'이라는 말이 무슨 뜻입니까? 앞서 말씀드린 것처럼, 사람들이 종교를 믿는 가장 큰 이유는 신의 힘을 빌어서 현재 내가 당하고 있는 어려움을 면하고자 하는 기대일 것입니다. 그래서 신이 있을 만한 곳을 찾아다니면서 기도도 하고 공양도 하는 것이지요.

그런데 생각해 보십시오. 사람이 그와 같은 종교 활동을 해서 당면한 어려움을 면했을 뿐만 아니라, '전화위복'이라고 예상치 못했던 복도 받았다 하겠습니다. 그렇게 '전화위복'의 복을 받으면, 신을 찾았던 그 사람이 자기가 기도한 신과 인격적으로 정서적으로 특별한 교감을 느끼고, 친밀한 관계가 만들어지나요? 그런 것까지 기대하면서 신을 찾고 기도하는 사람은 없습니다. 도깨비방망이 내지는 '램프의 요정 지니'처럼 자기 아쉬운 소원을 들어줄 누군가가 필요했을 뿐이고, 소원이 이루어지고 나면 두 번째 소원이 생길 때까지 신이라는 이름으로 내가 하는 일에 간섭하는 것을 원하지 않습니다.

성경의 하나님은 단지 우리의 아쉬운 소원을 들어주는, 인격적 교감이나 관계가 전혀 형성되지 않는 '도깨비방망이'로 존재하는 분이 아닙니다. 하나님은 마치 아버지와 아들의 관계처럼 우리와 친밀한 관계를 맺기 원하십니다. 그래서 등장하는 것이 환난이고, 시험이고, 징계입니다. 하나님께서는 우리가 '조금도 부족함이 없는 완전하고 성숙한' 하나님의 자녀로 자라기 원하십니다. 그래서 우리에게 시험도 주시고, 환난도 주시고, 때론 징계도 하시는 것입니다. 하나님께서 그와 같은 것을 주시는 이유는, 그것을 통해서 우리가 얻게 되는 더 큰 이익이 있기 때문입니다.

> 히브리서 12:6-8, "주께서 그 사랑하시는 자를 징계하시고 그가 받아들이시는 아들마다 채찍질하심이라 하였으니 7. 너희가 참음은 징계를 받기 위함이라 하나님이 아들과 같이 너희를 대우하시나니 어찌 아버지가 징계하지 않는 아들이 있으리요 8. 징계는 다 받는 것이거늘 너희에게 없으면 사생자요 친아들이 아니니라"

사람이 일생을 살면서 느끼는 가장 큰 기쁨이 있다면 아마도 자녀를 낳은 기쁨일 것입니다. 아이가 태어날 때의 그 기쁨은 죽는 순간까지 잊지 못할 것입니다. 그런데 아이가 태어난 것보다 더 큰 기쁨이 있습니다. 아이가 부모를 떠나 독립할 수 있는 존재로 인격이나 실력 면에서 자라고 성장하는 것을 보는 것입니다.

지난 금요일에 큰아이가 고등학교를 졸업했습니다. 이제 부모를 떠나 본토로 대학을 가면 혼자 사는 연습을 하게 될 것입니다. 아마도 지금까지 주영이가 겪어 보지 못한 새로운 세상이 펼쳐지리라 예상됩니다. 본인의 말과 행동에 대한 책임을 지게 되면서 받는 스트레스도 있을 것입니다. 때로는 좌절도 되고 절망하는 일이 생길 수도 있을 것입니다. 하지만 자녀가 그런 일을 당할까 봐 부모가 계속 품에 안고 산다면, 자녀는 끝까지 독립된 주체로 살지 못할 것입니다. 자녀가 훈련받고 연습하는 것, 고통을 견디고 통과하는 것, 실패와 좌절을 경험하고 극복하는 것을 지켜만 보는 것이 어쩌면 부모에게 더 힘들 수도 있습니다. 하지만 자녀가 해야 할 일을 부모가 계속 대신에 해 준다면, 그 자녀는 성장하지 못할 것입니다.

앞서 우리가 환난이나 시험을 당하는 것이 '하나님의 의도된 간섭'이라고 말씀드렸습니다. 다시 말씀드려서 선생님이 시험 문제를 낸 의도, 목적이 있다는 말씀입니다. 저학년에서 고학년으로 올라갈수록 출제자의 목적을 파악하는 것이 중요합니다. 〈보기〉에 제시된 답안 중에는 전혀 정답이 아닌 것도 있지만, 정답처럼 보이는 〈보기〉도 있기 때문입니다. 그때 출제자의 목적을 정확하게 파악한 사람은 정답을 찾을 것입니다. 혹시 여러분 중에서 '하나님께서 내신 환난이나 시험'을 치르고 있는 분이 있으시다면, 빨리 하나님의 목적을 파악하고 답안지에 정답을 적으시기 바랍니다.

정답이 무엇일까요? 평상시에 여러분이 중요하게 생각하는 것이 있을 것입니다. 가장 대표적인 예를 들자면 '돈'이 있겠지요. '보석'일 수도 있을 것입니다. 그런데 만약 밤에 잠을 자는데 집에 불이 났다고 하면, '돈과 보석'을 챙겨 나오겠습니까, 자녀와 식구들을 깨워서 데리고 나오겠습니까? 여러분이 환난이나 시험을 당하고 있다고 생각되십니까? 그때는 하나님께서 여러분에게 가장 중요한 것이 무엇인지 묻고 있다고 생각하시면 됩니다. 가장 중요한 것이 무엇입니까? 생명입니다.

영생을 얻는 구원입니다.

바울과 바나바가 자기들을 죽이려고 했던 사람들이 있는 도시가 아니라 다른 길로 얼마든지 돌아갈 수 있었을 것입니다. 하지만 굳이, 자기들에게 돌을 던진 그 도시를 일부러 찾아 들어갔습니다. 왜 그랬을까요? 환난을 면하는 방법을 가르쳐 주는 것이 아니라, "우리가 하나님의 나라에 들어가려면 많은 환난을 겪어야 할 것"(22) 이라고 가르쳐 주려고 들어가는 것입니다. 바울이 있는 '루스드라'까지 쫓아온 유대인들이 사람들을 선동해서 바울에게 돌을 던졌고, 사람들은 바울이 죽은 줄 알고 성 밖으로 내다 버렸습니다.

여러분, 이게 보통 일이 아닙니다. '루스드라'는 유대 땅이 아닙니다. 만약 호놀룰루 의회 근처의 공원에서 '다른 나라에서 온 군중들이 모여서 어떤 사람을 돌로 쳐서 죽였다' 이것이 있을 수 있는 일입니까? 의회나 경찰이 허락 내지는 방조하지 않았다면 있을 수 없는 일입니다. 바울이 누군지 알고 있고, 그를 죽이려는 사람이 누군지도 알고 있는 지도자들이, 외지 사람들이 바울을 돌로 쳐서 죽일 때 눈감아 줬기 때문에 가능한 일입니다. 그런데 그 바울이 다시 '루스드라'로 돌아왔습니다. 자기가 어떤 사람인지 온 도시 사람들이 다 알고 있을 텐데, 겁도 없이 다시 돌아온 것입니다. 그 이유가 무엇입니까? 비록 바울이 본보기로 돌에 맞기는 했지만, 바울뿐만 아니라 제자들도 그와 방불한 고난을 받았을 것입니다. 그래서 바울은 예수 믿는 믿음 때문에 환난을 겪고 있는 제자들을 위로하고, 그들의 믿음을 굳게 해 주려고 돌아온 것입니다.

고린도후서 4:16-18, "그러므로 우리가 낙심하지 아니하노니 우리의 겉사람은 낡아지나 우리의 속사람은 날로 새로워지도다 17. 우리가 잠시 받는 환난의 경한 것이 지극히 크고 영원한 영광의 중한 것을 우리에게 이루게 함이니 18. 우리가 주목하는 것은 보이는 것이 아니요 보이지 않는 것이니 보이는 것은 잠깐이요 보이지 않는 것은 영원함이라"

현재 우리가 당하는 환난은 분명 힘들고 고통스럽지만 우리는 낙심하지 않습니다. 그 이유는 우리 겉사람이 낡아지는 대신 우리의 속사람이 새로워지기 때문입니다. 우리 인생이 유한하기에 우리가 받는 환난 역시 잠깐 지나가는 것입니다. 하지만 우리가 이 과정을 통해서 하나님을 만나고, 하나님께 우리의 몸과 영혼을 의지하게 되면, 우리는 영원한 생명과 하늘의 영광을 얻게 됩니다.

우리에게 영원한 생명을 주기 원하시는 하나님의 마음을 아시고, 동시에 우리를 자녀로 받아 주시고 당신의 모든 영광을 상속하시려는 목적을 아시기 바랍니다. 하나님께서는 우리가 세상에 사는 동안 그와 같은 실력이 만들어지기 원하시며, 그것을 위해서 때론 시험도, 환난도, 연단도, 징계도 하시는 것입니다. 우리가 이와 같은 '하나님의 의도와 목적 안에' 들어와 있다는 것에 감사하시면서, 더욱 저와 여러분의 믿음을 굳게 하여 그 분량까지 자라 갈 수 있기를 기원합니다.

모세의 법대로 1

"어떤 사람들이 유대로부터 내려와서 형제들을 가르치되 너희가 모세의 법대로 할례를 받지 아니하면 능히 구원을 받지 못하리라 하니 2. 바울 및 바나바와 그들 사이에 적지 아니한 다툼과 변론이 일어난지라 형제들이 이 문제에 대하여 바울과 바나바와 및 그 중의 몇 사람을 예루살렘에 있는 사도와 장로들에게 보내기로 작정하니라 3. 그들이 교회의 전송을 받고 베니게와 사마리아로 다니며 이방인들이 주께 돌아온 일을 말하여 형제들을 다 크게 기쁘게 하더라 4. 예루살렘에 이르러 교회와 사도와 장로들에게 영접을 받고 하나님이 자기들과 함께 계셔 행하신 모든 일을 말하매 5. 바리새파 중에 어떤 믿는 사람들이 일어나 말하되 이방인에게 할례를 행하고 모세의 율법을 지키라 명하는 것이 마땅하다 하니라"

사도들이 활동하던 초대 교회가 가졌던 가장 큰 고민은, '지금까지 유대인들이 지켜 오던 율법에 관한 문제를 어떻게 해석해야 하는지'에 관한 것이었습니다. 특히 복음이 이방에까지 전해지고, 이방인들이 주축이 된 교회들이 세워지면서, '이방인들도 유대인처럼 율법을 지켜야 하는지'에 대한 논쟁이 벌어진 것입니다.

바울과 바나바가 1차 전도 여행을 마치고 안디옥교회로 돌아왔을 때, 유대에서 온 어떤 교사들이 그곳에 와서 바울이 가르치지 않은 새로운 주장을 했습니다. 안디옥교회 성도들에게 "너희가 모세의 법대로 할례를 받지 않으면 능히 구원을 받지 못한다"[1] 라고 가르쳤던 것입니다. 안디옥교회는 이 문제에 관한 사도들의 분명한 대답을 듣기 위해 대표로 바울과 바나바를 예루살렘으로 보냈고, 그래서 예루살렘교회에서 첫 회의가 열립니다. 그런데 5절에 보면 예루살렘교회에는 '모세의 법대로 할례를 받아야'(율법을 지켜야) 구원을 받는다고 주장을 하는 사람들이 상당히 있었던 것으로 보입니다.

우리가 믿는 기독교 신앙의 핵심은, "누구든지 예수를 믿으면 구원을 얻는다."라는 것입니다. 하지만 유대주의자들은 "예수를 믿는 것만으로는 충분하지 않고, 거기에 더해서 할례를 행하고 율법도 함께 지켜야 구원받는다."라고 주장했습니다. 그래서 이 본문을 근거로 해서 어떤 목사님들은 사도행전에서 '율법을 지켜야 구원을 받는다.'라고 주장했던 사람들을 가리켜서 '율법주의자'라고 부릅니다.

여러분은 '율법주의(자)'라는 말을 들어 보셨습니까? 어떤 느낌이 드시나요? '율법', '율법주의'라고 할 때, 그 내용과는 별개로 부정적 이미지가 연상됩니다. 그런데 저는 '율법을 지켜야 구원받는다.'라고 주장하는 사람들을 '율법주의자'라고 말하는 부분에 대해서는 선뜻 동의하기 어렵습니다. 왜냐하면, 그런 사람들을 '율법주의자'라고 할 때 그들이 주장하는 내용뿐만 아니라, 그 주장을 수식하는 '율법'에도 부정적인 의미가 덧씌워지기 때문입니다.

우리가 한번 생각해 봅시다. '율법'은 좋은 것입니까, 나쁜 것입니까?

'율법'은 하나님께서 예수 그리스도를 세상에 보내시기 전까지, 이스라엘 백성들에게 약속하셨던 '메시아'를 소망하며 살도록 주셨던 징표와 같은 것입니다. 이스라엘 백성들은 '율법'을 통해 자기들의 죄를 깨달을 수 있었고, 동시에 제아무리 율법을 잘 지키려고 노력해도 완전에 이를 수 없음을 깨닫는 도구였습니다.

로마서 3:20, "그러므로 율법의 행위로 그의 앞에 의롭다 하심을 얻을 육체가 없나니 율법으로는 죄를 깨달음이니라"

그러면 우리가 아무리 노력해도 율법이 요구하는 '하나님 앞에서 완전한 의'를 이룰 수 없으니 율법은 지킬 필요가 없는 것이었습니까? 하나님께서는 이스라엘 백성들에게 율법을 지켜 행할 것을 명령하셨습니다.

신명기 17:19, "평생에 자기 옆에 두고 읽어 그의 하나님 여호와 경외하기를 배우며 이 율법의 모든 말과 이 규례를 지켜 행할 것이라"

여호수아 22:5, "오직 여호와의 종 모세가 너희에게 명령한 명령과 율법을 반드시 행하여 너희의 하나님 여호와를 사랑하고 그의 모든 길로 행하며 그의 계명을 지켜 그에게 친근히 하고 너희의 마음을 다하며 성품을 다하여 그를 섬길지니라 하고"

하나님께서는 이스라엘 백성들이 율법을 지켜 행하면, 하나님께서 그들과 함께하셔서 무엇을 하든지, 어디로 가든지 형통할 것이라고 약속하셨습니다. 다시 말해서 율법은 "하나님께서 그들과 함께"하신다는 상징이었던 것입니다.

레위기 26:1-4, 9, "너희는 자기를 위하여 우상을 만들지 말지니 조각한 것이나 주상을 세우지 말며 너희 땅에 조각한 석상을 세우고 그에게 경배하지 말라 나는 너희의 하나님 여호와임이니라 2. 너희는 내 안식일을 지키며 내 성소를 경외하라 나는 여호와이니라 3. 너희가 내 규례와 계명을 준행하면 4. 내가 너희에게 철따라 비를 주리니 땅은 그 산물을 내고 밭의 나무는 열매를 맺으리라 9. 내가 너희를 돌보아 너희를 번성하게 하고 너희를 창대하게 할 것이며 내가 너희와 함께한 내 언약을 이행하리라"

하나님께서 "내가 너희와 함께하겠다, 내가 너에게 준 약속을 이행하겠다."라고 하셨는데, 이 말씀이 무슨 뜻입니까? '임마누엘의 하나님'이 되겠다는 것입니다. 어디서 많이 들어본 말이죠? 천사가 마리아를 찾아와서 그의 몸에서 '예수'가 나실 것을 알려 주면서, 그의 이름이 '임마누엘'이라고 하라고 가르쳐 주었습니다.

마태복음 1:23, "보라 처녀가 잉태하여 아들을 낳을 것이요 그의 이름은 임마누엘이라 하리라 하셨으니 이를 번역한즉 하나님이 우리와 함께 계시다 함이라"

'임마누엘', 이를 번역하면 "하나님이 우리와 함께 계시다"라는 뜻입니다. 예수 그리스도께서 인간의 몸을 입고 세상에 오시기 전까지, 하나님께서 메시아를 보내 주겠다고 약속으로 주셨던 것이 바로 '율법'입니다. 그러면 이 '율법'은 좋은 것입니까, 나쁜 것입니까? 당연히 좋은 것입니다. 그러면 이 '율법'은 지켜야 합니까, 안 지켜도 됩니까? 그런데 율법을 지켜야 한다고 하는 사람을 부정적 의미를 담은 '율법주의자'라고 하니 고민이 생깁니다.

이렇게 예를 들어서 생각해 보겠습니다. 자유 민주주의 사상과 그 법을 따라 사는 사람을 '자유 민주주의자'라고 합니다. 반대로 '공산주의 사상'과 그 법을 따라 사는 사람은 '공산주의자'라고 합니다. 그러면 '율법'의 가르침과 그 법을 따라 사는 사람은 뭐라고 불러야 할까요? '율법'은 하나님께서 우리와 함께하시기 위해서 주신 '구약의 복음'입니다. 세례 요한이 예수님께 제자들을 보내서 "하나님께서 보내신 메시아가 당신입니까, 아니면 우리가 다른 사람을 기다려야 합니까?" 물어봤습니다. 그때 예수님께서 제자들에게 이렇게 대답해 주셨습니다.

> 누가복음 7:22, "예수께서 대답하여 이르시되 너희가 가서 보고 들은 것을 요한에게 알리되 맹인이 보며 못 걷는 사람이 걸으며 나병환자가 깨끗함을 받으며 귀먹은 사람이 들으며 죽은 자가 살아나며 가난한 자에게 복음이 전파된다 하라"

여기 예수님께서 마지막에 '복음이 전파된다 하라' 이렇게 전하라고 했습니다. 복음이 뭘까요? 22절 뒤에 보면 이 말씀의 근거가 되는 성경 각주에, 구약 성경 이사야를 들고 있습니다.

> 이사야 29:18-19, "그 날에 못 듣는 사람이 책의 말을 들을 것이며 어둡고 캄캄한 데에서 맹인의 눈이 볼 것이며 19. 겸손한 자에게 여호와로 말미암아 기쁨이 더하겠고 사람 중 가난한 자가 이스라엘의 거룩하신 이로 말미암아 즐거워하리니"

성경에서 '율법'이 무엇이냐고 할 때, '모세와 선지자'라는 표현을 자주 사용합니다. 하나님께서 모세에게 주신 율법과 그 율법을 후대의 사람들에게 가르쳐 주고, 그 말씀대로 따를 것을 촉구했던 선지자들의 가르침을 모두 '율법'으로 본 것입니다.

예수님께서 당신의 정체성을 의심하면서 묻는 세례요한에게, 이사야 선지자의 예언을 근거로 설명하면서 자신의 메시아됨과 복음에 관해서 설명해 주셨습니다. 그러면 '율법'은 무엇입니까? 구약의 성도들에게 주신 '복음'입니다. 성경은 이에 대해서 '율법'은 장차 주어질 '복음'의 그림자라고 말합니다.

> 히브리서 10:1-3, "율법은 장차 올 좋은 일의 그림자일 뿐이요 참 형상이 아니므로 해마다 늘 드리는 같은 제사로는 나아오는 자들을 언제나 온전하게 할 수 없느니라 2. 그렇지 아니하면 섬기는 자들이 단번에 정결하게 되어 다시 죄를 깨닫는 일이 없으리니 어찌 제사 드리는 일을 그치지 아니하였으리요 3. 그러나 이 제사들에는 해마다 죄를 기억하게 하는 것이 있나니"

구약 이스라엘 백성은 죄를 지을 때마다 제물을 가지고 나와서 제사를 드렸습니다. 짐승의 제물로는 그들의 죄를 없애지 못했기 때문에, 한 번 제사를 드렸다고 해서 자기들이 정결하게 됐다고 여기지 않고, 해마다 똑같은 제사를 드렸습니다. 그 이유는 '율법'이 완전하지 못하여, 효력이 일회적이고 일시적이기 때문입니다.

> 히브리서 10:4, "이는 황소와 염소의 피가 능히 죄를 없이 하지 못함이라"

그래서 하나님께서는 인간이 드리는 이 불완전한 제물과 제사를 완전한 제사로 바꿔 주시기 위해서 당신의 아들 예수 그리스도를 세상에 보내신 것입니다.

> 히브리서 10:5-7, 10, "그러므로 주께서 세상에 임하실 때에 이르시되 하나님이 제사와 예물을 원하지 아니하시고 오직 나를 위하여 한 몸을 예비하셨도다 6. 번제와 속죄제는 기뻐하지 아니하시나니 7. 이에 내가 말하기를 하나님이여 보시옵소서 두루마리 책에 나를 가리켜 기록된 것과 같이 하나님의 뜻을 행하러 왔나이다 하셨느니라 10. 이 뜻을 따라 예수 그리스도의 몸을 단번에 드리심으로 말미암아 우리가 거룩함을 얻었노라"

보십시오. '구약의 복음'은 하나님께서 모세와 선지자들에게 주신 '율법'입니다. 하지만 '율법'은 하나님께서 장차 보내 주실 복음, 곧 '예수 그리스도'를 상징하는 그림자와 같은 것입니다. 그리고 하나님께서 작정하신 뜻과 방법을 따라 예수께서 세상에 오셨습니다.

> 마태복음 5:17-20, "내가 율법이나 선지자를 폐하러 온 줄로 생각하지 말라 폐하러 온 것이 아니요 완전하게 하려 함이라 18. 진실로 너희에게 이르노니 천지가 없어지기 전에는 율법의 일점 일획도 결코 없어지지 아니하고 다 이루리라 19. 그러므로 누구든지 이 계명 중의 지극히 작은 것 하나라도 버리고 또 그같이 사람을 가르치는 자는 천국에서 지극히 작다 일컬음을 받을 것이요 누구든지 이를 행하며 가르치는 자는 천국에서 크다 일컬음을 받으리라 20. 내가 너희에게 이르노니 너희 의가 바리새인과 서기관보다 낫지 않으면 결코 천국에 들어가지 못하리라"

구약의 율법은 예수 그리스도께서 세상에 오셨기 때문에 그 효력이 상실되어 폐기된 것이 아니라, 오히려 예수 그리스도로 인하여 완성된 것입니다. 그 예수님께서 공생애 첫 사역을 시작하시면서 가르쳐 주신 것이 무엇입니까? 누구든지 이 계명 중의 지극히 작은 것 하나라도 버리지 말고 가르쳐야 한다는 것과 그 율법을 지킴에 있어서 바리새인과 서기관보다 나아야 한다는 것입니다.

지금 말씀드리려는 것은 "우리가 율법을 지켜야만 구원받는다."라는 것이 아닙니다. 우리는 하나님의 크신 사랑과 주 예수 그리스도께서 십자가에서 흘리신 보혈의 희생을 믿음으로 구원을 받습니다. 이것은 전적인 은혜요, 선물입니다. 하지만 우리가 하나님께서 우리에게 주신 은혜를 믿어 구원의 선물을 받았다고 해서, 하나님께서 구약의 성도들에게 주신 율법을 버려도 되는 것은 아닙니다. 앞서 "율법은 장차 올 좋은 일의 그림자"(히 10:1)라고 했습니다. 왜 '그림자'라고 말씀했을까요? 어떤 사물이 분명한 실체인 것을 확인하는 방법이 '그림자'이기 때문입니다.

뜨거운 여름에 도로 위를 보면 공중에 마치 수증기가 올라오는 것처럼 아른거리기도 하고, 때로는 그 밑에 물웅덩이가 있는 것처럼(신기루) 보이기도 합니다. 그것을 '아지랑이'라고 말합니다. 그러면 그 '아지랑이'는 실체가 있는 것입니까? 어릴 때 무서워했던 '유령', '귀신'도 같은 것이지요. 실체가 없는 허깨비입니다. 왜 그렇습니까? 그런 것들에게는 '그림자'가 없기 때문입니다. 실체가 분명히 있는 것이라면, 빛이 비치는 반대편에 반드시 그림자가 생깁니다. 만약 그 길 위에 보이는 물웅덩이가 '아지랑이'가 아니라 실제로 있는 것이라면, 그 물웅덩이에는 반드시 주변 건물의 그림자나 물에 비친 사물이 보일 것입니다.

성경이 '율법'은 장차 올 '복음'의 그림자라고 말한 이유가 바로 이것입니다. 만약 '율법'이라는 그림자가 없다면, '복음'은 실체 없는 아지랑이가 되고 맙니다. 반대로 신약의 '복음'이 없다면, 그림자인 구약의 '율법'은 햇볕이 들지 않는, 처음부터 캄캄한 어둠이었던 음지에 불과할 것입니다. 그래서 구약의 '율법'과 신약의 '복음'은 서로 분리할 수 없는 하나의 실체입니다. 하나님께서 구약의 성도들에게 주셨던 율법을 대표하는 것이 '십계명'입니다. 그러면 신약의 성도들은 율법의 상징인 '십계명'을 지켜야 합니까, 지킬 필요가 없습니까? 당연히 신약의 성도들도 지켜야 합니다.

히브리서 말씀처럼, 구약의 제사가 사람의 죄를 완전히 씻을 수 없는 것을 예수 그리스도께서 오셔서 모든 죄를 씻으시고, 완전한 제사를 하나님께 드리셨습니다. 그래서 우리는 구약의 제사나 절기와 관련된 의식법은 지키지 않아도 됩니다. 또한, 구약의 성도들에게 주셨던 사회법이나 재판법도 지키지 않아도 됩니다. 하지만 당시 사람들이 지켰던 사회법이나 재판법은, 오늘날 국가마다 가진 헌법과 형법, 상법 등에 그 의미가 남아 있어서 우리가 국가의 법을 지키며 삽니다.

그런가 하면 오늘날 성도들도 반드시 지켜야 하는 율법의 한 부분이 있습니다. 바로 '십계명'으로 대표할 수 있는, "하나님을 사랑하고, 또 그와 같이 이웃을 내 몸과 같이 사랑하는" 관계에 관한 법과 도덕률에 관한 법입니다. 하나님께서 인간을 창조하시고, 그 인간이 죄를 범해 타락했을 때 자기 아들까지도 아끼지 않고 보내 주셔서 인간을 구원하신 이유가 바로 '관계' 때문입니다. 하나님께서는 당신의 것으로 삼은 자기 백성들을 '아들'이라고 부르시면서, 하나님과 우리가 '아버지와 아들'이라는 특별한 관계로 맺어졌음을 말씀하셨습니다. 저의 자녀들이 제가 아닌 다른 아저씨한테 가서 '아빠'라고 부르면서, 그 아저씨를 '아빠'로 모시려고 한다면 그게 제정신이겠습니까?

하나님께서 십계명 제1, 제2 계명에서 '다른 신을 섬기거나 만들지 말라'라고 말씀하신 이유가 바로 그런 것입니다. 아들이 아버지의 이름을 귀히 여기고, 아버지와 만나기로 약속한 시각을 기억하고 늦지 않게 그 장소에 나오는 것은 너무나 당연한 일 아니겠습니까? 우리가 하나님의 이름을 높이고 주일에 모여서 예배하는 것이 그런 이유입니다. 같은 맥락에서 부모를 공경하고 이웃을 해치는 악한 행위를 하지 않는 것입니다. 이렇게 율법에 대해서 길게 설명한 이유는, 바로 지금부터 드릴 말씀의 이해를 돕기 위해서입니다.

지난 3주에 걸쳐서 오늘날 교회를 공격하는 마귀의 계략에 대해 말씀드렸습니다. 마귀는 우리가 가진 진리가 너무나 분명한 것이기 때문에, 진리 자체가 아닌 그 진리를 전하는 메신저, 곧 교회와 성도들을 공격한다고 말씀드렸습니다. 그래서 초점을 흐리고, 목표와 방향을 흩어 버려서 교회와 성도들이 '마땅히 추구하고 따라야 할 진리'가 아닌, 교회나 성도 자신을 좋게 보이도록 만들었습니다. 그것과 같은 맥락에서 마귀는, 우리가 마땅히 지키며 살아야 할 하나님의 말씀, 성경의 표현으로는 '율법'이라는 단어에 부정적인 이미지를 덧씌웠습니다. 그래서 '율법'이나 '율법주의' 이런 말을 들으면, 고리타분한 느낌이 들도록 만들고, '율법'을 지켜야 한다고 말하는 교회는 이상한 교회처럼 여기게 했습니다.

지금까지 우리는 '율법주의'라는 말을 들을 때, 부정적인 의미로 생각했습니다. 그와 더불어서 '율법'이라는 말도 상당히 거북스러운 느낌으로 받아들여집니다. 왜 이런 현상이 생겼을까요? 그것은 누군가가 하나님께서 우리를 위해서 주신 '율법'에 부정적인 의미를 덧씌웠기 때문입니다. 그게 누굴까요? 어떤 면에서 오늘 본문은 '율법주의'라는 말이 만들어진 근거로 보이기도 합니다.

> 1, "어떤 사람들이 유대로부터 내려와서 형제들을 가르치되 너희가 모세의 법대로 할례를 받지 아니하면 능히 구원을 받지 못하리라 하니"

그러면 과연 이 말이 '율법주의자'를 의미하는 것일까요? 인터넷 구글에 '율법주의'를 검색하면, "기독교 신학에서 사용되는 용어로 복음보다 율법(십계명)을 더 중시하는 태도나 전통을 의미한다."라고 나옵니다. '율법주의'는 "복음보다 율법을 더 중시하는 태도나 전통"을 뜻하는 말입니다. 그런데 '유대주의자'라는 말을 검색하면, "유대주의자란, 모세의 율법과 같은 유대주의 관습과 의식들을 받아들인 기독교인들에 대한 용어이다."라고 나옵니다. '유대주의'는 모세의 율법과 같은 관습과 의식을 받아들인 기독교인을 뜻합니다. "모세의 법대로 할례를 받지 않으면, 율법을 지키지 않으면 구원을 받지 못한다." 이 말은 '율법주의자'가 아니라 '유대주의자'를 가리켜 설명하는 말입니다. 그런데 많은 교회가 '율법주의'와 '유대주의'를 구분하지 못하고 사용하고 있습니다. 이상합니다. 인터넷 검색만 해도 나오는 말인데, 신학을 전공하고 연구하는 그 많은 신학자와 목회자들이 이것을 몰라서 구분하지 못하고 사용하는 것일까요? 그건 아닌 것 같습니다. 이것은 의도와 목적을 갖고 일부러 바꿔 사용한 것입니다.

'율법'은 하나님께서 우리에게 은혜로 주신 것인데, 이 율법에 부정적인 이미지를 덧씌우기 위해 '유대주의자'를 뜻하는 말을 '율법주의자'로 바꾼 것입니다. 그 결과 "하나님의 계명을 지켜야 한다, 성경 말씀대로 순종하며 살아야 한다."라고 가르치는 교회를 향하여 '율법주의자'라고 공격하는 현상이 벌어진 것입니다. 누가 이런 공격을 할까요? 성경을 전혀 모르는 세상 사람이 아니라, 성경을 왜곡하고 자기 입맛대로 해석하는 자유주의 목회자와 신학자들이 그렇게 말합니다. 우리가 사도행전 말씀을 살펴보고 있지만, 바울과 바나바가 복음을 전할 때 이방인들이 처음부터 바울과 바나바에게 적대심을 보이고 핍박한 것이 아닙니다. 바울과 바나바가 복음을 전할 때 유대와 헬라의 허다한 무리가 믿었습니다. 하지만 순종하지 않는 유대인들이 와서 이방인들의 마음을 선동하니, 그들의 말을 들은 사람들이 바울과 바나바에게 악한 감정을 품게 되었습니다.

> 사도행전 14:1-2, "이에 이고니온에서 두 사도가 함께 유대인의 회당에 들어가 말하니 유대와 헬라의 허다한 무리가 믿더라 2. 그러나 순종하지 아니하는 유대인들이 이방인들의 마음을 선동하여 형제들에게 악감을 품게 하거늘"

'이이제이'(以夷制夷)라는 말이 있습니다. 오랑캐로 오랑캐를 물리친다는 뜻으로, 한 세력을 이용하여 다른 세력을 제어한다는 말입니다.

계속해서 우리가 살펴보겠지만, 복음을 전하는 사도들을 핍박하는 사람들은 이방 사람들이 아니었습니다. 오히려 그들은 복음을 들을 때 호의적이었습니다. 하지만 순종하지 않는 유대인들이 바울이 가는 곳마다 따라다니면서 복음 전하는 것을 방해하고, 사람들을 선동해서 감옥에 가두거나 매를 맞게 했습니다.

오늘날 자유주의 신학자와 목회자들의 형태가 그런 선동꾼들과 닮았습니다. 율법과 복음의 상관관계를 정확하게 설명해 줄 생각은 하지 않고, '율법'은 "사람을 정죄하고 심판하는 나쁜 것"이라는 이미지를 심어준 것입니다. 그래서 성경의 가르침을 따라 살아야 한다고 하는 사람들을 '율법주의자'라고 몰아붙이면서, 하나님께서 은혜로 주신 '율법'을 나쁜 것으로 만든 것입니다. 그렇게 해서 그들이 얻는 유익이 무엇일까요? 그들의 행위를 누가 좋아하고 기뻐할까요? 그분이 하나님일까요, 마귀일까요. 그런데 '율법'에 대한 이런 왜곡과 오해가 이미 오늘날 교회에 만연해 있습니다. 그리고 그렇게 잘못 알고 있는 사람들에게 '율법과 복음'에 대한 정확한 개념을 설명해 주는 일은 쉽지 않은 일입니다.

그렇다면 우리에게 '율법주의자'라고 비난하는 사람들에게 어떻게 해야 할까요? 비난과 반대와 핍박을 받으면서도 복음을 전했던 사도들처럼 하면 됩니다.

> 마태복음 5:11-12, "나로 말미암아 너희를 욕하고 박해하고 거짓으로 너희를 거슬러 모든 악한 말을 할 때에는 너희에게 복이 있나니 12. 기뻐하고 즐거워하라 하늘에서 너희의 상이 큼이라 너희 전에 있던 선지자들도 이같이 박해하였느니라"

오늘날 바른 진리의 교훈을 따라 사는 성도들이 가진 연약함이 있다면, "우리를 거슬러 모든 악한 말을 하는 사람들"을 두려워하는 것입니다. 그래서 그런 사람들에게 비난 듣고, 욕 얻어먹는 것을 피하려는 것입니다. 그런데 예수님께서는 너희가 그런 말을 들을 때 기뻐하고 즐거워하라고 했습니다. 왜요? "하늘에서 너희의 상이 큼이라" 무슨 뜻입니까? "너희는 내 편이다"입니다. 어렸을 때 교회에 축구를 정말 잘하는 형이 있었습니다. 축구가 11명이 하는 단체 경기임에도 불구하고, 그 형이 속한 팀과 그렇지 않은 팀은 언제나 결과가 달랐습니다. 10명의 팀원이 누구였더라도 그 형만 있으면 항상 이겼습니다.

우리가 가야 할 신앙의 방향과 목적지를 흐트러뜨리고, 그래서 엉뚱한 곳에서 헤매게 만드는 악한 자들을 조심해야 합니다. 우리가 성경을 읽으면서 확인하는 것처럼, 사도들이 박해를 받고 조롱당하며 순교를 당한 것은, 그분들이 뭘 잘못해서 그렇게 된 것이 아닙니다. 사도들이 바른 복음을 전하고, 초대 교회 성도들이 진리의 말씀에 순종하며 살았어도 그분들은 세상에서 미움의 표적이 되었고, 핍박을 피하지 못했습니다. 계속 반복해서 말씀드리지만, 악한 마귀는 "주 너의 하나님께 경배하고 다만 그를 섬기라"(마 4:10)라고 하는 복음을 가장 싫어합니다. 그래서 초대 교회 때부터 지금까지 하나님의 말씀에 순종하고, 하나님만 예배하며, 그분만 섬기려는 사람이 있다면 모든 화력을 총동원하여 공격합니다.

예수님께서는 그와 같은 일이 우리에게 있을 것이라고 이미 가르쳐 주셨습니다. 그리고 우리 앞에 수많은 믿음의 사람들도 그런 공격을 받았다고 했습니다. 너무 무섭지요, 두렵고 떨립니다. 그런데 예수님께서 이렇게 말씀하셨습니다.

> 마태복음 10:28, "몸은 죽여도 영혼은 능히 죽이지 못하는 자들을 두려워하지 말고 오직 몸과 영혼을 능히 지옥에 멸하실 수 있는 이를 두려워하라"

세상이 우리에게 그 어떤 비난과 공격을 해도, 우리가 천지를 지으신 하나님과 우리를 위해 자기 목숨을 버리신 그리스도와 한편이라면 걱정할 것이 없습니다. 여러분이 배운 복음의 진리에 확신과 믿음을 갖고, 더욱 당당해지시기 바랍니다.

사도행전 15장을 성경의 가르침을 따라 살펴보기 위해서 마치 서론처럼 '율법'과 '복음'에 관해서 설명해 드렸습니다. 사도행전 15장은 우리가 받은 '구원의 도리'에 관해서 설명한 것입니다. 그에 관한 내용은 다음 주에 설명하도록 하겠습니다. 하지만 우리가 별로 신경을 쓰지 않고 있던 사이에 기독교 진리의 좋은 가치를 담은 용어들을 악한 자들이 와서 다른 의미로 바꿔 버린 것이 많습니다. 그 대표적인 것 중의 하나가 바로 '율법'의 의미를 변질시킨 것입니다.

우리가 바르게 알아야 바르게 믿습니다. 바르게 믿어야 우리가 믿는 구원의 도리가 '정도正道'를 벗어나지 않습니다. 오늘은 한 가지만 분명히 기억하십시오. '율법'과 '복음'은 하나입니다. '율법'은 '복음'의 그림자이며, '복음'은 '율법'의 실체와 완성으로 주어진 것입니다. 그래서

"지금은 '복음'의 시대이니 구약의 '율법'은 지키지 않아도 된다, 지금도 '율법'을 지켜야 한다고 주장하는 '율법주의자'는 복음을 거부하는 것이다." 이렇게 잘못된 주장을 하는 사람들의 가르침에 여러분의 신앙이 흔들리면 안 됩니다. 바른 신앙의 지식 안에서 바른 신앙의 길을 걷는 저와 여러분이 되길 기원합니다.

모세의 법대로 2

"어떤 사람들이 유대로부터 내려와서 형제들을 가르치되 너희가 모세의 법대로 할례를 받지 아니하면 능히 구원을 받지 못하리라 하니 2. 바울 및 바나바와 그들 사이에 적지 아니한 다툼과 변론이 일어난지라 형제들이 이 문제에 대하여 바울과 바나바와 및 그 중의 몇 사람을 예루살렘에 있는 사도와 장로들에게 보내기로 작정하니라 3. 그들이 교회의 전송을 받고 베니게와 사마리아로 다니며 이방인들이 주께 돌아온 일을 말하여 형제들을 다 크게 기쁘게 하더라 4. 예루살렘에 이르러 교회와 사도와 장로들에게 영접을 받고 하나님이 자기들과 함께 계셔 행하신 모든 일을 말하매 5. 바리새파 중에 어떤 믿는 사람들이 일어나 말하되 이방인에게 할례를 행하고 모세의 율법을 지키라 명하는 것이 마땅하다 하니라"

오늘날 기독교회 안에 들어와 있는 '율법'에 관한 잘못된 이해로 인해 하나님께서 은혜로 주신 '율법'(성경)이 오히려 비난의 대상이 되었다고 말씀드렸습니다. 하나님을 믿는 우리가 하나님께서 우리에게 은혜로 주신 '성경'(율법)을 따라 사는 것이 마땅한 일임에도 불구하고, 이것을 비틀고 왜곡하는 사람들이 있습니다. 그들은 '성경(율법)'의 가르침을 따라서 살아야 한다고 믿는 사람들을 가리켜서 '율법주의자'라고 비난하고 정죄합니다.

하지만 성경에서 살펴본 것처럼, "율법은 장차 올 좋은 일의 그림자"(히 10:1)입니다. 따라서 구약의 '율법'과 신약의 '복음'은 한 몸과 같습니다. '장차 올 좋은 일'은 예수 그리스도의 십자가 죽음과 부활을 가리킵니다. 하나님의 아들이신 예수께서 세상에 오셔서 천국 복음을 가르쳐 주시고, 하나님의 방법과 뜻을 따라서 우리의 죄를 대신 감당하시고 십자가에서 죽으신 것입니다. 그래서 누구든지 예수를 믿으면 구원을 받게 되고, 이것을 '복음'이라고 합니다.

그런데 복음과 율법이 '실체와 그림자'처럼 한 몸인 것을 부정하는 사람들은, 예수님을 믿어 구원받았으니 죄를 심판하는 구약의 율법은 끝났다고 합니다. 그러면서 신약의 성도들은 이웃을 사랑하고, 낮은 곳에서 겸손히 사람들을 섬기신 '예수의 정신'을 따라서 살아야 한다고 주장합니다. 오늘날 '섬김, 희생, 사랑, 겸손, 낮아짐'과 같은 '예수의 정신'이 바로 우리 기독교회가 세상을 향해 나가야 할 바른 신앙의 자세라고 말하는 사람들이 많습니다. 말이야 참 좋습니다. 그리고 이런 말은 예수 믿는 사람뿐만 아니라 예수를 알지 못하는 사람들, 하나님을 안 믿는 사람들도 너무나 좋아할 말입니다.

'섬김, 희생, 사랑, 겸손, 낮아짐'과 같은 것이 '예수의 정신'이라고 하면서 '정신 무장'까지 하고 자기들을 섬겨 주겠다는데 그걸 싫어할 사람이 누가 있겠습니까? 그런데 그렇게 말해 놓고 실제로 그렇게 살지 못하면, "너희는 신앙의 자세가 왜 그 모양이냐?"라면서 한 번도 남을 위해 그렇게 살아 보지 않은 사람이 욕을 합니다. 그런데 성경에 '예수의 정신'이라는 말이 있습니까? 성경에 그런 말은 없습니다.

'정신[精神]'이라는 말에는 '마음이나 영혼', '마음의 자세나 태도', '생각하고 판단하는 능력이나 작용'과 함께 '근본이 되는 이념이나 사상'이라는 뜻이 있습니다. 앞의 세 가지 뜻이 개인적인 영역이라면, 마지막 네 번째의 뜻은 그것을 따르는 공동체가 추구하는 정체성이나 그들이 지향하는 가치와 목표를 뜻하는 것입니다. 그래서 '정신[精神]'을 네 번째 의미의 '이념이나 사상'이라고 했을 때, 철학이나 종교, 국가를 형성하는 정치 이념(사상)과 같은 것들이 그에 해당합니다. 그런데 '정신'이 '가치와 근본을 이루는 공동체의 이념이나 사상'으로 구체화되려면, 그 '정신'이 정확하게 무엇을 뜻하는지 설명한 책이나 규범이 있어야 합니다.

동양 철학의 근간으로 삼는 공자, 맹자, 순자 등도 그들이 추구하는 철학적 가치가 무엇인지 논어, 맹자, 주역, 사서삼경 등과 같은 책으로 구체화했습니다. 서양 철학도 그리스 시대의 플라톤, 아리스토텔레스, 중세의 데카르트, 그리고 서양 철학을 집대성한 임마누엘 칸트 등도 그들의 주장을 담은 책이 있습니다. 불교나 이슬람 등 다른 종교들 역시 그들이 가진 '경전'을 기반으로 해서 종교적 가치와 신앙을 실천하지 '부처의 정신', '마호메트의 정신'이라고 하지 않습니다. 국가를 형성하는 정치 이념(사상)도 마찬가지입니다. '자유 민주주의'가 됐든 '공산주의로 불리는 인민 민주주의'가 됐든, 그들의 정치 이념이나 사상을 구체화한 헌법이 있고, 그 법을 토대로 국민을 통치합니다. 이처럼 세상의 종교나 철학, 학문, 정치적 이념이나 사상과 같은 것들이, 모두 그들의 주장이나 가치를 담은 책이나 논문, 성문법을 근거로 하고 있습니다.

흔히 '민간요법'이라고 불리는 여러 가지 치료법들이 있습니다.

중병이나 만성 질환에 걸린 사람이 의학적 치료 방법이 아니라, 식이요법이나 특별한 음식을 먹은 뒤에 몸이 건강하게 회복됐다고 하는 비의학적 방법이지요. 그런데 '민간요법'은, 그 방법을 사용해서 병을 고쳤다고 하는 사람이 실제로 있다고 할지라도, 그것을 똑같이 따라 했을 때 모두가 같은 결과를 얻지 못합니다. 그 방법이 맞는 사람도 있고, 안 맞는 사람도 있고, 더 심해지는 사람도 있습니다.

최근에 폐암 말기의 어떤 개그맨이 개가 먹는 구충제를 먹으면 고칠 수 있다는 말을 듣고 8개월 동안 그것을 구해 먹었지만, 상태가 더 악화했다고 합니다. 처음에는 효과가 있는 것 같았는데, 폐뿐만 아니라 간 수치도 높아지고 다른 장기로까지 암이 전이되어 상태가 예전보다 더 나빠졌다는 것입니다. 얼마 전 그분이 인터뷰한 것을 보니, 만약 폐암에 걸린 누군가 자기에게 와서 '개 구충제'를 먹는 것에 관해서 묻는다면 절대 먹지 말라고 하겠다고 했습니다. 그러면 의사의 처방과 민간요법의 차이는 무엇일까요? 그 병에 관한 과학적 연구와 임상 시험을 통한 결과가 논문이나 책으로 증명됐는지 아닌지의 차이입니다. 질병에 관한 치료를 증명하는 연구와 시험 결과를 논문과 책으로 가지고 말하는 사람은 의사이고, 의사는 자기가 진료하고 치료한 결과에 대한 책임을 집니다. 하지만 자기 경험으로 '민간요법'을 말하는 사람은 '믿거나 말거나'이고, 그 방법을 따른 사람이 상태가 더 나빠지든지 후유증을 앓든지 책임을 지지 않습니다.

지금 말씀드리려는 것은, '정신'에 속한 영역이든 과학과 실생활에 속한 영역이든, 공적 영역에서 그것들이 추구하는 가치와 결과는 공적인 문서로 증명돼야 합니다. 그런데 듣기 좋은 말로 사람을 즐겁게 하고 설득하면서 행동을 요구하고 투자를 요구하는데, 정작 공적인 문서는 하나도 남기지 않는다면 그는 누구일까요? 실력 좋은 사기꾼은 틀린 말을 하지 않습니다. 사실과 가까운 말을 하지요. 그러면 그 사람이 하는 말이 진실인지 거짓인지는 어떻게 알 수 있습니까? 그 사람의 신분을 증명할 증서와 함께 그 사람의 서명이나 인감이 날인된 계약서나 공적인 문서를 만들어 주는지 아닌지를 보면 알 수 있습니다.

> 출애굽기 18:31, "여호와께서 시내 산 위에서 모세에게 이르시기를 마치신 때에 증거판 둘을 모세에게 주시니 이는 돌판이요 하나님이 친히 쓰신 것이더라"

하나님께서 시내 산 위에서 모세에게 직접 쓰신 두 돌판 십계명을 주셨습니다. 하나님은 전능하고 유일하신 신이신데, 그분이 사람에게 공적인 문서를 만들어 줄 이유가 있습니까? 신이 가진 권위로 그냥 말만 해도 충분하지 않았을까요? 그런데 하나님은 단지 말씀으로만 약속을 주신 것이 아니라, 당신의 손으로 직접 문서를 만들어 주셨는데, 심지어 돌에 새겨서 주셨습니다. 놀랍지 않습니까? 하지만 사람들은 이것이 우리에게 얼마나 큰 은혜요 선물인지 잘 모릅니다.

시편 기자는 여호와 하나님께서 우리의 모든 것을 다 알고 계신다고 고백했습니다.

> 시편 139:1-4, 7-10, "여호와여 주께서 나를 살펴 보셨으므로 나를 아시나이다 2. 주께서 내가 앉고 일어섬을 아시고 멀리서도 나의 생각을

밝히 아시오며 3. 나의 모든 길과 내가 눕는 것을 살펴 보셨으므로 나의 모든 행위를 익히 아시오니 4. 여호와여 내 혀의 말을 알지 못하시는 것이 하나도 없으시니이다 7. 내가 주의 영을 떠나 어디로 가며 주의 앞에서 어디로 피하리이까 8. 내가 하늘에 올라갈지라도 거기 계시며 스올에 내 자리를 펼지라도 거기 계시니이다 9. 내가 새벽 날개를 치며 바다 끝에 가서 거주할지라도 10. 거기서도 주의 손이 나를 인도하시며 주의 오른손이 나를 붙드시리이다"

그뿐만 아니라 하나님께서는 우리의 머리털까지도 다 세셨다고도 말씀했습니다.

누가복음 12:7, "너희에게는 심지어 머리털까지도 다 세신 바 되었나니 두려워하지 말라 너희는 많은 참새보다 더 귀하니라"

이렇게 하나님은 우리가 앉고 서는 것이며, 마음과 생각과 머리털까지 세신 분이신데, 하나님께서 뭐하러 친히 돌판에 십계명을 새겨서 우리에게 주셨을까요? 우리의 행동뿐만 아니라 마음과 생각까지 아시는 분이시니, 우리가 무엇을 하든지 하나님의 손바닥 안에서 다 지켜보시고 통제하실 수 있었을 것입니다. 하지만 하나님께서는 친히 자기 손으로 계명을 써서 모세에게 주셨습니다. 그러면 그 '십계명(율법, 성경)'은 하나님 자신을 위해서 만들어 주신 것일까요? 아니요, '십계명(율법, 성경)'은 철저히 사람을 위해서 만들어 주신 것입니다. 만약 하나님께서 글로 써서 만들어 주지 않고 단지 개념(정신)으로만 가르쳐 주셨다면 인간이 뭘 해야 하는지, 뭘 하면 안 되는지 잘 모르기 때문입니다.

남자들이 군대에 가면 아침에는 기상 점호를 하고, 밤에는 취침 점호를 합니다. 취침 점호 때는 내무반이나 생활 공간이 청소가 잘 됐는지, 개인의 위생 상태와 사물함에 빨지 않은 옷이나 음식물을 숨겨 놓지는 않았는지를 주로 점검합니다. 그런데 취침 점호는 인솔하는 당직 사관에 따라서 쉽게 넘어갈 때도 있지만, 어떤 당직 사관은 잠을 재우지 않고 완전 군장을 시켜서 운동장을 돌게도 만듭니다. 당직 사관 중에는 자기가 어느 부분을 중점적으로 살펴볼지 미리 알려 주는 사람이 있고, 어떤 사람은 알아서 잘 준비하라면서 편하게 말하는 사람도 있습니다. 그 두 사람 중에서 점호받기에 누가 더 편할까요? 미리 알려 주는 사람입니다. 자기가 중점적으로 보겠다고 알려 준 그 부분만 잘 준비하면 되기 때문입니다. 그런데 알아서 하라고 하는 사람은, 그 사람의 그날 기분에 따라서 평소에 신경도 쓰지 않던 부분을 꼬투리 삼아서 잠도 안 재우고 벌을 주기도 합니다.

하나님께서 우리에게 너희들이 알아서 잘 섬기라고 말씀하셨다면, 아마 우리는 너무나 힘든 신앙생활을 해야 했을 것입니다. '알아서 섬기는 기준'은 어디서부터 어디까지일까요? 어떻게 해야 하는 걸까요? 그런데 하나님께서는 너무나 분명하고 확실하게, 해야 할 것과 하지 말아야 할 것을 자신의 손으로, 그것도 돌판 위에 직접 새겨서 주셨습니다. 하나님께서는 모세에게 직접 써 주신 십계명을 기초로 해서 각종 제사법, 정결법, 제사장과 왕들을 세우는 법, 그들이 해야 할 일 등을 명시한 의식법을 가르쳐 주셨습니다. 사람과 사람 사이에서 신체적으로나 재산상에 문제가 생겼을 때 해결하는 법을 가르쳐 주셨고, 경작하는 땅도 7년째 되는 해에는 쉬도록 하는 법도 주셨습니다. 그 외에도 가난한 사람, 고아나 과부, 나그네 등을 돌보도록 하는 법도 주셨습니다.

이렇게 하나님께서 모세에게 주신 모든 법을 다 합쳐서 '율법'이라고 부릅니다. '율법'은 무엇입니까? 사람이 하나님을 사랑하는 법과, 하나님을 사랑하는 것처럼 이웃을 사랑하는 일을 어떻게 해야 하는지를 글로 써서 가르쳐 준 것입니다. 그래서 구약 성경은, 이스라엘 백성들이 하나님께서 주신 율법을 어떻게 지키면서 살았는지, 선지자를 보내서 그들에게 주신 법을 지키도록 촉구했던 내용입니다.

> 누가복음 10:25-27, "어떤 율법교사가 일어나 예수를 시험하여 이르되 선생님 내가 무엇을 하여야 영생을 얻으리이까 26. 예수께서 이르시되 율법에 무엇이라 기록되었으며 네가 어떻게 읽느냐 27. 대답하여 이르되 네 마음을 다하며 목숨을 다하며 힘을 다하며 뜻을 다하여 주 너의 하나님을 사랑하고 또한 네 이웃을 네 자신 같이 사랑하라 하였나이다"

어떤 율법 교사가 예수님께 "무엇을 하면 영생을 얻을 수 있는지" 물었습니다. 그때 예수님께서 "율법에 무엇이라 기록되었으며 어떻게 읽는지" 물으셨습니다. 이 말은 어떻게 알고 있으며, 어떻게 실천하며 살고 있는지 물은 것입니다. 구약 이스라엘 백성들은 하나님께서 주신 율법을 배우고, 그 율법에 순종하며 사는 것으로 영생을 얻을 수 있었습니다. 그래서 예수님께서 하신 대답이 무엇이었습니까?

> 누가복음 10:28, "예수께서 이르시되 네 대답이 옳도다 이를 행하라 그러면 살리라 하시니"

지난주에도 말씀드린 것처럼, 하나님께서는 구약 이스라엘 백성들이 '율법'을 잘 지키면서 살 때 그들과 함께하시면서 그들을 지켜 보호하시고 복을 주셨습니다. 그들에게 '임마누엘'의 하나님이 돼 주셨던 것이며, 또한 '임마누엘'의 하나님이 친히 사람의 몸을 입고 세상에 오신 분이 바로 예수 그리스도이십니다. 구약의 '임마누엘' 하나님께서는 이스라엘 백성들이 다른 신을 섬기지 않고, 하나님의 명령을 잘 지켜 순종할 때 그들과 함께하시면서 그들을 지켜 주셨습니다.

그 하나님께서 당신의 아들을 '임마누엘'로 세상에 보내 주셔서, 이제는 누구든지 예수 그리스도를 믿는 자는 하나님이 계신 곳으로 올 수 있게 해 주셨습니다. 그것이 바로 우리가 받은 구원입니다. 그런데 사람들이 착각하는 것이, 우리가 예수를 믿어 구원받은 것이지 율법을 지켜서 구원받은 것이 아니지 않냐, 그런데 왜 율법을 지키라고 하느냐고 합니다. 이것은 구원이 무엇인지, 구원받은 사람은 어떻게 살아야 하는지 몰라서 하는 말입니다. 정확하게 말씀드리면 그런 것을 배운 적이 없어서 모르는 것입니다.

> 요한복음 3:4-8, "니고데모가 이르되 사람이 늙으면 어떻게 날 수 있사옵나이까 두 번째 모태에 들어갔다가 날 수 있사옵나이까 5. 예수께서 대답하시되 진실로 진실로 네게 이르노니 사람이 물과 성령으로 나지 아니하면 하나님의 나라에 들어갈 수 없느니라 6. 육으로 난 것은 육이요 영으로 난 것은 영이니 7. 내가 네게 거듭나야 하겠다 하는 말을 놀랍게 여기지 말라 8. 바람이 임의로 불매 네가 그 소리는 들어도 어디서 와서 어디로 가는지 알지 못하나니 성령으로 난 사람도 다 그러하니라"

구원을 가리켜서 '중생'이라고도 말하고 '거듭남'이라고도 합니다. 다시 말씀드려서 '성령으로 말미암아 새롭게 태어났다'는 말입니다. 우리가 구원받는 것, 거듭나게 되는 것은, 인간의 생물학적인 출생을 말하는 것이 아니라, 성령으로 말미암아 새롭게 태어나는 것입니다. 그런데 예수님께서 이 구원을 사람이 태어나는 '출생'을 비유로 설명하셨습니다. 이것은 구원을 '출생'이라는 방법으로 설명하는 것이 가장 적합했다는 뜻입니다. '출생'은 신비의 영역이고, 무한한 기쁨의 순간입니다. 하지만 사람은 '출생'했다고 해서 완성된 인격체가 만들어지는 것은 아닙니다. 오히려 '출생'은 인생의 시작이고, 그 뒤로는 태어난 사람과 부모 사이에 무수히 많은 사건과 이야깃거리들이 기다리고 있습니다.

그러면 이제 막 걸음마를 시작한 아기에게 엄마가 제일 많이 하는 말은 뭘까요? 해도 되는 것과 해서는 안 되는 것을 가르쳐 주는 것입니다. 그래서 그 시기에 엄마가 아기에게 제일 많이 하는 말은 '안 돼.'입니다. 아기들은 그게 무엇이든지 손에 붙잡으면 일단 먹습니다. 그렇지 않습니까? 우리 집도 주영이가 기고 걷기 시작했을 때, 집사람이 마치 청소에 한 맺힌 사람처럼, 아이 손이 닿을 만한 곳에 있는 거의 모든 것을 치웠던 것 같습니다. 그런데 그렇게 치워도 돌아서서 보면 아기가 뭔가를 입에 집어넣고 있습니다. 그러면 엄마가 말하죠. '안 돼.' 말로만 안 된다고 하는 것이 아니라 뺏습니다. 아이가 자기 손에 있는 것을 뺏긴 뒤에 가만히 있나요? 큰 소리로 울겠죠. 하지만 아무리 아기가 울어도 엄마는 아이가 만져서는 안 되는 것, 먹어서는 안 되는 것을 허용하지 않습니다. 오히려 더 단호하게 안 되는 이유를 말해 주죠.

'거듭남'이 무엇인지 설명하기 위해서 이런 말씀을 드립니다. 우리가 '구원받았다, 거듭났다'라고 하는 것은 이제 막 생명이 태어난 것입니다. 구원받기 전까지 자기를 위해서 살고, 죄 가운데서 살다가, 이제 하나님의 은혜로 거듭나서 새로운 존재가 되었습니다. 그런데 영적으로는 거듭났고, 새로운 존재가 되었지만, 사실 육체적으로는 우리가 변한 것은 하나도 없습니다. 예전의 습관과 삶의 형태를 그대로 갖고 있지요. 그렇다 보니 거듭난 사람이 무엇을 해야 하는지, 무엇을 하면 안 되는지 자기 혼자서는 알 방법이 없습니다. 해야 할 것은 무엇이겠습니까? 하나님의 말씀을 듣고, 믿고, 순종하는 것입니다. 하지 말아야 할 것은 무엇입니까? 죄를 범하지 않는 것입니다. 그래서 그런 것을 가르쳐 주라고 교회가 있는 것입니다. 마치 아기를 키우는 엄마처럼 거듭난 사람이 해야 할 것과 하지 말아야 할 것을 가르쳐 주는 것입니다.

하나님은 인간이 '신을 잘 섬기겠다는' 이유로, 어떤 의미나 상징을 담아서 하늘과 땅과 바다에 있는 어떤 형상이든지 만드는 것을 철저하게 금하셨습니다. 우상을 만드는 것은 너를 위한 것이지 하나님을 위한 것이 아니라고 했습니다. 대신 하나님은 신명기 말씀처럼 율법의 말씀을 책에 다 기록해서, 하나님의 언약궤 곁에 두고 증거로 삼을 뿐만 아니라 그것을 가르쳐 지키게 하셨습니다.

> 신명기 31:24-26, "모세가 이 율법의 말씀을 다 책에 써서 마친 후에 25. 모세가 여호와의 언약궤를 메는 레위 사람에게 명령하여 이르되 26. 이 율법책을 가져다가 너희 하나님 여호와의 언약궤 곁에 두어 너희에게 증거가 되게 하라"

하나님께서 이스라엘 백성들에게 율법을 지키라고 명령하신 것은, 그들에게 일방적인 복종을 강요한 것이 아닙니다. 오히려 그들이 하나님의 법에 순종했을 때, 하나님께서 그들에게 주시겠다고 약속하신 축복이 너무나 컸습니다. 마치 그것은 처음부터 복을 주시려고 작정하고 만든 구실과 같은 것이었습니다. 성경을 잘 보시면, 하나님께서 아브라함을 택하시고 모세를 불러서 이스라엘 백성들을 애굽 땅에서 구원하신 것은 전적인 하나님의 뜻이었고 은혜였습니다. 그 말은, 이스라엘 백성들이 애굽에서 구원받기 위해서 제사가 됐든, 정성이 됐든, 돈이 됐든, 그들 자신에게는 구원받을 만한 근거가 전혀 없었다는 것입니다.

> 신명기 7:7-8, "여호와께서 너희를 기뻐하시고 너희를 택하심은 너희가 다른 민족보다 수효가 많기 때문이 아니니라 너희는 오히려 모든 민족 중에 가장 적으니라 8. 여호와께서 다만 너희를 사랑하심으로 말미암아, 또는 너희의 조상들에게 하신 맹세를 지키려 하심으로 말미암아 자기의 권능의 손으로 너희를 인도하여 내시되 너희를 그 종 되었던 집에서 애굽 왕 바로의 손에서 속량하셨나니"

여호와 하나님께서 그들을 사랑하심으로 말미암아, 그리고 그들의 조상들인 아브라함과 이삭과 야곱에게 약속하신 것을 지키시기 위해 구원하신 것입니다. 이처럼 하나님께서 오직 당신의 사랑으로 이스라엘 백성들을 먼저 구원하셨습니다. 그러면 하나님께서 이스라엘을 구원하여 애굽의 종으로 살던 그들에게 자유의 신분을 주셨으니 이제부터는 너희 마음대로 살라고 하셨을까요? 아닙니다.

> 신명기 7:9-12, "그런즉 너는 알라 오직 네 하나님 여호와는 하나님이

시요 신실하신 하나님이시라 그를 사랑하고 그의 계명을 지키는 자에게는 천 대까지 그의 언약을 이행하시며 인애를 베푸시되 10. 그를 미워하는 자에게는 당장에 보응하여 멸하시나니 여호와는 자기를 미워하는 자에게 지체하지 아니하시고 당장에 그에게 보응하시느니라 11. 그런즉 너는 오늘 내가 네게 명하는 명령과 규례와 법도를 지켜 행할지니라 12. 너희가 이 모든 법도를 듣고 지켜 행하면 네 하나님 여호와께서 네 조상들에게 맹세하신 언약을 지켜 네게 인애를 베푸실 것이라"

"오늘 내가 네게 명하는 명령과 규례와 법도를 지켜 행하라"라고 하셨습니다. 왜요? 하나님의 뜻은 그들을 종 되었던 애굽에서 구원하여 자유로운 신분을 주는 것에만 그치는 것이 아니라, 천 대까지 그들에게 복을 주기 위함이기 때문입니다. 마치 부모가 자녀를 낳자마자, "이제 내가 너를 낳아 주었으니 네 마음대로 살라"라고 하면서 방치하는 것이 아니라, 성인이 될 때까지 양육하는 것과 같습니다.

설교를 시작하면서 오늘날 예수 믿는 사람들이 즐겨 사용하는 '예수의 정신'이라는 말이 기독교 진리의 의미와 가치를 흐리는 말이라고 말씀드렸습니다. '정신神精'이라는 단어에는 '정신력, 굳은 의지'와 같은 개인적인 영역과 '근본이 되는 이념, 사상'과 같은 사회나 국가의 토대가 되는 공적인 의미가 있습니다. '정신精神'이 개인적인 의미로 사용되었을 때는, 그 사람 개인의 판단과 결정으로 맡겨진 어떤 일을 끝까지 해낼 수도 있고, 때로는 포기할 수도 있습니다.

젊은 사람들은 잘 모르겠지만, 우리나라에서 '정신력의 상징'처럼 여겨지는 사람이 권투선수 홍수환이라는 사람입니다. 1977년 당시 세계 챔피언이었던 파나마 선수와의 경기에서, 홍수환 선수는 2회전에만 4번이나 다운당했습니다. 보통의 경우라면 그것으로 경기가 끝났어야 합니다. 하지만 홍수환 선수는 4번을 다운당하고도 다시 일어나서 경기를 계속했습니다. 당시 방송을 중계하던 캐스터가 "홍수환 선수의 정신력도 대단합니다. 네 번째로 졌다가 일어나는 홍수환입니다."라면서 그의 정신력을 칭찬했습니다. 그리고 3회전이 시작하자마자 폭풍처럼 상대를 몰아친 홍수환 선수가 당시 세계 챔피언이었던 카라스키야를 KO로 이기고 새로운 세계 챔피언이 되었습니다. 경기 후에 홍수환 선수가 외친 유명한 말이 있죠. "엄마, 나 챔피언 먹었어!" 그 이후 종목을 가리지 않고 한국 선수들이 해외의 선수들과 경기할 때는, 홍수환 선수처럼 '포기하지 않는 정신력'을 강조하면서 싸워 이길 것을 독려했습니다.

그런데 이 '정신'이 '근본이 되는 이념, 사상'과 같은 공적인 의미를 뜻할 때는 개인의 판단이나 의지가 아니라, 그것이 의미하는 분명한 기준이 있어야 합니다. '정신'이 철학이나 사상을 의미한다면, 그것을 뒷받침하는 학문적 주장을 담은 책들이 있어야 하고, 이념을 의미한다면 그것을 뒷받침하는 법이 있어야 합니다. 만약 그런 것에 기반하지 않고 "내가 말하는 것이 이념이요 사상"이라고 한다면, 그 사람이 바로 사이비 종교의 교주나 독재 정권의 독재자가 되는 것입니다. 독재자와 사이비 종교의 교주가 무섭고 나쁜 것은 '법'을 사유화하고, 그 법을 집행할 때 나오는 권력을 독점하기 때문입니다. 그들은 국민을 위하고 약한 사람을 위하고 대중을 위한다고 하지만, 실제로는 약한 사람은 더 약하게, 도움이 필요한 사람은 평생 도움을 받아야만 살도록 만듭니다.

선진국이라고 불리는 나라들을 보시면, 국민이 국가를 의존하며 살지 않습니다. 국가는 안보와 치안, 전염병으로부터 국민을 보호하는 방역과 치료 정도만 책임지고, 국민들은 '법'의 틀 안에서 자신의 능력을 발휘하며 자유롭게 생활합니다. 하지만 독재자가 있는 나라는 국민 대다수가 정부의 도움을 받아야만 삽니다. 사회를 지탱하는 헌법이 있고 법률이 있는데, 무슨 정신이라는 이름으로 법을 무시하고, 법을 수사하고 집행하는 기관을 무력화하는 것은 독재 정부입니다. 그래서 다양한 사람이 집단을 이루어 사는 사회에서는 '무슨 정신'을 따라 사는 것이 아니라, 성문화된 헌법을 만들고 규정을 만들어서 그 법을 따라서 삽니다. 그리고 선진화된 국가에서는 권력을 가진 특정 집단이, 사회적 합의에 따라 만든 법을 함부로 바꾸지 못하도록 강력한 규제를 하고 있습니다. 왜 그렇습니까? 규정되지 않은 '정신精神'은, 실체도 없을 뿐만 아니라 그것을 해석하고 적용하는 것도 사람마다 다르게 할 수 있기 때문입니다.

기독교 역시 무슨 '정신精神'이 기초가 아니라 66권 성경이 그 기초입니다. 1517년에 마틴 루터를 중심으로 종교 개혁이 일어났던 이유도, 성경과 그 해석을 독점하고 사유화한 로마 가톨릭 교회와 교황의 잘못된 점을 지적하면서부터 시작됐습니다. 그때 그분들이 외쳤던 핵심 주제가 바로 '성경으로 돌아가자'였습니다. 루터가 교황청으로부터 사제직과 교수직을 박탈당한 뒤에 가장 먼저 했던 일이, 성경을 독일어로 번역하여 성도들에게 나눠 주는 것이었습니다. 저와 여러분이 우리말로 번역된 자신의 성경책을 가질 수 있고, 이것을 통해 하나님의 뜻을 발견할 수 있는 것이 우리에게 큰 은혜인 줄 믿으시기 바랍니다. 이것은 오백 년 전 종교 개혁이 있기 전의 성도들은 상상도 못 한 축복입니다.

그런데 오늘날 '예수의 정신', '기독교의 정신' 운운하면서 성경을 무력화하고, 성경의 가르침을 따르려는 사람을 '율법주의자'라고 비난하는 분위기가 팽배합니다. 하지만 여러분, 그럼에도 불구하고 우리는 다시 오백 년 전 종교 개혁이 있기 전의 시절로 되돌아갈 수 없습니다. 기준도, 경계도 모호한 '무슨 정신' 따위에 우리가 정신을 놓으면 안 됩니다.

지난 시간에 예수님께서 '복음'을 설명하시면서 '율법'에 속한 이사야 선지자의 예언을 인용해서 가르쳐 주셨다고 말씀드렸습니다(눅 7:22; 사 29:18-19). 그래서 사도들이 복음을 전하고 교회를 세울 때 '율법'이 아니라 '복음'이라는 말로 가르치고, 신약 교회가 '율법'이 아니라 '복음'이라는 말을 사용했습니다. 하지만 그 말이 '율법'이 됐든, '복음'이 됐든 실체는 하나입니다. '율법'은 '복음'의 그림자라고 했기 때문입니다. 그러니 누군가 여러분에게 "당신은 '율법주의자'냐?"라고 묻는다면, 같은 의미에서 "당신은 '복음주의자'냐?"라고 물은 것과 같습니다.

하나님께서 "내가 너희에게 명한 것을 기억하고 지키면서" 살라고 하신 그 '율법'을 지키면서 사는 우리가 '율법주의자'라는 말을 듣는 것은 나쁜 것이 아닙니다. 단어 선택의 차일 뿐, '복음주의자'라는 말과 같은 의미이기 때문입니다. 그러니 여러분은 성경의 가르침을 따라 사는 철저한 '율법주의자'가 되십시오. 그 말은 철저한 '복음주의자'가 되라는 말의 다른 표현이기 때문입니다.

에베소서 2:8-9, "너희는 그 은혜에 의하여 믿음으로 말미암아 구원을 받았으니 이것은 너희에게서 난 것이 아니요 하나님의 선물이라 9. 행위에서 난 것이 아니니 이는 누구든지 자랑하지 못하게 함이라"

우리는 구원이 하나님의 은혜와 선물이요, 믿음으로 받는 것임을 믿습니다. 하지만 우리가 '은혜와 선물'로 구원받았다고 해서 '율법'은 더 이상 지킬 필요가 없느냐고 한다면, 그렇지는 않습니다. 앞서 말씀드린 것처럼 이제 거듭난 우리, 새롭게 태어난 우리는 하나님께서 주신 구원의 선물과 은혜 안에서 아름답고 멋지게 성장해야 합니다. 그 기준이 바로 우리에게 말씀하시고 손에 쥐여 주신 성경입니다. 저와 여러분도 우리에게 주신 성경 말씀을 따라 그리스도의 장성한 분량까지 잘 자라날 수 있게 되기를 기원합니다.

능히 구원을 받으리라

"어떤 사람들이 유대로부터 내려와서 형제들을 가르치되 너희가 모세의 법대로 할례를 받지 아니하면 능히 구원을 받지 못하리라 하니 2. 바울 및 바나바와 그들 사이에 적지 아니한 다툼과 변론이 일어난지라 형제들이 이 문제에 대하여 바울과 바나바와 및 그 중의 몇 사람을 예루살렘에 있는 사도와 장로들에게 보내기로 작정하니라 3. 그들이 교회의 전송을 받고 베니게와 사마리아로 다니며 이방인들이 주께 돌아온 일을 말하여 형제들을 다 크게 기쁘게 하더라 4. 예루살렘에 이르러 교회와 사도와 장로들에게 영접을 받고 하나님이 자기들과 함께 계셔 행하신 모든 일을 말하매 5. 바리새파 중에 어떤 믿는 사람들이 일어나 말하되 이방인에게 할례를 행하고 모세의 율법을 지키라 명하는 것이 마땅하다 하니라"

기독교 신앙의 핵심은 예수를 믿으면 구원을 얻는다는 것입니다. 하지만 오늘 본문에서도 확인하는 것처럼, 사도들이 활동하던 당시에도 "구원을 얻기에 예수를 믿는 것만으로는 부족하다."라고 믿는 사람들이 있었습니다. 그런 사람들이 바리새인이나 서기관 대제사장 같은 사람들이 아니라 예루살렘교회 성도들, 그중에서도 교회에서 영향력 있는 사람들이 그렇게 주장했습니다. 그리스도의 속죄 사역만으로는 충분히 구원에 이를 수 없고, 구원을 받고자 하는 사람이 할례를 행하고 율법을 지키는 행위를 해야 한다고 믿었던 것입니다.

그런데 이런 식으로 구원을 이해하는 사람들이 사도행전이 기록될 당시의 바리새파 사람들뿐만 아니라, 오늘날에도 참 많이 있습니다. 그래서 "행함이 없는 믿음은 죽은 것"(약 2:26)이라는 말씀은 근거로, 구원을 받으려면 그에 합당한 행함 즉, 선을 행해야 한다고 주장합니다. 이처럼 '믿음'은 오늘날 교회에서 가장 많이 오해하고 있는 신앙 개념입니다. '믿음'이라고 하는 단어가 '믿는 행위를 하는 주체'와 '그 믿음의 대상'이 있다는 것을 전제로 하고 있기에, 단어 자체만 해석했을 때 갖게 되는 오해가 있습니다. 그래서 먼저 우리는 '믿음'이 무엇인지에 관해서 분명히 알아야 합니다.

에베소서 2:8-9, "너희는 그 은혜에 의하여 믿음으로 말미암아 구원을 받았으니 이것은 너희에게서 난 것이 아니요 하나님의 선물이라 9. 행위에서 난 것이 아니니 이는 누구든지 자랑하지 못하게 함이라"

된장찌개, 미역국 같은 것들은 한국 사람들이 즐겨 먹는 대표 음식들입니다. 만약 우리가 된장찌개, 김치찌개, 미역국을 끓인다고 한다면, 그것을 만들 때 절대 빼 먹어선 안 될 재료들이 무엇일까요? 된장, 김치, 미역입니다. 성경이 구원에 관해 설명할 때 절대 빠지지 않고 함께 나오는 재료들이 있습니다. '은혜에 의하여 믿음으로 받았다.'라는 것과 '하나님의 선물'이라는 말입니다. 그런데 여기서 말하는 '믿음'은 "내가 누구를 믿는다, 내가 누구를 신뢰한다."라는 식으로, '내'가 주어가 되고 주체가 되어 믿는다는 뜻이 아닙니다. 그래서 성경에서 믿음을 설명할 때 9절 말씀처럼 (너희의) '행위에서 난 것이 아니다.', '하나님의 선물이다.'라고 말하는 것입니다. 지난 시간에 구약 이스라엘 백성들은 하나님께서 주신 율법을 배우고, 그 율법에 순종하며 사는 것으로 구원을 얻을 수 있었다고 말씀드렸습니다.

> 누가복음 10:25-28, "어떤 율법교사가 일어나 예수를 시험하여 이르되 선생님 내가 무엇을 하여야 영생을 얻으리이까 26. 예수께서 이르시되 율법에 무엇이라 기록되었으며 네가 어떻게 읽느냐 27. 대답하여 이르되 네 마음을 다하며 목숨을 다하며 힘을 다하며 뜻을 다하여 주 너의 하나님을 사랑하고 또한 네 이웃을 네 자신 같이 사랑하라 하였나이다 28. "예수께서 이르시되 네 대답이 옳도다 이를 행하라 그러면 살리라 하시니"

구약 이스라엘 백성에게 있어서 구원은 "하나님께서 요구하신 율법의 모든 조건을 지켜서 합격점을 따내는 행위의 법칙"으로 이해됐습니다. 하지만 '신약 성도들에게 주신 구원'은, 하나님께서 예수 그리스도를 우리 대신 화목 제물로 삼으셔서, 그 결과물을 우리에게 주신 새로운 방법입니다. 그리고 구원에 이르는 모든 과정을 '믿음'이라는 단어로 설명해 주신 것입니다. 성경은 '구원이나 영생'을 설명할 때 '거듭남, 출생'과 같은 표현으로 설명하고 있습니다. 그것이 '구원'을 이해하는 것에 가장 적합한 비유이기 때문입니다.

한 아기가 태어났다고 할 때 '출생'이라는 한 단어로 말합니다. 하지만 그 아기가 세상 밖으로 나오기 전에, 그 아기 본인도 모르는 수많은 과정이 있습니다. 그러면 그 아기가 자기가 세상에 나와서, 자신의 존재에 대해서 인식하고 아는 건 언제부터일까요? 태어나는 그 시간 그때 곧바로 알게 될까요? 자기가 세상에 나왔다, 자기에게 젖을 주는 엄마가 있고, 자기를 보호해 주는 아빠가 있다는 것은, 아기가 출생한 뒤로 시간이 한참 지난 뒤에 알 수 있습니다. 그러면 생각해 보겠습니다.

그 아기가 자기 생일도 모르고, 자기를 키워 준 엄마와 아빠의 존재를 자각하지 못했다고 한다면 그 아기는 태어나지 않은 것입니까? 그 아기의 자각 여부와 상관없이 그 아이는 이미 출생했고, 아기를 낳은 엄마와 아빠의 자녀입니다. 그러면 그 아기는 자기가 세상에 태어난 '생일'의 의미를 언제쯤 정확하게 알 수 있을까요? 아마도 본인 몸에서 새로운 생명을 낳을 때쯤 알 수 있을 것입니다. '출생'한 아기가 자신과 부모님의 존재를 자각하고, 철이 들 때까지 시간이 필요한 것처럼, '믿음'이라는 말 역시 쉽게 단정할 수 없는 면이 있습니다.

바리새파 성도들이 "이방인에게 할례를 행하고 모세의 율법을 지키라 명하는 것이 마땅하다."라고 말한 것은, 사람들이 가진 '믿음'에 관한 보편적인 이해입니다. 어떤 사람이 '예수님을 믿음이 있다.'라는 것을 어떻게 확인할 수 있을까요? 그 사람이 하는 행동을 보고 알 수 있을 것입니다. 그것이 말하자면 몸에 행한 할례이고, 삶 속에서 율법을 따라서 사는 것입니다. 앞서 성경이 구원에 관해서 설명할 때 '출생'을 비유로 들었다고 말씀드렸습니다. 제 자녀들이 병원에서 태어날 때 보니까, 한국이나 미국이나 아기가 막 태어나면 의사가 똑같이 확인시켜 주는 것이 있었습니다. 아기의 손가락 발가락이 정상이라는 것입니다. 그러면 아기의 손가락 발가락이 정상이 아니면 '출생'한 것이 무효가 됩니까?

호주 출신의 '닉 부이치치' 목사는 양손과 양발이 모두 없는 상태로 태어났습니다. 아마도 여러분 중에는 그분이 쓴 책이나 강연을 들어 보신 분이 있을 것입니다. 그분은 평생 자신의 손과 발을 사용해 본 적이 없지만, 그보다 더 큰 하나님의 사랑과 하나님께서 우리에게 주신 삶에 대한 희망을 가르쳐 주는 분이었습니다. '출생'은 이런 것입니다. 신체가 온전한 상태에서 태어났든, 어떤 부분에 부족한 면이 있는 상태에서 태어났든, 그 생명이 세상에 나온 것을 '출생'이라고 합니다. '구원' 역시 마찬가지입니다. 그 사람이 할례를 행했기 때문에 구원받은 것이 아니고, 율법을 잘 지켰기 때문에 구원받은 것이 아닙니다. '구원'은 '출생'처럼 하나님께서 은혜로 주신 것이고, 선물로 주신 것입니다. 그런데 그 구원을 어떻게 주셨습니까? '예수 그리스도를 믿음'으로 주셨습니다.

> 로마서 3:19-25, "우리가 알거니와 무릇 율법이 말하는 바는 율법 아래에 있는 자들에게 말하는 것이니 이는 모든 입을 막고 온 세상으로 하나님의 심판 아래에 있게 하려 함이라 20. 그러므로 율법의 행위로 그의 앞에 의롭다 하심을 얻을 육체가 없나니 율법으로는 죄를 깨달음이니라 21. 이제는 율법 외에 하나님의 한 의가 나타났으니 율법과 선지자들에게 증거를 받은 것이라 22. 곧 예수 그리스도를 믿음으로 말미암아 모든 믿는 자에게 미치는 하나님의 의니 차별이 없느니라 23. 모든 사람이 죄를 범하였으매 하나님의 영광에 이르지 못하더니 24. 그리스도 예수 안에 있는 속량으로 말미암아 하나님의 은혜로 값 없이 의롭다 하심을 얻은 자 되었느니라 25. 이 예수를 하나님이 그의 피로써 믿음으로 말미암는 화목제물로 세우셨으니 이는 하나님께서 길이 참으시는 중에 전에 지은 죄를 간과하심으로 자기의 의로우심을 나타내려 하심이니"

우리는 이 말씀에서 '성경이 말하는 믿음'이 무엇인지 정확한 설명을 듣습니다. '믿음이 무엇이냐?' 율법의 행위가 아니다. '그 믿음은 어떤 사람이 받느냐?' 모든 사람이 죄를 범했지만, 하나님의 은혜로 값없이 의롭다 여김을 받는 것이다. '그래도 믿음을 가진 사람들은 뭔가 남다른 면이 있지 않겠냐?' 그런 것 없다. 오직 하나님께서 지금까지 너희가 지은 죄를 이빨 꽉 깨물고 참아 주신 것이다. 그래서 이것을 설명해 주신 말씀이 "행위에서 난 것이 아니니 이는 누구든지 자랑하지 못하게 함이라"(엡 2:9) 인 것입니다. '믿음'이 무엇입니까? 내가 믿음이라는 행위의 주체가 되어 '예수를 믿습니다.'라는 것이 아니라, 하나님께서 '믿음' 이라는 방법으로 구원하셨다는 것입니다.

하나님께서 예수 그리스도를 화목 제물로 삼으셔서 우리의 죄를 대신 치르게 하시고, 우리를 구원하신 모든 과정을 '믿음'이라는 말로 설명해 주신 것입니다. 마치 엄마가 아기를 자기 몸 안에 열 달을 보호하고, 온몸의 뼈와 살이 깨지고 찢어지는 고통을 겪은 후에 출산하는 것과 같습니다. 태어난 아이는 너무나 쉽게 말하죠. "엄마 내 생일이 언제야?" 아이에게는 '생일'이라는 말이 너무나 쉽지만, 엄마에게는 쉬운 날이 아니지요. 아이가 공부도 잘하고, 운동도 잘하니까 엄마가 낳아 준 것입니까? 건강하게 잘 낳아 줬고, 좋은 유전자를 줬으니 잘하는 거겠죠. 그러면 건강하게 낳아만 주면 스스로 알아서 모든 것을 잘합니까? '출생'이 아기가 본인의 뜻과 의지로 된 것이 아닌 것처럼, '믿음' 역시 인간이 주체가 되고 동력을 제공해서 결과를 얻는 인과율이나 방법론이 아닙니다.

> 로마서 3:26-30, "곧 이 때에 자기의 의로우심을 나타내사 자기도 의로우시며 또한 예수 믿는 자를 의롭다 하려 하심이라 27. 그런즉 자랑할 데가 어디냐 있을 수가 없느니라 무슨 법으로냐 행위로냐 아니라 오

직 믿음의 법으로니라 28. 그러므로 사람이 의롭다 하심을 얻는 것은 율법의 행위에 있지 않고 믿음으로 되는 줄 우리가 인정하노라 29. 하나님은 다만 유대인의 하나님이시냐 또한 이방인의 하나님은 아니시냐 진실로 이방인의 하나님도 되시느니라 30. 할례자도 믿음으로 말미암아 또한 무할례자도 믿음으로 말미암아 의롭다 하실 하나님은 한 분이시니라"

보시는 것처럼 성경에 반복해서 '믿음'이라는 말을 사용하고 있습니다. 여기서 말하는 '믿음'이 무엇입니까? "의롭다 하심을 얻는 것"입니다. 하나님께서 지금까지 참아 오셨던 인간의 죄를 그리스도께서 해결하셨습니다. 그리스도께서는 십자가 구속을 통해 자신의 의로우심을 나타내셨고, 그를 믿는 자도 의롭다고 여겨 주신다 했습니다. 이 믿음은 유대인이나 이방인이나, 할례자나 무할례자나 차별 없이 받는 것입니다. 그래서 '의롭다 하심을 얻는' 이 믿음은 율법의 행위로 받는 것이 아닙니다. 100%라고 말하는 것도 부족할 만큼 전적인 하나님의 은혜와 선물로 받습니다.

그러면 당장 이렇게 질문하는 사람들이 있을 것입니다. "그렇다면 믿음은 내가 해야 하는 부분은 전혀 없는 것인가요?" 그래서 성경에서 믿음을 설명할 때 '출생'에 비유해서 가르쳐 주는 것입니다. 아이가 '출생'하고 나면 그것으로 끝이 아니라 양육과 자람이 있지 않습니까? 구원 역시 거듭난 사람, 하나님의 자녀가 된 사람들이 "하나님을 믿고 의지하는 부분"에서 요구받는 믿음의 또 한 부분이 있습니다. 그래서 '자라고 성장하는 부분'에 있어서 하나님을 믿는 믿음이 부족할 때, "믿음이 작은 자들아"(마 8:26, 16:8; 눅 6:30)라는 꾸중을 하시는 것입니다. 성경은 이 부분을 설명하면서 "믿음으로 믿음에 이르게 한다."라고 말합니다.

로마서 1:16-17, "내가 복음을 부끄러워하지 아니하노니 이 복음은 모든 믿는 자에게 구원을 주시는 하나님의 능력이 됨이라 먼저는 유대인에게요 그리고 헬라인에게로다 17. 복음에는 하나님의 의가 나타나서 믿음으로 믿음에 이르게 하나니 기록된 바 오직 의인은 믿음으로 말미암아 살리라 함과 같으니라"

여기서는 구원을 '복음'으로 설명했습니다. "이 복음은 모든 믿는 자에게 구원을 주시는 하나님의 능력"입니다. 이 복음을 누가 받았습니까? 유대인이 먼저 받았고, 헬라인도 받았습니다. 우리가 주목해야 하는 것은 "복음에는 하나님의 의가 나타나서 믿음으로 믿음에 이르게" 되어 마침내 '믿음으로 말미암아 살게' 된다고 하는 말씀입니다. '믿음으로 믿음에 이르게' 된다는 말씀에서, 앞에 있는 믿음은 하나님께서 그리스도 예수 안에서 우리를 당신의 자녀로 삼아 주시는 구원을 가리켜 말합니다. 우리가 이 구원(믿음)을 받으면, 하나님과 특별한 관계를 맺은 사람이 됩니다. 성경은 하나님과 이 같은 특별한 관계를 맺게 된 사람을 '양자'라고 말씀합니다.(롬 8:14) 우리가 하나님의 아들이 될 수 있는 것은 하나님의 영, 곧 성령으로 인도함을 받았기 때문입니다. 인도함을 받았다는 말은, 우리가 주도해서 받은 것이 아니라는 뜻입니다.

로마서 8:15, "너희는 다시 무서워하는 종의 영을 받지 아니하고 양자의 영을 받았으므로 우리가 아빠 아버지라고 부르짖느니라"

우리는 하나님의 친아들이 아닙니다. 하나님의 친아들은 오직 예수님뿐입니다. 그래서 성경은 구원받은 우리를 가리켜서 '양자'라고 하는 것입니다. 양자의 영을 받은 우리는 하나님을 '아빠 아버지'라고 부를 수 있게 되었습니다. 세상에서도 누군가를 '양자'로 입양하려고 할 때 밟아야 하는 절차가 있습니다. 내가 원한다고 아무나 '양자'로 삼을 수 있는 것이 아니라, 법원에서 구비 서류와 각종 조사와 위원회의 의결을 거쳐서 허락을 해 줘야 '양자'를 데려올 수 있습니다. 우리가 '하나님의 양자'가 되는 것도 그와 같은 과정이 필요합니다. 우리가 '하나님의 양자'가 되었다고 증언하고 보증해 주시는 분이 있다는 것입니다. 그분이 바로 성령 하나님입니다.

> 로마서 8:16-17, "성령이 친히 우리의 영과 더불어 우리가 하나님의 자녀인 것을 증언하시나니 17. 자녀이면 또한 상속자 곧 하나님의 상속자요 그리스도와 함께한 상속자니 우리가 그와 함께 영광을 받기 위하여 고난도 함께 받아야 할 것이니라"

구원받기 전에 우리는 감히 하나님을 '아빠 아버지'라고 부를 수 없었는데, 우리가 '양자'가 되고 나니 하나님의 자녀가 됐을 뿐만 아니라 상속자가 됐습니다. 성경에서 구원을 설명할 때, 여러 가지 단어로 표현하고 있음을 알아야 합니다. 우리가 읽은 사도행전 본문에서는 '구원'이라고 말했고, 에베소서에서는 '믿음'이라고 했으며, 예수님께서는 '복음'이라고 말씀했습니다(마 11:5; 눅 7:22). 로마서에서는 이 복음을 설명하면서 '믿음으로 믿음에' 이른다고 말씀했습니다.

우리가 받은 구원(믿음)에 두 종류의 단계가 있다는 말이 바로 이런 뜻입니다. 첫째로, 믿음은 신분의 변화를 의미합니다. 지금까지 우리가 살펴본 것처럼, 죄로 인해 멸망받아 마땅한 우리가 하나님의 양자로 선택받고 인정받은 것입니다. 이와 같은 신분의 변화('믿음으로')는 내가 하고 싶다고 할 수 있는 것이 아니라, 하나님께서 우리를 선택하시고 양자로 받아 주시는 과정을 해 주셔야 합니다. 그래서 '믿음'이라고 할 때, 첫 번째 의미의 '믿음'은 "내가 예수를 믿은 것이 아니라, 하나님께서 우리에게 믿음을 주신 것(양자로 삼아 주신 것)"입니다. 이 믿음은 우리의 신분이 변화된 것을 의미하기 때문입니다.

둘째로, 믿음은 하나님의 양자가 된 우리가 하나님의 상속자가 지녀야 할 실력이나 품격을 만들어 가는 것을 뜻합니다. 이 실력과 품격은 하나님과 맺어진 깊은 관계 안에서 만들어 가는 것입니다. 앞서도 말씀드렸지만, 우리는 하나님의 친아들이 아니라 '양자'입니다. 하나님의 '양자'가 되기 전에 우리는 어떤 사람이었을까요? '육체와 마음이 원하는 죄'를 지으며 살던 본질상 진노의 자녀였고, 불순종의 아들이었습니다.

> 에베소서 2:1-3, "그는 허물과 죄로 죽었던 너희를 살리셨도다 2. 그 때에 너희는 그 가운데서 행하여 이 세상 풍조를 따르고 공중의 권세 잡은 자를 따랐으니 곧 지금 불순종의 아들들 가운데서 역사하는 영이라 3. 전에는 우리도 다 그 가운데서 우리 육체의 욕심을 따라 지내며 육체와 마음의 원하는 것을 하여 다른 이들과 같이 본질상 진노의 자녀이었더니"

하나님의 진노를 받아도 마땅할 만큼 엉망진창의 삶을 살던 우리가 하나님의 긍휼과 큰 사랑으로 하나님의 양자가 되었으니, 이제는 그 신분에 합당한 사람이 되어야 합니다. 그렇게 '양자'라는 신분에 합당한 사람으로 자라는 것은 '믿음으로' 만들어집니다. 여기서 말하는 '믿음'은 하나님을 아는 것에서부터 시작됩니다.

> 에베소서 4:13-15, "우리가 다 하나님의 아들을 믿는 것과 아는 일에 하나가 되어 온전한 사람을 이루어 그리스도의 장성한 분량이 충만한 데까지 이르리니 14. 이는 우리가 이제부터 어린아이가 되지 아니하여 사람의 속임수와 간사한 유혹에 빠져 온갖 교훈의 풍조에 밀려 요동하지 않게 하려 함이라 15. 오직 사랑 안에서 참된 것을 하여 범사에 그에게까지 자랄지라 그는 머리니 곧 그리스도라"

우리말에 '철들었다.'라는 말이 있습니다. "사리를 분별하여 판단하는 지혜와 힘이 생겼다."라는 뜻으로, 어른스럽지 못한 사람이 어른다워졌을 때 쓰는 말입니다. 그렇게 보면 '어른답다.'라는 말은 '철들었다.'라는 말과 같은 뜻이고, '철이 없다.'라는 말은 '말과 행동이 아직 어린아이 같다.'라는 말과 같은 뜻으로 보입니다. 철없는 어린아이는 모든 사리 분별이 '자기 자신'을 중심으로 작용합니다. 어린아이는 자기가 좋아하는 것, 자기가 지금 하고 싶은 것을 하려고 합니다. 자기에게 좋으면 웃고 기뻐하고, 자기에게 나쁘면 울고 고집을 부립니다. 하지만 어른은 '자기 자신'을 중심으로 판단하고 행동하기보다는, '사리'에 맞는 판단을 하고 '상황'에 맞는 행동을 합니다. 자기에게 불리하고 나쁜 일이어도 자기가 그것을 해야 하는 상황이라면, 불리함과 불편함을 감내하더라도 해야만 하는 그 일을 하는 사람이 어른입니다.

그래서 어른은 자기가 하고 싶은 일이 아니라, 해야 할 일을 하는 사람입니다. 그러면 이렇게 철들어서 어른다워지는 것은 언제쯤 가능해질까요? '철들자 망령'이라는 말이 있지요. 어쩌면 이 말은, 하나님을 모르는 사람들은 스스로 '철이 들' 수 없다는 뜻일지도 모릅니다. 왜요? 아담과 하와가 선악과를 따 먹고 타락한 이후, 그 후손으로 태어난 모든 사람은 '선악의 기준을 자기에게 두고 자기를 위하는 마음'이 있기 때문입니다. 사리 분별을 자기를 위하는 쪽으로 작용하는 사람이 어린아이라고 했을 때, 선악의 기준을 자기에게 두고 자기를 위해 사는 사람은 철없는 사람 아닙니까? 그래서 하나님을 아는 지식인 '믿음'이 필요한 것입니다.

"우리가 다 하나님의 아들을 믿는 것과 아는 일에 하나가 되면 온전한 사람"이 될 수 있습니다. 바로 '철이 든' 사람이 되는 것입니다. 죄의 본성을 타고난 사람이 자기를 위하는 마음을 스스로 내려놓을 수 있을까요? 자기 힘으로는 불가능합니다. 하지만 '믿음'이 있으면 그것이 가능해집니다. 하나님의 뜻을 아는 지혜와 총명이 생기면 주께 합당한 행동을 하게 되고, 모든 선한 일에 열매를 맺게 되며, 그것을 통해 하나님을 아는 것에 더 자라게 됩니다.

> 골로새서 1:9-10, "이로써 우리도 듣던 날부터 너희를 위하여 기도하기를 그치지 아니하고 구하노니 너희로 하여금 모든 신령한 지혜와 총명에 하나님의 뜻을 아는 것으로 채우게 하시고 10. 주께 합당하게 행하여 범사에 기쁘시게 하고 모든 선한 일에 열매를 맺게 하시며 하나님을 아는 것에 자라게 하시고"

앞서 '철이 든 어른'은 자기에게 불리하고 불편한 일이라도, '사리에 맞고 상황'에 필요한 일이라면 그 모든 불이익을 감내하고라도 하는 사람이라고 했습니다. 하나님의 뜻을 아는 사람, '믿음'이 있는 사람은 어떻게 행동할까요?

골로새서 1:11-12, "그의 영광의 힘을 따라 모든 능력으로 능하게 하시며 기쁨으로 모든 견딤과 오래 참음에 이르게 하시고 12. 우리로 하여금 빛 가운데서 성도의 기업의 부분을 얻기에 합당하게 하신 아버지께 감사하게 하시기를 원하노라" 여기에 '모든 견딤과 오래 참음'이라고 했습니다.

이 말씀은 즐겁고 좋다는 말일까요, 힘들고 불편하다는 말일까요? "그의 영광의 힘, 곧 그리스도께서 주신 힘과 모든 능력으로 능하게 하신 기쁨"이라고 했을 때, 이것은 우리의 가슴을 뛰게 하고 기대를 심어주는 것들입니다. 그런데 그 힘과 능력과 기쁨이 '모든 견딤과 오래 참음'으로 향하고 있습니다. 왜 이런 현상이 벌어집니까? 그것이 자기를 위하는 본성을 거스르기 때문입니다.

십계명의 6계명부터 10계명까지는, "살인하지 말라, 간음하지 말라, 도둑질하지 말라, 이웃에게 거짓증거하지 말라, 이웃의 소유를 탐내지 말라"는 것들입니다. 이 모든 계명이 '나를 위해서'가 아니라, '다른 사람 또는 다른 사람의 소유를 보호하는' 쪽으로 향하고 있습니다.

마태복음 22:36-40, "선생님 율법 중에서 어느 계명이 크니이까 37. 예수께서 이르시되 네 마음을 다하고 목숨을 다하고 뜻을 다하여 주 너의 하나님을 사랑하라 하셨으니 38. 이것이 크고 첫째 되는 계명이요 39. 둘째도 그와 같으니 네 이웃을 네 자신 같이 사랑하라 하셨으니 40. 이 두 계명이 온 율법과 선지자의 강령이니라"

하나님을 사랑하는 것과 내 이웃을 나 자신처럼 사랑하는 것이 모든 율법에서 가장 큰 계명이요, 모든 율법과 선지자들이 가르쳐 준 것이라고 말씀했습니다. 그런데 이와 같은 가르침은 세상이 가르치는 것과 정확하게 반대의 개념입니다. 세상은 '네가 가장 소중하니 너 자신을 위해 살고, 너를 사랑하라.'라고 말합니다. 사실 세상에서 벌어지는 모든 죄는 '자기를 위해서 한 행동' 때문에 생긴 것입니다. 십계명을 통해 주신 금지 명령들은 성경의 가르침이 아니라 일반 상식으로 생각해도, 사람이라면 해서는 안 되는 행동입니다. 그러면 말도 안 되는 살인, 간음, 도둑질, 사기, 위증, 탐욕 이런 범죄가 세상에 있습니까, 없습니까? 지금도 세상에는 무수히 많은 범죄가 벌어지고 있고, 피해자도 많습니다. 왜 이런 현상이 벌어지는 것일까요? 사람마다 자기를 위해 살기 때문입니다.

그런데 하나님께서는 "너를 위해서 사는 것이 아니라 하나님을 사랑하고, 이웃을 위해서 살아야 한다."라고 말씀하십니다. 하지만 죄의 본성을 가진 우리 인간의 힘으로는 할 수 없기에, 모든 죄의 형벌을 대신 지신 그리스도의 힘과 능력을 우리에게 주셔서 하게 하신 것입니다. 그런데 그리스도의 힘과 능력, 즉 '믿음'만 있으면 누구든지 '하나님을 위하고 이웃을 위해' 살 수 있는 것이 아니라 모든 견딤과 오래 참음도 함께 있어야 합니다. 왜요? 그만큼 우리 안에 뿌리박힌 죄의 본성이 깊고 강하기 때문입니다. '철이 들지 않은 아이들'에게 무한한 자유를 주고 시간을 주면 무엇을 할까요? 자신의 현재와 미래를 위해 건설적이고 필요한 일을 할까요?

> 누가복음 15:13, "그 후 며칠이 안 되어 둘째 아들이 재물을 다 모아 가지고 먼 나라에 가 거기서 허랑방탕하여 그 재산을 낭비하더니"

예수님께서 탕자의 비유를 통해 말씀하셨던 둘째 아들이 했던 행동입니다. 아버지가 아직 살아 계심에도 불구하고 자기가 상속받을 유산을 달라고 한 뒤에, 그 모든 재산을 다 갖고 먼 나라에 가서 허랑방탕하게 낭비했다고 했습니다. 여기에 '허랑방탕'했다는 말은 '낭비하다'라는 뜻입니다. 둘째 아들이 먼 나라에 가서 아버지에게서 받은 모든 재산을 낭비했습니다. 그런데 재산을 낭비했다는 말 앞에, '허랑방탕하여'라는 말이 또 있습니다. 허랑방탕이 '낭비'라는 뜻인데, 그 재산도 낭비했다는 말은 왜 반복했을까요?

이것은 둘째 아들의 삶이 '낭비하는 삶'이었다는 뜻입니다. 둘째 아들이 자신의 인생과 재산을 모두 낭비한 결과가 어떻게 되었습니까? 돼지가 먹는 사료조차도 얻어먹을 수 없는 처지가 되자 아버지를 찾게 됐습니다. '탕자의 비유'가 가르쳐 주는 핵심 내용은, 아버지를 떠나 허랑방탕하게 살던 둘째 아들이 아버지의 간섭 안으로 스스로 찾아 들어왔다는 것입니다. 둘째 아들은 아버지의 간섭 안에서 사는 것을 속박으로 생각했고, 자신의 꿈과 가능성이 아버지로 인해서 가로막히는 것으로 생각했습니다. 하지만 그가 아버지를 떠나 많은 재산과 무한한 자유를 갖게 되자 그의 인생은 '낭비'하는 인생이 되었고, 그가 가졌던 많은 재산도 모두 '낭비'하게 됐습니다. 이처럼 철없는 어린아이처럼 사는 사람은 "사람의 속임수와 간사한 유혹에 빠져 온갖 교훈의 풍조에 밀려 요동"(엡 4:14)하는 삶을 살게 됩니다.

탕자의 비유는, 자기 인생과 자기가 가진 모든 걸 낭비해 버린 둘째 아들이 아버지의 품으로, 아버지의 간섭 안으로 돌아오면서 끝납니다.

아버지께 돌아오고 나니 예전에 입었던 옷과 아들을 상징하는 반지를 받았습니다. 골로새서 말씀으로 비유하면, 그의 영광의 힘과 모든 능력을 다시 받은 것입니다. 하나님께서는 우리가 하나님을 아는 지식에서 자라나고 "하나님의 기업의 부분을 얻기에 합당한"(골 1:12) 상속자의 실력과 품격이 갖춰지길 원하십니다. 성경에 '믿음으로 믿음에 이르는' 삶을 산다는 말씀이 바로 이런 뜻입니다. '믿음'이 없는 사람은 자기 자신을 위해서 삽니다. 하지만 '탕자의 비유'에서도 확인하는 것처럼, 자기 자신을 위해서 사는 인생은 낭비하는 인생입니다. 그에 비해서 '믿음'이 있는 사람은 그리스도의 모든 힘과 능력을 받은 사람이 되어, '하나님을 사랑하고, 이웃을 사랑하는' 삶을 살게 됩니다. '믿음'의 삶을 사는 사람은 '하나님의 기업을 얻기에 합당한' 사람이 됩니다.

오늘 '믿음'이라는 말에 두 가지 의미가 있다는 것을 배웠습니다. 먼저 '믿음'은 하나님께서 은혜와 선물로 우리에게 주신 '신분의 변화'입니다. 불순종의 아들로 멸망받아 마땅한 우리가 예수 그리스도의 십자가 대속의 은혜로 하나님의 '양자'가 됐습니다. 이것은 우리의 행위로 받은 것이 아니니, 우리가 자랑할 것이 없습니다. 둘째로, 이렇게 하나님의 양자가 된 우리는 '믿음'으로 살아야 합니다. 하나님의 뜻을 알고, 하나님께서 우리에게 주기 원하시는 상속자로서의 실력과 품격을 만들어 가는 삶을 살아야 합니다. 그것은 철없는 어린아이처럼 자기를 위해서 사는 것이 아니라, 하나님을 사랑하고 이웃을 사랑하는 삶을 사는 것입니다. 우리가 그 일을 할 수 있도록 그리스도께서 모든 힘과 능력을 우리에게 주십니다. 우리는 모든 견딤과 오래 참음으로 인간의 본성을 거스르는 이 일을 '믿음으로' 잘 감당해야 합니다. 이것이 바로 우리가 사는 동안 해야 할 '믿음'입니다. 저와 여러분도 '믿음으로 믿음에 이르는', 하나님의 양자요, 상속자로서의 실력과 품격을 갖추어 나갈 수 있게 되기를 기원합니다.

세 가지 멀리해야 할 것

"그러므로 내 의견에는 이방인 중에서 하나님께로 돌아오는 자들을 괴롭게 하지 말고 20. 다만 우상의 더러운 것과 음행과 목매어 죽인 것과 피를 멀리하라고 편지하는 것이 옳으니 21. 이는 예로부터 각 성에서 모세를 전하는 자가 있어 안식일마다 회당에서 그 글을 읽음이라 하더라 22. 이에 사도와 장로와 온 교회가 그 중에서 사람들을 택하여 바울과 바나바와 함께 안디옥으로 보내기를 결정하니 곧 형제 중에 인도자인 바사바라 하는 유다와 실라더라 23. 그 편에 편지를 부쳐 이르되 사도와 장로된 형제들은 안디옥과 수리아와 길리기아에 있는 이방인 형제들에게 문안하노라 24. 들은즉 우리 가운데서 어떤 사람들이 우리의 지시도 없이 나가서 말로 너희를 괴롭게 하고 마음을 혼란하게 한다 하기로 25. 사람을 택하여 우리 주 예수 그리스도의 이름을 위하여 생명을 아끼지 아니하는 자인 우리가 사랑하는 바나바와 바울과 함께 너희에게 보내기를 만장일치로 결정하였노라 27. 그리하여 유다와 실라를 보내니 그들도 이 일을 말로 전하리라 28. 성령과 우리는 이 요긴한 것들 외에는 아무 짐도 너희에게 지우지 아니하는 것이 옳은 줄 알았노니 29. 우상의 제물과 피와 목매어 죽인 것과 음행을 멀리할지니라 이에 스스로 삼가면 잘되리라 평안함을 원하노라 하였더라"

오순절 성령 강림 사건 이후, 사도들은 예수님의 가르침을 따라 예루살렘에서부터 시작하여 땅끝까지 이르러 복음을 전하고, 그곳에 교회를 세웠습니다. 구약 이스라엘이 성막과 성전 중심의 신앙생활을 했다면, 신약 성도들은 교회를 중심으로 신앙생활을 했던 것입니다. 종교 개혁 이후 탄생한 개신교회는, 교회와 교회들의 연합인 교단, 그리고 교단의 교리와 신학을 가르치는 신학교(신학대학원)를 중심으로 운영되고 있습니다. 이것은 장로교, 감리교, 침례교, 순복음 등 모든 교단이 같은 구조를 가집니다. 그래서 어떤 교회가 건전하고 바른 교회인지, 혹시 이단에 속한 교회가 아닌지 확인할 수 있는 대표적인 방법이, 그 교회의 교단(신학교)을 확인하는 것입니다. 그리고 교회(교단)가 그와 같은 구조로 설립되고 운영되어야 하는 대표적인 이유를 제공하는 말씀이, 오늘 본문에 기록된 예루살렘 공의회가 열린 사건입니다.

예루살렘교회의 어떤 사람들이 바울과 바나바가 있던 안디옥교회에 와서, 모세의 법대로 할례를 행하고 율법을 지켜야 구원을 받을 수 있다고 가르쳤습니다. 그러자 "이방인들이 율법의 어떤 부분까지 지켜야 하는지, 구원은 믿음으로만 얻을 수 있는 것이 아니라는 것"인지 공식적으로 확인해야 할 필요가 생긴 것입니다. 그래서 안디옥교회는 바울과 바나바를 비롯해 몇 사람을 대표로 선정해서 예루살렘교회로 보내어 사도들의 공식적인 답변을 받아 오도록 했습니다.

안디옥교회의 질문을 받은 사도들과 예루살렘교회의 장로들이 이 문제에 관해서 의논한 뒤에 내린 결론이 20절과 29절에 제시된 세 가지를 멀리하라는 답변입니다. 그것은, 우상의 제물과 피와 목매어 죽인 것, 그리고 음행을 멀리하라는 것입니다. 어떤 목사님들은 이것에 대해서 '세 가지 금령'이라고도 말씀하는데, 이런 표현은 절대 어겨서는 안 될 '새로운 율법'처럼 들리는 문제가 있어 보입니다. 그러면 사도들이 멀리하라고 말한 이 세 가지가 '금령'이 아니라는 것이냐고 할 때, 오늘 설교를 통해 그 본질적 의미에 대해서 자세히 살펴볼 것입니다. 그래서 성경에 말씀한 대로 '멀리할지니라.'라는 말이 좀 더 적합해 보입니다.

가장 먼저 살펴보려고 하는 것은, 사도들이 멀리하라고 말한 "우상의 제물과 피와 목매어 죽인 것, 그리고 음행을 멀리하라는 것"이 '금령'이 아니냐는 것입니다. 제가 이것을 '금령'이라고 말하지 않는 근본적인 이유는, 예루살렘 공의회가 열리게 된 근본적인 이유에 배치되는 개념이 '금령'이라는 말이기 때문입니다. 바울과 바나바가 예루살렘교회에 오게 된 이유가 무엇입니까? 어떤 유대 출신의 그리스도인들이 "이방인들도 모세의 법대로 율법을 지켜야만 구원받는다."라고 주장했기에, 그에 대한 공적인 답변을 듣기 위해 온 것입니다. 다시 말씀드려서, 그리스도께서 주신 믿음만으로는 부족하고 거기에 율법도 함께 지켜야만 구원받을 수 있다는 주장에 대한 정확한 답변을 요구했던 것입니다. 그래서 사도들의 답변이 무엇이었습니까?

> 11, "그러나 우리는 그들이 우리와 동일하게 주 예수의 은혜로 구원받는 줄을 믿노라 하니라"

주 예수의 은혜로 구원받는 줄을 믿는다, 오직 믿음으로 구원받는다는 것입니다. 그런데 사도들과 예루살렘교회의 장로들이, "그렇지만 이방인들은 세 가지를 금해야 한다."라고 '금령'을 제시했다고 하면, "오직 믿음으로만 구원받는다."라고 말한 앞의 내용과 서로 맞지 않습니다. 그래서 20절과 29절에 기록된, "우상의 제물과 피와 목매어 죽인 것과 음행"은, '금령'보다는 성경에 기록된 대로 '멀리해야 하는 것'으로 이해함이 좋아 보입니다.

먼저 '세 가지 멀리해야 할 것'이라고 했는데, 성경에는 네 가지가 나옵니다. "우상의 제물, 피와 목매어 죽인 것, 그리고 음행"입니다. 그런데 여기서 언급한 '피와 목매어 죽인 것'은 두 가지로 보이지만, 율법의 의미상으로는 하나입니다.

> 레위기 17:14, "모든 생물은 그 피가 생명과 일체라 그러므로 내가 이스라엘 자손에게 이르기를 너희는 어떤 육체의 피든지 먹지 말라 하였나니 모든 육체의 생명은 그것의 피인즉 그 피를 먹는 모든 자는 끊어지리라"

율법에서 피를 먹지 말라고 한 이유는, 생명이 피에 있으므로 '피'를 먹는다는 것은 생명을 해친다(생명이 있는 채로 먹는다)는 의미가 되기 때문입니다. 그래서 먹을 만한 짐승을 잡으면 그것의 피를 땅에 쏟아 피를 흙으로 덮고 고기만 먹게 했습니다.

> 레위기 17:13, "모든 이스라엘 자손이나 그들 중에 거류하는 거류민이 먹을 만한 짐승이나 새를 사냥하여 잡거든 그것의 피를 흘리고 흙으로 덮을지니라"

'목매어 죽인 짐승'을 먹지 말라고 한 이유가 바로 이것입니다. '목매어 죽인 짐승'은 그 피가 밖으로 나오지 않았기 때문에, 피와 고기를 함께 먹는 것과 같은 셈이 됩니다. 그래서 '피와 목매어 죽인 것'이 하나인 셈입니다.

설교를 시작하면서 사도들이 멀리하라고 제시했던 세 가지를 '금령' 이라고 부를 수 없다고 말씀드렸습니다. 왜냐하면, 이 부분에 대해서 오해하는 사람들이 너무 많기 때문입니다. 사도들이 이 세 가지를 멀리하라고 제안했던 이유는, "구원이 오직 그리스도의 십자가 대속과 은혜로 얻은 것"임을 확인해 주기 위해 제시한 것이었습니다. 그런데 어떤 사람들은 구약의 십계명이 신약에 와서는 이 '세 가지 금령'으로 줄어들었다고 생각하면서, 구원받으려면 이 세 가지를 금해야 한다고 주장합니다. 그래서 "조상 제사를 하거나, 선짓국이나 순대를 먹으면 구원 못 받는다."라는 식의 가르치는 사람들이 있었습니다. 그런데 희한하게도 '음행'을 하면 구원 못 받는다는 말은 별로 못 들어 봤습니다. 그분들이 말하는 것처럼 '세 가지 금령'이 똑같은 무게로 제시된 것인데, 앞의 두 가지는 절대 하면 안 된다고 하면서도, '음행'은 왜 뺐는지 잘 모르겠습니다. 이런 부분을 잘 봐야 헛된 가르침에 흔들리지 않습니다.

> 디모데전서 4:1-3, "그러나 성령이 밝히 말씀하시기를 후일에 어떤 사람들이 믿음에서 떠나 미혹하는 영과 귀신의 가르침을 따르리라 하셨으니 2. 자기 양심이 화인을 맞아서 외식함으로 거짓말하는 자들이라 3. 혼인을 금하고 어떤 음식물은 먹지 말라고 할 터이나 음식물은 하나님이 지으신 바니 믿는 자들과 진리를 아는 자들이 감사함으로 받을 것이니라"

바울이 말한 것처럼 "후일에 어떤 사람들이 믿음에서 떠나 미혹하는 영과 귀신의 가르침을 따르라."라고 인도할 것이라고 이미 가르쳐 주었습니다. 그것이 무엇입니까? "어떤 음식물은 먹지 말라고 할 것"이라고 할 것이랍니다. 그런데 어떤 '음식'을 먹는 것과 안 먹는 것은, 구원을 얻는 것과 전혀 상관없습니다. 이에 대해서 베드로는 오늘 본문에서 이렇게 말합니다. "율법이 구원의 조건으로 제시된 적이 없다, 율법을 본 적도 없는 이방인들도 구원받지 않았느냐, 그것을 우리가 어떻게 아냐? 우리와 같은 성령을 받았다."

> 8-9, "또 마음을 아시는 하나님이 우리에게와 같이 그들에게도 성령을 주어 증언하시고 9. 믿음으로 그들의 마음을 깨끗이 하사 그들이나 우리나 차별하지 아니하셨느니라"

그런데 이렇게 말씀드리면, "그렇다면 그 세 가지는 해도 된다는 말이냐?" 이렇게 묻는 분들이 있습니다. 그래서 오늘 설교는 전체적인 맥락과 의미를 이해하면서 잘 들으셔야 합니다. 딴 생각하다가 띄엄띄엄 들으시면, "한빛장로교회 박 목사가 우상의 제물과 피와 목매어 죽인 것을 먹어도 된다고 했다, 음행해도 된다고 하더라." 이렇게 됩니다.

결론부터 말씀드리면, 그런 것을 했다고 해서 구원받지 못하는 것은 아닙니다. '음행'하는 것을 직업으로 갖고 있었던 '기생 라합'도 구원을 받았습니다. 그러니 '어떤 조건'을 지켜 내는 차원에서 구원을 이해해서는 안 됩니다. 우리가 윤리적, 도덕적, 법적인 차원에서 사람에게 용서받지 못할 죄를 범했다고 해서, 우리를 구원하시는 그리스도의 사랑에서 끊어지는 것은 아닙니다. 그 어떤 죄도 은혜와 선물로 우리에게 구원을 주시는 하나님을 방해하지 못합니다. 그러면 '왜 사도들은 구원 얻는 것과 상관없는 문제'임에도 불구하고 이 세 가지를 하지 말라고 했냐(멀리하라)라는 문제가 남습니다.

먼저 첫 번째로, '우상의 더러운 것(우상의 제물)'에 관한 것입니다. 먼저 우리가 알아야 할 것은, 이 말씀이 교회 바깥의 사람들이 아니라 '교회 안에 있는 성도들'에게 주신 말씀이라는 것입니다. 그리스 로마 신화에는 제우스와 헤라를 비롯한 올림포스 판테온을 구성하는 열두 명의 핵심 신들이 있고, 그 외에도 40명이 넘는 신들이 있습니다. 그리고 이렇게 당시 로마 제국의 영향력 안에 세워진 도시의 사람들은, 기본적으로 많은 신을 받아들이고 믿는 문화권 안에 있었습니다. 그런데 그렇게 여러 신을 믿던 사람 중에서, 어떤 사람들이 복음을 받아들이고 성도가 되어 교회의 구성원이 된 것입니다. 그리고 여기서 문제가 생겼습니다.

초대 교회 성도들은 하나님 외에는 다른 신이 없는 줄 알고 있었습니다. 만약 하나님 외에 또 다른 신을 믿는다면 그들은 성도가 될 수 없었습니다. 하지만 아직 그와 같은 신앙의 지식을 갖지 못한 사람들도 여전히 있었습니다. 그리스 로마 신화의 여러 신을 함께 섬겨도 되는 것처럼, 하나님과 예수님도 그런 식으로 이해하고 섬겨도 되는 줄 생각하는 성도들이 있었다는 것입니다.

> 고린도전서 8:4-6, "그러므로 우상의 제물을 먹는 일에 대하여는 우리가 우상은 세상에 아무 것도 아니며 또한 하나님은 한 분밖에 없는 줄 아노라 5. 비록 하늘에나 땅에나 신이라 불리는 자가 있어 많은 신과 많은 주가 있으나 6. 그러나 우리에게는 한 하나님 곧 아버지가 계시니 만물이 그에게서 났고 우리도 그를 위하여 있고 또한 한 주 예수 그리스도께서 계시니 만물이 그로 말미암고 우리도 그로 말미암아 있느니라"

사람들이 이것은 무슨 신이고, 이것은 무슨 신이라며 의미를 부여하고 섬기고 있지만, 초대 교회 성도들에게 있어서 신은 오직 하나님 한 분밖에 없습니다. 우상의 제물이 의미가 있으려면 우상의 존재를 인정하고, 그 우상이 제물을 받아먹고 기분이 좋아져서 제물을 바친 사람에게 복을 줄 수 있어야만 합니다. 하지만 그것을 신이라고 섬기는 사람에게나 우상이 의미가 있고, 우상에게 바친 제물이 의미가 있지, 우상의 존재를 인정하지 않는 사람에게는 의미가 없습니다. 그러니 초대 교회 성도들 가운데 어떤 이들은 우상에게 바친 제물이라고 해도 아무런 거리낌 없이 먹는 사람들이 있었습니다. 그냥 식물에 불과하니까요. 그런데 문제는 교회 안에는 그와 같은 신앙의 지식이 없는 사람도 있었습니다. 그래서 '우상을 섬기지 말라'가 아니라, 우상의 제물을 먹지 말라고 한 것입니다.

> 고린도전서 8:1-2, "우상의 제물에 대하여는 우리가 다 지식이 있는 줄을 아나 지식은 교만하게 하며 사랑은 덕을 세우나니 2. 만일 누구든지 무엇을 아는 줄로 생각하면 아직도 마땅히 알 것을 알지 못하는 것이요"

너희가 신앙의 지식이 있다고 생각하지만, 그러나 모르는 것이 있다는 것입니다. 우상의 제물을 먹는 것이 죄냐, 아니냐? 죄가 아닙니다. 그런데 죄가 아니라는 지식을 가진 것이 전부가 아니라는 것입니다. 지식보다 더 중요한 것은 덕을 세우는 것인데, 그 부분을 너희가 모르고 있다. 하나님께서 예수 그리스도를 세상에 보내셨을 때, 옳고 그른 것을 분별하여 죄를 범한 나쁜 놈들을 몽땅 심판하라고 보내신 것이 아니었습니다. 멸망받아 마땅한 우리를 불쌍히 여기고 구원하기 위해서 보내 주신 것입니다. 그 은혜를 우리에게 주기 위해서 자기 아들을 십자가에 못 박아 죽게 했습니다. 죄인에 대해서 심판이 먼저가 아니라 구원이 먼저였다는 것입니다.

우상의 제물에 관한 문제도 같은 맥락에서 이해해야 합니다. 세상에 우상이란 없고, 우상이라는 존재가 원래 없는 것이기 때문에, 우상에게 바친 음식이라도 사실은 아무런 의미가 없는 것입니다. 그러니 "우상의 제물을 먹었냐, 안 먹었냐?" 하는 것은 구원과 관계없는 말입니다. 하지만 그것은 신앙의 지식이 있는 사람에 관한 이야기이고, 아직 그 같은 지식이 없는 사람들은 하나님도 다른 신들 섬기듯 섬겨도 되는 줄 오해할 수 있습니다. 그것이 죄냐, 아니냐 하는 것이 중요한 것이 아니라, 그런 행동으로 인해서 믿음이 약한 자들이 걸려 넘어지게 되는 걸림돌이 되어선 안 된다는 것입니다.

> 고린도전서 8:7-9, "그러나 이 지식은 모든 사람에게 있는 것은 아니므로 어떤 이들은 지금까지 우상에 대한 습관이 있어 우상의 제물로 알고 먹는 고로 그들의 양심이 약하여지고 더러워지느니라 8. 음식은 우리를 하나님 앞에 내세우지 못하나니 우리가 먹지 않는다고 해서 더 못사는 것도 아니고 먹는다고 해서 더 잘사는 것도 아니니라 9. 그런즉 너희의 자유가 믿음이 약한 자들에게 걸려 넘어지게 하는 것이 되지 않도록 조심하라"

"네가 가진 신앙의 지식은 너만을 위해 필요한 것이 아니다. 네 지식으로 말미암아 믿음이 약한 자가 멸망하게 된다면, 너는 그리스도에게 죄를 짓는 것이 되니 네 자유라고 그것을 네 마음대로 쓰지 말라."라는 것입니다.

고린도전서 8:10-12, "지식 있는 네가 우상의 집에 앉아 먹는 것을 누구든지 보면 그 믿음이 약한 자들의 양심이 담력을 얻어 우상의 제물을 먹게 되지 않겠느냐 11. 그러면 네 지식으로 그 믿음이 약한 자가 멸망하나니 그는 그리스도께서 위하여 죽으신 형제라 12. 이같이 너희가 형제에게 죄를 지어 그 약한 양심을 상하게 하는 것이 곧 그리스도에게 죄를 짓는 것이니라"

그래서 우리가 꼭 기억해야 할 말씀이 이것입니다.

고린도전서 8:13, "그러므로 만일 음식이 내 형제를 실족하게 한다면 나는 영원히 고기를 먹지 아니하여 내 형제를 실족하지 않게 하리라"

우리는 그것이 '죄'냐 아니냐를 따지는 것에 너무 익숙합니다. 그래서 '죄'만 아니라고 하면 '해도 되는 것'으로 이해합니다. 하지만 성경은 '죄'짓는 것만 문제라고 말하지 않고, 너의 행동 때문에 믿음이 약한 네 형제가 실족하게 되는 것도 문제라고 말씀합니다. 그 형제가 누구입니까? 그리스도께서 그를 위해 대신 죽을 만큼 귀한 영혼입니다.

두 번째는 '피와 목매어 죽인 것'입니다. 앞서도 말씀드렸던 것처럼, 하나님 외에 다른 신이 없다는 신앙의 지식을 가진 사람들에게 있어서 '우상의 제물을 먹는 것'은 아무런 문제가 안 됐습니다. 하지만 '우상의 제물을 먹는 것'이 문제가 되는 신앙이 연약한 형제도 있었습니다. 같은 맥락에서 두 번째 문제도 이해해야 합니다. 유대인들은 이 부분에 있어서 아주 엄격한 율법적 기준을 갖고 있었습니다. 유대인 출신 성도들은 '피와 목매어 죽인 것' 외에도 율법에서 금한 다른 것들도 지키면서 신앙생활 하는 것이 익숙한 사람들이었습니다.

하지만 베드로가 말했던 것처럼, 율법은 그 종류가 너무나 많아서 그들의 조상들과 자기들도 다 지키지 못하던 '멍에'와 같은 것이었습니다[10]. 그래서 그 모든 율법의 금령 중에서 유대인들이 절대로 받아들이기 힘든 한 가지만 꼽으라고 했을 때 나온 문제가 '피와 목매어 죽인 것을 먹는 것'이었습니다. 이것은 바꿔 말하면 당시 이방 도시에서는 '피와 목매어 죽인 것을 먹는' 문화가 만연해 있었다는 것을 뜻합니다. 같은 맥락에서 바울은 고린도교회 성도들에게 이렇게 하라고 말합니다.

> 고린도전서 10:23-24, "모든 것이 가하나 모든 것이 유익한 것은 아니요 모든 것이 가하나 모든 것이 덕을 세우는 것은 아니니 24. 누구든지 자기의 유익을 구하지 말고 남의 유익을 구하라"

율법을 지켜서 구원을 얻는 것은 아니지만, 그러나 구원 얻은 사람이라면 율법이 가르치고 있는 핵심 내용을 기억하고 지키라는 것입니다. 그 핵심 내용이 무엇입니까? "네 이웃을 네 몸과 같이 사랑하라"라는 것입니다. 우상의 제물을 먹지 않는 것이나 피와 목매어 죽인 것을 먹지 않는 것이 구원의 조건은 아닙니다. 하지만 이 복음을 아직 받지 않은 사람들, 또는 아직 신앙이 여린 사람들에게 있어서 이러한 문제는 복음보다 더 크게 여겨질 수 있는 문제들이었습니다. 같은 맥락에서 우리나라에 복음이 들어왔을 때, 선교사님들이 교회의 성도들에게 하지 말라고 철저하게 막았던 몇 가지 신앙의 권고들이 있었습니다. 조상 숭배와 술과 담배를 끊도록 하고, 도박을 금하고, 축첩을 금한 것들입니다.

당시 조선 사회에서 어린 남자가 일찍 결혼한 뒤에, 자기보다 나이가 많은 종들을 부리기 위해서 일찍부터 술과 담배를 했었습니다. 돈 많은 양반이나 상인들은 '영웅호색'이라고 해서 첩을 많이 두는 것을 남자다움, 또는 자기의 능력을 과시하는 수단으로 삼았습니다. 가난한 나라에서 돈을 벌 수 있는 산업이 별로 없던 터라 도박도 많이 했습니다. 제가 많은 나라는 아니지만 선교하면서 가난한 나라들을 방문했을 때, 그 사회에서 목격한 공통점이 여러 모양과 방법으로 도박하는 사람들이 많았습니다. 이와 같은 사회상을 목격한 선교사님들이 건강한 신앙의 습관을 만들어 주기 위해서 그와 같은 금지 권고를 했고, 오랫동안 교회의 좋은 전통으로 이어 왔습니다. 그런데 선교사님들이 신앙의 좋은 습관으로 가지라고 줬던 권고 사항이, 마치 구원받기 위한 조건이나 지키지 않으면 지옥에 가는 '금령'처럼 여겨졌습니다. 그렇다 보니 술, 담배를 끊는 것이 교회에 오는 조건처럼 인식되기도 했습니다.

다시 말씀드리지만, 음식이나 기호 식품은 구원 얻는 문제와 전혀 상관없습니다. 그런데 시간이 지나 외국에서 학위를 받고 돌아온 신학교 교수들과 목회자들이 많아지면서 이와 같은 지식과 신앙의 분위기가 너무나 빠르게 역전됐습니다. 그래서 술, 담배를 비롯한 어떤 음식을 먹고 안 먹는 것이, 구원 얻는 것과 상관없으니 해도 된다고 가르치는 교수와 목사님들이 많아진 것입니다. 그렇다 보니 이제는 독실한 크리스천이라고 알려진 연예인들이 자기들의 일상생활을 보여 주는 방송에서 너무나 자연스럽게 술을 먹는 것을 보게 됩니다. 심지어 어떤 신학 대학교수는 학생들과 호프집에서 치맥을 먹으면서 토론하거나 대화 시간을 갖는다고 합니다.

고린도전서 10:29-33, "내가 말한 양심은 너희의 것이 아니요 남의 것이니 어찌하여 내 자유가 남의 양심으로 말미암아 판단을 받으리요 30. 만일 내가 감사함으로 참여하면 어찌하여 내가 감사하는 것에 대하여 비방을 받으리요 31. 그런즉 너희가 먹든지 마시든지 무엇을 하든지 다 하나님의 영광을 위하여 하라 32. 유대인에게나 헬라인에게나 하나님의 교회에나 거치는 자가 되지 말고 33. 나와 같이 모든 일에 모든 사람을 기쁘게 하여 자신의 유익을 구하지 아니하고 많은 사람의 유익을 구하여 그들로 구원을 받게 하라"

구원받은 우리의 양심은 우리의 것이 아니라 남(그리스도)의 것입니다.

고린도전서 6:19-20, "너희 몸은 너희가 하나님께로부터 받은 바 너희 가운데 계신 성령의 전인 줄을 알지 못하느냐 너희는 너희 자신의 것이 아니라 20. 값으로 산 것이 되었으니 그런즉 너희 몸으로 하나님께 영광을 돌리라"

우리의 양심이 내 것이 아니라고 한 이유는, 그리스도께서 내 양심을 당신의 피로 값을 주고 사셨기 때문입니다. 그리스도께서 원하시는 것이 무엇입니까? 많은 사람을 구원하는 것입니다. 그 많은 사람 중에는 유대인도 있고, 이방인도 있습니다. 우상의 제물이 괜찮은 사람도 있지만, 거리끼는 사람도 있습니다. 이방의 생활과 문화 속에서 피를 먹거나 목매어 죽인 짐승을 먹는 것이 괜찮은 사람들도 있지만, 율법을 지켜 오던 유대인들에게는 심히 거리끼는 것입니다. 그러니 그 모든 사람이 마음의 거리낌이나 상처 없이, 교회 안에서 그리스도의 몸과 지체로 어우러지려면 서로의 마음을 상하게 하는 것은 금해 주는 것입니다.

세 번째는 '음행'에 관한 것입니다. 사도들이 음행을 멀리하라고 권면한 것은, 당시 사회에 그런 분위기가 있었음을 짐작할 수 있는 부분입니다. 고대 사회로 갈수록 남자의 권한이 강하고, 여자는 노동력이나 쾌락의 도구로 유린당하는 경향이 많았습니다. 그것에 더해 여자의 신분이 '종'이라면, 그 사람의 몸은 더욱 자유가 없습니다. 성경에서 '음행'에 관해서 말할 때, 상당 부분은 '신분'과 관계가 있습니다. 다윗도 부하 장수의 아내를 빼앗았고, 예수님께서 사마리아 수가 성 우물에서 만난 여인도 남자에게 네 번이나 버려진 '신분상 약자'인 사람이었습니다. 보디발 장군 집의 요셉도 그의 신분이 '종'이었기 때문에, 여주인의 유혹을 뿌리치고 도망갔다는 이유로 감옥에 갇히게 되지 않았습니까? 이처럼 '음행'은 요즘 말로 신분상 '갑'의 위치에 있는 사람들이 '을'일 수밖에 없는 사람들을 쾌락의 도구로 삼아도 되는 사회적 분위기가 있었습니다.

그런데 초대 교회에는 신분상 '갑'의 위치에 있는 사람들만 모인 것이 아니라 '을'인 사람들도 함께 있었습니다. 당연히 '음행'의 문제는 가해자와 피해자가 교회라는 한 공간에 있을 수 있는 구조였던 것입니다. 이런 상황에서 음행을 멀리하라고 하는 사도들의 가르침은 당시의 사회 분위기를 역행하는 것이었고, 세상과 다른 교회의 차별화를 볼 수 있는 부분입니다. 또한, 땅끝까지 이르러 복음이 전파되는 동력의 한 부분이 되었다고 생각합니다.

앞서도 말씀드린 것처럼, 초대 교회 당시의 사도들이나 종교 개혁 이후의 교회들이 당시 사회와 문화에서 만연하게 허용되던 것 중에서 성경의 가르침과 벗어난 부분을 금한 것이 많습니다. 하지만 그것은 구원 얻는 조건 차원에서 준 금지 명령이었다기보다는, 다른 사람 곧 아직 믿음이 연약한 형제들의 신앙을 도와야 하는 차원에서 결정한 것들입니다. 이와 같은 맥락에서 영국의 크리스천 성직자이자 국회 의원이었던 윌버포스와 미국의 16대 대통령 링컨은, 노예 제도를 폐지함으로 신앙의 자유를 도왔습니다. 무엇보다 신분상의 불리함 때문에 원치 않는 행동을 당해야 하는 '종'들에게 있어서 노예 해방은, 일생일대의 가장 큰 선물이었을 것입니다.

재미있는 것은 미국에서 해방된 노예들에게 참정권을 허락한 때가 1870년입니다. 그런데 미국의 여자들은 1920년이 되어서야 참정권을 받게 됩니다. 선진국인 프랑스는 1944년, 스위스는 1971년에 참정권을 받습니다. 이처럼 많은 나라와 사회에서 여자들은 노예보다 못한 신분이었습니다. 그런데 2천 년 전에 초대 교회가 설립되면서부터 사도들은 '음행을 멀리할 것'을 가르쳤습니다. 성경에 믿음이 좋은 여자들이 많이 등장하는 이유도 그런 영향을 받아서이지 아니었을까 생각해 봅니다.

지금은 '여성의 권리'를 걱정해야 할 만큼 문명적으로 빈약한 시대는 아니지만, 너무나 많은 자유가 허락됨으로 인해서 또 다른 음행을 걱정해야 하는 시대입니다. 입에 담기도 민망할 만큼 수없이 다양한 종류의 음행이 사회에 만연합니다. 이때 우리는 어떻게 살아야 합니까? '멀리하라'고 했습니다. '음행'이라는 죄는 도망가는 것이 최고의 방법입니다. 괜히 근처에서 우물쭈물하다가는 블랙홀에 빨려 들어가듯 빠지기 쉽습니다. '음행'은 견뎌 낼 장수가 없습니다. 3초만 그윽하게 쳐다봐도 빠질 수 있습니다. 겸손하게 고개를 숙이고, 마치 벌집을 건드린 것처럼 여기고 빨리 도망가십시오.

> 고린도전서 6:15-18, "너희 몸이 그리스도의 지체인 줄을 알지 못하느냐 내가 그리스도의 지체를 가지고 창녀의 지체를 만들겠느냐 결코 그럴 수 없느니라 16. 창녀와 합하는 자는 그와 한 몸인 줄을 알지 못하느냐 일렀으되 둘이 한 육체가 된다 하셨나니 17. 주와 합하는 자는 한 영이니라 18. 음행을 피하라 사람이 범하는 죄마다 몸 밖에 있거니와 음행하는 자는 자기 몸에 죄를 범하느니라"

우리 신앙의 선배들과 교회를 통해서 내려오는 좋은 전통들이 있습니다. 그것들을 지켜야만 구원받는 것은 아니지만, 그것을 지키는 것이 우리 신앙에 유익하고, 그리스도와 함께 지체된 성도들을 위하고 보호하는 방법이 됩니다. 저와 여러분도 선조들로부터 물려받은 좋은 신앙의 전통들을 잘 지켜 냄으로, 그리스도의 몸 된 교회를 잘 보존하기를 기원합니다.

스스로 삼가면 잘 되리라

"이에 사도와 장로와 온 교회가 그 중에서 사람들을 택하여 바울과 바나바와 함께 안디옥으로 보내기를 결정하니 곧 형제 중에 인도자인 바사바라 하는 유다와 실라더라 23. 그 편에 편지를 부쳐 이르되 사도와 장로된 형제들은 안디옥과 수리아와 길리기아에 있는 이방인 형제들에게 문안하노라 24. 들은즉 우리 가운데서 어떤 사람들이 우리의 지시도 없이 나가서 말로 너희를 괴롭게 하고 마음을 혼란하게 한다 하기로 25. 사람을 택하여 우리 주 예수 그리스도의 이름을 위하여 생명을 아끼지 아니하는 자인 우리가 사랑하는 바나바와 바울과 함께 너희에게 보내기를 만장일치로 결정하였노라 27. 그리하여 유다와 실라를 보내니 그들도 이 일을 말로 전하리라 28. 성령과 우리는 이 요긴한 것들 외에는 아무 짐도 너희에게 지우지 아니하는 것이 옳은 줄 알았노니 29. 우상의 제물과 피와 목매어 죽인 것과 음행을 멀리할지니라 이에 스스로 삼가면 잘되리라 평안함을 원하노라 하였더라"

구원이 예수 믿는 것만으로는 충분하지 않고, 거기에 할례와 율법까지 행해야 한다고 주장하는 사람들로 인해서 예루살렘 공의회가 열렸다고 말씀드렸습니다. 사도들은 구원은 예수 믿는 것 외에 다른 조건이 필요 없음을 확인하면서, 다만 우상의 제물과 피와 목매어 죽인 것, 그리고 음행을 멀리하라고 가르쳐 줬습니다. 구원을 얻는 조건에서 본다면, 유대인들이 금기시하는 어떤 음식을 먹었다든지, 음행하고 불결한 일을 했다든지 해도 문제가 되지 않습니다. 구원은 인간이 행한 행위의 결과로 받는 것이 아니라 오직 그리스도께서 행하신 대속의 은혜를 우리에게 주기 원하시는 하나님의 뜻에 따라 결정되기 때문입니다. 그런데 구원을 얻는 문제에 관해서 하나님께서 우리에게 어떤 조건도 요구하지 않으신다는 것 때문에, 성도들이 갖는 신앙상의 오해가 있습니다. 우리의 상태와 상관없이 이미 구원을 받았다고 하니, 구원받았다는 사람 중에서 죄를 짓는 면에 있어서 무감각하게 여기는 사람들이 생기더라는 것입니다.

목사라는 직분을 갖고 설교하는 사람으로서, 뉴스의 사회면에서 목사들이 저지른 파렴치한 범죄 사실을 보는 것이 너무나 민망하고 부끄럽습니다. 그뿐만 아니라 범죄 행위가 발각된 사회의 지도층에 속한 사람 중에도, 교회의 장로나 권사들이 상당히 많습니다. 그렇다 보니 기독교를 종교로 가진 사람들의 양심이나 도덕성이, 다른 종교인이나 신앙을 갖지 않은 사람들의 평균에도 미치지 못하게 보이는 면이 있습니다. 이렇게 된 대표적인 이유 가운데 하나가 바로 구원에 관한 오해 때문이 아닐까, 하는 생각이 듭니다.

만약 구약 이스라엘 백성들처럼 율법을 지키는 행위로 구원을 얻을 수 있다고 했다면, 죄에 대해서 좀 더 조심하는 면이 있었을지도 모릅니다. 하지만 오직 은혜로 구원받는다고 가르치고, '우상의 제물과 피와 목매어 죽인 것과 음행'까지도 절대 하지 말라가 아니라 '멀리하라'는 권고 사항으로 줬습니다. 하나님의 말씀을 반드시 지켜야만 하는

'금령'으로 준 것이 아니라, 거듭났기 때문에 되살아난 성도의 '자유의지'에 순종의 여부를 맡겨 주신 것입니다. 그래서 이 부분에 있어서 우리가 바른 신앙의 지식을 가져야 합니다.

> 로마서 6:1-3, "그런즉 우리가 무슨 말을 하리요 은혜를 더하게 하려고 죄에 거하겠느냐 2. 그럴 수 없느니라 죄에 대하여 죽은 우리가 어찌 그 가운데 더 살리요 3. 무릇 그리스도 예수와 합하여 세례를 받은 우리는 그의 죽으심과 합하여 세례를 받은 줄을 알지 못하느냐"

로마서 1장부터 5장까지는 "사람이 어떻게 구원을 얻는가? 어떻게 인간은 아무것도 한 것이 없으면서 구원을 받을 수 있는지"에 관해서 설명합니다. 그렇다 보니 "그럼 우린 놀고먹으면 되겠네."라고 이해하는 사람이 생긴 것입니다. 그래서 바울이 하는 말이 무엇입니까? "은혜를 더하게 하려고 죄에 거하겠느냐? 구원이란, 죄를 씻었다고 해서 끝이 아니라 그것을 시작으로 우리가 해야 할 일이 있다."라고 말합니다. 그것이 무엇입니까?

> 로마서 6:4, "그러므로 우리가 그의 죽으심과 합하여 세례를 받음으로 그와 함께 장사되었나니 이는 아버지의 영광으로 말미암아 그리스도를 죽은 자 가운데서 살리심과 같이 우리로 또한 새 생명 가운데서 행하게 하려 함이라"

우리가 "그의 죽으심과 합하여 세례를 받은 것"은 죄를 씻은 것입니다. 그리고 우리의 구원은 여기서 이미 완성됐습니다. 그런데 하나님은 죄를 씻어 주고 구원하신 것으로 끝이 아니라, "우리로 새 생명 가운데서 행하게 하려 하는" 기대가 있다고 말씀하십니다.

지금이야 아이들이 주로 집에서 컴퓨터 게임을 하며 놀지만, 예전에 제가 어릴 적만 해도 주로 밖에서 흙과 함께 놀고, 땅바닥을 방바닥처럼 여기며 놀았습니다. 당연히 옷뿐만 아니라 손발과 얼굴까지 흙먼지로 뒤집어쓰며 놀았습니다. 그렇게 저녁까지 놀고 있으면 저녁 준비를 마친 엄마들이 아이들을 부릅니다. 그러면 집으로 돌아간 아이는 제일 먼저 씻고 옷 갈아입는 것부터 합니다. 이제 씻고 옷 갈아입었으면, 다음은 가족과 함께 식탁에 앉아서 엄마가 준비한 음식 맛있게 먹고, 다음날 학교에 갈 준비를 할 것입니다. 그런데 씻고 옷 갈아입고 나온 아이가 밖에서 재미있게 놀던 것이 생각나서, 또다시 바깥으로 나가서 땅바닥을 뒹굴고 놀면 어떻게 되겠습니까? 혼나죠. 많이 혼날 것입니다.

우리의 더러운 몸과 죄가 깨끗하게 씻기는 일은, 우리의 자격이나 조건을 따지지 않으시는 하나님의 주권적인 은혜와 사랑으로 인해 받게 되는 선물입니다. 하지만 그것은 깨끗하게 된 몸과 의로운 옷으로 입혀 주신 그리스도의 영광스러운 자리에 참여하게 되는 출발이요 시작입니다. 이제는 우리가 받은 은혜가 얼마나 귀하고 보배로운지 자각하고, 예전에 죄 가운데서 살던 그때 그 자리로 돌아가지 않으려는 이 싸움을 해야 합니다. 씻고 새 옷을 입었으니 전부가 아니라, 왜 씻기고 새 옷을 입혀 주셨는지를 생각하고, 이제 우리가 해야 할 일이 있고 또한 그 일을 해야 합니다.

에베소서 1:3-6, "찬송하리로다 하나님 곧 우리 주 예수 그리스도의 아버지께서 그리스도 안에서 하늘에 속한 모든 신령한 복을 우리에게 주시되 4. 곧 창세 전에 그리스도 안에서 우리를 택하사 우리로 사랑 안에서 그 앞에 거룩하고 흠이 없게 하시려고 5. 그 기쁘신 뜻대로 우리를 예정하사 예수 그리스도로 말미암아 자기의 아들들이 되게 하셨으니 6. 이는 그가 사랑하시는 자 안에서 우리에게 거저 주시는 바 그의 은혜의 영광을 찬송하게 하려는 것이라"

세상 나라에서도 선출직이든 임명직이든, 죄를 범하고 감옥에 있는 사람은 국가를 위한 공무를 수행할 수 없습니다. 오히려 그 사람에게 내려진 형벌의 기한이 끝난 뒤에도 수년 동안 피선거권 자격에 제한을 둬서, 국가 공무를 수행하려는 사람에게 청렴의 조건을 요구합니다. 만약 국정을 운영함에 있어서 정말로 필요한 사람이 현재 감옥에 있다거나, 자격이 상실된 상태에 있다면 어떤 해결 방법이 있을까요? 죄인에 대한 '특별 사면이나 복권'과 같은 권한을 지닌 대통령이, 필요한 사람의 죄를 면해 주거나 박탈당한 그 사람의 자격을 회복해 주어야 합니다.

그러면 대통령으로부터 '특별 사면과 복권'의 은혜를 받은 사람은 어떻게 해야 할까요? 예전에 자기가 저질렀던 죄를 다시 범하지 않도록 조심해야 할 것입니다. 그리고 대통령이 특별한 이유와 목적이 있어서 자기에게 그와 같은 혜택을 주었으니, 그가 가진 모든 역량을 다해서 자기에게 맡긴 일을 잘 수행해야 합니다. 그렇게 자기에게 주어진 임무를 잘해야 자기를 사면해 주고 복권해 준 대통령의 결정이 국민으로부터 인정받게 될 것입니다. 그런데 사면과 복권의 혜택을 받은 사람이, 감옥에서 나오자마자 전에 지은 죄를 똑같이 범한다면 어떻게 되겠습니까? 그런 사람을 '사면 복권'해 준 대통령에게 더 큰 책임을 물을 것입니다.

죄인인 우리가 어떻게 감히 하나님 앞에 설 수 있겠습니까? 우리가 여전히 죄인인 상태에 머물러 있다면 절대 불가능합니다. 그러니 하나님께서 당신의 아들을 통해 우리의 죄를 면해 주시고, 에덴동산에서 아담과 하와가 상실했던 하나님과의 관계, 그 자격을 회복해 주신 것입니다. 하나님께서 그리스도 안에서 하늘에 속한 모든 신령한 복을 우리에게 주셨습니다. 그 이유는 우리가 하나님 앞에서 거룩하고 흠이 없게 하시려고 준 것입니다. 죄를 사면 받고 권리가 복원된 것이 전부가 아니라, 우리에게 그와 같은 은혜를 주신 하나님의 뜻과 목적을 잘 알아서 그렇게 살아야 한다는 것입니다. "우리 죄가 깨끗하게 씻김을 받았다, 그리스도의 은혜로 하나님 앞에서 의롭다 여김을 받았다"가 끝이 아니라, 그런 은혜를 주신 이유가 있음을 알아야 합니다.

'우상의 제물과 피와 목매어 죽인 것과 음행을 멀리하는 것'은 구원의 조건으로 주어진 것은 아니지만, 구원받은 자라면 마땅히 해서는 안 되는 일들입니다. 왜요? 그런 행위는 하나님의 영광을 드러내는 것이 아니기 때문입니다.

> 고린도전서 6:9-10, "불의한 자가 하나님의 나라를 유업으로 받지 못할 줄을 알지 못하느냐 미혹을 받지 말라 음행하는 자나 우상 숭배하는 자나 간음하는 자나 탐색하는 자나 남색하는 자나 10. 도적이나 탐욕을 부리는 자나 술 취하는 자나 모욕하는 자나 속여 빼앗는 자들은 하나님의 나라를 유업으로 받지 못하리라"

여기에 언급된 사항들은 우리에게 구원받는 조건으로 제시된 것이 아닙니다. 세상의 그 어떤 죄도, 우리를 구원하시려는 하나님의 은혜를 방해하지 못합니다. 하지만 구원받은 것은 하나님이 계신 영광스러운 자리에 함께하는 것입니다. 그런 면에 있어서 여기에 나열된 항목들은, 거룩하신 하나님과 만나기에 적합하지 않은 것들입니다. 9절에 언급된 '간음하는 자'는 혼인의 신성함을 파괴하는 성적 타락을 말합니다. '탐색'은 '여자 같은'이라는 뜻으로, 동성애자를 뜻하는 '남색'하는 자에게 여자의 역할로 몸을 맡기는 사람을 뜻합니다.

그런데 10절에 언급된 사람들이 탐색하고 남색하는 자들과 같은 부류의 사람으로 묶여 있습니다. 그렇다 보니 하나님 앞에서 인정받지 못하는 것은 동성애자나 술 취하는 사람이나 똑같은데 왜 기독교는 동성애만 가지고 지적하느냐며 따져 묻는 사람이 있습니다. 여기에 언급된 내용은 구원의 조건으로 우리에게 주어진 것이 아닙니다. 하지만 하나님께서 우리를 구원하신 것은, "내가 너희의 죄를 용서하고 구원했으니 더 당당하게, 더 열심히 너희들이 하고 싶은 것을 다 해도 된다."가 아닙니다. 이제는 구원받기 전에 하던 죄의 습관, 잘못된 삶의 행태와 결별하라는 것입니다.

> 고린도전서 6:11, "너희 중에 이와 같은 자들이 있더니 주 예수 그리스도의 이름과 우리 하나님의 성령 안에서 씻음과 거룩함과 의롭다 하심을 받았느니라"

"너희 중에 이와 같은 자들이 있었다."라는 말은, 구원받기 이전에 세상의 유행과 풍조를 따라 살면서 그것이 죄인 줄 모르고 살던 사람들이 있었다는 것입니다. 하지만 그랬던 너희들이 “주 예수 그리스도의 이름과 우리 하나님의 성령 안에서 씻음과 거룩함과 의롭다 하심을 받았느니라.” 그래서 이제 어떻게 하라는 말입니까? 거룩함과 의롭다 함을 받은 삶을 살라는 것입니다. 이것이 구원받는 조건입니까? 구원받는 조건은 아닙니다. 하지만 구원받았으니, 이제는 거룩하고 의로운 삶을 살아야 하는 책임이 있습니다. 흙바닥에서 놀던 아이를 데려다가 목욕시키고 새 옷으로 갈아입혀 놨더니, 밥상 차리는 사이에 다시 바깥으로 나가서 흙바닥에서 뒹굴고 있으면 어떻게 합니까? 그것을 한 번 두 번만 하는 것이 아니라, 계속 반복해서 하면 어떻게 되겠습니까?

> 데살로니가전서 4:3-6, (우리를 구원하신) “하나님의 뜻은 이것이니 너희의 거룩함이라 곧 음란을 버리고 4. 각각 거룩함과 존귀함으로 자기의 아내 대할 줄을 알고 5. 하나님을 모르는 이방인과 같이 색욕을 따르지 말고 6. 이 일에 분수를 넘어서 형제를 해하지 말라 이는 우리가 너희에게 미리 말하고 증언한 것과 같이 이 모든 일에 주께서 신원하여 주심이라”

원래 우리는 부정한 사람들이었습니다. 하지만 하나님께서 그리스도 예수 안에서 우리를 깨끗하게 해 주셨습니다. 그리고 우리를 하나님의 거룩하심과 같은 자리로 초대하고 있습니다. 그래서 구원받은 성도들이 가져야 하는 신앙의 목표가 무엇입니까? 성도다워지는 것입니다. 거룩함을 위해서 정진하는 것이고, 끝내 이루는 것입니다.

우리가 예수님을 믿고 신앙생활을 하면서 얻는 세상의 위로가 있습니다. 예수를 믿은 뒤에 얻게 되는 축복, 만사형통, 행복 등과 같은 것들입니다. 하지만 그것들은 우리가 하나님과의 관계가 회복된 뒤에 얻게 되는 부수적인 결과물들이지, 그것이 우리의 신앙 목표는 아닙니다. 그런데 오늘날 교회와 성도들이 신앙상 가져야 할 목표와 그 목표를 향해 가면서 얻게 되는 부수적인 위로들을 정확하게 분별하지 못하고 있습니다. 그래서 우리를 거룩함이라는 목표로 부르시는 하나님의 부르심을 따르기보다는, 세상에서 얻는 부수적인 결과물들, 행복, 사랑, 위로 이런 것만 찾고 있습니다. 그렇다 보니 교회를 찾고, 예수를 찾는 가장 큰 이유가 '내가 사랑받고, 내가 위로 받고, 내가 행복을 느끼는 것'이 되고 말았습니다. 교회도 찾아온 사람들에게 만족을 주기 위해서 최선의 노력을 다하고 있습니다. 여기에 경건이 있습니까, 절제가 있고, 인내가 있고, 오래 참음이 있습니까? 교회에서 선포되는 하나님의 말씀인 설교에서 성경이 강조하는 핵심 가치들은 모두 사라지고, 사람들이 좋아하는 말들만 가득한 말잔치가 되고 말았습니다.

> 히브리서 13:17, "너희를 인도하는 자들에게 순종하고 복종하라 그들은 너희 영혼을 위하여 경성하기를 자신들이 청산할 자인 것 같이 하느니라 그들로 하여금 즐거움으로 이것을 하게 하고 근심으로 하게 하지 말라 그렇지 않으면 너희에게 유익이 없느니라"

'너희를 인도하는 자들'은 하나님의 말씀을 전하는 사람들, 즉 목사입니다. 그들은 양 떼를 맡은 목자가 밤에도 잠을 자지 못하고 깨어 지키는 것처럼, 자기가 맡은 영혼들을 위하여 하나님의 말씀을 준비하고 전해야 하는 사람입니다. 목사는 자기가 설교하고 가르친 것에 대해서 하나님 앞에서 결산을 받아야 한다는 것을 늘 염두에 두고, 하나님의 말씀을 올바로 전하려고 노력해야 합니다.

그런데 성경을 보신 분은 아시겠지만, 성경에는 늘 밝고 희망적인 이야기, 하나님이 우리에게 복을 주신다는 이야기만 있는 것이 아닙니다. 하나님의 말씀을 듣지 않고 순종하지 않으면, 저주가 임한다는 말씀도 있습니다. 그렇다 보니 선지자들이 목이 터지라고 외쳤던 말씀이 무엇이었습니까? "회개하라, 정신 차리라, 하나님께 속히 돌아오라."라는 것이었습니다. 그러면 이런 말들은 사람들이 듣기에 좋은 말입니까, 싫은 말입니까? 그래서 히브리서 기자가 이 편지를 받는 성도들에게, "그들(설교자)로 하여금 즐거움으로 이것을 하게 하고 근심으로 하게 하지 말라." 이렇게 권면하고 있습니다. 즐거움으로 이것을 하게 하라는 말씀은 무슨 뜻일까요?

> 예레미야 6:16-19, "여호와께서 이와 같이 말씀하시되 너희는 길에 서서 보며 옛적 길 곧 선한 길이 어디인지 알아보고 그리로 가라 너희 심령이 평강을 얻으리라 하나 그들의 대답이 우리는 그리로 가지 않겠노라 하였으며 17. 내가 또 너희 위에 파수꾼을 세웠으니 나팔 소리를 들으라 하나 그들의 대답이 우리는 듣지 않겠노라 하였도다 18. 그러므로 너희 나라들아 들으라 무리들아 그들이 당할 일을 알라 19. 땅이여 들으라 내가 이 백성에게 재앙을 내리리니 이것이 그들의 생각의 결과라 그들이 내 말을 듣지 아니하며 내 율법을 거절하였음이니라"

망대 위에 파수꾼을 세운 이유는, 적군이 쳐들어왔을 때 파수꾼이 나팔을 불어 위기 상황을 알리고, 성안의 군사들과 백성들에게 전쟁 준비를 시키기 위함입니다. 그래서 전쟁 영화 같은 것을 보면, 성이나 요새를 침략할 때 제일 먼저 공격 목표가 되는 사람들이 망대나 초소를 지키는 파수꾼입니다. 그들이 나팔만 불지 않으면, 성안의 사람들은 무방비 상태가 되기 때문입니다. 하나님께서 파수꾼을 세운 이유가 무엇입니까? 나팔을 불라고 세운 것입니다. 그런데 파수꾼이 나팔을 불었더니 어떻게 했다고 합니까? 듣지 않겠다고 합니다. 그랬더니 어떤 결과가 나왔습니까? "내가 이 백성에게 재앙을 내리겠다. 그것은 그들의 생각의 결과다, 그들은 내 말을 듣지 않고 내 율법을 거절했다."라고 했습니다.

오늘날 교회와 성도들이 바라보고 나가야 할 목표를 상실한 것은 큰 아픔입니다. 파수꾼인 목사들이 하나님께서 명하시는 나팔을 불 생각을 하지 않습니다. 대신에 사람들이 좋아하는 노래 연주만 하고 있습니다. 얼마나 따뜻하고 감미로운지, 듣고만 있어도 눈물이 주르륵 나고 감동입니다. "당신은 사랑받기 위해 태어난 사람이고, 태초부터 시작된 하나님의 사랑은 우리가 서로 만나게 된 것으로 열매를 맺게 되었다, 우리 만남은 우연이 아니다." 그러니 우리가 서로 사랑하고, 이해하고, 보듬어 주면서 행복하게 살자고 합니다. 감동이죠, 세상에 이렇게 따뜻한 곳이 없습니다. 그런데 다 좋은데, 하나님께서 우리를 거룩과 경건함으로 부르고 있다는 사실에 대해서는 들어 본 적이 없습니다. 왜일까요? '거룩과 경건함'은 따뜻한 위로가 아니라, 우리의 예전의 더러운 성품을 씻어내고, 뽑아내고, 잘라 내는 것을 전제로 이루어지는 것이기 때문입니다.

아이가 흙바닥에서 뒹굴며 놀던 옷 위에 새 옷을 입히는 엄마는 없습니다. 먼저 더러워진 옷을 다 벗기고, 깨끗이 샤워를 시킨 후에 새 옷으로 갈아입힙니다. 아이의 더러운 옷을 벗기고, 몸을 깨끗하게 씻게 하는 것 자체가 사랑 아닙니까? 그런데 이렇게 기본적인 상식이 교회에서는 잘 통하지 않습니다. "세상에 죄 없는 사람이 어디 있느냐? 다른 사람 지적하지 말고 너나 잘해라" 맞습니다. 우리 모두 멸망받아 마땅한 죄에서 구원받은 사람이고, 하나님의 은혜를 받은 사람이니 서로를 향해서 '죄인'이라고 지적하는 것은 적절치 않습니다. 하지만 하나님께서 우리를 부르신 이유와 목적마저도 말하지 못하도록 하는 것은, 성령을 주신 하나님을 버린 것과 같은 것입니다.

> 데살로니가전서 4:7-8, "하나님이 우리를 부르심은 부정하게 하심이 아니요 거룩하게 하심이니 8. 그러므로 저버리는 자는 사람을 저버림이 아니요 너희에게 그의 성령을 주신 하나님을 저버림이니라"

하나님이 우리를 부르신 것은, 우리가 부정不淨한 상태에 머물러 있게 하려고 부르신 것이 아니라, 거룩하게 하려고 부르신 것입니다. 그러므로 하나님께서 부르시는 그 부름을 저버리는 사람은, 그것을 전하는 사람을 저버리는 것이 아니라 하나님을 저버리는 것과 같다고 말씀합니다. 교회에 오고, 신앙생활을 하면 모든 일이 잘 풀리고 형통하게 되리라고 생각하십니까? 물론 그런 면이 분명히 있습니다. 하지만 그것은 우리가 기대하고 바라는 부분이고, 우리를 구원하신 하나님의 뜻과 목적은 우리가 거룩함과 경건함으로 준비되는 것을 더 원하십니다. 왜 그렇습니까? 우리가 세상에서 영원히 살 수 있다면, 당연히 세상에서 하는 일마다 잘 풀리고 행복하게 사는 것이 가장 좋을 것입니다. 하지만 우리가 살게 될 처소는 우리가 사는 세상이 아니라, 아버지 하나님께서 계시고 그리스도 예수께서 우리를 위해 처소를 준비하고 계신 영원한 천국입니다. 천국에서의 삶은 우리가 사는 세상에서의 삶과는 완전히 다를 것입니다.

어떤 부분에서 다를까요? 우리가 완전하신 하나님을 닮은 성품으로 바뀌게 되는 부분에서 다를 것입니다. 그리고 그렇게 닮아가야 하고 다듬어져야 하는 부분에 있어서 인내도 필요하고, 절제도 필요하고, 오래 참음도 필요하고, 자기 십자가를 지는 것도 필요합니다. 하나님께서 우리를 하나님의 영광된 자리로 인도하기 위해서 여전히 우리에게 남아 있는 죄의 본성을 깎고 다듬는 자리로 인도하신다는 것입니다.

해마다 겨울이 다가오면 한국 교회의 여전도회에서는 교회에 필요한 김장을 합니다. 여전도회가 하는 가장 큰 행사 중에 하나지요. 김장할 때 가장 중요한 것이 무엇일까요? 소금물에 배추를 절이는 것입니다. 김장을 적게 할 때는 별 차이가 없지만, 많이 할 때는 위아래로 잘 뒤집어 줘야 합니다. 그렇게 절이는 과정을 뭐라고 부릅니까? 숨을 죽인다고 합니다. 배추에 숨이 잘 죽으면 양념도 잘 묻고, 물도 많이 안 나옵니다. 그런데 숨이 살아 있는 상태에서 김장하면, 나중에 물이 많이 나와서 김치가 싱거워지고 냄새도 많이 나고, 결정적으로 물로 채워진 김치통이 터집니다.

신앙생활 잘하는 것 같은 성도들에게 왜 고난이 오고 연단이 올까요? 숨을 죽여야 하기 때문입니다. 이게 살아 있으면 세상 냄새, 죄 냄새가 나고, 결정적으로 교회가 터집니다. 그렇게 교회에 사랑이 많다고 하고, 봉사도 많이 했다고 하는데 시도 때도 없이 터지는 이유가 무엇입니까? 시퍼렇게 살아 있는 사람이 너무 많아서 그렇습니다. 우리 안에 뽑아야 할 것들이 있습니다. 숨이 죽어야 할 것들이 있습니다. 이런 것은 전혀 말해 주지 않고 '잘한다, 잘한다.'만 하고 있으니, 하나님께서 원하시는 사람은 언제 만들어지겠습니까?

> 로마서 6:6-7, "우리가 알거니와 우리의 옛 사람이 예수와 함께 십자가에 못 박힌 것은 죄의 몸이 죽어 다시는 우리가 죄에게 종 노릇 하지 아니하려 함이니 7. 이는 죽은 자가 죄에서 벗어나 의롭다 하심을 얻었음이라"

하나님께서 우리를 구원하신 뒤에 우리에게 바라시는 것은, 우리에게 있는 죄의 본성이 죽어서, 다시는 우리가 죄에게 종노릇 하지 않는 것입니다.

> 로마서 6:12-13, "그러므로 너희는 죄가 너희 죽을 몸을 지배하지 못하게 하여 몸의 사욕에 순종하지 말고 13. 또한 너희 지체를 불의의 무기로 죄에게 내주지 말고 오직 너희 자신을 죽은 자 가운데서 다시 살아난 자 같이 하나님께 드리며 너희 지체를 의의 무기로 하나님께 드리라"

죄가 우리 몸을 지배하지 못하게 하고, 몸의 욕심을 따라 살게 하지 말라십니다. 대신 우리를 죽은 자 가운데서 다시 살아난 자처럼, 우리 몸을 하나님께 드리라. 이것이 하나님의 요구요, 명령입니다. 구원받았으니 마땅히 하나님의 기뻐하심을 입은 자처럼 살아야 하지 않겠느냐? 하나님께서 원하시는 것은, 우리의 몸이 예배당에 와서 앉아 있는 것만이 아닙니다. 우리의 몸, 우리의 삶이 하나님께서 받으실 거룩한 산 제물이 되는 것입니다. 그리고 그것을 가리켜서 우리가 드릴 영적 예배라고 말씀하고 있습니다.

로마서 12:1-2, "그러므로 형제들아 내가 하나님의 모든 자비하심으로 너희를 권하노니 너희 몸을 하나님이 기뻐하시는 거룩한 산 제물로 드리라 이는 너희가 드릴 영적 예배니라 2. 너희는 이 세대를 본받지 말고 오직 마음을 새롭게 함으로 변화를 받아 하나님의 선하시고 기뻐하시고 온전하신 뜻이 무엇인지 분별하도록 하라"

하나님께서 우리에게 너희는 이 세대를 본받지 말라고 말씀하십니다. 대신에 하나님의 선하시고 기뻐하시고 온전하신 뜻이 무엇인지 분별하라, 생각 좀 하면서 살라, 철이 들고 어른이 되라고 말씀하십니다. 사람이 세상에 태어나서 나이를 먹고 연륜이 쌓이면 신체뿐만 아니라, 생각이나 행동이나 모든 면에 있어서 자라나야 한다는 것은 당연한 사실입니다. 그런데 신앙의 면에서는 교회에 5년 다닌 사람이나 10년, 20년, 30년, 일평생을 다닌 사람이 별로 차이가 없습니다. 단순히 성경 지식이나 교회의 경험을 말씀드리는 것이 아니라, 우리 몸을 하나님께서 받으실 거룩한 산 제물로 드리는 면에 있어서 그렇다는 것입니다.

도무지 양보도 없고, 이해도 없고, 자기를 내려놓는 것도 없고, 무슨 수를 쓰더라도 자기가 원하는 것은 다 이뤄 내야 직성이 풀립니다. 어린아이가 딱 이렇죠. 식당을 가든, 마트를 가든 자기가 원하는 게 생기면 그것 손에 쥘 때까지 떼쓰고 울지 않습니까? 그런데 좀 더 크고 어른이 되면, 가격이나 성능을 비교할 줄도 알고, 세일할 때까지 기다릴 줄도 알고, 때로는 포기할 줄도 압니다. 우리 신앙생활이 그런 것입니다. 하나님의 선하시고 기뻐하시고 온전하신 뜻이 무엇인지 분별해서, 나에게 필요한 사건과 현실이 왔을 때 징징대는 것이 아니라 극복하고 넘어가는 것입니다.

군대 유격장에 가면, 코스마다 단번에 통과하는 사람이 몇 없습니다. 다들 웅덩이에 빠지고, 올라가다가 떨어지고, 못 내려간다고 버티다가 결국 고통스러운 체력 훈련만 1시간 더하다가 끝내는 내려가게 되는 경험을 합니다. 휴가를 가든지 병원에 입원하든지 해서 아예 유격장에 가지 않았다면 모를까, 일단 유격장에 들어왔으면 무슨 수를 써서라도 그 코스를 통과해야 끝납니다. 신앙생활이 그런 것입니다. 하나님께서 우리를 쉽게 포기하실 것 같습니까? 아직 유격장에 들어오지 않았다면, 신병 대기소에서 기다리는 중일 것입니다. 그러면 유격을 받지 않는 신병 대기소가 좋은 곳이겠네요. 절대 아닙니다. 신병 대기소에 있는 사람은 제대 날짜가 보이지도 않습니다. 받아야 할 훈련을 받고, 지나야 할 과정을 지내야 상병도 달고, 병장도 답니다.

> 19-21, "그러므로 내 의견에는 이방인 중에서 하나님께로 돌아오는 자들을 괴롭게 하지 말고 20. 다만 우상의 더러운 것과 음행과 목매어 죽인 것과 피를 멀리하라고 편지하는 것이 옳으니 21. 이는 예로부터 각 성에서 모세를 전하는 자가 있어 안식일마다 회당에서 그 글을 읽음이라 하더라"

초대 교회 성도들은 각 성에서 안식일마다 회당에 모여서 모세가 전하는 글을 읽고, 사도들이 전하는 글을 읽었습니다. 단지 글만 읽은 것이 아니라 사도들이 이렇게 하라, 저렇게 하라고 권하면 그 말씀을 따라 살았습니다. 오늘날 교회가 존재해야 하는 이유, 주일마다 모여서 예배해야 하는 이유가 바로 이것입니다.

파수꾼이 베짱이처럼 아름다운 노래만 불러 주기 원하십니까? 그렇다면 굳이 파수꾼이 부는 나팔소리를 들어야 할 이유는 없습니다. 그 사람보다 훨씬 잘하는 전문 연주자들이 얼마든지 많이 있기 때문입니다. 파수꾼을 세운 이유는 경계를 서면서 위기 때 경고 나팔을 불게 하려고 세운 것입니다. 파수꾼의 나팔소리가 시끄럽고, 귀찮을 수 있습니다. 하지만 그것을 듣는 것이 유익입니다(히 13:17). 저와 여러분, 우리 하와이한빛장로교회가 우리를 구원하신 하나님의 뜻을 잘 이해하고, 하나님께서 원하시는 거룩함과 경건함에 이르는 성도가 되길 원합니다. 아무리 힘든 유격 훈련도 함께 받는 동료들이 있기에 끝나고 나면 그 동료애와 전우애가 더욱 깊어집니다. 저와 여러분도 주 예수 그리스도 안에서 더욱 깊어지는 성도애로 하나되길 원합니다.

심히 다투어 피차 갈라서니

"며칠 후에 바울이 바나바더러 말하되 우리가 주의 말씀을 전한 각 성으로 다시 가서 형제들이 어떠한가 방문하자 하고 37. 바나바는 마가라 하는 요한도 데리고 가고자 하나 38. 바울은 밤빌리아에서 자기들을 떠나 함께 일하러 가지 아니한 자를 데리고 가는 것이 옳지 않다 하여 39. 서로 심히 다투어 피차 갈라서니 바나바는 마가를 데리고 배 타고 구브로로 가고 40. 바울은 실라를 택한 후에 형제들에게 주의 은혜에 부탁함을 받고 떠나 41. 수리아와 길리기아로 다니며 교회들을 견고하게 하니라"

사도들이 모인 예루살렘 회의에서 결정된 두 가지 신앙의 원칙이 있었습니다. 첫째는, 구원의 필수 조건을 다시 한번 강조한 것으로, 이방인 출신 성도들에게 율법의 무거운 멍에를 메게 하지 말라는 것입니다. 우리가 구원받은 것은 예수 그리스도의 공로와 이름으로 받았다는 것입니다. 둘째는, 구원받은 사람 즉, 예수 믿고 하나님의 백성이 된 사람들은 하나님의 백성다운 삶이 있다는 것입니다. 그것이 말하자면, 우상의 제물과 피와 목매어 죽인 것과 음행을 멀리하라는 하나님 없이 살던 때의 삶의 습관을 버리라는 것이었습니다. 이 같은 사도들의 결정을 들은 바울과 바나바는, 사도들이 써 준 편지를 들고 안디옥에 있는 형제들에게로 돌아갔습니다. 그리고 성도들은 그와 같은 결정에 위로를 받았고 함께 기뻐했습니다(30-33).

그런데 오늘 본문에서 우리는 상당히 낯설고 당황스러운 광경을 목격하게 됩니다. 바울과 바나바가 2차 전도 여행을 준비하면서 마가라 하는 요한을 데리고 갈 것이냐 말 것이냐 하는 문제로 서로 심히 다투고 갈라섰다는 기록을 보기 때문입니다. 바울과 바나바가 누굽니까? 최초로 이방에 세워진 안디옥교회를 함께 목회했던 사람들이고, 성령께서 친히 선교사로 세우라고 명령하여 파송했던 사람들입니다.

> 사도행전 13:2-3, “주를 섬겨 금식할 때에 성령이 이르시되 내가 불러 시키는 일을 위하여 바나바와 사울을 따로 세우라 하시니 3. 이에 금식하며 기도하고 두 사람에게 안수하여 보내니라”

특히 바울에게 있어서 바나바는, 그의 인생에 은인과 같은 사람입니다. 바리새파의 열심 당원이며 다혈질적인 성격을 가졌던 사울은, 그가 가진 공적인 신분과 성격을 따라 누구보다 열심히 예수 믿는 사람을 핍박하며 다녔습니다. 스데반 집사를 돌로 쳐서 죽이는 일에 책임을 맡은 증인이었고, 다메섹으로 피난한 예수 믿는 사람을 붙잡으려고 체포 영장까지 받아들고 쫓아갔던 사람입니다. 하지만 그런 사울을 예수님께서 친히 찾아오셔서 만나 주시고, 아나니아라 하는 제자를 통해 세례를 주어 주의 제자로 삼아 주셨습니다. 그러나 다른 사람들은 사울이 예수님을 만나 제자가 됐다는 것을 믿지 않았습니다. 이때 바나바가 사울을 사도들에게 데리고 가서, 사울이 경험한 일들을 변호해 주었고, 그 일 후에 사울은 다른 제자들과 함께 복음을 전할 수 있었습니다.

> 사도행전 9:26-27, “사울이 예루살렘에 가서 제자들을 사귀고자 하나 다 두려워하여 그가 제자 됨을 믿지 아니하니 27. 바나바가 데리고 사도

들에게 가서 그가 길에서 어떻게 주를 보았는지와 주께서 그에게 말씀하신 일과 다메섹에서 그가 어떻게 예수의 이름으로 담대히 말하였는지를 전하니라"

교회의 형제로 인정받은 사울은 제자들과 함께 다니면서 복음을 전했습니다. 하지만 유대인들이 사울을 죽이려고 하자, 제자들은 사울을 '다소'로 보냈습니다. 다소로 도망친 사울은 신변의 안전은 보장받았지만, 주와 복음을 위해 일하는 일은 할 수 없었습니다. 그런데 그런 사울을 다시 부른 사람도 바나바였습니다.

사도행전 11:24-26, "바나바는 착한 사람이요 성령과 믿음이 충만한 사람이라 이에 큰 무리가 주께 더하여지더라 25. 바나바가 사울을 찾으러 다소에 가서 26. 만나매 안디옥에 데리고 와서 둘이 교회에 일 년간 모여있어 큰 무리를 가르쳤고 제자들이 안디옥에서 비로소 그리스도인이라 일컬음을 받게 되었더라"

사도들이 이방에 세워진 안디옥교회를 돌볼 사람으로 바나바를 선택해서 보냈을 때, 바나바는 사울을 찾으러 '다소'까지 가서 그를 데려와서 함께 사역했습니다. 그리고 두 사람이 함께 목회했을 때, 안디옥교회의 성도들은 '그리스도인'이라는 별명을 얻을 만큼, 그리스도의 진정한 제자들이 되었습니다. 그뿐만 아니라 앞서 살펴본 것처럼, 성령의 인도하심을 따라 바울과 바나바 두 사람은 세계 전도를 위해 초대 교회 최초의 선교사로 파송받게 됩니다. 이처럼 예수를 핍박하던 사울이, 초대 교회에서 형제로 인정받고 사도로 인정받아 바울로 변하게 되는 모든 과정에 바나바가 있었고, 그의 도움이 있었습니다. 또한, 안디옥교회를 돌보고 1차 전도 여행을 함께하는 동안, 하나님의 능력이 그들과 함께 있었고 복음의 역사도 풍성하게 나타났습니다.

그런데 2차 전도 여행을 준비하면서 두 사람 사이에 갈등이 생겼고, 끝내는 심히 다투고 서로 갈라섰다고 할 만큼 두 사람의 관계가 틀어진 것을 보게 됩니다. 바울과 바나바는 이방 선교를 위해서 성령께서 친히 짝지어 준 동료였고, 그 두 사람은 누구보다 훌륭히 그들에게 맡겨진 사명을 잘 감당했습니다. 하지만 그럼에도 불구하고 두 사람은 다시 한 팀이 되어 사역을 함께할 수 없을 만큼 심히 다투고 갈라섰습니다. 먼저 우리가 생각해야 할 것은, 이렇게 두 사람이 갈라지게 된 것에 누구의 잘못이 더 크냐고 논하는 것은, 성경이 말씀하려는 본질에서 벗어난 것입니다. 본문에서는 두 사람의 잘잘못을 가려서 누군가의 편을 드는 것이 아니라, 두 사람이 하나님께서 각자에게 맡기신 일을 자신의 방법대로 감당했다고 말씀합니다.

> 39-41, "서로 심히 다투어 피차 갈라서니 바나바는 마가를 데리고 배 타고 구브로로 가고 40. 바울은 실라를 택한 후에 형제들에게 주의 은혜에 부탁함을 받고 떠나 41. 수리아와 길리기아로 다니며 교회들을 견고하게 하니라"

오늘 본문에서 우리가 배워야 할 것이 바로 이것입니다. 우리는 '갈라섰다'라고 하면, "그래서 끝났다"라는 식으로 이해됩니다. 마치 서로 사귀던 연인이 서로 갈라서면 그들이 과거부터 현재까지 만들어 왔던 관계뿐만 아니라 내일이라는 미래도 없는 것처럼, 갈라서면 그것으로 끝입니다. 그리고 이런 모습은 교회에서도 자주 발견됩니다. 당회나 제직회 등 회의를 하거나 크고 작은 행사를 하면서 서로 의견이 다르고 일하는 방식이 다를 때, 서로 다른 면을 신앙의 있고 없음으로 해석해서 주장하다가 다투고 갈라서는 것입니다. 그런데 성경에서 살펴보는 것처럼, 바울과 바나바는 서로 갈라선 뒤에 각자의 방법대로 하나님께서 자기들에게 맡기신 일을 감당했습니다. 그리고 그 두 사람이 나뉘어서 일했음에도, 교회는 견고하게 서게 됩니다.

우리가 어려워하는 부분이 바로 이것이죠. 우리는 끝을 봐야 직성이 풀리고, 어쨌든 '내가 틀리지 않았다'라는 것을 사람들로부터 인정받아야 비로소 마음이 놓입니다. 그래서 자기가 틀리지 않았다는 것이 증명될 때까지 사람들에게 자신의 정당함을 입증하려고 하고, 그 과정에서 지지하는 사람과 그렇지 않은 사람으로 편이 갈라집니다. 결국, 서로 다툰 두 사람이 각자의 방법으로 자기의 옳음을 증명한 결과가 어떻게 됩니까? 교회가 깨지더라는 것입니다. 한 사람이 교회를 떠나든지, 두 사람 모두 떠나든지 갈라서서 끝을 봐야 끝납니다. 하지만 이것은 성경이 가르쳐 주는 방법이 아닙니다.

교회는 "내가 틀리지 않았다, 나는 정당했다."라는 것을 증명하는 곳이 아니라, 서로 다르게 생각하고 일하더라도 교회는 견고하게 서야 하는 곳입니다. 왜 그렇습니까? 교회는 지체에 속한 '나'를 위해서 있는 곳이 아니라, '몸'인 그리스도를 위해서 있는 곳이기 때문입니다. '몸'인 그리스도를 위할 수만 있다면 '지체'인 나는 어찌 되든 상관없단 말입니까? 아니요, '몸'을 위하는 것이 결국 '지체'를 위하는 것과 같은 의미라는 것입니다.

여러분의 '손가락'은 무엇을 위해 있으며, '발가락'은 무엇을 위해 있습니까? 편지를 쓰거나 문자를 보낼 때, 음식을 먹을 때 고생은 손가락이 다 합니다. 뜨거운 물건이나 날카로운 물건을 집을 때 위험을 감내하는 것도 손가락입니다. 그러면 손가락이 '매번 나 혼자만 위험을 부담하는 것은 부당하다'고 하면서 발가락이나 입술을 향해서 '이제부터는 너희들이 하라.'면서 책임을 떠넘기나요? 발가락도 할 말이 있을 것입니다. 손가락은 그나마 일하는 게 표시는 나지요. 하지만 발가락은 언제나 음습한 양말 속에 갇혀 지내야 하고, 혹시 냄새라도 나면 모든 책임이 발가락에 있는 것처럼 면박을 들어야 합니다.

그래서 발가락을 씻을 때도 손가락은 잔소리할 것입니다. "넌 왜 맨날 그 모양이냐, 냄새 좀 안 나게 살 순 없니? 내가 언제까지 널 씻겨줘야 하겠니?" 그래서 발가락이 이제부터 나도 양말 속에 갇혀 살지 않고 바깥으로 나와서 손가락처럼 멋있게 살아 보겠다고 하면서 역할을 바꿔 보자고 하면 어떻게 될까요? 손가락이나, 발가락뿐만 아니라 온몸이 고달프고 고생일 것입니다. 그러면 그렇게 고생은 고생대로 다 하면서도 무시당하며 살 바에야 차라리 몸에서 떨어져 나가겠다고 하면, 그 지체들이 독립적으로 살 방법이 있습니까?

오늘날에는 어디를 가도 교회가 많이 있어서, 이 교회가 아니면 저 교회로 가면 되고, 요즘에는 집에서 온라인으로 예배를 드리면서 신앙생활 하는 분도 있습니다. 그런데 성경이 기록되던 시대뿐만 아니라, 종교 개혁 이후에 교리 문답과 신앙 고백서가 작성되던 시기에도, 성도들에게 교회를 떠나지 말 것을 가르쳤습니다. 우리가 공부하고 있는

'벨직 신앙 고백서'에서는 교회에 대하여 이렇게 가르칩니다. "하나님께서는 인간에게 구원을 주실 때 숲속에서도 아니고, 바닷가에서도 아니고, 삯꾼이 인도하는 양 떼 가운데서도 아니고, 그리스도께서 계시는 곳, 그리스도의 음성이 들리는 곳에서 얻을 수 있도록 정하셨습니다.

예수님께서 "내 양은 내 음성을 들으며 나는 그들을 알고 그들은 나를 따르느니라"(요 10:27)라고 말씀하셨습니다. 만일 어떤 사람이 구원받기를 원한다면, 그 사람은 구원을 발견할 수 있도록 보증된 곳, 곧 그리스도께서 일하시는 교회에 있어야 합니다. 만일 어떤 사람이 믿음을 원한다면, 믿음을 얻기 위해서 가야 할 그곳에 있어야 합니다."라고 가르칩니다. 교회는 인격이나 신앙 면에서 완전한 사람들이 모인 곳이 아닙니다. 고린도교회나 에베소교회처럼 인격뿐만 아니라 생활하는 삶의 모습에서도 사람들의 일반적인 상식 수준에도 미치지 못하는 사람들이 모인 곳일 수도 있습니다. 심지어 바울과 바나바처럼, 초대 교회를 대표하는 선교사들조차 의견이 서로 맞지 않으니까 심히 다투고 갈라서지 않았습니까? 하지만 하나님께서는 서로 다른 사람들이 모여서 지지고 볶고, 이리 치고 저리 치고 하더라도, 교회 안에서 서로 다른 방법으로 일하는 것을 허용하셨습니다.

> 빌립보서 1:12-18, "형제들아 내가 당한 일이 도리어 복음 전파에 진전이 된 줄을 너희가 알기를 원하노라 13. 이러므로 나의 매임이 그리스도 안에서 모든 시위대 안과 그 밖의 모든 사람에게 나타났으니 14. 형제 중 다수가 나의 매임으로 말미암아 주 안에서 신뢰함으로 겁 없이 하나님의 말씀을 더욱 담대히 전하게 되었느니라 15. 어떤 이들은 투기와 분쟁으로, 어떤 이들은 착한 뜻으로 그리스도를 전파하나니 16. 이들은

내가 복음을 변증하기 위하여 세우심을 받은 줄 알고 사랑으로 하나 17. 그들은 나의 매임에 괴로움을 더하게 할 줄로 생각하여 순수하지 못하게 다툼으로 그리스도를 전파하느니라 18. 그러면 무엇이냐 겉치레로 하나 참으로 하나 무슨 방도로 하든지 전파되는 것은 그리스도니 이로써 나는 기뻐하고 또한 기뻐하리라"

바울이 빌립보교회 성도들에게 하는 말이 무엇입니까? 빌립보교회 성도들 중에는 바울을 싫어하는 사람들도 있었습니다. 그 사람들은 감옥에 갇혀 있는 바울에게 괴로움을 더하게 하려고, 바울과 다른 방법으로 복음을 전했습니다. 예를 들면, "바울이 진짜로 하나님이 인정하는 사도라면, 그가 감옥에 갇히도록 하나님께서 그냥 내버려 뒀겠느냐? 바울은 진짜가 아니다."라는 식입니다.

바울 편에서 보면 억울하고 속상할 만한 일이었을 것입니다. 그런데 바울이 빌립보교회 성도들에게 하는 말이 무엇입니까? "겉치레로 하나 참으로 하나 무슨 방도로 하든지 전파되는 것은 그리스도니 이로써 나는 기뻐하고 또한 기뻐하리라." 내가 오해를 받고 비난을 받는 것은 하나도 속상한 일이 아니다. 무슨 방도로 하든지 그리스도가 전파되고, 교회가 견고해진다면 나는 기쁘다고 말합니다. 이것이 바로 성경에서 말하는 '교회관'이고 '성도에 관한 정의'입니다. '그리스도의 몸'인 교회를 이루는 '지체'로서의 자기 위치를 확인하는 것입니다.

하나님께서 사람을 창조하실 때 사람마다 다르게 창조하셨습니다. 사실 사람뿐만 아니라 모든 창조물이 다 서로 다르게 창조되었습니다. 심지어 같은 '종'種이라 할지라도 서로 다르게 창조하셔서, 한 어미에서 태어난 강아지들도 털의 색이나 생긴 모양, 하는 행동들이 다 다릅니다. 들에 핀 코스모스나 밭에 심은 배추도 생긴 모양이나 크기와 상태가 다릅니다. 이처럼 하나님의 창조는 세상을 처음 만드실 때 뿐만 아니라 지금도 놀랍고 아름다운 새 생명이 태어나면서도, 똑같이 반복되어 지루하지 않도록 섭리하십니다. 그리고 하나님께서는 서로 다르고 다양하게 창조한 피조물들이 하나님께서 허락하신 한 공간 안에서 조화를 이루고 어울려 사는 것을 기뻐하십니다.

하나님께서 같은 '종'種이라 할지라도 서로 다르게 창조하셨다는 것을 아는 것은, 우리가 건강한 신앙생활을 함에 있어서 대단히 중요합니다. 왜 이런 말씀을 드리느냐 하면, 사람의 성품이나 성향이 서로 다른 점을 신앙의 옳고 그름으로 끌어가서, 쓸데없는 영적 소모전에 빠지는 사람이 있기 때문입니다. 예수 믿지 않던 사람이 예수를 믿으면 타고난 성격이 바뀌고 기질이 바뀔까요? 물론 성화 구원을 이루어가는 면에 있어서 일정 부분 바뀌는 면이 있을 것입니다. 하지만 바울과 바나바의 모습에서도 확인하는 것처럼, 성경은 예수 믿고 난 뒤에도 쉽게 바뀌지 않는 부분이 있는 것을 부정하거나 죄악시하지 않습니다.

> 고린도전서 12:11-13, "이 모든 일은 같은 한 성령이 행하사 그의 뜻대로 각 사람에게 나누어 주시는 것이니라 12. 몸은 하나인데 많은 지체가 있고 몸의 지체가 많으나 한 몸임과 같이 그리스도도 그러하니라 13. 우리가 유대인이나 헬라인이나 종이나 자유인이나 다 한 성령으로 세례를 받아 한 몸이 되었고 또 다 한 성령을 마시게 하셨느니라"

성경은 예수를 믿고 나면 모든 사람이 다 똑같아진다고 말씀하지 않습니다. 우리가 한 하나님, 한 그리스도, 한 성령님, 한 교회로 부름을 받았습니다. 하지만 이것은 우리를 부르신 이가 하나라는 것이지, 그래서 교회에 오면 모든 사람이 다 똑같아졌다는 것을 의미하는 것은 아닙니다. 몸은 하나인데 많은 지체가 있다, 몸의 지체가 많지만 우리는 그리스도라는 한 몸에 연합된 사람이다. 그 연합된 몸에는 유대인도, 헬라인도 있고, 종도 이고 자유인도 있다고 합니다.

우리는 신분 사회에 살지 않지만, 신분의 격차를 법으로 인정하는 인도는 하위 계급에 속한 남자가 상위 계급의 여자와 결혼을 하려고 하면 죽임을 당합니다. 인도는 사람의 성과 이름만으로도 그가 속한 신분 계급을 알 수 있다고 합니다. 우리가 알고 있는 것처럼, 유대인도 선민의식으로 따지면 둘째가라면 서럽습니다. 그런데 그런 유대인들에게, 우리가 유대인이나 헬라인이나 종이나 자유인이나 다 한 성령으로 세례를 받아 한 몸이 되었다고 말하는 것은 파격적인 선언입니다. 바울이 편지하고 있는 고린도교회는, 한 교회 안에 바울파, 아볼로파, 베드로파, 그리스도파 이렇게 자기들끼리 파벌을 만들고 서로 분쟁하던 교회였습니다.

> 고린도전서 1:12-13, "내가 이것을 말하거니와 너희가 각각 이르되 나는 바울에게, 나는 아볼로에게, 나는 게바에게, 나는 그리스도에게 속한 자라 한다는 것이니 13. 그리스도께서 어찌 나뉘었느냐 바울이 너희를 위하여 십자가에 못 박혔으며 바울의 이름으로 너희가 세례를 받았느냐"

그뿐만 아니라 고린도교회에는 사도들이 멀리하라고 했던 우상의 제물을 먹는 것이나, 이방인들조차도 하지 않는 음행의 문제(고전 5:1)도 있었던 교회였습니다. 하지만 바울은 그런 고린도교회 사람들을 가리켜서, 하나님의 교회 곧 그리스도 예수 안에서 거룩하여지고 성도라 부르심을 받은 자들이라고 칭했습니다.

> 고린도전서 1:2-3, "고린도에 있는 하나님의 교회 곧 그리스도 예수 안에서 거룩하여지고 성도라 부르심을 받은 자들과 또 각처에서 우리의 주 곧 그들과 우리의 주 되신 예수 그리스도의 이름을 부르는 모든 자들에게 3. 하나님 우리 아버지와 주 예수 그리스도로부터 은혜와 평강이 있기를 원하노라"

이 말씀이 의미하는 것이 무엇일까요? 우리가 구원받은 원리와 같은 것입니다. 그리스도 예수 안에서 거룩하여지고 성도라 부르심을 받은 자들이 된 것은, 인간의 행위나 자격이나 조건을 갖추어서 획득한 것이 아니라 은혜로 받은 것입니다. 예수를 믿는다고 하면서도 교회 안에 파벌을 만들어서 서로 대립하고, 우상의 제물을 먹고, 음행하는 사람들이 있다 해도 그들은 거룩한 성도라는 것입니다. 왜요? 그들의 죄를 씻기고 거룩하게 하신 이가 그리스도이시기 때문입니다. 그러면 일단 예수 믿고 교회만 다니면, 어떻게 살아도 상관없단 말이냐? 지난 시간에도 말씀드린 것처럼, 구원받은 사람이라면 하나님의 백성다운 삶을 살아야 할 것입니다. 마땅히 멀리해야 할 것은 멀리하고, 참고 끊어야 할 것은 그렇게 해야 합니다.

1894년도에 제정된 초기 한국장로교회가 정한 교회 헌법에는, 성도가 세례받는 조건으로 술 담배 금지, 엄밀한 성수 주일과 함께 축첩 금지가 있었습니다. 당시 교회에서는 한국 사회의 법이나 일반적인 통념에서 허용되던 것들도 금지하면서, 세상 사람과 구별되는 더 높은 삶의 건전성을 독려했던 것입니다. 그리고 이와 같은 좋은 전통은 한국 교회에서 100년 넘게 잘 유지되었습니다.

성경은 하나님께서 택하신 구약 이스라엘 백성과 땅끝까지 전파되는 복음을 듣고 성도가 된 사람들에게 전하시는 하나님의 말씀을 기록한 책입니다. 만약 성경이 세상의 위인전처럼 믿음이 좋은 사람들을 소개하는 책이라고 한다면, 오늘 본문처럼 흠결이 될 만한 내용은 기록하지 않았을 것입니다. 하지만 오늘 본문에는, 초대 교회를 대표하는 두 선교사인 바울과 바나바가 서로 심하게 다투고 갈라졌다는 내용을 가감 없이 기록하고 있습니다. 어찌 보면 감추고 싶은 내용이고, 감춰도 될 만한 내용인데 모두 공개한 것입니다. 그러면 사도행전의 저자인 '누가'는 왜 이런 내용을 일부러 기록했을까요? 그러한 갈등을 가감 없이 드러내는 것이 바로 하나님의 뜻이기 때문입니다. 고린도교회에 많은 문제가 있었고, 심지어 이방인들도 하지 않는 음행을 하는 사람들이 있었다는 것을 드러낸 것도 같은 이유입니다.

> 고린도전서 12:22-25, "그분 아니라 더 약하게 보이는 몸의 지체가 도리어 요긴하고 23. 우리가 몸의 덜 귀히 여기는 그것들을 더욱 귀한 것들로 입혀 주며 우리의 아름답지 못한 지체는 더욱 아름다운 것을 얻느니라 그런즉 24. 우리의 아름다운 지체는 그럴 필요가 없느니라 오직 하나님이 몸을 고르게 하여 부족한 지체에게 귀중함을 더하사 25. 몸 가운데서 분쟁이 없고 오직 여러 지체가 서로 같이 돌보게 하셨느니라"

복음을 듣고 자신의 죄를 회개하고, 세례받고 새로운 피조물이 되어 성도들의 모임인 교회의 일원이 되는 것은 너무나 기쁘고 감사한 일입니다. 하지만 성경은, 교회에 들어온 사람들은 모두 한 사람처럼 되라고 하지 않습니다. 사람마다 다름을 허용하고, 서로 다른 사람들이 '그리스도' 안에서 각자가 할 수 있는 일과 그 사람이 잘하는 일을 하면서 한 몸을 이루라고 말씀하고 있습니다. 25절에 '몸 가운데서 분쟁이 없다'라고 말씀하고 있습니다. 이 말씀은 몸의 지체들이 서로 대립 관계가 아니라 상호 협력 관계임을 뜻합니다. 다시 말씀드려서 손과 발이 분쟁하지 않고, 눈과 입이 분쟁하지 않는다는 것입니다. 오히려 여러 지체가 서로 협력하고 보완하는 관계라는 뜻입니다. 손을 발로 바꾸지 않고, 눈을 입으로 바꾸지 않습니다.

본문과 연관하여 말씀드리면 바울이 바나바로, 바나바가 바울로 바뀌지 않았습니다. 서로 생각이 다르고, 성격과 성향이 달라서 의견이 맞지 않을 수 있습니다. 그래서 바울과 바나바가 각자의 방법을 따라 갈라설 수 있습니다. 하지만 하나님은 그렇게 갈라지는 것을 허용했습니다. 같은 이유로 성경에서는 두 사람이 갈라서는 것에 대해서 누가 잘했다, 잘못했다고 말씀하지 않았습니다. 대신 바나바는 마가 요한과 함께 구브로로 가서 복음을 전했고, 바울은 실라와 함께 다니면서 복음을 전했습니다. 그리고 교회는 더욱 견고해졌습니다.

신앙은 하루아침에 완성되는 것이 아니라 점진적으로 성화되어 가는 것입니다. 우리가 예수를 민지만, 우리가 안전히 성화되는 것은 예수를 믿기로 하자 완성되는 것이 아니라, 우리가 주 앞에 서게 될 때까지 계속 만들어 가야 합니다. 그리고 성화되기 전까지 우리는 세상 사람과 마찬가지로, 그 사람이 가진 기질과 성격과 그가 하는 모든 활동이 죄된 일을 도모하는 데 훨씬 익숙합니다. 그래서 신앙생활이란 무엇입니까? 우리의 기질과 성격 자체를 표준화된 어떤 모범 기준에 맞추는 것이 아니라, 삶의 방향과 태도와 원리를 바꾸는 것입니다. 우리가 따르고 본받아야 할 분명한 모범이 있습니다. 예수 그리스도입니다. 그런데 성경은 '모든 사람이 부처가 될 수 있다.'라고 하는 불교처럼, 베드로가 예수가 됐다, 바울이 예수가 됐다, 스데반이 예수가 됐다고 말하지 않습니다. 또는 너희가 바울 같은 사람이 되려면 이런 것을 해야 한다고 말하지 않습니다. 그리스도를 닮아 가되 베드로는 베드로의 방식으로 닮아 가고, 바울은 바울의 방식으로, 바나바는 바나바의 방식으로 닮아 가는 것입니다.

바울과 바나바가 크게 다투고 서로 갈라서게 된 것이 안타까운 일이기는 하지만, 성경은 그들 사이에 있었던 갈등을 죄악시하면서 갈등하는 상황이 만들어지면 안 된다고 말하지 않습니다. 대신 하나님의 기뻐하심을 따라서 그와 같은 요소들이 극복되어 감을 말합니다. 비록 바울과 바나바가 마가 때문에 크게 다투고 갈라서기는 했지만, 그 후 바울은 마가를 자신의 동역자로 인정하고 함께 일했습니다(골 4:10; 몬 1:24). 교회를 이해하는 데 있어서 이것이 중요합니다. 바울과 바나바가 크게 다투고 갈라서게 된 이유를 마가가 몰랐을까요? 누구보다 잘 알았을 것입니다. 그래서 바나바는 마가를 데리고 구브로로 갔습니다.

39, "서로 심히 다투어 피차 갈라서니 바나바는 마가를 데리고 배 타고 구브로로 가고"

구브로는 바울과 바나바가 1차 전도 여행을 시작하면서 갔던 첫 방문지입니다. 그리고 마가는 그 첫 전도 여행을 끝까지 마무리하지 못하고 중간에 포기했습니다. 아마도 마가는 바나바와 함께 자기가 중간에 포기했던 곳들을 다시 찾아가면서, 주를 향한 복음의 사명을 더욱 굳게 했는지도 모릅니다. 그리고 시간이 지나면서 바울은 바울대로, 마가는 마가대로 서로에 대한 관계의 회복과 신앙의 성숙과 그리스도를 닮아 가는 영적인 성장이 있었을 것입니다. 그리고 많은 시간이 지난 뒤에 바울이 로마 감옥에 갇혀 있을 때, 디모데에게 편지하여 오는 길에 마가를 데리고 와 달라고 부탁했습니다. "누가만 나와 함께 있느니라 네가 올 때에 마가를 데리고 오라 그가 나의 일에 유익하니라"(딤후 4:11)

바울이 '나의 일에 유익하다'고 한 뜻이 무엇일까요? 복음 전하는 일입니다. 바울은 바울을 위하는 일을 하고, 마가는 마가를 위하는 일을 했다면, 서로 갈라선 두 사람이 어느 한 사람의 유익을 위해 일해 주는 것은 기대할 수 없습니다. 하지만 바울도 '복음'을 위했고, 마가도 '복음'을 위했기 때문에, 이 두 사람은 '복음'이라는 대의명분을 위해서 서로 하나가 될 수 있었습니다. 오늘날 교회가 존재하는 이유도 바로 이것입니다. 모든 것이 다른 우리가 어떻게 한 교회에서 신앙생활을 할 수 있겠습니까? 복음 때문에 하나가 될 수 있습니다. 복음 때문에 희생도 할 수 있고, 복음 때문에 내가 좋아하는 것도 내려놓을 수 있고, 복음 때문에 참고 인내도 가능합니다.

교회는 모든 것이 완벽하게 갖춰진 환상의 나라, 유토피아가 아닙니다. 어쩌면 교회는 기대하는 것도 없었지만, 그것보다도 못한 곳일 수도 있습니다. 하지만 바꿔서 말하면, 나도 그렇게 기대할 것이 없는 사람 중의 하나입니다. 다 서로 부족하고 모자란 면이 있습니다. 이때 우리는 서로의 부족한 면을 째려보면서 지적하기보다는, 주님께서 각자에게 맡겨 주신 일을 감당하면서 그리스도의 몸인 교회와 복음을 위하며 살기를 원합니다. 마가 때문에 바나바와 헤어졌던 바울이, 그의 인생 마지막에 이르러서는 마가와 함께 일하고 있지 않습니까? 이것이 바로 교회입니다.

독창보다는 합창이, 독주보다는 오케스트라의 음악이 더 아름답고 웅장하게 들리는 것은, 서로 다른 사람들과 악기들이 조화를 이루며 어우러졌기 때문입니다. 저와 여러분, 우리 하와이한빛장로교회가 그런 교회가 되기 원합니다. 서로 다르지만, 잘 어우러져 아름다운 음악을 만들어 내는 멋진 합창단이 되면 좋겠습니다. 그렇게 주와 복음을 위하고, 본문 말씀과 같이 마침내 교회가 견고해지는 그런 교회를 저와 여러분이 함께 만들어 가기를 기원합니다.

우리를 부르신 줄로 인정함이러라

"성령이 아시아에서 말씀을 전하지 못하게 하시거늘 그들이 브루기아와 갈라디아 땅으로 다녀가 7. 무시아 앞에 이르러 비두니아로 가고자 애쓰되 예수의 영이 허락하지 아니하시는지라 8. 무시아를 지나 드로아로 내려갔는데 9. 밤에 환상이 바울에게 보이니 마게도냐 사람 하나가 서서 그에게 청하여 이르되 마게도냐로 건너와서 우리를 도우라 하거늘 10. 바울이 그 환상을 보았을 때 우리가 곧 마게도냐로 떠나기를 힘쓰니 이는 하나님이 저 사람들에게 복음을 전하라고 우리를 부르신 줄로 인정함이러라"

바울이 실라와 함께 처음 선교 여행 때 방문했던 곳을 다시 찾아가 이미 전도한 사람들의 신앙을 더욱 굳게 하는 일을 위하여 2차 전도 여행을 시작했습니다. 제일 먼저 바울은, 1차 전도 여행 당시 '루스드라'라는 도시에서 전도했던 디모데를 다시 만났는데, 그는 이미 '제자'가 되어 있었습니다[(1)]. 디모데가 예수님을 영접한 지 1년도 되지 않는 짧은 시간에 제자가 될 수 있었던 것은, 그의 어머니와 할머니에게서 영향을 받은 것으로 생각됩니다(딤후 3:15). 바울은 디모데를 가리켜서 '내 사랑하고 신실한 아들'(고전 4:17)이라고 했을 뿐만 아니라, 바울을 대신해서 고린도교회의 담임 목사로 보낼 만큼 신뢰했습니다.

본문에 보면 디모데의 어머니는 유대인이었지만, 아버지는 헬라인이었습니다. 그리고 디모데는 성인이 될 때까지 할례를 받지 않은 상태였습니다[(3)]. 원래 유대인의 법에서는 아이가 어머니의 종교를 따르게 되어 있습니다. 그런데 디모데가 성인이 될 때까지 할례를 받지 않은 것은, 그의 어머니와 할머니가 오래전에 유대 땅을 떠나서 유대교와 거리를 두고 살았던 것으로 보입니다. 혈통을 중요하게 생각하는 유대인 문화에서 디모데는 흠결이 있는 사람이었습니다. 하지만 그렇더라도 디모데는 자기가 사는 곳인 루스드라 뿐만 아니라 근처의 이고니온에 사는 형제들에게도 칭찬을 받는 사람이었습니다[(2)]. 바울은 그런 디모데를 데리고 함께 전도 여행을 하고자 했습니다. 하지만 디모데가 아직 할례를 받기 전이었기 때문에, 그 지역에 있는 유대인으로 말미암아 그를 데려다가 할례를 행했습니다. 사실 바울은, 헬라인인 디도에게는 억지로 할례를 받지 않도록 했었습니다.

갈라디아서 2:3, "그러나 나와 함께 있는 헬라인 디도까지도 억지로 할례를 받게 하지 아니하였으니"

또한, 고린도교회에 보낸 편지에서는 할례를 받는 것이나, 받지 않는 것이나 별 차이가 없다, 할례는 아무것도 아니라고 가르치기까지 했습니다.

고린도전서 7:17-20, "오직 주께서 각 사람에게 나눠 주신 대로 하나님이 각 사람을 부르신 그대로 행하라 내가 모든 교회에서 이와 같이 명하노라 18. 할례자로서 부르심을 받은 자가 있느냐 무할례자가 되지 말며 무할례자로 부르심을 받은 자가 있느냐 할례를 받지 말라 19. 할례받는 것도 아무것도 아니요 할례받지 아니하는 것도 아무것도 아니로되 오직 하나님의 계명을 지킬 따름이니라 20. 각 사람은 부르심을 받은 그 부르심 그대로 지내라"

그러면 바울은 왜 디모데에게 할례를 받도록 했을까요? 그것은 오늘 본문의 말씀처럼 '그 지역에 있는 유대인들 때문에' 행한 것입니다. 비록 디모데가 모계 혈통을 따라 유대인의 피가 흐르고, 동네 사람들로부터 칭찬을 듣는 사람이긴 하지만, 그는 아직 할례도 받지 않은 사람입니다. 그런 디모데가 복음을 전한다면, 아직 유대교 전통에 익숙한 유대인들은 디모데가 전하는 복음을 편히 받아들이지 못할 가능성이 컸던 것입니다. 더구나 바울이 전하는 복음이 모세와 선지자에게 약속한 메시아가 다윗의 후손으로 오신 예수 그리스도라고 했을 때, 유대인들이 받아들일 수 있어야 했습니다. 그런데 그와 같은 복음을, 부모의 절반은 헬라인의 피가 흐르고 아직 할례도 받지 않은 디모데가 전한다고 하면, 루스드라의 유대인들은 쉽게 받아들이지 못했을 것입니다. 그래서 바울은 유대인들을 얻고자 하여, 유대인의 전통을 따라 디모데를 유대인들에게 데려가서 할례를 행했던 것입니다.

고린도전서 9:19-21, "내가 모든 사람에게서 자유로우나 스스로 모든 사람에게 종이 된 것은 더 많은 사람을 얻고자 함이라 20. 유대인들에게 내가 유대인과 같이 된 것은 유대인들을 얻고자 함이요 율법 아래에 있는 자들에게는 내가 율법 아래에 있지 아니하나 율법 아래에 있는 자 같이 된 것은 율법 아래에 있는 자들을 얻고자 함이요 21. 율법 없는 자에게는 내가 하나님께는 율법 없는 자가 아니요 도리어 그리스도의 율법 아래에 있는 자이나 율법 없는 자와 같이 된 것은 율법 없는 자들을 얻고자 함이라"

하지만 바울이 루스드라를 떠나서 다른 여러 성에 가서는, 예루살렘 교회에서 결의한 것만 지키라고 하면서 이방 성도들에게 율법의 멍에를 지우지 않았습니다. 다시 말해서 '우상의 제물과 피와 목매어 죽인 것과 음행을 멀리'하는 것 외에, 디모데처럼 할례를 행하라든지, 율법의 조문을 지키라고 강요하지 않았습니다. 디모데의 고향인 루스드라에서는 디모데의 출생을 아는 다른 유대인들을 전도하기 위해서 디모데에게 할례를 행했지만, 다른 곳에서는 그렇게 하지 않은 것입니다. 이것은 복음을 전하는 바울이 명확한 기준도 없이 이랬다가, 저랬다가 변덕을 부린 것이 아니라, 복음을 더욱 효과적으로 전하기 위해서 그렇게 한 것입니다. 고린도전서 9장의 말씀처럼, 할례든 율법이든 그것을 지켜 행하는 것은 우리가 구원받는 것에 어떤 도움이나 영향이 없습니다. 하지만 그것에 얽매어 있는 사람들에게 있어서는, 인간이 만든 제도와 규범들이 복음보다 훨씬 더 중요합니다. 그래서 비본질에 속한 것들에 붙잡혀서 본질인 복음을 놓치는 우를 범합니다.

이런 현상은 오늘날도 있습니다. 본질은 놓쳐 버리고 비본질에 매이는 것입니다. 교회의 존재 이유는, 우리를 구원하기 원하시는 하나님의 뜻을 전하는 것입니다. 그 하나님께서 당신의 아들 예수 그리스도를 세상에 보내시어, 우리가 받아야 할 죄의 형벌을 당신의 아들에게 대신 받게 하시고, 우리 죄를 용서하셨습니다. 이제 누구든지 예수님을 믿으면 죄를 용서받고 구원받을 수 있습니다. 그런데 기독교의 본질이라고 할 수 있는 이 복음은 유년 주일학교 학생들도 아는 기본적인 것으로 생각하고, 그 기본에 무언가 더 얹을 수 있는 것을 찾습니다. 그래서 예수 믿으면 구원받는다고 하는 교리적인 것 말고, 사람들이 관심을 갖고 찾아올 수 있는 차별화되면서 대중적인 무언가가 있어야 한다고 생각합니다. 그렇다 보니 교회가 얼마나 대중화되었는지 모릅니다. 교회마다 이른바 '문턱을 낮추는 전략'을 사용하다 보니, 이제는 교회를 보면 현재 그 사회가 무엇을 추구하고 있는지 정확하게 알 수 있을 정도입니다.

하지만 우리가 알아야 할 것이 있습니다. 그것은 사람들이 교회를 찾아오고 좋아해야 복음이 되는 것이 아니라, 복음은 '복음 자체'가 이미 복음입니다. 헬라인 아버지에게서 태어난 디모데가 고향인 루스드라의 유대인들에게 복음을 전하기 위해서 할례를 받았습니다. 하지만 헬라인인 디도는 할례를 받지 않았음에도 복음 전하는 일에 아무런 지장이 없었습니다. 이것이 의미하는 바가 무엇입니까? 할례를 받고, 안 받고는 '복음이 복음 되도록' 하는 일과 상관없다는 것입니다. 루스드라의 유대인들이 디모데를 인정해 주면 디모데가 전하는 복음이 복음으로 인정되고, 그 사람들이 디모데를 인정해 주지 않으면 복음이 아닌 것이 됩니까? 그렇지 않습니다. 그들이 인정하나 인정하지 않으나 '복음'이 가진 진리의 확실성과 영향력은 전혀 영향을 받지 않습니다.

사람들이 많이 모인 교회에서 전하는 설교는 복음이고, 듣는 사람이 별로 없는 작은 교회에서 전하는 설교는 복음이 아닙니까? 그런 법은 없습니다. 이에 관하여는 다음 주일 설교에서 좀 더 자세히 설명해 드리겠습니다. 우리가 알아야 할 것은, 디모데를 데리고 전도 여행을 하기 원했던 바울이, 그곳의 유대인들을 납득시킬 수 있는 방법이 디모데에게 할례를 행하는 것이었습니다. 할례를 행하는 것이 복음의 본질은 아니지만, 디모데가 할례를 받지 않으면 복음을 받아들이지 못하는 유대인들의 분위기가 있었다는 것은 안타까운 일입니다.

성경은 복음(또는 예수님)을 만나에 비유하여 자주 말씀합니다.

> 요한계시록 2:17, "귀 있는 자는 성령이 교회들에게 하시는 말씀을 들을지어다 이기는 그에게는 내가 감추었던 만나를 주고 또 흰 돌을 줄 터인데 그 돌 위에 새 이름을 기록한 것이 있나니 받는 자 밖에는 그 이름을 알 사람이 없느니라"

여기 '감추었던 만나'는 생명의 양식으로 오신 예수 그리스도를 상징합니다.

> 요한복음 6:49-51, "너희 조상들은 광야에서 만나를 먹었어도 죽었거니와 50. 이는 하늘에서 내려오는 떡이니 사람으로 하여금 먹고 죽지 아니하게 하는 것이니라 51. 나는 하늘에서 내려온 살아 있는 떡이니 사람이 이 떡을 먹으면 영생하리라 내가 줄 떡은 곧 세상의 생명을 위한 내 살이니라 하시니라"

그런데 구약 이스라엘 백성들은 이 만나를 표현할 때 박한 식물이라고 했습니다.

> 민수기 21:5, "백성이 하나님과 모세를 향하여 원망하되 어찌하여 우리를 애굽에서 인도하여 올려서 이 광야에서 죽게 하는고 이곳에는 식물도 없고 물도 없도다 우리 마음이 이 박한 식물을 싫어하노라 하매"

구약 이스라엘 백성들은 하나님께서 주신 만나를 박한 식물이라고 하며 싫어했고, 신약의 유대인들은 생명의 양식으로 오신 예수님을 싫어하여 죽였습니다. 그렇다면 오늘 우리는 어떻습니까? 예수만으로 충분합니까, 박한 식물입니까?

성경이 권위 있는 유일한 하나님의 말씀으로 인정되고, 하나님께서 당신의 독생자를 세상에 보내어 우리의 죄를 대신 감당케 하셔서 우리를 구원하셨다는 이 복음의 말씀이 우리 신앙에 충분한 양식이 되는 사람이 복된 성도입니다. 우리가 세상에서 얻는 유익과 위로들이 있습니다. 하지만 그것들은 아무리 오래 소유해도 백 년을 갖고 있기 힘듭니다. 하지만 주의 말씀과 그 말씀이 주는 유익은 영원토록 우리와 함께합니다.

> 베드로전서 1:24-25, "그러므로 모든 육체는 풀과 같고 그 모든 영광은 풀의 꽃과 같으니 풀은 마르고 꽃은 떨어지되 25. 오직 주의 말씀은 세세토록 있도다 하였으니 너희에게 전한 복음이 곧 이 말씀이니라"

본문 6~10절까지 보면, 성령이 아시아에서 말씀을 전하지 못하게 하셨습니다. 대신 마케도니아로 오라는 환상까지 보게 되어 그쪽으로 가게 되었다고 합니다. 이 말씀은 우리나라 사람들이 상당히 서운해하는 내용이기도 합니다. 만약 바울이 아시아 쪽으로 가려던 것을 그냥 두셨다면, 우리나라도 좀 더 일찍 복음을 듣고 지금보다 더 빠른 발전을 할 수 있지 않았을까 하는 것입니다. 그런데 여기에 말하는 아시아는 우리나라가 있는 동아시아가 아니라 튀르키예가 있는 소아시아 반도입니다. 비록 바울이 이스라엘이라는 민족주의는 뛰어넘었지만, 그래도 유대인들이 가장 많이 흩어져 살고 있던 팔레스타인 근처를 벗어나지 못하고 있다는 것입니다. 하지만 하나님께서는 바울을 통해서 전 세계에 복음을 전하게 하고 전 인류를 구원하는 것을 원하셨습니다. 그래서 당시 세계의 패권을 잡고 있는 로마가 있는 쪽으로 방향을 트신 것입니다.

먼저 우리는 성령께서 바울을 아시아가 아닌 마케도니아로 보내신 기록을 통해서 하나님께서 우리에게 알리고자 하는 내용이 무엇인지 살펴봐야 합니다. 그중에 가장 큰 핵심은 하나님께서 바울에게 환상까지 보여 주면서 그를 마케도니아 쪽으로 보내셨다는 것입니다.

> 9-10, "밤에 환상이 바울에게 보이니 마게도냐 사람 하나가 서서 그에게 청하여 이르되 마게도냐로 건너와서 우리를 도우라 하거늘 10. 바울이 그 환상을 보았을 때 우리가 곧 마게도냐로 떠나기를 힘쓰니 이는 하나님이 저 사람들에게 복음을 전하라고 우리를 부르신 줄로 인정함이러라"

바울이 주를 위한 진심과 열정이 있고 복음 전하는 일에 그의 인생을 바쳤습니다. 하지만 그가 가진 진심과 열정은 하나님의 계획과 뜻에 따라가는 것이 아니라, 자기가 생각하고 계획하는 방향으로 향하고 있었습니다. 그럴 때 성령님께서 바울을 찾아오셔서 하나님이 어떤 뜻과 계획을 갖고 계시는지 가르쳐 주시면서, 그가 하나님께서 원하시는 방향으로 찾아가게 하셨습니다. 단지 지시와 명령으로 복종케 하신 것이 아니라 설득하고 이끄시는 것입니다.

6-7, "성령이 아시아에서 말씀을 전하지 못하게 하시거늘 그들이 브루기아와 갈라디아 땅으로 다녀가 7. 무시아 앞에 이르러 비두니아로 가고자 애쓰되 예수의 영이 허락하지 아니하시는지라"

브루기아와 갈라디아, 무시아, 비두니아는 모두 오늘날 튀르키예에 있는 곳입니다. 성령이 아시아에서 말씀을 전하지 못하게 하셨다고 했는데, 바울 일행이 다녀간 장소들은 모두 소아시아인 튀르키예에 있는 장소들입니다. 7절에 보시면, 무시아 앞에 와서는 비두니아로 가고자 애썼다고 합니다. 지도상으로 보면 튀르키예 이스탄불과 앙카라가 있는 쪽으로, 튀르키예의 더 안쪽입니다. "그쪽으로 가지 말라고 하니까, 그 안쪽으로 더 가려고 애썼다", 누가 그랬습니까? 바울이 그러고 있었습니다. 반면 마게도냐는 오늘날 그리스로 유럽을 향하는 길목으로, 바울이 애써 가려고 했던 방향의 반대쪽입니다.

성경을 보면서 우리가 이런 내용을 놓치지 말아야 합니다. 바울이 신약 성경에서 가장 잘 알려진 사도니까, 그가 하는 일은 언제나 하나님의 뜻에 명중했을 것 같습니까? 그게 아니었다고 분명히 말씀하고 있습니다. 성령께서 찾아오셔서 아시아 쪽이 아니라고 말했는데, 그 말을 듣고도 찾아가고 또 찾아간 곳이 아시아였고, 애써 가려고 했던 곳은 그보다 더 안쪽이었습니다.

오죽 바울이 말을 안 들었으면 환상까지 보여 주시면서 방향을 틀었겠습니까? 그런데 하나님께서 우리를 찾아오실 때도 같은 방법으로 오십니다. 일반 계시인 세상의 이치와 상식으로 우리에게 가르쳐 주시고, 특별 계시인 성경으로 가르쳐 주시지만, 그래도 못 알아들으면 환상을 보여서라도 가르쳐 주십니다.

이렇게 말씀드리니까 "와, 정말 좋겠다. 하나님께서 환상으로 보여 주셔서 가르쳐 주신대!" 이렇게 생각되십니까? 그게 아닙니다. 말하자면 하나님께서 환상까지 보여 주셔서 가르쳐 줘야 하는 지경에 이르렀다면, 이제는 마지막까지 다 가르쳐 줬다는 것입니다. 그래도 못 알아들으면 어떻게 될까요? 눈앞에 별이 번쩍하는 순간이 옵니다. 선생님이 학생들을 가르칠 때, 본인이 할 수 있는 모든 방법을 다 동원해서 가르쳐 줍니다. 하지만 어떻게 가르쳐도 학생이 집중하지 않으면 어떻게 합니까? 그땐 별수 없죠. 눈앞에 별이 번쩍하든지, 손바닥에서 불이 나던지 하는 겁니다. 선생님이 그런 방법까지 사용하는 것은 왜 그러는 것입니까? 그 학생이 정신만 차린다면 가능성이 있기 때문이고, 애정이 있어서입니다. 아예 선생님이 포기한 아이는 잠을 자든지, 땡땡이를 치든지 상관 안 합니다.

우리의 신앙생활은 하나님께서 얼마나 우리에게 관심을 두시고 우리를 인도해 가시는지, 그리고 우리는 얼마나 하나님의 요구에 순종하는지의 싸움입니다. 그리고 우리가 하나님의 사랑과 관심 안에 들어와 있다면, 우리를 향한 하나님의 간섭은 우리가 마침내 하나님 앞에 돌아설 때까지 계속될 것입니다. 오늘 본문에 기록된 것처럼, 바울이 애써 비두니아 쪽으로 가려고 했지만 예수의 영이 끝까지 허락하지 않으시고, 결국 마게도냐 쪽으로 방향을 바꾸는 것입니다. 그러면 마지막까지 와서야 방향을 바꾼 바울이 "내가 환상을 봤다, 내가 열심히 전도했더니 하나님이 나에게 환상을 보이시더라." 이런 말을 하는 것일까요? 아니요, 환상을 본 뒤에야 하나님께서 마케도니아로 가라고 부르신 것을 알았다고 했습니다.

10, "바울이 그 환상을 보았을 때 우리가 곧 마게도냐로 떠나기를 힘쓰니 이는 하나님이 저 사람들에게 복음을 전하라고 우리를 부르신 줄로 인정함이러라"

그렇다면 문맥상 이 내용은 바울이 환상을 봤다고 자랑하는 것입니까, 아니면 하나님의 뜻도 모르고 그동안 다섯 도시나 돌아다녔다는 것입니까? 사도행전에 보면, 복음을 전한 자가 스데반이든, 빌립이든, 베드로든, 바울이든 그들이 가는 곳마다 복음을 들은 사람이 있었고, 그에 대한 반응이 있었습니다. 그런데 오늘 본문에는 브루기아와 갈라디아, 무시아, 비두니아, 드로아까지 다니는 동안 바울이 누구를 만나서 복음을 전했다는 내용이 없습니다. 바울은 그냥 열심히 다니기만 한 것입니다. 무슨 말씀인지 이해되십니까? 복음은 바울이 가서 전하니까 사람들이 예수를 믿게 되는 것이 아니라, 하나님께서 구원하기로 작정한 사람이 있는 곳으로 바울을 보내시는 것입니다. 그런데 이것을 모르고 "오늘은 브루기아로 가야지, 내일은 갈라디아로 갈 거야." 자기가 계획을 짜고 백날 돌아다녀 봐야, 바울이 만났다는 사람조차 없습니다.

이 같은 하나님의 일하시는 방법은, 오늘 우리에게도 같은 방법으로 적용됩니다. 하나님께서 바울을 통해서 당신의 뜻을 이루셨던 것처럼, 오늘 저와 여러분을 통해서도 하나님의 뜻이 이루십니다. 바울은 빌립보교회에 보낸 편지에서, "우리 안에서 행하시는 이가 하나님"이시라고 분명히 말합니다. 그 하나님께서는 "하나님의 선하신 목적에 우리가 자발적으로 순종하도록" 우리 안에서 일하십니다. 그것이 오늘 본문식으로 표현하면 "아시아에서 말씀을 전하지 못하게" 하시고, "예수의 영이 허락하지 않으시고", "환상을 보여 주시는 것"입니다.

빌립보서 2:12-14, "그러므로 나의 사랑하는 자들아 너희가 나 있을 때 뿐 아니라 더욱 지금 나 없을 때에도 항상 복종하여 두렵고 떨림으로 너희 구원을 이루라 13. 너희 안에서 행하시는 이는 하나님이시니 자기의 기쁘신 뜻을 위하여 너희에게 소원을 두고 행하게 하시나니 14. 모든 일을 원망과 시비가 없이 하라"

만약 하나님의 목적이 마케도니아에 있는 어떤 사람을 구원하는 것만이었다면, 바울을 이런 식으로 인도해서 보낼 이유가 있습니까? 가장 간단한 방법은 하나님의 천사를 보내시든지, 아니면 모세를 찾아가셨던 것처럼 신비한 방법으로도 얼마든지 하나님께서 원하시는 사람을 구원할 것입니다. 하지만 하나님께서 더 쉬운 방법을 사용하지 않으시고, 굳이 바울을 보내셨습니다. 이것은 누구를 위해서 하시는 것입니까? 하나님 본인입니까, 바울입니까? 14절 말씀이 재미있습니다. "모든 일을 원망과 시비가 없이 하라." 이 말은, 빌립보교회 안에 원망하고 투덜대는 사람이 있었다는 것입니다. 하나님께서 빌립보교회와 그 교회에 속한 성도들에게 선하신 뜻을 두시고 일하게 하시는데, 그중에 원망하는 사람도 있었고 시비를 거는 사람도 있었습니다.

마치 광야 이스라엘 백성들이 그들을 인도하시는 하나님의 손길을 매일 경험하면서도 하나님께 원망했던 것과 같은 것입니다.출 15-17장, 민 14-17장 그들이 광야에서 생활하던 40년 동안, 뜨거운 태양과 밤의 추위에서 보호하는 구름 기둥과 불기둥이 떠난 적이 없었고, 만나가 내리지 않은 적도 없었습니다. 이스라엘 백성들이 광야 사막에서 무방비 상태로 천막 생활을 했음에도 불구하고, 그들을 약탈하는 대적들도 없었고, 행여 전쟁이 나더라도 늘 이겼습니다. 어떻게 이런 일이 있을 수 있었습니까? 하나님께서 함께하셨기 때문입니다.

하나님께서 이스라엘을 애굽에서 구원하신 이유는, 그들의 조상에게 약속하셨던 젖과 꿀이 흐르는 아름다운 땅으로 인도하시려고 구원하신 것입니다. 빌립보서 말씀에 비유하자면, 하나님의 기쁘신 뜻을 이루기 위해 이스라엘 백성들을 인도해 내신 것입니다. 사실 이스라엘 백성들이 광야 생활을 하면서, 하나님을 위해서 한 일이 있나요? 그들이 광야에서 하나님을 위해서 제사를 제대로 드려 본 일이 있습니까, 절기를 제대로 드려 본 일이 있습니까? 모든 절기는 가나안 땅을 정복하고, 그 땅의 소산물을 얻은 뒤부터 드리기 시작했습니다. 그전까지는 단지 규범으로만 갖고 있었을 뿐입니다.

> 여호수아 5:10-12, "또 이스라엘 자손들이 길갈에 진 쳤고 그 달 십사일 저녁에는 여리고 평지에서 유월절을 지켰으며 11. 유월절 이튿날에 그 땅의 소산물을 먹되 그 날에 무교병과 볶은 곡식을 먹었더라 12. 또 그 땅의 소산물을 먹은 다음 날에 만나가 그쳤으니 이스라엘 사람들이 다시는 만나를 얻지 못하였고 그 해에 가나안 땅의 소출을 먹었더라"

하나님께서 저와 여러분을 구원하여 당신의 자녀로 삼으신 이유가 있습니다. 죄와 유혹의 욕심을 따라 살던 우리의 옛 본성대로 살도록 그냥 내버려 두지 않으시고, 하나님의 선하신 뜻을 따라 살도록 인내하시면서 인도하시는 것입니다. 그래서 바울이 빌립보교회 성도들에게 하는 말이 무엇이었습니까? "항상 복종하여 두렵고 떨림으로 너희 구원을 이루라."였습니다. 바울처럼 성령께서 말씀하시고, 예수의 영이 허락하지 않으셨는데도 고집을 피우고 자기가 가고 싶은 곳으로 가지 말고, 좋은 말로 할 때 알아먹으라는 것입니다. 동시에 이 말씀은, 우리가 하나님께서 원하시는 수준에 이를 때까지 포기하지 않고 인도하실 것이니, 그런 줄 알고 따라오라는 것입니다.

미국이라는 나라가 세계에서 가장 힘 있는 나라인 것은, 그 나라를 이끌어 갈 핵심 인재를 양성하는 세계적인 대학들이 많이 있기 때문입니다. 프린스턴, 하버드 등 세계에서 손꼽는 대학은, 그 대학에 입학하고 졸업하는 학생 개인의 능력도 출중하겠지만, 학교가 그렇게 만들어 낸다는 뜻이 더 강합니다. 지금 바울이 하는 말이 그런 것입니다. 바울의 개인적인 능력과 복음을 향한 열정도 뛰어난 면이 있겠지만, 그보다는 하나님께서 그를 항복시키고 인도해 가셔서 끝내 사도로 만드셨다는 것입니다.

> 고린도전서 6:16-18, "내가 복음을 전할지라도 자랑할 것이 없음은 내가 부득불 할 일임이라 만일 복음을 전하지 아니하면 내게 화가 있을 것이로다 17. 내가 내 자의로 이것을 행하면 상을 얻으려니와 내가 자의로 아니한다 할지라도 나는 사명을 받았노라 18. 그런즉 내 상이 무엇이냐 내가 복음을 전할 때에 값없이 전하고 복음으로 말미암아 내게 있는 권리를 다 쓰지 아니하는 이것이로다"

신약 교회의 최대 공로자라고 할 수 있는 사도 바울의 고백이 무엇입니까? "내가 받은 상이 있다. 내가 남보다 더 열심히 복음을 전해서 사람들에게 인정받은 것이 아니고, 다른 사람은 할 수 없는 일을 나는 했다는 우월감도 아니다." 하나님께서 바울이 "복음을 전할 때 값없이 전할 수 있는 사람으로, 그 복음을 전하면서 자신의 욕심이나 권리를 쓰지 않도록 만들어 준 것"이라고 합니다. 바울이 똑똑하고, 히브리인 중의 히브리인이고, 바리새인 중에 열심 당원이었고, 로마의 시민권까지 가졌던 능력자여서 하나님의 일을 한 것이 아닙니다. 하나님께서 바울을 끝까지 포기하지 않으시고, 우리가 아는 바울이 되도록 인도해 내신 것입니다. 이와 같은 비밀을 안 바울이 고린도교회에 다시 이렇게 고백합니다.

> 고린도후서 6:1-10, "우리가 하나님과 함께 일하는 자로서 너희를 권하
> 노니 하나님의 은혜를 헛되이 받지 말라 2. 이르시되 내가 은혜 베풀 때
> 에 너에게 듣고 구원의 날에 너를 도왔다 하셨으니 보라 지금은 은혜 받
> 을 만한 때요 보라 지금은 구원의 날이로다 3. 우리가 이 직분이 비방을
> 받지 않게 하려고 무엇에든지 아무에게도 거리끼지 않게 하고 4. 오직
> 모든 일에 하나님의 일꾼으로 자천하여 많이 견디는 것과 환난과 궁핍과
> 고난과 5. 매 맞음과 갇힘과 난동과 수고로움과 자지 못함과 먹지 못함
> 가운데서도 6. 깨끗함과 지식과 오래 참음과 자비함과 성령의 감화와 거
> 짓이 없는 사랑과 7. 진리의 말씀과 하나님의 능력으로 의의 무기를 좌
> 우에 가지고 8. 영광과 욕됨으로 그러했으며 악한 이름과 아름다운 이름
> 으로 그러했느니라 우리는 속이는 자 같으나 참되고 9. 무명한 자 같으
> 나 유명한 자요 죽은 자 같으나 보라 우리가 살아 있고 징계를 받는 자
> 같으나 죽임을 당하지 아니하고 10. 근심하는 자 같으나 항상 기뻐하고
> 가난한 자 같으나 많은 사람을 부요하게 하고 아무 것도 없는 자 같으나
> 모든 것을 가진 자로다"

바울이 사도로서 가진 자랑과 자긍심이 무엇입니까? 그가 하나님의 일꾼으로 자원하여 환란과 궁핍과 고난과 매 맞음과 갇힘과 온갖 어려움을 당하면서도, 성령의 감화와 거짓이 없는 사랑을 받았다는 것입니

다. 그 사랑의 증표가 무엇입니까? 진리의 말씀과 하나님의 능력으로, 하나님께서 기뻐하시는 의의 무기를 좌우에 갖고 살았다는 것입니다. 그가 영광을 얻든 수치를 당하든, 욕을 얻어먹든, 칭찬을 받든, 그가 항상 하나님의 일꾼이라는 것을 하나님께서 보증해 주시고, 확증해 주셨습니다. 세상에서 이름 없는 사람으로 살아도, 하나님께서 인정해 주셨으니 됐습니다. 징계를 받은 사람 같고, 가난한 사람 같고, 근심할 수밖에 없는 사람 같고, 심지어 죽은 사람처럼 보여도 실제로는 그렇지 않다는 것입니다. 하나님 앞에서 바울은 칭찬 받는 사람이었고, 부요한 사람이고, 기뻐하는 사람이고, 영원히 살아 있는, 한마디로 모든 것을 가진 사람이라고 고백합니다. 저와 여러분, 우리 하와이한빛장로교회가 이런 신앙 갖기를 원합니다.

프린스턴 대학 같은 명문 대학은, 학교에 입학한 학생이 세계 최고의 대학인 '프린스턴'이라는 학교의 명성에 걸맞은 사람으로 만들어져야 졸업시킬 것입니다. 그 수준에 미치지 못한 사람은 졸업이 아니라 한 학년도 올려 보내지 않습니다. 바울을 붙잡아 인도하신 분, 우리를 붙잡고 인도하시는 분이 하나님이십니다. 하나님께서는 우리가 하나님의 선하신 뜻에 도달하는 사람이 될 때까지, 포기하지 않으시고 우리를 이끌어 주실 것입니다. 바라고 원하옵기는, 한두 번 가르쳐 주실 때, 좋은 말로 인도해 주실 때 순종하시기 바랍니다.

바울처럼 환상까지 본 뒤에 깨닫는 것은 좋은 것이 아닙니다. 신앙 간증하시는 분들의 자기 고백을 들어 보십시오. 그분들이 환상을 보고, 특별한 인도하심을 받았으니 그분들이 살아온 인생이 부럽습니까? 저는 하나도 부럽지 않습니다. 저는 그런 경험의 그림자도 가 보고 싶지 않습니다. 우여곡절 끝이 도달하지 마시고, 처음부터 모범생처럼 순탄하게 가시기 바랍니다. 저와 여러분은 하나님께서 계획하신 그 목적지에 언젠가 그리고 반드시 도착하게 될 것입니다. 하나님께서 그와 같은 뜻을 갖고 계시기 때문입니다. 이 사실을 깨달으시고, 기쁜 마음으로 순종하며 나가시는 저와 여러분이 되길 기원합니다.

루디아라 하는 여인을 만나다

"거기서 빌립보에 이르니 이는 마게도냐 지방의 첫 성이요 또 로마의 식민지라 이 성에서 수일을 유하다가 13. 안식일에 우리가 기도할 곳이 있을까 하여 문 밖 강가에 나가 거기 앉아서 모인 여자들에게 말하는데 14. 두아디라 시에 있는 자색 옷감 장사로서 하나님을 섬기는 루디아라 하는 한 여자가 말을 듣고 있을 때 주께서 그 마음을 열어 바울의 말을 따르게 하신지라 15. 그와 그 집이 다 세례를 받고 우리에게 청하여 이르되 만일 나를 주 믿는 자로 알거든 내 집에 들어와 유하라 하고 강권하여 머물게 하니라"

바울이 실라, 디모데와 함께 비두니아 지역으로 가서 복음을 전하려고 했으나 성령께서 막으시고, 환상을 보여 주시면서 마케도니아 지역으로 가게 하셨습니다. 그래서 항구가 있는 드로아에서 배를 타고 마케도니아 지방의 첫 성인 빌립보에 도착해서 그곳에서 복음을 전하게 되었다는 이야기가 오늘 본문 내용입니다. 성령께서 바울에게 환상까지 보여 주면서 그가 생각지도 않았던 장소로 인도하셨다면, 바울이 그곳으로 가야만 하는 이유가 있을 것이라고 기대되지 않습니까? 오순절 성령 강림을 경험한 제자들이 거리로 나와서 복음을 전할 때, 한 번 전도에 삼천 명씩 회개하고 예수를 믿었던 것 같은, 그런 역사가 기대되는 것입니다. 그런데 성령께서 환상까지 보여 주면서 가라고 하셨던 곳에 도착해 보니 마땅히 복음을 전할 만한 곳도 없고, 바울의 말을 들어 줄 사람도 별로 없었습니다.

> 12, "거기서 빌립보에 이르니 이는 마게도냐 지방의 첫 성이요 또 로마의 식민지라 이 성에서 수일을 유하다가"

이렇게 며칠 동안 그냥 그곳에 머물러 있다가 안식일이 되어 기도할 만한 장소를 찾아다니다가, 강가에 앉아서 모인 여자들에게 말씀을 전했다고 했습니다.

> 13. "안식일에 우리가 기도할 곳이 있을까 하여 문밖 강가에 나가 거기 앉아서 모인 여자들에게 말하는데"

먼저 주목해야 하는 것은, 바울 일행이 "안식일에 기도할 곳이 있을까 하여" 적합한 장소를 찾다가 강가에 있는 여인들을 만났다는 것입니다. 그동안 바울은 어디를 가든지 유대인의 회당에서 복음을 전했습니다. 첫째 이유는, 복음이 유대인에게 먼저 주어진 것이 하나님의 뜻이었기 때문입니다.

> 로마서 1:16, "내가 복음을 부끄러워하지 아니하노니 이 복음은 모든 믿는 자에게 구원을 주시는 하나님의 능력이 됨이라 먼저는 유대인에게요 그리고 헬라인에게로다"

하지만 그것보다 회당은 바울이 복음을 전하기에 아주 유익한 장소였습니다. 당시의 회당은 종교뿐만 아니라 유대인들의 교제가 이루어지는 중심지였고, 자녀를 교육하는 학교와 나그네를 위한 여관, 심지어 직업 소개소의 역할도 했습니다. 그래서 포로로 끌려갔다가 돌아오지 않고 외국에 살던 유대인이든지, 핍박을 피해 피난한 성도든지 일단 회당으로 가면 기본적인 도움을 받을 수 있었습니다. 그리고 어느 곳에 세워진 회당이든지 안식일에 회당에서 예배할 때는, 회당장이 율법과 시편과 선지서 등을 읽어 주는 전통이 있었습니다.

> 사도행전 15:21, "이는 예로부터 각 성에서 모세를 전하는 자가 있어 안식일마다 회당에서 그 글을 읽음이라 하더라"

이렇게 회당장이 성경을 읽은 뒤에는, 읽은 말씀에 대하여 권면의 말을 할 사람이 있는지 물었고, 예배에 참여한 남자들은 누구든지 말을 할 수 있었습니다. 그런데 회당에는 유대인들만 있었던 것이 아니라, 이방인이지만 유대인처럼 할례를 받고 유대교로 개종한 사람들도 있었습니다. 하지만 당시 시대 상황에서 할례까지 받으며 개종하는 것은 위험했으므로, 개종까지는 하지 않고 안식일에 회당에 나와서 예배에만 동참하는 사람들이 있었습니다. 성경은 이 같은 사람들을 가리켜서 '하나님을 경외하는 자들'이라 칭했습니다.

> 사도행전 13:16, "바울이 일어나 손짓하며 말하되 이스라엘 사람들과 및 하나님을 경외하는 사람들아 들으라"

보시는 것처럼, "이스라엘 사람들과 및 하나님을 경외하는 사람들"이 있었습니다. 백부장 고넬료 역시 이방인이었지만, 하나님을 경외하는 사람이었습니다.

사도행전 10:22, "그들이 대답하되 백부장 고넬료는 의인이요 하나님을 경외하는 사람이라 유대 온 족속이 칭찬하더니 그가 거룩한 천사의 지시를 받아 당신을 그 집으로 청하여 말을 들으려 하느니라 한대"

오늘 본문에 나오는 '루디아' 역시 그런 사람이었습니다(14). 하지만 이방인이지만 자발적으로 유대교로 개종하고, 예배와 교육에 참여하여 구약에 대한 충분한 지식은 있었다 해도, 환영받는 사람들은 아니었습니다. 심지어 예루살렘에 세워진 교회 안에서도 헬라파 과부들이 매일 구제받는 일에 제외된 것 때문에 히브리파 사람을 원망했다고 하지 않았습니까?(행 6:1) 이처럼 어디를 가든지 유대인 특유의 선민의식은 있었습니다. 그렇다 보니 바울이 오직 하나님의 은혜로 구원받는다는 사실을 증거했을 때, 이방인들은 유대인들보다 더 잘 받아들였고, 기뻐했습니다. 그리고 '하나님을 경외하는 이방인들은', 누구든지 예수 그리스도를 믿는 자는 구원을 얻는다는 복음을 들었을 때, 쉽게 기독교로 개종할 수 있었습니다.

사도행전 13:48, "이방인들이 듣고 기뻐하여 하나님의 말씀을 찬송하며 영생을 주시기로 작정된 자는 다 믿더라"

이렇게 바울이 회당에서 복음을 전하고 그곳에서 믿는 자들이 새기니 고린도교회를 비롯한 초대 교회는, 회당 옆에 세워진 곳이 많습니다. 그리고 이것은 바울의 보편적이고 일반적인 선교 전략이었습니다. 그런데 본문에 보면, 바울이 유대인의 회당에 가지 않고 여인들이 모여 있던 강가에서 복음을 전하였다고 말씀합니다. 그 이유는, 빌립보 도시가 유대인들보다 주로 로마인들로 구성된 도시였기에 유대 회당이 그렇게 많이 있지 않았던 것으로 보입니다. 그런가 하면 회당이 없었다는 주장도 있습니다. 왜냐하면, 로마 제국의 황제였던 글라우디오가 유대인들을 추방할 때 주로 남자들을 추방했고, 식민지였던 다른 국가들도 그와 같은 정책을 따랐습니다.

회당이 존재하기 위해서는 최소 유대인 남자 열 명이 참석할 수 있어야 했습니다. 하지만 유대 땅에서 멀리 떨어진 도시에, 그것도 황제의 추방 명령까지 시행되고 있던 도시에서 열 명의 유대인 남자가 모일 수 있는 회당은 많지 않았습니다. 더구나 유대인의 회당이 있다 하더라도 여인들을 회원에 가입시키지 않았습니다. 그래서 '하나님을 두려워하는' 빌립보 여인들은, 종교적인 모임을 하면서도 사람들이 봐도 이상하지 않을 강가를 기도하고 묵상하는 장소로 선택한 것입니다. 강가나 우물은 여인들이 모여서 빨래도 하고, 물도 긷는 장소이기 때문입니다. 그런데 이것은 당시 빌립보 여인들이 강가에 모여서 기도할 수밖에 없는 이유로는 충분하지만, 환상까지 보고 온 바울이 찾아올 만한 장소일까 하는 것입니다. 바로 이것이 오늘 본문을 통해서 발견해야 하는 하나님의 뜻입니다.

보통 계시를 받았다, 환상을 봤다고 하면 거창한 것을 기대하고 생각합니다. 하나님께서 우리를 신앙적 차원에서 특별한 징표를 준 것이니 얼마나 대단해 보입니까? 그런데 그것은 인간이 기대하는 것이지, 하나님의 뜻은 아닐 수 있습니다. 우리가 신앙생활을 하면서 가장 힘들 때가 언제인가 하면, 정말 제대로 신앙생활을 하는 것 같은데 어려움을 겪고, 실패를 경험할 때입니다. 우리가 죄를 범하거나 하나님의 뜻을 거슬러 행했을 때 실패를 하고, 어려움을 당하면, "어쩐지 불안 불안하더라, 그러다가 혼날 줄 알았지!" 하며 인정합니다. 그런데 성경 말씀을 표지판으로 삼고, 규정 속도 잘 지켜 가며 안전 운행을 하고 있는데도 어려움을 당하고, 실패를 경험하면 그때부터 헷갈리기 시작합니다.

"도대체 뭐가 잘못된 것일까, 남들은 신호 위반도 하고 과속에 음주 운전을 해도 안 걸리던데, 나는 온갖 규정을 다 지키면서 사는데 왜 이 모양일까?" 헷갈립니다. 그런데 "신을 잘 섬기고, 내 열심과 정성이 신을 감동하게 하면 내가 복을 받고, 하는 일이 잘될 것"이라는 기대는, 내 기대이지, 하나님의 뜻은 아닐 수 있습니다. 오늘 본문에서 우리가 확인하는 것처럼, 바울이 환상까지 보고 빌립보에 와서 복음을 전하는 곳이 어디입니까? 회당도 아니고, 강가에 모여 앉은 여자들을 만나서 복음을 전하고 있습니다. 그나마도 '루디아'라고 하는 여자 한 사람만이 복음을 듣고 따르게 됩니다.

> 13-14, "안식일에 우리가 기도할 곳이 있을까 하여 문밖 강가에 나가 거기 앉아서 모인 여자들에게 말하는데 14. 두아디라 시에 있는 자색 옷감 장사로서 하나님을 섬기는 루디아라 하는 한 여자가 말을 듣고 있을 때 주께서 그 마음을 열어 바울의 말을 따르게 하신지라"

이 모습이 여러분의 생각에 어떻게 그려지십니까? 물론 이 여인들은 기도하는 모임으로 모여 있지만, 바깥 외부의 시각에서 보면 빨래터에 모여 앉아 수다 떨고 있는 여인들 그 정도로밖에 보이지 않습니다. 그리고 바울이 그 여인들 틈에 섞여서 복음을 전하고 있고, 그나마 모여 있는 여인 중에서도 루디아라 하는 한 여자가 마음을 열어 바울의 말을 따르게 됩니다. 당시에 사람의 숫자에도 포함되지 않았던 여자 한 사람을 만나서 전도하자고 은인과 같은 바나바와 헤어지고, 게다가 환상까지 본 뒤에 빌립보로 온 것일까요? 그런데 우리가 이러한 부분을 성경을 통해서 분명한 답을 얻어야 합니다. 그렇지 않으면 나 혼자만의 기대와 허상에 빠져서, 하나님께서 약속하지 않은 것을 붙잡으려고 하거나, 또는 하나님을 의심하고 실망하게 되기 때문입니다.

기독교 신앙을 가진 사람들이라면, 확실하게 갖고 있는 믿음의 지식이 있습니다. 첫째로, 하나님이 전능하시다는 것, 하나님은 온 우주와 세상을 만드신 창조주이시며, 세상 끝날까지 당신이 창조하신 모든 만물을 주관하는 분이심을 믿습니다. 둘째로, 그 하나님께서는 우리가 받아야 할 죄의 형벌을 당신의 아들 예수 그리스도로 하여 대신 받게 하실 만큼, 우리를 아끼고 사랑하신다는 것도 믿습니다. 그런데 우리의 믿음의 한계는 언제나 이 두 가지 사실에만 머물러 있는 것입니다. 이 두 가지에 더해서 우리가 알아야 할 세 번째 믿음의 지식이 있습니다. 그것은 하나님께서 우리를 택하시고, 사랑하시고, 구원하셔서 당신의 자녀와 백성으로 삼으시는, 하나님만의 방법이 있다는 것까지 믿어야 한다는 것입니다. 비록 우리의 지혜가 부족하고 경험이 부족하여 이해하지 못할지라도, 하나님께서 우리를 사랑하시는 방법이 있고, 우리를 위해 일하시는 방법이 있습니다. 마치 철없는 어린아이가 부모의 사랑을 이해하지 못하는 것처럼, 우리 역시 하나님께서 우리를 사랑하고 위하시는 방법을 이해하지 못할 때가 많습니다.

하나님께서 당신이 사랑하는 사람을 택하시고, 구원하시는 일을 어떻게 하시는지 가장 분명하게 보여 준 사람이 바로 아브라함입니다. 아브라함을 찾아오신 하나님께서는, “너로 큰 민족을 이루고, 네게 복을 주어 이름을 창대하게 해 주겠다, 너 자체가 복이 될지라.”라고 하셨습니다(창 12:2). 15장에서도 아브라함에게 “하늘의 뭇별과 같은 자손을 주겠다.”라고 약속해 주셨습니다(창 15:5). 그리고 다시 17장에서 “너를 여러 민족의 아버지가 되게 해 주겠다, 네게서 왕들이 나올 것이다, 가나안 온 땅을 영원한 기업으로 주겠다.”라고 하셨습니다.

> 창세기 17:4-8, “보라 내 언약이 너와 함께 있으니 너는 여러 민족의 아버지가 될지라 5. 이제 후로는 네 이름을 아브람이라 하지 아니하고 아브라함이라 하리니 이는 내가 너를 여러 민족의 아버지가 되게 함이니라 6. 내가 너로 심히 번성하게 하리니 내가 네게서 민족들이 나게 하며 왕들이 네게로부터 나오리라 7. 내가 내 언약을 나와 너 및 네 대대 후손 사이에 세워서 영원한 언약을 삼고 너와 네 후손의 하나님이 되리라 8. 내가 너와 네 후손에게 네가 거류하는 이 땅 곧 가나안 온 땅을 주어 영원한 기업이 되게 하고 나는 그들의 하나님이 되리라”

전능하신 하나님께서 아브라함에게 세 번씩이나 똑같은 약속을 주셨습니다. 그런데 하나님께서 아브라함에게 주셨던 이 약속은 이루어졌습니까, 안 이루어졌습니까? 결과적으로 보면 하나님께서 아브라함에게 주셨던 약속은 다 이루어졌습니다. 하지만 아브라함이 세상에 사는 동안에는 하나님께서 그에게 주셨던 약속의 성취를 보지 못했습니다. 대신에 아브라함으로 말미암아 많은 민족이 복을 얻게 하시려고, 그의 인생을 나그네와 같이 살게 하셨습니다.

원래 아브라함은 고향도 있었고, 친척도 있었고, 아버지의 집도 있었습니다. 아버지와 함께 갈대아 우르에서 계속 살았다면 나그네로 살 이유가 없었습니다. 하지만 하나님께서 "너로 큰 민족을 이루게 하겠다, 네게서 왕들이 나게 해 주겠다, 너의 영원한 기업이 될 가나안 땅을 주겠다, 너 자체가 복이 될 것이다." 이와 같은 약속을 주시면서 고향과 친척과 아버지의 집을 떠나게 하셨습니다. 그런데 그렇게 하나님의 약속을 믿고 떠난 아브라함의 인생은 어땠습니까? 일평생 떠돌아다니면서 장막을 치고, 걷는 삶을 살았습니다. 그중에는 애굽 왕 바로에게 아내를 뺏길 번한 적도 있었고(창 12:14-20), 그랄 왕 아비멜렉에게는 결혼 지참금을 받고 아내를 내준 적도 있었습니다(창 20장).

아브라함이 엄청난 복을 받은 것 같지만, 죽은 자기 아내를 묻을 '막벨라 굴'을 돈 주고 산 것 외에는, 본인 소유의 어떤 땅도 갖지 못했습니다(창 23:16-20). 아브라함뿐이겠습니까? 이삭과 야곱도 아브라함과 똑같은 약속을 받았지만, 그들의 생애 역시 나그네의 삶을 살았습니다(창 26:2-5; 창 28:13-15). 우리는 하나님께서 나에게만 주신 특별한 약속을 받았다고 하면 거창한 것을 기대하고, 남들이 받지 못한 특별한 복을 받게 될 것을 기대합니다. 그런데 하나님께서 친히 찾아오셔서 '복'을 약속하셨던 아브라함과 이삭과 야곱의 생애를 보면, 우리가 '복'이라고 생각하고 기대할 만한 것이 별로 안 보입니다. 오히려 야곱이 요셉의 주선으로 애굽 왕 바로를 만났을 때, 야곱이 바로에게 한 고백이 더 현실감 있게 느껴집니다.

창세기 47:8-9, "바로가 야곱에게 묻되 네 나이가 얼마냐 9. 야곱이 바로에게 아뢰되 내 나그네 길의 세월이 백삼십 년이니이다 내 나이가 얼마 못 되니 우리 조상의 나그네 길의 연조에 미치지 못하나 험악한 세월을 보내었나이다 하고"

야곱이 고백하는 말이 무엇입니까? 백삼십 년 일생을 나그네처럼 살았다고 합니다. 그 인생을 어떻게 살았습니까? '험악한 세월을 보냈다'고 말합니다. 더 기가 막힌 말이 무엇인지 아십니까? "우리 조상이 살았던 나그네 생활에 비하면 자기가 한 고생은 별 것 아니다."라고 합니다. 야곱이 말하는 조상은 누구일까요? 아브라함과 이삭입니다. 우리는 믿음의 조상, 축복의 조상이라고 하면 대번에 아브라함과 이삭과 야곱을 말합니다. 하지만 그 장본인인 야곱이 직접 말한 것을 들어 보십시오. 그들이 하나님의 약속과 복을 받았으니, 그들 인생이 룰루랄라 활기차고 재미있는 삶을 살았을까요? "험악한 세월을 보내었나이다." 이것이 실제 고백입니다. 이 같은 야곱의 고백은, 그가 특별히 사랑했던 요셉의 삶에서 더욱 분명하게 확인할 수 있습니다.

창세기 39:1-3, "요셉이 이끌려 애굽에 내려가매 바로의 신하 친위대장 애굽 사람 보디발이 그를 그리로 데려간 이스마엘 사람의 손에서 요셉을 사니라 2. 여호와께서 요셉과 함께 하시므로 그가 형통한 자가 되어 그의 주인 애굽 사람의 집에 있으니 3. 그의 주인이 여호와께서 그와 함께 하심을 보며 또 여호와께서 그의 범사에 형통하게 하심을 보았더라"

여기 보시면, 여호와께서 요셉과 함께하시므로 그가 형통한 자가 됐다고 합니다. 그리고 그의 주인이 보기에도 "여호와께서 요셉이 하는 범사에 형통하게 하심을 목격했다."라고 말합니다. 그런데 '형통'이라고 하기에는 요셉의 현재 신분이 너무 어울리지 않습니다. 왜 그렇습니까? 요셉은 보디발의 집에 노예로 팔려온 사람이었기 때문입니다. 하지만 이것도 요셉이 보디발 집의 종으로 있을 때는 그나마 더 낫습니다. 주인의 아내가 유혹하는 것을 뿌리치고 도망친 것이 누명의 빌미가 되어, 왕의 죄수를 가두는 곳에 갇히게 되는 것입니다(창 39:19-23). 그 감옥은 형기가 정해져서 때가 되면 석방되는 일반적인 감옥이 아니라, 왕의 명령에 따라 언제든지 사형을 당할 수 있는, 희망을 찾을 수 없는 감옥입니다. 그런데 그 감옥에 갇힌 요셉에 대해서 성경은 이렇게 말씀합니다.

> 창 39:20-23, "이에 요셉의 주인이 그를 잡아 옥에 가두니 그 옥은 왕의 죄수를 가두는 곳이었더라 요셉이 옥에 갇혔으나 21. 여호와께서 요셉과 함께 하시고 그에게 인자를 더하사 간수장에게 은혜를 받게 하시매 22. 간수장이 옥중 죄수를 다 요셉의 손에 맡기므로 그 제반 사무를 요셉이 처리하고 23. 간수장은 그의 손에 맡긴 것을 무엇이든지 살펴보지 아니하였으니 이는 여호와께서 요셉과 함께 하심이라 여호와께서 그를 범사에 형통하게 하셨더라"

여호와께서 요셉에게 인자를 더하시고, 함께하셨고, 그를 범사에 형통하게 하셨다고 말씀합니다. 범사에 형통한 결과가 왕의 죄수를 가두는 특별 감옥에 갇히는 것입니까? 차라리 감옥에 갇히지 않는 것이 형통한 것 아닐까요? 우리는 하나님을 믿는다고 하면서도 실제 신앙생활하는 것을 보면, 우상을 섬기는 세상 사람들이 자기들 손으로 만든 우상을 섬기는 것처럼 믿습니다. 신에게 정성과 제물을 바치고 소원을 빌고, 마침내 소원이 이루어지면 자기의 믿음이 신을 움직였다고 좋아하는, 사실상 자기의 믿음을 믿는 그런 믿음입니다. 나를 사랑하는 하나님께서 어떤 방법으로 나를 하나님의 사랑으로 이끌어 가시는지, 하나님의 손길과 일하심을 믿는 것이 아니라, 자기의 믿음을 믿는 것입니다.

그렇다 보니 생긴 부작용이 있습니다. 자기가 예상한 방법대로 일이 이루어지지 않으면, 하나님을 의심하거나 원망하는 쪽으로 가게 되는 것입니다. "하나님이 계시기는 한 것이냐, 하나님이 계신다면 왜 나를 노예로 팔려 오게 만들고, 잘못한 것도 없는 데 왜 누명을 쓰고 감옥에 갇히게 만드느냐?" 이러한 형태의 의문과 불만들이 끊임없이 생기게 되는 것입니다. 성경이 말하는 '참믿음'은 무엇입니까? 하나님의 전능하심과 그 하나님께서 우리를 사랑하신다는 것을 믿는 것, 그리고 하나님의 일하시는 방법을 믿는 것입니다. 우리 인간이 도무지 이해할 수 없는 하나님께서 일하시는 방법은 바로 이것입니다.

> 마가복음 15:37-39, "예수께서 큰 소리를 지르시고 숨지시니라 38. 이에 성소 휘장이 위로부터 아래까지 찢어져 둘이 되니라 39. 예수를 향하여 섰던 백부장이 그렇게 숨지심을 보고 이르되 이 사람은 진실로 하나님의 아들이었도다 하더라"

여기 언급된 백부장은, 오늘날로 말하면 사형수의 사형 집행관입니다. 형 집행을 받은 사형수가 실제로 죽었는지 확인하는 사람이지요. 그런데 사형 집행관인 백부장이 "예수께서 진실로 하나님의 아들인 것"을 알게 된 순간이 언제입니까? 예수님께서 십자가 위에서 목숨이 끊어진 순간입니다. 예수님이 하나님의 아들이심을 믿고 구원받은 또한 사람이 있지요. 예수님과 함께 십자가에 못 박혔던 한편 강도입니다. 평생을 악당으로 살았던 그 사람도 예수님과 같은 날, 같은 장소에서 사형 집행을 당하지 않았더라면 그가 어떻게 예수님을 만나고 믿을 수 있었겠습니까? 그런데 하나님께서는 당신의 독생자를 십자가에 못 박아 죽게 하는 그와 같은 방법을 통해서, 죄 범한 인간을 구원하시려는 하나님의 사랑을 실천하셨습니다. 또한, 예수님께서도 하나님의 뜻에 순종하여 무덤까지 내려가시고 부활하심으로써 죄인을 구원하셨습니다.

> 마가복음 8:34, “무리와 제자들을 불러 이르시되 누구든지 나를 따라오려거든 자기를 부인하고 자기 십자가를 지고 나를 따를 것이니라”

자기를 부인하는 것이 무엇일까요? 내 생각, 내 의지, 내 방법이 아니라 하나님의 생각, 하나님의 뜻, 하나님의 방법을 믿고 따르는 것입니다. 혹시 수영을 배워 보셨습니까? 수영만큼 가르치는 강사의 지도를 따라 배우는 것이 힘든 운동이 없습니다. 수영을 배우러 가면 처음 한 주는 물에서 헤엄치는 것은 가르쳐 주지도 않고, 물속에 머리를 넣었다 뺐다 하면서 ‘음파’ 소리 내며 숨 쉬는 것만 가르쳐 줍니다. 그런데 단순한 것 같은 ‘음파’가 가르쳐 준대로 따라 하기 얼마나 힘든지 모릅니다. 일단 물속에서 ‘음’ 하며 숨을 내쉬는 것 자체가 잘 안됩니다. 그리고 아직 물 밖으로 머리가 다 나오지도 않았는데, ‘파’ 하며 숨을 마시다가 물을 먹습니다. 그뿐이겠습니까? 수영 동작 하나하나를 배우는 과정에서 강사가 가르쳐 주는 방법보다는, 생존을 위한 본능이 앞서다 보니 엉망진창으로 할 때가 많습니다. 그런데 똑같이 초보에서 시작해도 겸손한 학생은 얼마나 빨리 배우는지 모릅니다. 선생님이 가르쳐 준 방법 그대로 따라 하니까 빨리 배우고, 심지어 잘합니다.

수영뿐이겠습니까? 운동이든, 음악이나 미술이든, 각종 기술이나 공부도 가르치는 선생님의 말씀을 듣고 잘 따라하는 사람이 실력이 빨리 늘고 잘하게 됩니다. 그런데 신을 믿고 섬기겠다는 사람들이 얼마나 고집이 센지 모릅니다. 예전에 '친구'라는 영화에서 나온 유명한 대사가 있죠. "내가 니 시다바리가?" 시다바리는 '견습생, 조수, 보조원' 등의 의미를 지닌 일본어입니다. 우리가 신앙생활 하는 모습을 보면, 하나님을 마치 우리가 부리는 시다바리로 둔 것 같습니다. 하나님의 말씀, 하나님께서 일하시는 방법을 따르고 순종하는 것이 아니라, 내가 할 테니 하나님은 옆에서 보고 있다가, 내가 힘들어하면 그때 도우라고 합니다. 믿음은 그런 것이 아닙니다. 우리가 뭘 알아서 하나님을 조수로 부리겠습니까? 우리를 사랑하고 위하시는 하나님의 일하시는 방법을 우리는 잘 알지 못합니다.

하나님께서 아브라함에게 약속을 주시고, 이삭과 야곱에게 약속해 주시고, 요셉과 함께하시며 그를 형통하게 하셨지만, 그들은 약속의 성취를 보지 못했습니다. 하지만 하나님께서 아브라함에게 주셨던 그 약속이, 오늘 저와 여러분을 통해 이루어졌습니다. 그래서 아브라함을 부를 때 '우리 믿음의 조상'이라고 하는 것입니다. 바울이 빌립보 지방에 와서 처음 전도한 사람이 '루디아'라는 여인이었습니다. 환상까지 보고 와서 전도했다고 말하기에는 많이 부족해 보이는 면이 있습니다. 하지만 루디아의 집에서 시작된 모임이 후에 빌립보교회가 됩니다.

15, "그와 그 집이 다 세례를 받고 우리에게 청하여 이르되 만일 나를 주 믿는 자로 알거든 내 집에 들어와 유하라 하고 강권하여 머물게 하니라"

빌립보교회는 비록 적은 수로 시작하였으나 열심히 주를 섬기는 교회였고, 바울의 사역을 돕기 위해 수차례에 걸쳐 헌금을 보냈던 교회였습니다. 바울이 로마의 감옥에 갇혔다는 소식을 들었을 때는, 헌금과 함께 에바브로디도를 바울에게 보내어 가장 가까운 곳에서 바울을 돕게 했습니다. 이런 빌립보교회를 향하여 바울은 "너희가 다 나와 함께 은혜에 참여한 자"라고 하면서, 바울이 그들을 얼마나 사랑하는지 하나님이 증인이라고 했습니다.

빌립보서 1:7-8, "내가 너희 무리를 위하여 이와 같이 생각하는 것이 마땅하니 이는 너희가 내 마음에 있음이며 나의 매임과 복음을 변명함과 확정함에 너희가 다 나와 함께 은혜에 참여한 자가 됨이라 8. 내가 예수 그리스도의 심장으로 너희 무리를 얼마나 사모하는지 하나님이 내 증인이시니라"

오늘 우리는 하나님의 일하시는 방법을 배워야 합니다. 내 눈으로 보고 손으로 만져서 확인한 것이 전부가 아니라, 하나님의 큰 뜻을 믿어야 한다는 것입니다. 하나님께서 저와 여러분에게 어떤 뜻을 갖고 계시는지 우리는 잘 모릅니다. 우리를 큰 그릇으로 쓰실지, 작은 그릇으로 쓰실지 알지 못합니다. 하지만 어느 곳, 어떤 용도로 사용하시든지, 우리는 하나님의 일하심에 순종해야 합니다.

요한계시록 3:7-8, "빌라델비아 교회의 사자에게 편지하라 거룩하고 진실하사 다윗의 열쇠를 가지신 이 곧 열면 닫을 사람이 없고 닫으면 열 사람이 없는 그가 이르시되 8. 볼지어다 내가 네 앞에 열린 문을 두었으되 능히 닫을 사람이 없으리라 내가 네 행위를 아노니 네가 작은 능력을 가지고서도 내 말을 지키며 내 이름을 배반하지 아니하였도다"

여기 '작은 능력'이라고 하신 말씀은, 하나님께서 우리에게 맡기신 것이 외형적으로 볼 때 '사소하고 자질구레'하다는 것입니다. 그런데 그 사소하고 자질구레한 작은 능력이라도 충성할 것을 요구하십니다. 오늘 본문 식으로 표현하자면, 환상까지 보고 빌립보로 왔는데 만나서 전도한 사람이 겨우 강가에 앉아 있던 여인네 한 사람인 것입니다. "볼지어다 내가 네 앞에 열린 문을 두었으되"라고 했습니다. 바울에게 있어서 강가에 모여 앉아 있는 여인들이 '열린 문'이었습니다. 결과적으로는 빌립보교회가 초대 교회를 대표하는 교회가 됐지만, 바울이 처음 루디아라는 여인을 만났을 당시에는 정말 '작고 사소한' 만남이었을 것입니다.

오늘 저와 여러분이 배워야 하는 신앙의 자세가 바로 이것입니다. 우리는 엘리야처럼 능력 있는 선지자가 되고 싶고, 잘할 수 있을 것 같습니다. 그런데 또 성경을 보면, 우상의 선지자 850명과 기도 대결을 해서 승리했던 엘리야도, 나락까지 떨어져서 하나님 앞에 죽기를 자청하기도 했습니다.

열왕기상 19:4, "자기 자신은 광야로 들어가 하룻길쯤 가서 한 로뎀 나무 아래에 앉아서 자기가 죽기를 원하여 이르되 여호와여 넉넉하오니 지금 내 생명을 거두시옵소서 나는 내 조상들보다 낫지 못하니이다 하고"

엘리야는 하나님께 왜 이런 말을 했던 것일까요?

> 열왕기상 19:14, "그가 대답하되 내가 만군의 하나님 여호와께 열심이 유별하오니 이는 이스라엘 자손이 주의 언약을 버리고 주의 제단을 헐며 칼로 주의 선지자들을 죽였음이오며 오직 나만 남았거늘 그들이 내 생명을 찾아 빼앗으려 하나이다"

오직 나만 남았다고 하는 엘리야에게 하나님께서 이렇게 대답해 주셨습니다.

> 열왕기상 19:18, "그러나 내가 이스라엘 가운데에 칠천 명을 남기리니 다 바알에게 무릎을 꿇지 아니하고 다 바알에게 입맞추지 아니한 자니라"

하나님께서 말씀하신 칠천 명은, 엘리야처럼 기적을 행한 사람들이 아닙니다. 빌라델비아교회에 하신 말씀으로 비유하자면 '작은 능력'을 가진 사람들입니다. 하지만 그들은 바알에게 무릎을 꿇거나 입 맞추지 않고 믿음을 지키면서, 하나님께서 그들에게 맡기신 작은 일에 충성했던 사람들이었습니다. 오늘 저와 여러분이 이와 같은 믿음 갖기를 기원합니다. 환상을 보고, 능력을 행하고, 뭔가 폼나고 멋진 업적을 팍팍 이루는 것만이 하나님의 일이 아니라, 지지고 볶고 살면서 믿음을 지키는 것도 하나님의 일입니다.

하나님께서 저와 여러분 앞에 '열린 문'을 두셨다고 했습니다. 그 문은 하나님 외에는 닫을 사람이 없습니다. 물론 이 문의 궁극적인 의미는 '구원의 문'을 가리키지만, 우리의 성화를 위한 연습 장소의 문이기도 합니다. 바울은 이 문을 통해서 루디아를 전도했고, 빌립보교회라는 열매를 맺었습니다. 우리가 만나는 모든 현실이 '열린 문'입니다. 우리는 그 문을 통해 우리의 구원을 이루어 갈 것입니다. 잘 이기고, 잘 순종하고, 잘 이루어가기를 기원합니다.

점치는 귀신 들린 여종을 만나니

"우리가 기도하는 곳에 가다가 점치는 귀신 들린 여종 하나를 만나니 점으로 그 주인들에게 큰 이익을 주는 자라 17. 그가 바울과 우리를 따라와 소리 질러 이르되 이 사람들은 지극히 높은 하나님의 종으로서 구원의 길을 너희에게 전하는 자라 하며 18. 이같이 여러 날을 하는지라 바울이 심히 괴로워하여 돌이켜 그 귀신에게 이르되 예수 그리스도의 이름으로 내가 네게 명하노니 그에게서 나오라 하니 귀신이 즉시 나오니라 19. 여종의 주인들은 자기 수익의 소망이 끊어진 것을 보고 바울과 실라를 붙잡아 장터로 관리들에게 끌어 갔다가 20. 상관들 앞에 데리고 가서 말하되 이 사람들이 유대인인데 우리 성을 심히 요란하게 하여 21. 로마 사람인 우리가 받지도 못하고 행하지도 못할 풍속을 전한다 하거늘 22. 무리가 일제히 일어나 고발하니 상관들이 옷을 찢어 벗기고 매로 치라 하여 23. 많이 친 후에 옥에 가두고 간수에게 명하여 든든히 지키라 하니"

바울 일행이 기도하는 곳으로 가다가 점치는 귀신 들린 여종을 만나게 됩니다. 복음서에 보면 예수님께서 귀신 들린 사람들을 고쳐 주신 기적이 많이 기록되어 있습니다. 예수님께서 두로 지방에 가셨을 때, 헬라인이요 수로보니게 족속인 여인이 예수님을 찾아와서 더러운 귀신에 들린 자기 딸을 고쳐 달라고 부탁했습니다. 하지만 예수님께서는 "자녀의 떡을 취하여 개들에게 던짐이 마땅치 아니하니라"(막 7:27)라고 하시면서, 그 여인의 요청을 거절하셨습니다. 아무리 그 여인이 이방 출신이라 할지라도, 사람을 '개'에 비유하면서까지 거절하는 것은 너무 심한 표현이라는 생각이 듭니다. 그런데 그 여인은 그런 모욕적인 말을 듣고서도 "주여 옳소이다마는 상 아래 개들도 아이들이 먹던 부스러기를 먹나이다"(막 7:28)라고 하면서 다시 부탁했습니다. 여인의 말을 들은 예수님께서는 "돌아가라 귀신이 네 딸에게서 나갔느니라"(막 7:29)라고 하시면서, 여인의 귀신 들린 딸을 고쳐 주셨습니다.

마가복음 9장에는, 한 아버지가 어려서부터 귀신에 들린 아들을 데리고 예수님을 찾아와서, 할 수 있다면 아들을 고쳐 달라고 부탁하는 내용이 나옵니다. 예수님께서는 그 아버지에게 "할 수 있거든이 무슨 말이냐 믿는 자에게는 능히 하지 못할 일이 없느니라"(막 9:23)라고 말씀하셨습니다. 그 아이의 아버지는 "소리를 질러 이르되 내가 믿나이다 나의 믿음 없는 것을 도와주소서"(막 9:24)라고 하며 아이를 고쳐 달라고 부탁했습니다. 예수님께서는 아이에게 들어간 '말 못 하고 못 듣는 귀신'을 내쫓으시면서 "그 아이에게서 나오고 다시 들어가지 말라"(막 9:25)고 명령하셨습니다.

예수님께서는 거라사 지방의 군대 귀신 들린 사람을 고쳐 주기도 하셨고(막 5:1-13), 갈릴리 회당에서 만난 귀신 들린 사람을 고쳐 주기도 하셨으며(눅 4:33-35), 이외에도 많은 사람을 고쳐 주셨습니다.

> 마태복음 8:16-17, "저물매 사람들이 귀신 들린 자를 많이 데리고 예수께 오거늘 예수께서 말씀으로 귀신들을 쫓아 내시고 병든 자들을 다 고치시니 17. 이는 선지자 이사야를 통하여 하신 말씀에 우리의 연약한 것을 친히 담당하시고 병을 짊어지셨도다 함을 이루려 하심이더라"

복음서에 예수께서 '귀신 들린 사람'을 고친 기적에서 확인되는 첫 번째 공통점은, 부모나 사람들이 귀신 들린 사람을 고쳐 달라고 데리고 와서 고쳐 준 것입니다. 두 번째 공통점은, 귀신 들린 사람을 보신 예수님께서 성자의 권위로 "그 사람에게서 나오라."라고 명령하셔서 귀신을 쫓아내신 것입니다(막 5:13; 눅 4:35). 그런데 본문에 바울이 귀신 들린 여종에게서 귀신을 쫓아낸 기적은, 복음서에서 예수님께서 귀신을 쫓아내신 기적과 그 결이 약간 다릅니다. 먼저 본문에는 사람들이 이 여종을 바울에게로 데리고 와서 고쳐 달라고 부탁한 적이 없습니다. 그러니 복음서에 기록된 첫 번째 공통점에 해당하지 않습니다.

그러면, 바울이 귀신 들린 여종을 발견하고 즉시 귀신에게 명하여 "그 사람에게서 나오라."라고 명령했을까요? 그것도 아닙니다. 본문에 보면, 그 귀신 들린 여종이 여러 날을 바울을 따라다녔다고 했습니다.

> 17-18 a. "그가 바울과 우리를 따라와 소리 질러 이르되 이 사람들은 지극히 높은 하나님의 종으로서 구원의 길을 너희에게 전하는 자라 하며
> 18. 이같이 여러 날을 하는지라"

이 말씀에서 우리가 생각할 수 있는 것은, 만약 이 귀신 들린 여종이 바울을 계속 따라다니면서 말하지 않았다면, 바울은 그 여종을 고치지 않았을 것입니다. 본문을 보면 귀신 들린 여종이 의도를 가지고 바울을 계속 따라다녔고, 그 여인으로 인해서 바울은 심히 괴로워하다가 결국 그 귀신을 쫓아냈다고 했습니다.

18 b. "바울이 심히 괴로워하여 돌이켜 그 귀신에게 이르되 예수 그리스도의 이름으로 내가 네게 명하노니 그에게서 나오라 하니 귀신이 즉시 나오니라"

그런데 여기서 한 가지 문제가 생겼습니다. 그것은 점치는 귀신 들린 여종을 이용해서 돈을 벌던 주인들이, 더 이상 그 여종으로 인해 돈을 벌 수 없게 되자 바울을 그 지역 관리들에게 고소한 것입니다. 그래서 바울과 실라는 많은 매를 맞고 감옥에 갇히게 됩니다(22-24). 먼저 우리가 생각해야 할 것은, 과연 바울이 감옥에 갇힐 만큼 잘못한 일이 있느냐는 것입니다. 16절에 '점치는 귀신'이라고 번역된 '귀신'은 헬라어로 '퓌돈'Python입니다. '퓌돈'은 거대한 뱀의 형상을 가진, 그리스 신화에 나오는 괴물입니다. 이 뱀은 '예지 능력'이 있다고 알려졌지만, 그 예지 능력을 잘못 사용해서 '아폴론'에게 죽임을 당했고, 그의 아내는 신전의 무녀가 되었다는 신화가 있습니다. 지금 '퓌톤'에 대한 신화에 나오는 내용을 말씀드리는 것은, 점치는 귀신 들린 여종이 어떤 사람이었는지 설명하기 위해서입니다.

본문에 보면, 바울이 이 귀신 들린 여종을 고친 것 때문에 감옥에 가게 됩니다. 그런데 바울이 감옥에 가게 된 이유가 무엇입니까? 빌립보 지역 사람들에게 피해를 줬거나 뭘 잘못해서 감옥에 가게 된 것일까요?

19-21, "여종의 주인들은 자기 수익의 소망이 끊어진 것을 보고 바울과 실라를 붙잡아 장터로 관리들에게 끌어 갔다가 20. 상관들 앞에 데리고 가서 말하되 이 사람들이 유대인인데 우리 성을 심히 요란하게 하여 21. 로마 사람인 우리가 받지도 못하고 행하지도 못할 풍속을 전한다 하거늘"

여기서 우리가 확인할 수 있는 점은, 이 귀신 들린 여종에게는 주인이 여러 명이 있었다는 것과 그 주인이 로마 사람이었다는 것을 알 수 있습니다. 그리고 여종의 주인들은, 자기들이 그 여종으로 인해서 더는 돈을 벌 수 없게 되자 고발했다고 합니다. 이것만 보면, 바울이 귀신 들린 여종의 주인에게 피해를 준 것처럼 보입니다. 그러면 그 귀신 들린 여종이 뭘 하는 사람이었냐 하는 것입니다.

16. "우리가 기도하는 곳에 가다가 점치는 귀신 들린 여종 하나를 만나니 점으로 그 주인들에게 큰 이익을 주는 자라"

'점으로 그 주인들에게 큰 이익을 줬던' 사람인 것은 맞는데, 그러면 그 귀신 들린 여종이 '점'을 친 것이 실제로 정확한 '예지 능력'이 있었느냐는 것입니다. 신화에 나오는 것처럼, '퓌톤'이라는 귀신 자체가 정확한 예지 능력을 갖지 못했습니다. 결국, 자기가 죽이려고 했던 '아폴론'에게 죽임을 당하지 않았습니까? 본인의 일도 예지하지 못하는 '신'이, 다른 사람의 일은 '예지'할 수 있을까요? 보통 '점'은 아쉬운 것이 있는 사람이 자기의 불안한 부분에 대한 답을 얻기 위해서, 신의 힘을 빌려서 미래의 일을 미리 알고 싶어서 보는 것 아니겠습니까? 하지만 실제는 어떨까요? '점'을 보려는 사람은 무당에게 자기 입으로 자신의 약점을 말하고, 자기가 고백한 말로 인해서 그 무당에게 약점을 잡히는 악순환이 이어지게 됩니다.

성경학자들은 오늘 본문에 대해서, 로마 주인들이 '점치는 여종'을 통해서 사람들의 약점을 잡았고, 그것을 이용해서 이익을 얻었던 것으로 해석합니다. 그리고 그 이익의 카르텔은 여종의 주인뿐만 아니라 그 지역의 행정관까지 다 나누어 갖는 그런 구조였기에, 바울은 매를 맞고 감옥에 갇히게 된 것입니다. 이처럼 바울이 감옥에 갇히게 된 표면적인 이유는, 귀신 들린 여종을 통해서 돈을 벌던 로마인 주인들과 빌립보 지역 행정관의 수입원이 끊기게 됐기 때문입니다. 하지만 바울이 점치는 여종에게 붙어 있는 귀신을 쫓아낸 것은, 바울 자신의 이익을 위해서 한 것이 아닙니다. 다시 말해서 바울 개인의 영리 활동을 확장하기 위해서, 경쟁자인 로마 주인의 여종에게 붙어 있는 귀신을 쫓아낸 것이 아니라는 것입니다.

바울이 점치는 여종의 귀신을 쫓아낸 것은 오직 신앙적인 이유 때문입니다. 점치는 여종이 바울이 가는 곳마다 따라다니면서 복음 전하는 일에 훼방을 놓았기 때문에, 이 여종에게 붙은 귀신을 쫓아낸 것입니다. 오늘날 우리들의 이야기로 바꿔 이야기하자면, 신앙생활을 열심히 하지 않아서 또는 죄를 범하고 타락해서 감옥에 갇히게 된 것이 아닙니다. 자신을 위해서 영리 활동을 하다가 분쟁이 생겨서 고소·고발당한 것이 아니라, 복음을 위하고 하나님의 말씀에 최선을 다해 순종했더니 감옥에 갇혔습니다. 그런데 우리에게 익숙한 신앙의 지식은, "예수 잘 믿으면 복 받는다."입니다. 그리고 성경의 많은 약속은 그와 같은 지식에 분명한 확증을 줍니다. 가장 대표적인 약속이 신명기 28장입니다.

> 신명기 28:1-6, "네가 네 하나님 여호와의 말씀을 삼가 듣고 내가 오늘 네게 명령하는 그의 모든 명령을 지켜 행하면 네 하나님 여호와께서 너를 세계 모든 민족 위에 뛰어나게 하실 것이라 2. 네가 네 하나님 여호와의 말씀을 청종하면 이 모든 복이 네게 임하며 네게 이르리니 3. 성읍에

서도 복을 받고 들에서도 복을 받을 것이며 4. 네 몸의 자녀와 네 토지의 소산과 네 짐승의 새끼와 소와 양의 새끼가 복을 받을 것이며 5. 네 광주리와 떡 반죽 그릇이 복을 받을 것이며 6. 네가 들어와도 복을 받고 나가도 복을 받을 것이니라"

여호와 하나님의 말씀을 잘 듣고 지켜 행하면, 어디를 가든지 복을 받을 것입니다. 그런데 오늘 본문 말씀을 이와 같은 신명기의 약속에 비추어 보면, 바울이 매를 맞고 감옥에 갇히게 된 일은 쉽게 이해할 수 없는 사건입니다. 만약 우리도 열심히 신앙생활을 하고, 주와 복음을 위해 내 모든 것을 다해 충성했더니, 그 결과가 고발당하고 감옥에 갇히게 되었다면 너무나 억울할 것입니다.

그래서 우리가 이러한 부분에서 성경의 답을 가져야 합니다. 지난 시간에, 우리가 가져야 할 믿음의 지식이 세 가지가 있다고 말씀드렸습니다. 첫째는, 전능하신 하나님은 온 우주와 세상을 만드신 창조주이시며, 세상 끝날까지 당신이 창조하신 모든 만물을 주관하는 분이심을 믿는 것입니다. 둘째는, 하나님께서는 우리가 받아야 할 죄의 형벌을 당신의 아들 예수 그리스도로 하여 대신 받게 하실 만큼, 우리를 아끼고 사랑하신다는 것입니다. 셋째로, 우리를 위하시는 하나님께서는 가장 좋은 방법으로 일하신다는 것입니다.

하지만 하나님께서 우리를 위해 일하시는 방법은, 인간의 지혜와 경험으로 이해하지 못할 때가 많으며, 때로는 그 일에 누군가의 희생이 동반되기도 합니다. 가장 대표적인 예가 우리를 구원하신 예수 그리스도의 십자가 희생입니다. 죄로 인해 영원한 형벌과 멸망을 받아야 하는 우리를 구원하기 위해 하나님께서 선택하신 방법은, 독생자 예수 그리스도를 우리 대신 죽게 하는 것이었습니다. 사도행전에 등장하는 사도들 역시, 복음 전도의 끝은 핍박과 순교였습니다. 여기서 우리가 가지는 의문은 왜 이러한 일이 성경에, 특히 신약 성경에 자주 등장할까, 하는 것입니다. 기독교에서 구약 이스라엘은 육체 이스라엘로, 신약의 성도들은 영적(신령한) 이스라엘 백성이라고 부릅니다.

구약 이스라엘 백성은 아브라함과 그 아내 사라에게서 출생한 혈통적 정통성을 근거로 하나님의 백성이라 칭함을 받았기 때문에 육체 이스라엘이라고 부릅니다. 이에 비해서 신약의 성도들은, 하나님의 영인 성령으로 인도함을 받아 하나님의 자녀로 인정받은 사람들입니다. 그래서 성경은 신약의 성도들을 가리켜서 '양자'라고 부릅니다.

> 로마서 8:14-16, "무릇 하나님의 영으로 인도함을 받는 사람은 곧 하나님의 아들이라 15. 너희는 다시 무서워하는 종의 영을 받지 아니하고 양자의 영을 받았으므로 우리가 아빠 아버지라고 부르짖느니라 16. 성령이 친히 우리의 영과 더불어 우리가 하나님의 자녀인 것을 증언하시나니"

그러면 구약의 육체 이스라엘과 신약의 영적 이스라엘의 차이점은 무엇일까요? 육체 이스라엘은 하나님께서 그들에게 주신 율법에 순종했을 때와 그렇지 않았을 때 받게 되는 축복과 저주가 즉각적입니다. 앞서 신명기 28장에 이스라엘 백성이 하나님의 말씀에 순종했을 때 그들에게 약속된 복에 관한 내용에 관해서 말씀드렸습니다. 그런데 신명기 28장에는 복에 관한 약속만 있는 것이 아니라, 그 반대에 해당하는 약속의 말씀도 함께 있습니다.

신명기 28:15-19, "네가 만일 네 하나님 여호와의 말씀을 순종하지 아니하여 내가 오늘 네게 명령하는 그의 모든 명령과 규례를 지켜 행하지 아니하면 이 모든 저주가 네게 임하며 네게 이를 것이니 16. 네가 성읍에서도 저주를 받으며 들에서도 저주를 받을 것이요 17. 또 네 광주리와 떡 반죽 그릇이 저주를 받을 것이요 18. 네 몸의 소생과 네 토지의 소산과 네 소와 양의 새끼가 저주를 받을 것이며 19. 네가 들어와도 저주를 받고 나가도 저주를 받으리라"

여호와의 말씀에 순종하지 않을 때 받게 되는 저주에 관한 말씀은, 신명기 28장이 끝나는 68절까지 계속 이어집니다. 이렇게 보면, 하나님의 말씀에 순종했을 때 받게 되는 '복'에 관한 약속보다, 말씀에 순종하지 않았을 때 받게 될 '저주'에 관한 내용이 4배 가까이 더 많습니다. 실제로 이스라엘 백성들은 모세를 통해서 받은 이 약속의 말씀에 근거해서, 다윗처럼 하나님의 말씀에 순종하는 왕이 있었을 때 왕성한 나라가 된 적이 있습니다. 하지만 안타깝게도 구약 이스라엘 백성들은 하나님의 약속을 소홀히 여기거나 잊어버리고, 자기들의 욕심을 따라서 살다가 결국 멸망하고 맙니다.

신명기는 죽음을 앞둔 모세가 가나안 땅이 건너다보이는 요단 동편에서 이스라엘 백성에게 했던 고별 설교입니다. 모세는 신명기 말씀을 통해 이스라엘 백성에게 무슨 말을 하고 싶었던 것일까요? 그들이 하나님의 약속을 잊어버리고 소홀히 할 것을 염려했던 것입니다. 그래서 모세는 신명기 설교를 통해 이스라엘 백성에게 이렇게 당부합니다. 첫째는, 하나님의 말씀을 마음에 새기고 자녀에게 부지런히 가르치라는 것입니다.

신명기 6:6-9, “오늘 내가 네게 명하는 이 말씀을 너는 마음에 새기고 7. 네 자녀에게 부지런히 가르치며 집에 앉았을 때에든지 길을 갈 때에든지 누워 있을 때에든지 일어날 때에든지 이 말씀을 강론할 것이며 8. 너는 또 그것을 네 손목에 매어 기호를 삼으며 네 미간에 붙여 표로 삼고 9. 또 네 집 문설주와 바깥 문에 기록할지니라”

둘째는, 하나님께서 너희 조상에게 약속한 복을 너희에게 주셨을 때, 배불리 먹었다고 해서 여호와 하나님을 잊어버리거나 하나님을 시험하지 말라는 것입니다.

신명기 6:10-16, “네 하나님 여호와께서 네 조상 아브라함과 이삭과 야곱을 향하여 네게 주리라 맹세하신 땅으로 너를 들어가게 하시고 네가 건축하지 아니한 크고 아름다운 성읍을 얻게 하시며 11. 네가 채우지 아니한 아름다운 물건이 가득한 집을 얻게 하시며 네가 파지 아니한 우물을 차지하게 하시며 네가 심지 아니한 포도원과 감람나무를 차지하게 하사 네게 배불리 먹게 하실 때에 12. 너는 조심하여 너를 애굽 땅 종 되었던 집에서 인도하여 내신 여호와를 잊지 말고 13. 네 하나님 여호와를 경외하며 그를 섬기며 그의 이름으로 맹세할 것이니라 14. 너희는 다른 신들 곧 네 사면에 있는 백성의 신들을 따르지 말라 15. 너희 중에 계신 너희의 하나님 여호와는 질투하시는 하나님이신즉 너희의 하나님 여호와께서 네게 진노하사 너를 지면에서 멸절시키실까 두려워하노라 16. 너희가 맛사에서 시험한 것 같이 너희의 하나님 여호와를 시험하지 말고”

모세는, 이스라엘 백성이 하나님께 뭘 잘해서 땅을 받은 것이 아니라고 합니다. 그들이 아무것도 한 것이 없음에도, 하나님께서 그들의 조상인 아브라함과 이삭과 야곱에게 약속하신 것을 지키기 위해서 그들에게 가나안 땅을 주셨습니다. 그들은 자기들이 건축하지 않은 아름다운 성읍에서 살게 될 것이고, 그들이 채우지 않은 아름다운 물건이 가득한 집을 얻게 될 것입니다. 그들은 자기들이 파지 않은 우물을 갖게 될 것이고, 그들이 심고 가꾸지 않은 포도원과 감람나무를 얻게 되어 배부르게 먹을 것입니다. 다시 말씀드리지만, 이 모든 것들은 그들이 하나님의 말씀에 순종한 결과로 얻은 것이 아니라, 하나님께서 은혜와 선물로 그들에게 거저 주시는 것들입니다. 그러니 그들은 아름답고 좋은 땅에서 배부르게 먹고, 평화롭게 살면서 하나님의 말씀에 순종하며 살기만 하면 됩니다.

그런데 모세가 걱정하는 것이 무엇입니까? 그들이 잘 먹고 배부르면 하나님의 은혜를 잊어버리는 것입니다. 하나님을 떠나 우상을 섬기고 죄를 짓는 것입니다. 그래서 모세가 이스라엘 백성에게 이렇게까지 하라고 방법을 가르쳐 줬습니다.

> 신명기 31:19-22, "그러므로 이제 너희는 이 노래를 써서 이스라엘 자손들에게 가르쳐 그들의 입으로 부르게 하여 이 노래로 나를 위하여 이스라엘 자손들에게 증거가 되게 하라 20. 내가 그들의 조상들에게 맹세한 바 젖과 꿀이 흐르는 땅으로 그들을 인도하여 들인 후에 그들이 먹어 배부르고 살찌면 돌이켜 다른 신들을 섬기며 나를 멸시하여 내 언약을 어기리니 21. 그들이 수많은 재앙과 환난을 당할 때에 그들의 자손이 부르기를 잊지 아니한 이 노래가 그들 앞에 증인처럼 되리라 나는 내가 맹세한 땅으로 그들을 인도하여 들이기 전 오늘 나는 그들이 생각하는 바를 아노라 22. 그러므로 모세가 그날 이 노래를 써서 이스라엘 자손들에게 가르쳤더라"

모세가 노래까지 만들어 주면서 하나님의 은혜를 잊지 말라고 당부했지만, 구약 이스라엘은 하나님의 말씀을 듣지 않고 우상을 섬기다가 결국 멸망했습니다. 구약 육체 이스라엘의 특징이 무엇입니까? 하나님의 복과 저주가 즉각적입니다. 그런데 신약 영적 이스라엘 백성에게 주신 약속은 육체 이스라엘의 것과 다릅니다. 구약 이스라엘은 '젖과 꿀이 흐르는 가나안 땅'이라고 하는 세상의 땅과 나라를 약속받았기에, 세상에서 하나님의 백성으로 사는 방법을 율법으로 받았습니다. 하지만 영적 이스라엘인 신약의 성도들은 '젖과 꿀이 흐르는 세상 나라'가 아니라 '영원한 천국'을 약속으로 받았고, 당연히 천국 백성으로 사는 법을 배웁니다.

> 로마서 14:17-19, "하나님의 나라는 먹는 것과 마시는 것이 아니요 오직 성령 안에 있는 의와 평강과 희락이라 18. 이로써 그리스도를 섬기는 자는 하나님을 기쁘시게 하며 사람에게도 칭찬을 받느니라 19. 그러므로 우리가 화평의 일과 서로 덕을 세우는 일을 힘쓰나니"

하나님 나라는 어떤 곳입니까? "먹는 것과 마시는 것"이 전부가 아닌 나라입니다. "성령 안에서 누리는 의와 평화와 기쁨"이 있는, 그것을 누리는 나라입니다. 그래서 그 나라의 백성인 신약의 성도들에게 요구되는 순종이 무엇입니까? "서로 화목하고 덕을 세우는 일에 힘쓰는" 사람이 되라는 것입니다. 육체 이스라엘 백성과 영적 이스라엘 백성의 차이를 아시겠습니까? '먹고 마시는 것'이 전부인 사람과 '화목하고 덕을 세우는 것을 힘쓰는' 사람은, 삶에 대한 이해와 생활의 질이 확연히 다를 것입니다.

데살로니가전서 2:11-13, "너희도 아는 바와 같이 우리가 너희 각 사람에게 아버지가 자기 자녀에게 하듯 권면하고 위로하고 경계하노니 12. 이는 너희를 부르사 자기 나라와 영광에 이르게 하시는 하나님께 합당히 행하게 하려 함이라 13. 이러므로 우리가 하나님께 끊임없이 감사함은 너희가 우리에게 들은 바 하나님의 말씀을 받을 때에 사람의 말로 받지 아니하고 하나님의 말씀으로 받음이니 진실로 그러하도다 이 말씀이 또한 너희 믿는 자 가운데에서 역사하느니라"

하나님께서 우리를 영광의 나라로 부르신 것은, 하나님께 합당한 생활을 하라고 부르신 것이라고 말씀합니다. 그런데 그 말씀을 우리에게 어떻게 주셨습니까? 아버지가 자기 자녀에게 하듯이 '격려하고 위로하고 권면하는' 방식으로 주셨다고 말씀합니다. 우리도 어린 시절을 지나봤고, 자녀도 키워 봐서 알지만, 한 사람이 이웃과 더불어 화목하고 덕을 세우는 일을 잘하는, 참 괜찮은 사람이 되기가 쉽습니까? 그렇게 되기까지는 정말 오랜 시간이 걸릴 것입니다. 시간만 오래 걸리는 것이 아니라 많은 연단과 아픔을 견딤과 그 아픔을 이겨 내는 과정이 있을 것입니다. 그렇다 보니 신약 성경에서 말하는 '복과 저주'는, 육체 이스라엘 때처럼 즉각적이기보다는, 그런 사람이 되기까지 '오래 참고 기다려지는' 면이 있는 것입니다.

바울이 하나님께서 기뻐하시는 일, 땅끝까지 이르러 그리스도의 증인이 되리라는 예수님의 명령에 순종하고도, 매를 맞고 감옥에 갇히게 되었습니다. 이 사건은 바울에게 어떠한 경험이었을까요? 억울하고 속상했을까요? 바울은 복음 전하는 일이 자기가 할 일이라고 하면서, 오히려 복음을 전하지 않으면 자기에게 화가 있을 것이라고 말했습니다.

고린도전서 9:16, "내가 복음을 전할지라도 자랑할 것이 없음은 내가 부득불 할 일임이라 만일 복음을 전하지 아니하면 내게 화가 있을 것이로다"

데살로니가교회 성도들에게는 복음뿐만 아니라 목숨까지도 주기 원한다고 했습니다. 그러면서 복음을 전하면서 수고한 것과 애쓴 것을 너희도 기억할 것이라고 했습니다.

데살로니가전서 2:8-10, "우리가 이같이 너희를 사모하여 하나님의 복음뿐 아니라 우리의 목숨까지도 너희에게 주기를 기뻐함은 너희가 우리의 사랑하는 자 됨이라 9. 형제들아 우리의 수고와 애쓴 것을 너희가 기억하리니 너희 아무에게도 폐를 끼치지 아니하려고 밤낮으로 일하면서 너희에게 하나님의 복음을 전하였노라 10. 우리가 너희 믿는 자들을 향하여 어떻게 거룩하고 옳고 흠 없이 행하였는지에 대하여 너희가 증인이요 하나님도 그러하시도다"

바울이 복음을 전하면서 수고하고 애쓴 것이 무엇일까요? 수없이 옥에 갇히고, 매를 맞고, 돌에 맞고, 풍랑에 배가 부서져서 바다에 표류하기도 하고, 동족과 이방인으로부터 위협과 위험을 당하기도 했습니다. 그러면서도 주리고, 목마르고, 춥고, 헐벗은 삶을 살았습니다(고후 11:23-28).

오늘 본문에 기록된 사건도 그중에 하나입니다. 그러면 바울은 왜 이처럼 고달픈 인생길을 스스로 자처해서 걸었을까요? 바울은 그리스도를 만나기 전에 자신이 어떤 사람이었는지 분명히 알았습니다. 전에는 자기가 주를 비방하던 자요, 성도를 핍박하고 폭행하던 자였다는 것입니다. 그런데 주님께서 그런 자기를 충성스러운 사람으로 여겨서 복음 전하는 직분을 맡겨 주셨으니, 복음뿐만 아니라 목숨까지 바쳐도 아깝지 않다는 것이지요.

> 디모데전서 1:11-16, "이 교훈은 내게 맡기신 바 복되신 하나님의 영광의 복음을 따름이니라 12. 나를 능하게 하신 그리스도 예수 우리 주께 내가 감사함은 나를 충성되이 여겨 내게 직분을 맡기심이니 13. 내가 전에는 비방자요 박해자요 폭행자였으나 도리어 긍휼을 입은 것은 내가 믿지 아니할 때에 알지 못하고 행하였음이라 14. 우리 주의 은혜가 그리스도 예수 안에 있는 믿음과 사랑과 함께 넘치도록 풍성하였도다 15. 미쁘다 모든 사람이 받을 만한 이 말이여 그리스도 예수께서 죄인을 구원하시려고 세상에 임하셨다 하였도다 죄인 중에 내가 괴수니라 16. 그러나 내가 긍휼을 입은 까닭은 예수 그리스도께서 내게 먼저 일체 오래 참으심을 보이사 후에 주를 믿어 영생 얻는 자들에게 본이 되게 하려 하심이라"

바울의 이 같은 고백은 영적 이스라엘 백성인 우리도 해야 하는 신앙 고백입니다. 우리는 자격시험을 통과해서 하나님의 백성이 된 사람들이 아닙니다. 우리에게 남다른 착한 심성이 있어서 하나님의 양자가 된 것도 아닙니다. 전에는 우리도 육체의 욕심을 따라 살면서, 육체와 마음의 원하는 것을 하면서 살던, 다른 이들과 같은 본질상 진노의 자녀들이었습니다(엡 2:3). 이처럼 허물과 죄로 죽었던 우리를 그리스도께서 다시 살려 주셨습니다(엡 2:5). 그리고 우리는 선한 일을 위해 그리스도 예수 안에서 창조함을 받았습니다.

> 에베소서 2:10, "우리는 그가 만드신 바라 그리스도 예수 안에서 선한 일을 위하여 지으심을 받은 자니 이 일은 하나님이 전에 예비하사 우리로 그 가운데서 행하게 하려 하심이니라"

여기서 말하는 '선한 일'은 구원을 얻기 위한 행위가 아닙니다. 구원 얻은 사람에게서 발견되는 '열매'로서, 로마서 14장의 말씀으로 비유하자면 '서로 화목하고 덕을 세우는 일에 힘쓰는' 것을 말합니다. '화목하고 덕을 세우는 일'은 혼자 한다고 되는 일이 아닙니다. 대상이 있어야 할 수 있는 일이고, 관계 안에서 이루어지는 일입니다. 하나님께서는 오직 나만을 구원하신 것이 아니라, 이 복음을 듣는 모든 사람을 구원하기 원하십니다. 바울은 그 일에 자신이 부름을 받았다는 사실을 알았고, 그것을 무엇보다 기뻐했으며, 순교로 그의 생을 마칠 때까지 복음 전하는 그 일을 쉬지 않았습니다.

바울이 점치는 여종에게 들린 귀신을 쫓아낸 일로 감옥에 갇히게 됐습니다. 바울이 자신을 위해 살다가 감옥에 갇히게 된 것이 아니라, 주와 복음을 위하다가 매를 맞고 감옥에 갇히게 된 것입니다. 신앙생활을 잘해도 이런 경험을 하게 된다면, 그것도 바울처럼 그의 인생 전체가 그런 흉악한 경험으로 가득하게 된다면, 아마도 상당히 고민스러울 것입니다. 하지만 바울은 복음을 전하면서 당한 경험을 자랑스러워했습니다(고후 11:16-31). 어떻게 그럴 수 있었을까요? 예전에 자기가 어떤 존재였는지 알았기 때문입니다. 멸망받아 마땅한 죄인이었던 자신이, 그리스도 예수의 은혜로 인해 구원받아 하나님의 양자가 된 것을 분명히 깨달았기에, 복음에 합당한 삶을 산 것입니다.

스데반의 순교는 바리새인 열심 당원이었던 사울을 '바울'로 변화시키는 계기가 되었습니다. 오늘 본문에 바울이 부당하게 매를 맞고 감옥에 갇히게 되는 사건은, 바울을 지키던 감옥의 간수와 그의 가족이 복음을 듣고 개종하게 되는 계기가 됩니다. 그리고 간수의 가족은 루디아와 함께 빌립보교회의 개척 구성원이 됩니다. 이처럼 하나님께서 하시는 일은 우리 인간의 생각과 지혜를 뛰어넘습니다(사 55:8-9). 현재 눈앞에 보이는 것만 보지 마시고, 나보다 나를 더 잘 아시고 사랑하시는 하나님께서 어떻게 하나님의 선하신 일로 이끌어 가시는지 믿으시기 바랍니다. 이 비밀을 깨달은 바울은, 비록 자기가 숱한 환란과 핍박과 죽음의 골짜기를 넘어가면서도, 남아 있는 성도들을 위해서 기꺼이 그 일을 감당했습니다(빌 1:22-24).

영적 이스라엘 백성인 저와 여러분입니다. 우리의 소망은 '먹고 마시는' 것이 전부인 이 세상이 아니라, 아버지 하나님께서 계신 영원한 하늘나라입니다. 광야 이스라엘 백성의 40년 여정이 가나안 땅을 향해 있었듯이, 저와 여러분의 인생도 영원한 천국의 삶을 준비하기 위해 있는 것입니다. 하나님께서는 우리가 그 일을 잘 준비할 수 있도록 우리 인생을 인도할 것입니다. 우리를 위하고 사랑하시는 하나님의 인도하심을 믿고 잘 순종하는 저와 여러분 되기를 기원합니다.

귀신이 즉시 나오니라

"우리가 기도하는 곳에 가다가 점치는 귀신 들린 여종 하나를 만나니 점으로 그 주인들에게 큰 이익을 주는 자라 17. 그가 바울과 우리를 따라와 소리 질러 이르되 이 사람들은 지극히 높은 하나님의 종으로서 구원의 길을 너희에게 전하는 자라 하며 18. 이같이 여러 날을 하는지라 바울이 심히 괴로워하여 돌이켜 그 귀신에게 이르되 예수 그리스도의 이름으로 내가 네게 명하노니 그에게서 나오라 하니 귀신이 즉시 나오니라 19. 여종의 주인들은 자기 수익의 소망이 끊어진 것을 보고 바울과 실라를 붙잡아 장터로 관리들에게 끌어 갔다가 20. 상관들 앞에 데리고 가서 말하되 이 사람들이 유대인인데 우리 성을 심히 요란하게 하여 21. 로마 사람인 우리가 받지도 못하고 행하지도 못할 풍속을 전한다 하거늘 22. 무리가 일제히 일어나 고발하니 상관들이 옷을 찢어 벗기고 매로 치라 하여 23. 많이 친 후에 옥에 가두고 간수에게 명하여 든든히 지키라 하니"

바울 일행이 기도하는 곳에 가다가 점치는 귀신 들린 여종을 만났습니다. 이 여종은 점치는 것으로 자기 주인들에게 큰 이익을 주던 사람이었습니다. 빌립보는 이스라엘의 영토에 속한 곳이 아니고 이방 나라에 속한 도시입니다. 당연히 이방 나라에는 그 나라 사람들이 믿고 섬기는 신이 있었고, 그들이 무슨 신을 믿고 어떤 방법으로 섬기든지 유대인인 바울이 상관할 일은 아니었습니다. 아마도 바울은 그런 이유에서, 점치는 여종이 귀신 들린 사람이라는 것을 알면서도, 여종을 본 즉시 그 귀신을 쫓아내지 않았을 것이라 예상됩니다. 하지만 이 점치는 여종이 바울을 여러 날 동안 따라다니면서 괴롭게 하자 여종에게 붙은 귀신을 쫓아내어, 그 여종이 다시는 점치는 일을 하지 못하게 했습니다. 결국, 이 일이 빌미가 되어 바울과 실라는 매를 맞고 감옥에 갇히게 됩니다. 오늘 우리가 살펴보려고 하는 내용이 바로 이 부분입니다. 바울은 무엇 때문에 이 여종으로 인해서 괴로워했었고, 끝내 귀신을 쫓아냈느냐 하는 것입니다.

원래 고대의 전쟁은 '신들의 전쟁'이라고 불렸습니다. 나라와 나라 사이에 전쟁이 벌어지고 한 나라가 다른 나라를 이겼을 때, 그렇게 승리할 수 있었던 가장 큰 원인을 '우리가 믿는 신이 이겼다'고 여긴 것입니다. 고대 사람들이 그렇게 믿은 이유는, 자기들이 믿는 신의 능력이 상대 나라가 믿는 신보다 더 강하다고 믿는 것이, 전투력 향상에 도움이 되기 때문입니다. 국가의 명운이 걸린 전쟁을 앞두고 인간이 아무리 준비를 철저히 한다고 해도, 인간이기에 생길 수밖에 없는 변수와 실력의 차이는 언제나 존재합니다. 그런데 초월적 존재인 '신神'이 그의 능력으로 전쟁을 도와준다고 하면, 아군의 군사는 사기를 얻게 되고, 적군의 군사는 사기를 잃게 될 것입니다.

이스라엘이 블레셋과의 전쟁에서 4천 명가량의 군사가 죽임을 당하게 되는 큰 패배를 당했습니다(삼상 4:3). 그러자 이스라엘의 장로들이 여호와의 언약궤를 가지고 와서, 여호와의 손으로 이 전쟁에서 승리하게 하자는 결정을 하고 언약궤를 전쟁터로 가지고 왔습니다.

사무엘상 4:3-5, "백성이 진영으로 돌아오매 이스라엘 장로들이 이르되 여호와께서 어찌하여 우리에게 오늘 블레셋 사람들 앞에 패하게 하셨는고 여호와의 언약궤를 실로에서 우리에게로 가져다가 우리 중에 있게 하여 그것으로 우리를 우리 원수들의 손에서 구원하게 하자 하니 4. 이에 백성이 실로에 사람을 보내어 그룹 사이에 계신 만군의 여호와의 언약궤를 거기서 가져왔고 엘리의 두 아들 홉니와 비느하스는 하나님의 언약궤와 함께 거기에 있었더라 5. 여호와의 언약궤가 진영에 들어올 때에 온 이스라엘이 큰 소리로 외치매 땅이 울린지라"

여호와의 언약궤가 제사장과 함께 이스라엘 군대가 있는 진영에 들어오자, 이스라엘 군인들은 사기가 크게 올랐습니다. 그러자 블레셋의 군인들은 "신이 이스라엘 진영이 들어왔다."라고 하면서 "누가 우리를 이 능한 신들의 손에서 건지리요." 하면서 걱정했습니다. 이스라엘이 믿는 신은 당시에 제국이었던 애굽을 물리친 신이었기 때문입니다.

사무엘상 4:6-8, "블레셋 사람이 그 외치는 소리를 듣고 이르되 히브리 진영에서 큰 소리로 외침은 어찌 됨이냐 하다가 여호와의 궤가 진영에 들어온 줄을 깨달은지라 7. 블레셋 사람이 두려워하여 이르되 신이 진영에 이르렀도다 하고 또 이르되 우리에게 화로다 전날에는 이런 일이 없었도다 8. 우리에게 화로다 누가 우리를 이 능한 신들의 손에서 건지리요 그들은 광야에서 여러 가지 재앙으로 애굽인을 친 신들이니라"

이처럼 고대의 전쟁은 '신들의 전쟁'이라고 불렸고, 전쟁은 그 나라가 믿는 신의 능력을 온 천하에 증명해 보이는 가장 강력한 방법이었습니다. 그런 맥락에서 오늘 본문을 보면, 점치는 여종의 주인들이 그들의 상관에게 가서 바울을 고발한 이유를 이해하는 데 도움이 될 것입니다.

당시 로마는 세계를 지배하는 나라였고, 당연히 로마 사람들은 자기들이 믿는 신들이 최고의 신이라는 것이 객관적으로 증명됐다고 생각했습니다. 그런데 유대인인 바울이 로마인이 믿는 신이 있는 도시에 와서, 그 신의 힘을 빌려서 돈을 버는 로마 사람의 장사를 방해한 것입니다.

> 20-21, "상관들 앞에 데리고 가서 말하되 이 사람들이 유대인인데 우리 성을 심히 요란하게 하여 21. 로마 사람인 우리가 받지도 못하고 행하지도 못할 풍속을 전한다 하거늘"

점치는 여종의 주인들 생각에 도무지 이해할 수 없는 상황이 벌어진 것입니다. 전쟁의 승리로 로마가 믿는 신이 유대인인 바울이 믿는 신보다 더 위대하다는 것이 증명됐는데, 예수를 전하는 바울이 예언하는 여종의 귀신을 쫓아낸 것입니다. 결국, 신의 힘을 통하는 방법으로 바울을 이길 수 없다고 생각한 여종의 주인들은, 바울을 국가 권력에 고발하여 빌립보 지방에서 쫓아냈습니다.

> 38-39, "부하들이 이 말을 상관들에게 보고하니 그들이 로마 사람이라 하는 말을 듣고 두려워하여 39, 와서 권하여 데리고 나가 그 성에서 떠나기를 청하니"

바울이 점치는 여종에게 붙어 있는 귀신을 쫓아낸 기적을 이해하기 위해서는, 이와 같은 당시의 종교적, 문화적 배경에 관한 지식이 함께 있어야 합니다. 오늘날 성령 운동하는 사람들은, 사도들이 각종 병든 사람들을 고치고 귀신을 쫓아낸 기적들을 근거로, 지금도 그와 같은 기적이 일어날 수 있다고 주장합니다. 당연히 지금도 예수 그리스도의 이름으로 그와 같은 치유의 역사도 일어날 수 있고, 성령께서 함께하시면 사람에게 붙은 더러운 귀신도 쫓아낼 수 있습니다. 그런데 본문에 바울이 점치는 여종에게 붙어 있는 귀신을 쫓아낸 이 기적이, "너희도 성령 충만하면 나처럼 할 수 있다."라는 것을 가르쳐 주려는 것일까요?

고대의 전쟁은 '신들의 전쟁'이라고 했습니다. 그 '신神'은 어떤 존재일까요? 공중 권세 잡은 자, 이 세상 풍조를 따르고 하나님의 말씀에 불순종하게 하는 자, 곧 악한 마귀 사탄입니다.

> 에베소서 2:2, "그 때에 너희는 그 가운데서 행하여 이 세상 풍조를 따르고 공중의 권세 잡은 자를 따랐으니 곧 지금 불순종의 아들들 가운데서 역사하는 영이라"

여기서 우리가 생각해야 할 것이 있습니다. "이 세상 풍조를 따르고 하나님의 말씀에 불순종하게 하는 자"들이 어떤 방법으로 그들의 목적을 이루어 낼까요? 점치는 여종에게 붙은 귀신이 바울을 따라다니면서 뭘 하고 있었습니까?

> 17, "그가 바울과 우리를 따라와 소리 질러 이르되 이 사람들은 지극히 높은 하나님의 종으로서 구원의 길을 너희에게 전하는 자라 하며"

이 여종은 빌립보 지역에서 유명한 사람입니다. 점치는 일을 통해서 그 주인들에게 큰 이익을 주는 용한 점쟁이였고, 사실과 맞는 말을 하고 있습니다. 그런 유명한 사람이 바울을 따라다니면서 "이 사람들은 지극히 높은 하나님의 종으로 구원의 길을 전해 주는 사람"이라는 진실을 말해 주면 좋은 것 아닌가요? 그런데 그런 말을 한 번만 한 것이 아니라 계속 따라다니면서 하고 있습니다. "세상 풍조를 따르고, 하나님 말씀에 불순종하게" 하는데, 사실을 말하고 있습니다. 이것을 우리가 알아야 합니다. 사실을 말한다고 해서 복음이 되는 건 아닙니다. 바울이 심히 괴로워하다가 귀신을 쫓아낸 이유는 무엇일까요? 그것은, 점치는 여종과 그 여종에게 붙어 있는 귀신이 하나님 편이 아니었기 때문입니다. 점치는 여종이 바울을 따라다니면서 "이 사람들은 지극히 높은 하나님의 종으로서 구원의 길을 전하는 자"라고 증언하면 그 여종이 바울과 같은 편이 됩니까?

> 고린도후서 11:14-15, "이것은 이상한 일이 아니니라 사탄도 자기를 광명의 천사로 가장하나니 15. 그러므로 사탄의 일꾼들도 자기를 의의 일꾼으로 가장하는 것이 또한 대단한 일이 아니니라 그들의 마지막은 그 행위대로 되리라"

사탄도 자기를 광명한 천사로 가장하고, 사탄의 일꾼들도 자기를 의의 일꾼으로 가장하는데, 그 정도 꾸며 내는 것은 딱히 대단한 일도 아니랍니다. 지금 귀신이 점치는 여종을 통해서 분명한 사실을 말하고 있습니다. '바울이 하나님의 종'이라는 것과 '그가 구원의 길을 전하고 있다'는 것입니다. 그런데 그가 하는 말이 사실인지를 확인하는 것보다 더 중요한 것이 있습니다. 그것은 "지금 그 말을 하는 자가 누구의 편이냐?" 하는 것입니다. '진실'을 말하고, '공공의 이익을 주장하고', '사람들의 지지를 받는 주장'을 하는데, 그 말을 하는 사람이 적군의 편이라고 하면, 그 사람은 간첩이고 적군입니다.

오늘날 기독교 신앙을 믿는다고 하는 사람들이 가장 쉽게, 그리고 가장 많이 넘어지는 부분이 바로 이것입니다. 사람들은 자기가 '진실'이라고 생각하고, 그것이 '옳다'라고 인정하면, 그것을 말하는 사람이 "누구의 편"인지 생각하지 않고, 무조건 '그쪽 편'을 들고 나섭니다. 그리고 자기의 생각과 판단이 잘못됐다는 것도 전혀 의심하지 않습니다. 바울을 따라다니면서 "이 사람들은 지극히 높은 하나님의 종으로 구원의 길을 전해 주는 사람"이라고 소리치는 여종의 말은 진실이었습니까, 아니었습니까? 바울은 하나님의 종이고, 구원의 길을 전하는 사람이었으니, 그 말은 진실입니다.

하지만 바울은 그 여종의 말을 들으면서 괴로워했고, 끝내 귀신을 쫓아냈습니다. 더 이상 자기를 따라다니면서 그런 말을 할 수 없도록 만든 것입니다. 그가 하는 말이 진실이냐, 아니냐가 중요한 것이 아니라, 그런 말을 하는 자가 누구의 편이냐 하는 것이 중요하다는 것입니다. 성경은 철저하게 편을 나누고 있습니다. 그리고 편을 따라 심판을 받게 됩니다.

> 마태복음 25:31-24, "인자가 자기 영광으로 모든 천사와 함께 올 때에 자기 영광의 보좌에 앉으리니 32. 모든 민족을 그 앞에 모으고 각각 구분하기를 목자가 양과 염소를 구분하는 것같이 하여 33. 양은 그 오른편에 염소는 왼편에 두리라 34. 그 때에 임금이 그 오른편에 있는 자들에게 이르시되 내 아버지께 복 받을 자들이여 나아와 창세로부터 너희를 위하여 예비된 나라를 상속받으라"

> 마태복음 25:41, "또 왼편에 있는 자들에게 이르시되 저주를 받은 자들아 나를 떠나 마귀와 그 사자들을 위하여 예비된 영원한 불에 들어가라"

마태복음 25:46, "그들은 영벌에, 의인들은 영생에 들어가리라 하시니라"

세상 나라도 이민 신청을 하면, 반드시 조회하는 것이 그 사람의 범죄 기록입니다. 만약 이민 신청을 한 사람이 그가 가고자 하는 나라에서 금하는 중요 범죄를 범한 사람이라면, 인터뷰까지 해 볼 것도 없이 서류 심사에서 이미 탈락입니다. 하나님께서 불의한 자는 하나님의 나라에 들어올 수 없다고 목록까지 다 만들어서 미리 가르쳐 주신 이유가 무엇입니까? 그런 죄를 짓지 말라는 것입니다. 혹시 하나님을 알기 전에 그런 죄를 지었다면, 회개하고 돌이키라는 것입니다.

고린도전서 6:9-10, "불의한 자가 하나님의 나라를 유업으로 받지 못할 줄을 알지 못하느냐 미혹을 받지 말라 음행하는 자나 우상 숭배하는 자나 간음하는 자나 탐색하는 자나 남색하는 자나 10. 도적이나 탐욕을 부리는 자나 술 취하는 자나 모욕하는 자나 속여 빼앗는 자들은 하나님의 나라를 유업으로 받지 못하리라"

어떤 사람은 말합니다. "예수님께서 우리의 과거와 현재와 미래의 모든 죄까지 다 용서했다고 하지 않았냐, 그런데 왜 말을 바꾸느냐?"라며 따집니다. 예수님께서 우리가 지은 죄의 형벌을 십자가 위에서 받으시고 대신 죽었습니다. 정말로 우리의 모든 죄는 십자가 위에서 다 용서함을 받았습니다. 하지만 예수님께서 우리가 미래에 지을 죄까지 모두 용서하셨다고 했으니, 앞으로도 '더 뻔뻔하고 자신만만하게' 계속 죄를 지어도 된다는 것이 아닙니다. 그런 사람은 하나님 나라뿐만 아니라 세상에서도 환영받지 못할 것입니다.

또 어떤 사람들은 말합니다. "성경에 많은 죄를 지적하고 있고, 그 모든 죄가 다 나쁜 것인데 왜 동성애만 갖고 나쁘다고 하느냐?"라며 따집니다. 언제 기독교가 '동성애'만 나쁘다고 했습니까? 모든 죄가 다 나쁩니다. 그래서 죄의 결과는 심판과 사망이니 죄를 지으면 안 된다고 가르치는 것입니다.

> 로마서 6:23, "죄의 삯은 사망이요 하나님의 은사는 그리스도 예수 우리 주 안에 있는 영생이니라"

그러면 '동성애자'는 구원받을 수 없습니까? 아니요, 그들도 구원받을 수 있습니다. 하지만 구원받은 자라면, 그래서 죽었던 그 사람의 영이 되살아난 사람이라면, 하나님께서 우리를 불러 구원하신 뜻을 알게 되고, 그 뜻을 따라 살게 됩니다.

> 에베소서 1:17-19, "우리 주 예수 그리스도의 하나님, 영광의 아버지께서 지혜와 계시의 영을 너희에게 주사 하나님을 알게 하시고 18. 너희 마음의 눈을 밝히사 그의 부르심의 소망이 무엇이며 성도 안에서 그 기업의 영광의 풍성함이 무엇이며 19. 그의 힘의 위력으로 역사하심을 따라 믿는 우리에게 베푸신 능력의 지극히 크심이 어떠한 것을 너희로 알게 하시기를 구하노라"

우리가 구원받은 증거가 무엇입니까? 첫째는, 우리 영의 눈이 밝아져서 하늘나라에서 받게 될 영광스러운 축복을 소망하게 되는 것입니다. 둘째, 우리 속에서 강한 능력으로 일하시는 하나님의 역사를 경험하는 것입니다. 우리 속에서 강한 능력으로 일하시는 하나님은, 성령 하나님입니다.

요한복음 14:26, "보혜사 곧 아버지께서 내 이름으로 보내실 성령 그가 너희에게 모든 것을 가르치고 내가 너희에게 말한 모든 것을 생각나게 하리라"

요한1서 4:13, "그의 성령을 우리에게 주시므로 우리가 그 안에 거하고 그가 우리 안에 거하시는 줄을 아느니라"

하나님께서 우리에게 주신 성령께서 우리 안에 오시면 어떤 일을 하십니까?

요한복음 16:7-8, "그러나 내가 너희에게 실상을 말하노니 내가 떠나가는 것이 너희에게 유익이라 내가 떠나가지 아니하면 보혜사가 너희에게로 오시지 아니할 것이요 가면 내가 그를 너희에게로 보내리니 8. 그가 와서 죄에 대하여, 의에 대하여, 심판에 대하여 세상을 책망하시리라"

이렇게 성령께서 우리 안에서 죄에 대하여, 의에 대하여, 심판에 대하여 가르쳐 주실 때, 우리는 어떻게 반응해야 할까요? 하나님 나라에 속한 사람, 하나님의 편이 된 사람은, 하나님께서 하시는 말씀을 듣고 그 말씀을 따라 행하는 사람, 말씀대로 순종하는 사람입니다. 하지만 말씀을 듣기는 들어도 행하지 않는 사람은 자기를 속이는 사람입니다.

야고보서 1:21-22, "그러므로 모든 더러운 것과 넘치는 악을 내버리고 너희 영혼을 능히 구원할 바 마음에 심어진 말씀을 온유함으로 받으라 22. 너희는 말씀을 행하는 자가 되고 듣기만 하여 자신을 속이는 자가 되지 말라"

히브리서 기자는 "오늘 너희가 그의 음성을 듣거든, 너희 마음을 완고하게 하지 말라." 너희 조상들이 광야에서 계속 나를 시험하고, 내가 어떻게 반응하는지 떠보면서 40년을 보냈던 것처럼, 그렇게 하나님을 거역하지 말라고 했습니다.

> 히브리서 3:7-9, "그러므로 성령이 이르신 바와 같이 오늘 너희가 그의 음성을 듣거든 8. 광야에서 시험하던 날에 거역하던 것 같이 너희 마음을 완고하게 하지 말라 9. 거기서 너희 열조가 나를 시험하여 증험하고 사십 년 동안 나의 행사를 보았느니라"

여러분, 이 말씀이 광야 이스라엘 백성에게만 해당하는 말씀인 것 같습니까? 아브라함의 피가 흐르는 혈통적 유대인에게만 주신 말씀인 것 같습니까? 이 말씀은 오늘날 교회와 우리 성도들이 똑같이 들어야 하는 말씀입니다.

"오늘 너희가 그의 음성을 듣거든."이라고 했습니다. 주님께서는 우리에게 분명하게 말씀해 주시고, 그 음성은 또렷하게 들릴 것입니다. 그런데 분명히 말씀하시는 그 음성을 듣지 못하는 두 부류의 사람이 있습니다. 첫째는, 예수님이 자기의 목자가 아니기 때문에 그 음성을 알아듣지 못하는 사람입니다. 둘째는, 히브리서 말씀처럼 마음이 완고해져서 듣고도 못 들은 척하는 사람입니다. "완고하게 하지 말라."라는 말의 원어의 뜻은 '말라서 굳은'이라는 말입니다. 애굽 왕 바로가 하나님께서 그의 나라에 행하신 재앙을 보고도, 그 마음이 딱딱하게 말라서 돌이키지 않은 상태를 가리켜서 '완고하다'고 표현한 것입니다. 광야 이스라엘 백성들이 하나님께서 애굽 왕 바로와 그 나라에 행하셨던 열

가지 재앙을 직접 목격하고도, 그 마음이 완고해진 것은 안타까운 일입니다.

그런데 주님의 음성을 듣고도 마음이 완고해진 것보다 더 큰 문제가 있습니다. 오늘 본문에 나오는 점치는 여종처럼 하나님과 전혀 관계가 없는 사람이, 바울처럼 하나님의 이름을 높이면서 뭔가 정당성을 얻으려는 자가 있다는 것입니다. “이 사람들은 지극히 높은 하나님의 종으로서 구원의 길을 당신들에게 전하는 귀한 분들입니다.” 이 점치는 여종이 진실을 말하고 있는 것 같지만, 실제로는 진실이 아닙니다. 예수님께서는 “마귀는 거짓말쟁이요 거짓의 아비”(요 8:44)라고 하셨습니다. 마귀가 진실을 말하면, 그 말은 진실입니까, 거짓입니까? 뭘 말해도 거짓입니다.

원래 추천이나 보증은 그 행위를 해 주는 사람이 추천이나 보증을 받는 사람보다 더 신뢰할 만한 사람, 더 능력이 있는 사람이 해 줘야 효력이 있는 것입니다. 만약 바울이, 점치는 여종의 추천과 보증을 받아서 그의 사도성과 그가 하는 복음 사역이 정당성을 얻게 된다면, 바울이 전하는 복음은 어떻게 되는 것입니까? 예수 그리스도의 복음보다 귀신 들려서 점치는 여종의 말이 복음이 되는 것입니다. 바울이 여러 날을 자기를 따라다니면서 “이 사람들은 지극히 높은 하나님의 종으로 구원의 길을 너희에게 전하는 자.”라고 편들어 주는 귀신을 쫓아냈습니다. 진실을 말하고 있고, 바울을 잘 도와주는 것처럼 보이는데 왜 쫓아냈을까요? 사람들이 귀신 들린 여종의 말에 귀를 기울이고, 그 여종이 하는 말을 신뢰하고 믿는 순간, 바울이 전하는 복음도 귀신이 하는 말과 똑같아지기 때문입니다.

복음은 귀신까지도 편들어 주기 때문에 더 믿을 만한 복음이 되는 것이 아닙니다. 복음은 세상 사람들이 좋아하고 인정해 주기 때문에 복음이 되는 것도 아닙니다. 우리가 이것을 분별하지 못하면, 아무나 성경을 인용하고, 아무나 예수 이름 들먹여도 어쨌든 하나님을 높였으니 영광을 돌렸다고 생각하고 좋아하게 됩니다. 기가 막힌 것이, 서울의 한 장로교회 홈페이지에는 〈가슴에 남는 성경〉이라는 제목으로 혜민 스님이 진리로 공감하고 마음에 새긴다는 글이 소개되어 있습니다. 유명한 스님이 인정해 주는 성경 구절은 더 신뢰할 만한 성경이 되는 것입니까? 그런데 우리가 가져야 할 신앙의 기준이 언젠가부터 이렇게 옮겨져 버렸습니다. 하나님께서 무엇을 말씀하셨고, 어떻게 하라고 명령하셨는지를 듣는 것이 아니라 세상 사람들이 우리를 어떻게 봐 줄까를 고민하고, 그 기준에 맞추려고 합니다.

너무나 안타깝게도, 코로나 시대를 지나오면서 교회가 교회다움을 잃어버렸습니다. 그리고 1년 넘게 시간이 지나면서 교회로서의 정체성을 잊어버렸습니다. 처음 코로나바이러스가 창궐하여 퍼질 때 교회에서 하는 말이 무엇이었습니까? 이럴 때일수록 교회가 모이는 것을 자제하고 모범을 보여야 한다고 했습니다. 우리끼리 은혜 받고 구원받겠다고 모여서 예배드리다가 코로나 확진자가 생기면 앞으로 교회가 어떻게 세상에 나가서 복음을 전할 수 있겠냐는 것이었습니다. 그렇게 1년하고도 4개월의 세월이 더 지나가고 있습니다. 그 결과 어떻게 됐습니까? 사람들이 세상에 모범을 보인 교회를 좋아하면서 교회로 찾아왔습니까? 오히려 교회에 잘 다니던 성도들이 교회를 떠나, 세상으로 들어가 버렸습니다.

'마귀가 거짓말쟁이요 거짓의 아비'라고 말씀하신 이유가 바로 여기에 있습니다. 듣기에 옳은 말 같고, 합리적인 것 같은데, 지나고 보니 하나님에게서 더 멀어졌다는 것이 수치와 통계로 증명되고 있으면, 하나님께 돌아와야 하지 않겠습니까? 그런데 아직도 정신을 못 차리고, 교회가 더 많이 세상에 모범을 보여야 한다고 하고 있습니다. 이것은 처음부터 주님의 양이 아니었기 때문에 주님의 음성을 못 듣는 것입니까, 아니면 주의 음성을 듣고도 마음을 완악하게 하여 안 듣는 것입니까? 다시 말씀드립니다. 누군가 성경을 말하고, 이것이 하나님의 뜻이라고 강력히 주장할 때, 여러분이 가장 먼저 주목해서 봐야 할 것이 무엇입니까? 그 사람이 하나님 편에서 말을 하고 있는지, 그 반대편에서 말하는지 봐야 합니다.

점치는 여종이 틀린 말을 해서 바울이 심히 괴로워했던 것이 아닙니다. 하나님 편이 아닌 사람이 바울을 따라다니면서, 바울의 사도적 정통성과 그가 전하는 복음에 숟가락을 얹으려고 했기 때문에 괴로워한 것입니다. 사람들이 그 여종의 말에 귀를 기울이고 신뢰를 보이는 순간, 바울이 전하는 복음은 귀신이 보증해 주는 귀신의 말이 되고 마는 것입니다. 그래서 바울은 점치는 여종에게 붙어 있는 귀신을 쫓아낸 것입니다.

로마서 8:5-7, "육신을 따르는 자는 육신의 일을, 영을 따르는 자는 영의 일을 생각하나니 6. 육신의 생각은 사망이요 영의 생각은 생명과 평안이니라 7. 육신의 생각은 하나님과 원수가 되나니 이는 하나님의 법에 굴복하지 아니할 뿐 아니라 할 수도 없음이라"

육신의 생각은 사망이고, 하나님과 원수가 되는 생각이라고 했습니다. 육신의 생각은 하나님의 법에 굴복하지 않을 뿐더러, 할 수도 없다고 말합니다. 오늘날 교회 안에서 벌어지고 있는 현상을 눈여겨보시기 바랍니다. "동성애 하는 사람들을 차별하지 말라, 코로나바이러스가 창궐하는 상황이니 주일날 예배한다고 모이려고 하지 말고 코로나 끝날 때까지 모이는 걸 자제해라." 이것은 육신의 생각입니까, 하나님의 생각입니까? 그런데 육신의 생각에 붙잡혀 있는 사람은 하나님의 법에 굴복하지 않는답니다. 바울 사도는 이런 사람들이 어떤 부류에 속하는지 정확하게 가르쳐 줬습니다.

로마서 8:8-10, "육신에 있는 자들은 하나님을 기쁘시게 할 수 없느니라 9. 만일 너희 속에 하나님의 영이 거하시면 너희가 육신에 있지 아니하고 영에 있나니 누구든지 그리스도의 영이 없으면 그리스도의 사람이 아니라 10. 또 그리스도께서 너희 안에 계시면 몸은 죄로 말미암아 죽은 것이나 영은 의로 말미암아 살아 있는 것이니라"

육신에 있는 자들이 하나님을 기쁘시게 할 수 없는 이유는, 그들에게 있어서 하나님의 뜻은 전혀 생각하고 고려해야 할 내용이 아니기 때문입니다. 처음부터 끝까지 그들의 인식 속에 하나님이라는 존재 자체가 없는데, 어떻게 그들이 하는 일이 하나님을 기쁘시게 할 수 있겠습니까? 그래서 로마서 8장에서 바울이 하는 말이 무엇입니까? "육신에 있어서 육신을 따르는 자, 하나님의 법에 굴복하지 않는 자들은 왜 그렇게 하는 것이냐? 그들 속에 예수 그리스도의 영이 없기 때문"이라고 합니다.

오늘 반복해서 '편'에 대해서 말씀드렸습니다. 왜 목사가 자꾸 '편 가르기'를 하느냐고 물으시거나, 불편하실 수 있습니다. 그런데 앞서도 말씀드렸지만, 이 '편'은 제가 가르는 것이 아니라 주님께서 이미 말씀하신 것입니다. 주님 재림하실 때 주님께 속하여 영생에 들어갈 '양에 속한 자'가 있고, 영원한 형벌을 받게 될 '염소에 속한 자'가 있다고 분명히 말씀하셨습니다. '양에 속한 자'는 주님의 음성과 주님의 법을 따라 사는 것이 익숙할 것입니다. 하지만 '염소에 속한 자'는 하나님의 법에 굴복하지 않도록 선동할 것입니다.

'구원 얻는 복음 진리'는, 사람들이 인정하고 받아 줘야 진리가 되는 것이 아닙니다. '복음'은 자기가 '양'인 줄도 모르고 '죄와 마귀와 사망'에 붙잡혀 있는 사람, '염소'의 무리 속에서 지내던 사람을 그곳에서 건져 내는 것입니다. 그러면 '염소의 무리'에 속한 사람 편에서 '복음'을 보면 어떻겠습니까? 복음은 자기의 것을 빼앗아 가는 것입니다. 그러니 받아들일 수 없는 것입니다. 지금 교회는 이 싸움을 하고 있습니다. 교회가 그 전쟁의 한복판에 있습니다. '점치는 여종'처럼, 진실을 말하는 것 같고 바울을 편들어 주는 것처럼 말하는데, 실제로는 하나님의 편이 아니라 그 반대편에 선 사람들을 조심해야 합니다. 내 지식과 경험과 상식으로 '옳은 말을 하네.' 하면서 따라갈 것이 아니라, "그가 누구의 편에서 말을 하는지" 그 내용을 정확하게 들어 보고 따라가야 합니다.

우리에게 성경이 있습니다. 성경은 하나님께서 주신 약속의 말씀이 구약 이스라엘의 역사와 신약의 교회를 통해 어떻게 이루어졌는지 기록한 책입니다. 그래서 우리의 믿음은 성경에 약속하신 성삼위 하나님을 믿는 믿음 위에 있습니다. 또한, 우리의 믿음은 우리보다 앞서간 믿음의 선배들이 고백한 신앙 고백의 터 위에 서 있어야 합니다. 그들의 '신앙 고백'은 칼날 앞에서 목숨을 두려워하지 않고 지켜 낸 것이었습니다. 우리가 그와 같은 믿음의 유산을 우리의 선배들로부터 물려받았습니다. 이제 우리는, 우리 앞에서 목숨까지 바쳐 가며 지켜 내고 이어 주신 믿음을 우리의 후손들에게 물려주어야 할 의무와 책임이 있습니다. 하나님의 백성인 우리가, 육신의 생각과 세상 욕심을 따라 하나님의 법을 거역하는 자들과 한편이 되어서야 하겠습니까? 그럴 순 없습니다.

심히 괴로워하면서도 귀신을 쫓아낼 수밖에 없었던 바울의 심정을 이해하시기 바랍니다. 귀신 들린 점치는 여종이 따라다니면서 떠드는 것을 그냥 내버려 두면, 결국 바울이 전하는 복음이 그 능력을 잃게 됩니다. "그 여종이 사실을 말하지 않았느냐?" 하는 것은 본질이 아닙니다. 그 여종이 하나님께 속한 사람이 아니라 귀신에 붙잡힌 사람이기 때문에, 그 여종이 바울에 관해서 떠드는 말이 사람들에게 신뢰를 얻게 되면 어떻게 되겠습니까? 바울이 전하는 복음이라는 집이 귀신이 떠드는 말이 기초가 되고, 귀신이 해 주는 보증 위에 서게 되는, 한마디로 귀신이 떠드는 말이 복음이 되고 맙니다. 그래서 바울이 점치는 여종에게 붙어 있는 귀신을 쫓아낸 것입니다. 교회는 교회가 해야 할 일이 있고, 성도는 성도로서 지켜야 할 믿음이 있습니다.

> 갈라디아서 1:10, "이제 내가 사람들에게 좋게 하랴 하나님께 좋게 하랴 사람들에게 기쁨을 구하랴 내가 지금까지 사람들의 기쁨을 구하였다면 그리스도의 종이 아니니라"

이 말씀이 저와 여러분의 믿음을 증명하는 진심의 고백이 되기를 원합니다.

받지도 못하고 행하지도 못할 풍속

"상관들 앞에 데리고 가서 말하되 이 사람들이 유대인인데 우리 성을 심히 요란하게 하여 21. 로마 사람인 우리가 받지도 못하고 행하지도 못할 풍속을 전한다 하거늘 22. 무리가 일제히 일어나 고발하니 상관들이 옷을 찢어 벗기고 매로 치라 하여 23. 많이 친 후에 옥에 가두고 간수에게 명하여 든든히 지키라 하니 24. 그가 이러한 명령을 받아 그들을 깊은 옥에 가두고 그 발을 차꼬에 든든히 채웠더니"

바울이 점치는 여종에게 붙어 있는 귀신을 쫓아낸 것 때문에 그 여종의 주인들에게 붙잡혀서, 그 지역의 행정관에게 끌려가 매를 맞고 감옥에 갇히게 됩니다. 점치는 여종의 주인들이 바울을 행정관 앞으로 끌고 와서 고발한 표면적인 이유는 19절의 말씀처럼, 여종을 이용해서 돈을 벌 희망이 사라졌기 때문입니다. 하지만 20~21절에는 바울 때문에 더는 돈을 벌 수 없게 되었다는 것보다 더 큰 본질적인 이유가 있었다는 것을 분명히 밝히고 있습니다. 그것이 무엇입니까? "이들이 우리 도시를 심히 요란하게 하고 있다."라는 것과 "로마 사람인 우리가 받아들일 수도 없고, 지킬 수도 없는 풍습을 전한다."라는 것입니다.

여기서 먼저 우리가 분명한 사실 관계를 확인해야 할 것이 있습니다.

바울이 여종에게 붙은 귀신을 쫓아낸 것이 도시를 심히 요란하게 한 것입니까? 귀신 들린 점치는 여종을 통해서 돈을 벌던 주인들이, 바울이 귀신을 쫓아내서 수입의 근원을 잃어버렸기 때문에 그들이 화가 난 것은 이해가 됩니다. 하지만 그 여종의 주인들이 '도시'는 아니지 않습니까? 여종의 주인들이 바울을 고발한 이유도, "저 유대인 때문에 우리가 돈을 벌지 못하게 됐으니, 우리가 입은 손해를 배상받게 해 달라."는 것이 아니었습니다. "이들이 우리 도시를 심히 요란하게 하고 있다."라고 하면서, 여종의 주인들인 자신뿐만 아니라 도시 전체가 손해를 보고 있다는 식으로 '고소'하고 있습니다.

만약 여종의 주인들이 바울이 점치는 여종에게 붙어 있는 귀신을 쫓아낸 것 때문에 생긴 손해를 배상받기 원했다면, 돈을 받는 쪽으로 해결했을 것입니다. 그리고 바울로부터 충분한 금전적인 보상을 받지 못했다면, 바울이 자기들에게 돈을 다 갚을 때까지 그 도시를 떠나는 것을 막았을 것입니다. 그렇지 않나요? 그런데 현실은 어땠습니까? 바울이 주인들에게 돈을 배상했다는 내용은 없고, 오히려 행정관이 바울에게 도시에서 떠나 달라고 부탁했다는 것으로 끝납니다.

39, "와서 권하여 데리고 나가 그 성에서 떠나기를 청하니"

이것이 이해가 되나요? 돈 벌 희망이 사라져서 바울을 고소한 피해자들이 있는데, 피해 보상도 안 한 가해자를 찾아와서 그것도 '달래고 간청하면서' 도시에서 떠나 달라고 했답니다. 우리가 누군가에게 금전적으로 큰 손해를 봤을 때 대부분 사람은, 그 사람에게 손해 본 것을 다 배상받을 때까지 그 사람을 붙잡고 있어야 합니다. 그런데 본문에는 바울이 여종의 주인들에게 배상했다는 이야기가 없습니다. 대신에 "도시에서 떠나 달라는 요청을 받았다."고 합니다. 이게 무슨 뜻일까요? 그런데 이와 비슷한 사건이 예수님 당시에도 있었습니다.

> 마가복음 5:15-17, "예수께 이르러 그 귀신 들렸던 자 곧 군대 귀신 지폈던 자가 옷을 입고 정신이 온전하여 앉은 것을 보고 두려워하더라 16. 이에 귀신 들렸던 자가 당한 것과 돼지의 일을 본 자들이 그들에게 알리매 17. 그들이 예수께 그 지방에서 떠나시기를 간구하더라"

귀신 들렸던 사람에게서 나온 군대 귀신들이 돼지 떼에게 들어가서, 이천 마리 되는 떼가 바다에 들어가서 몰살하는 전무후무한 사건이 벌어졌습니다. 돼지 주인에게는 청천벽력 같은 사건이고, 살 소망이 끊어질 만한 사건입니다. 당연히 돼지의 주인은, 돼지들을 죽게 한 예수님께 배상을 요구해야 맞습니다. 하지만 그곳 사람들은 배상이 아니라 예수님께 그곳에서 떠나 달라고 했습니다. 예수님을 그 지역에서 내보내는 것이 배상받는 것보다 이익이라 여긴 것입니다. 본문에도 바울 때문에 더는 점치는 여종을 이용해서 돈을 벌지 못하게 된 주인들이 바울에게 배상을 요구한 것이 아니라, 도시에서 떠나 달라고 요청했습니다. 그들 역시 바울에게 돈을 배상받는 것보다, 차라리 바울을 그 도시에서 떠나보내는 것이 자신들에게 더 큰 유익이 된다고 여겼다는 뜻입니다. 왜 그랬을까요?

여종의 주인들이 바울을 고발한 두 번째 이유는, "로마 사람인 우리가 받아들일 수도 없고, 지킬 수도 없는 풍습을 전한다."라고 했습니다.

이것은 무슨 뜻일까요? 바울이 여종에게 붙은 귀신을 쫓아낸 것은 사실이지만, 바울이 빌립보 도시의 사람들에게 귀신 쫓는 법을 가르쳐 준 적은 있습니까? 그런 적은 없습니다. 그러면 여종의 주인들이 말하는 "우리가 받아들일 수도 없고, 지킬 수도 없는 풍습"은 무엇을 가리켜서 말하는 것일까요? 바로 '예수 그리스도의 복음'입니다.

> 요한복음 3:19-20, "그 정죄는 이것이니 곧 빛이 세상에 왔으되 사람들이 자기 행위가 악하므로 빛보다 어둠을 더 사랑한 것이니라 20. 악을 행하는 자마다 빛을 미워하여 빛으로 오지 아니하나니 이는 그 행위가 드러날까 함이요"

'빛'이 세상에 왔습니다. '빛'은 무엇입니까? 예수 그리스도입니다. 빛과 대조되는 '어둠'은 하나님과 완전히 단절된 영적 죽음의 상태를 가리킵니다. 그런데 사람들이 "빛보다 어둠을 더 사랑했다."라고 했습니다. 이것은 사람들이 '빛'도 어느 정도 사랑했지만, 빛보다는 '어둠'을 더 많이 사랑했다는 뜻이 아닙니다. 빛이 어둠에 비칠 때, 어둠 속으로 빛이 들어오는 것 자체를 부정할 수 없습니다. '어둠'이라는 존재가 있는 것처럼, '빛'이라는 존재 역시 분명히 있기 때문입니다. 그런데 '빛'의 존재를 인정하는 것과 그 '빛'을 자기 것으로 인정하고 받아들이는 것은 또 다른 별개의 문제입니다.

"빛이 세상에 왔으되 사람들이 자기 행위가 악하므로 빛보다 어둠을 더 사랑한 것이니라."라는 말씀은, '빛'이 '어둠' 속으로 들어오는 것을 거부했다는 뜻입니다. '악을 행하는 자'들은 '빛'이 자기들 속에 들어오는 것이 싫습니다. 그래서 "악을 행하는 자마다 빛을 미워하여 빛으로 오지 아니하나니."라고 한 것입니다. 빛을 미워하는 이유가 뭐라고 했습니까? "이는 그 행위가 드러날까 함이요"[20]라고 했습니다. '어둠 속에서 악을 행하는 자들'은 자기들이 손해 본 금액을 따져서 그것을 보상받는 것보다는, '빛'을 없애서 그들의 행위를 숨기는 것이 더 시급한 문제입니다. '빛'만 없어지면, 손해 본 것은 어둠 속에서 얼마든지 만회할 수 있기 때문입니다. 거라사 지방 사람들이 예수님께 떠나 달라고 간청하고, 빌립보 도시의 관원들이 바울에게 그 도시를 떠나 달라고 사정하며 달랜 이유가 바로 이것입니다.

복음서에 보면, 귀신 들린 사람들에게서 발견되는 특징이 있습니다. 첫째, 옷을 입지 않고, 집에 거하지도 않고, 무덤 사이에 거하더라고 했습니다.

> 누가복음 8:27, "예수께서 육지에 내리시매 그 도시 사람으로서 귀신 들린 자 하나가 예수를 만나니 그 사람은 오래 옷을 입지 아니하며 집에 거하지도 아니하고 무덤 사이에 거하는 자라"

둘째, 귀신이 그를 죽이려고 불과 물에 자주 던졌다고 합니다.

> 마가복음 9:22, "귀신이 그를 죽이려고 불과 물에 자주 던졌나이다 그러나 무엇을 하실 수 있거든 우리를 불쌍히 여기사 도와 주옵소서"

그런가 하면 귀신 들린 사람들에게서 발견되는 세 번째 특징이 있었습니다.

누가복음 6:18, "더러운 귀신에게 고난받는 자들도 고침을 받은지라"

본문에 바울 일행은 점치는 여종이 귀신 들렸다는 것을 어떻게 알았을까요? 비록 그 여종이 점치는 일로 주인에게 큰 유익을 주기는 했지만, 이 여종에게서 복음서에 나타난 귀신 들려 고난받는 사람의 특징과 같은 모습을 본 것입니다. 하지만 점치는 여종의 주인들은 그가 '귀신'에 붙잡혀 있고, 귀신에게 고난받고 있다는 것을 알면서도 돈 버는 것 외에 여종이 당하는 고난에는 관심이 없었습니다. 그런데 '빛'이 등장함으로 인해서 '어둠' 속에 숨어 있던 '죄'가 드러났습니다. 여종이야 고난을 겪든지 말든지, 자기들 돈벌이에만 관심 있던 주인들의 '죄'가 드러났고, 그 '죄'의 배후에서 왕 노릇 하던 '귀신'의 정체가 드러났습니다. 그리고 '어둠의 귀신'은, 빛이신 '예수 그리스도'의 이름에 의해 쫓겨났습니다.

18, "이같이 여러 날을 하는지라 바울이 심히 괴로워하여 돌이켜 그 귀신에게 이르되 예수 그리스도의 이름으로 내가 네게 명하노니 그에게서 나오라 하니 귀신이 즉시 나오니라"

이렇게 여종에게 붙은 '귀신'이 쫓겨나자, 여종의 주인들이 어떻게 했습니까? '빛보다 어둠을 더 사랑하여'(요 3:19) '빛'을 전하는 바울을 쫓아냈습니다. '어둠'에 속한 자들에게 '빛'이 비쳤을 때 보이는 공통점이 바로 이것입니다. '빛'으로 오신 예수님을 십자가에 못 박아 죽였고, '빛이신 예수 그리스도'를 전하는 사도들을 도시 바깥으로 쫓아내는 것입니다. 왜요? '빛'만 없어지면 자기들은 '어둠' 속에서 무엇이든지 할 수 있기 때문입니다. 그래서 이와 같은 현상에 대해서 사도 요한은 이렇게 설명했습니다.

> 요한복음 1:9-11, "참 빛 곧 세상에 와서 각 사람에게 비추는 빛이 있었나니 10. 그가 세상에 계셨으며 세상은 그로 말미암아 지은 바 되었으되 세상이 그를 알지 못하였고 11. 자기 땅에 오매 자기 백성이 영접하지 아니하였으나"

9절에 말씀한 '참 빛'이란 예수 그리스도를 가리킵니다. 그런데 '참 빛'이신 그리스도께서 태양이나 달과 별처럼 높은 곳에서 비추는 빛으로 오신 것이 아니라, "각 사람에게 비추는 빛"으로 비춰 주십니다. 이것은 예수 그리스도의 구원 사역이 구약 시대처럼 한 민족이나 국가를 중심으로 이루어지는 것이 아니라, 죄인인 각 개인에게 비춰 주었다는 뜻입니다. 10절에서 요한은, '참 빛'이요 '창조주'이신 그리스도께서 육체의 몸을 입고 세상에 오셔서, 죄인들과 함께 세상에 계셨다는 사실을 분명히 밝히고 있습니다. 하지만 세상은 그를 알지 못했습니다.

이것은 예수님께서 너무 은밀하고 조용히 오시는 바람에, 사람들이 예수님이 세상에 오셨는지 몰랐다는 의미가 아닙니다. 사람들이 구원주로 오신 그리스도를 아는 것을 원치 않았다는 뜻입니다. 요한복음 3장의 표현으로 말씀드리면, 사람들이 빛보다 어둠을 더 사랑하여 빛을 미워한 것이고, 빛이 비쳤어도 어둠 속에 꼭꼭 숨어서 나오지 않은 것입니다. 이처럼 창조주이신 그리스도께서 자기 땅에 오셨지만, 자기가 만든 백성들로부터 따돌림을 당했고, 끝내 십자가에 못 박혀 죽임 당하는 것으로 버림받았습니다.

우리가 이것을 알아야 세상이 교회를 핍박하고 복음 전하는 것을 막는 이유를 알 수 있습니다. 또한, "교회와 기독교 신자들이 세상 속에서 존재하는 이유"와 "하나님께서 우리를 세상에 보내신 이유"를 이해할 수 있습니다. 사람들이 '빛이신 예수님'을 죽이고 꺼 버렸더니, 그 '빛'이 사라졌습니까? 아니요, 예수님께서는 그 빛을 제자들과 성도들에게 나눠 주셨습니다.

> 마태복음 5:14-15, "너희는 세상의 빛이라 산 위에 있는 동네가 숨겨지지 못할 것이요 15. 사람이 등불을 켜서 말 아래에 두지 아니하고 등경 위에 두나니 이러므로 집 안 모든 사람에게 비치느니라"

"너희는 세상의 빛이다. 산 위에 있는 동네는 잘 보이기 마련" 아니겠냐? "사람이 등불을 켜는 이유가 무엇이냐? 등잔대 위에 올려놓아서 집안 모든 사람에게 비치도록 하려고 켜는 것 아니겠냐?" 너희가 바로 그 '빛'이라는 것입니다.

> 마태복음 5:16, "이같이 너희 빛이 사람 앞에 비치게 하여 그들로 너희 착한 행실을 보고 하늘에 계신 너희 아버지께 영광을 돌리게 하라"

여기에 "너희 착한 행실을 보고"라고 했습니다. 성경을 읽는 사람들이 자꾸 오해하고 실수하는 것이, '성경이 무엇을 말씀하고 있는지' 읽는 것이 아니라, 자기가 읽고 싶은 것을 읽고 판단합니다. 이 '착한 행실'은 무엇일까요? 이렇게 바꿔서 예를 드리겠습니다. 학교 다니는 학생의 '착한 행실'은 무엇입니까? 공부를 열심히 잘하는 것입니다. 의사 선생님의 '착한 행실'은 무엇입니까? 환자들 진찰 잘하고, 처방 잘하는 것입니다. 세탁기가 할 수 있는 '착한 행실'은 무엇입니까? 빨래 잘하는 것입니다. 세탁기에 "얼음 얼려 달라, 커피 내려 달라." 이런 것 요구하지 않습니다.

예수님께서 마태복음에 사람들에게 '너희 착한 행실'을 보이라고 하시기 전에, "너희는 세상의 뭐라고 하셨습니까?" '빛'이라고 하셨고 '등불'이라고 하셨습니다. '등불의 빛'이 해야 하는 착한 행실이 무엇일까요? 환하게 빛을 밝히는 것입니다. 그러면 '빛'은 무엇입니까? "나는 세상의 빛이니", 예수님이 바로 '빛'입니다. '등불'은 무엇입니까? 빛이신 예수 그리스도를 비추는 제자들, 성도들입니다. 그러면 우리가 해야 하는 '착한 행실'은 무엇입니까? 예수님을 비추는 것입니다. 그런데 교회와 성도들이 정작 자기들이 해야 할 '예수 빛'을 비추는 것은 하려고 하지 않고, 다들 자기가 착해 보겠다고 난리들입니다. 여러분, 내가 착하면 예수님이 영광 받습니까? 그건 내 생각일 수 있습니다.

가게를 맡은 점원이, 무거운 짐을 머리에 이고 점포 앞을 지나가는 할머니를 발견하고, 가게를 비우고 그 짐을 대신 들고 할머니 집까지 함께 가 줬습니다. 그리고 돌아오는데 길을 잃고 울고 있는 어린아이를 만나서, 온종일 그 아이의 집을 찾아줬습니다. 이 점원은 착한 점원입니까? 아니요, 책임감 없는 점원입니다. 지금 드리는 말씀은, 할머니가 무거운 짐을 이고 가든 말든, 어린아이가 길에서 울든 말든 신경 쓰지 말라는 말씀이 아닙니다. 그 사람이 해야 할 일, 그가 맡은 일이 있는데, 자기가 맡은 책임은 하지 않고 다른 것을 잘했다고 해서 그 사람이 착한 사람이 되는 것은 아니라는 뜻입니다. 예수님께서 제자들과 성도들에게 "너희는 빛이요 산 위에 있는 동네다, 등잔대 위에 켜 놓은 등불이다."라고 하셨으니, 우리가 해야 하는 착한 행실은 무엇입니까? 예수 그리스도라는 '빛'을 잘 비추는 것입니다. 이것을 분명히 아시기 바랍니다. 우리가 누군가에게 하는 '착한 행위'가 빛이 아니라, 예수 그리스도가 '빛'입니다. 그래서 '착한 행위'란, 우리가 있으므로 인해 예수 그리스도가 드러나는 것입니다.

그러면 우리가 있으므로 인해 예수 그리스도가 드러난다는 말이 무슨 뜻일까요? '참 빛'이신 그리스도께서 세상에 오시자 '어둠'에 숨어 있던 '죄'가 드러났습니다. 예수님께서는 '죄' 때문에 생긴 인간의 모든 근본 문제들을 해결해 주셨습니다. 그것이 바로 병자를 치료하고, 귀신을 쫓아내고, 죽은 자를 살리신 기적들입니다. 그래서 예수님께서는 단지 병자를 고치기만 하신 것이 아니라, "네 죄 사함을 받았느니라"(마 9:2; 막 2:5; 눅 7:48)라고 말씀하면서 죄 용서까지 해 주셨습니다. 그리고 예수님께서는 제자들에게도 똑같은 일을 할 수 있는 능력을 주셨습니다.

> 마태복음 10:1, "예수께서 그의 열두 제자를 부르사 더러운 귀신을 쫓아내며 모든 병과 모든 약한 것을 고치는 권능을 주시니라"

예수님께서 제자들에게 이와 같은 권능을 주신 이유가 무엇입니까? "천국이 가까이 왔다는 것을 전하라."고 주신 것입니다. 병든 자를 고치고, 죽은 자를 살리고, 나병 환자를 깨끗하게 하고, 귀신을 쫓아내는 일은 왜 하는 것입니까? "천국이 가까이 왔다고 전파하기" 위해서입니다.

마태복음 10:5-8, "예수께서 이 열둘을 내보내시며 명하여 이르시되 이방인의 길로도 가지 말고 사마리아인의 고을에도 들어가지 말고 6. 오히려 이스라엘 집의 잃어버린 양에게로 가라 7. 가면서 전파하여 말하되 천국이 가까이 왔다 하고 8. 병든 자를 고치며 죽은 자를 살리며 나병환자를 깨끗하게 하며 귀신을 쫓아내되 너희가 거저 받았으니 거저 주라"

여기서 우리가 주목해야 할 것이 "너희가 거저 받았으니 거저 주라."는 말씀입니다. 만약 여러분의 가족 중에 누군가의 기도로 병든 자가 고침을 받고, 죽은 자가 살아나고, 귀신 들린 자가 귀신에게서 놓임을 받았다면, 어떻게 할 것 같습니까? 아마도 그렇게 기도해 준 분은 생명의 은인처럼 여겨질 것입니다. 그리고 여러분이 줄 수 있는 최고의 것으로 대접하고 싶으실 것입니다.

마태복음 10:9-11, "너희 전대에 금이나 은이나 동을 가지지 말고 10. 여행을 위하여 배낭이나 두 벌 옷이나 신이나 지팡이를 가지지 말라 이는 일꾼이 자기의 먹을 것 받는 것이 마땅함이라 11. 어떤 성이나 마을에 들어가든지 그 중에 합당한 자를 찾아내어 너희가 떠나기까지 거기서 머물라"

그런데 예수님께서는 "내가 너희에게 그런 능력을 줬으니 어디 가든지 대접을 잘 받을 거다, 그러니 염려하지 말라."라는 의미로 이 말씀을 주신 것이 아닙니다.

미대복음 10:14-17, "누구든지 너희를 영접하지도 아니하고 너희 말을 듣지도 아니하거든 그 집이나 성에서 나가 너희 발의 먼지를 떨어 버리라 15. 내가 진실로 너희에게 이르노니 심판 날에 소돔과 고모라 땅이 그 성보다 견디기 쉬우리라 16. 보라 내가 너희를 보냄이 양을 이리 가운데로 보냄과 같도다 그러므로 너희는 뱀 같이 지혜롭고 비둘기 같이 순결하라 17. 사람들을 삼가라 그들이 너희를 공회에 넘겨주겠고 그들의 회당에서 채찍질하리라"

이상하지 않습니까? 병든 자도 고쳐 주고, 귀신 들린 자도 깨끗하게 해 주고, 심지어 죽은 자도 살려 주는데 사람들이 너희를 영접하지 않을 것이라고 합니다. 그뿐만 아니라 "너희를 공회에 넘겨주어 회당에서 채찍질할 것"이라고 합니다. "공회에 넘겨주어 회당에서 채찍질"한다는 의미는, 정식으로 재판에 넘겨서 사법 기관의 형벌을 받게 한다는 뜻입니다. 이것이 이해가 됩니까? 병자를 고쳐 주고, 귀신을 쫓아내고, 나병 환자를 낫게 해 주고, 죽은 자도 살려 주었는데 왜 재판에 넘깁니까?

그런데 오늘 본문에 예수님께서 말씀하신 것이 그대로 이루어졌습니다. 바울이 귀신 들린 여종을 고쳐 줬더니, 그 여종의 주인들이 행정관에게 고발해서 바울을 매로 때리고, 손발에 차꼬까지 채워서 감옥에 가뒀습니다. 이렇게 바울과 실라가 매를 맞고 감옥에 갇히게 되는 이유가 무엇입니까? 죄와 어둠 속에서 살던 사람들에게 '복음의 빛'을 비췄기 때문입니다. "그들이 받지도 못하고 행하지도 못할 풍속"(21), 곧 복음을 전했기 때문입니다. 그다음은 어떻게 됐나요? 예수님께서 말씀하셨던 그대로 이루어졌습니다.

22-23, "무리가 일제히 일어나 고발하니 상관들이 옷을 찢어 벗기고 매로 치라 하여 23. 많이 친 후에 옥에 가두고 간수에게 명하여 든든히 지키라 하니"

이때뿐만 아니라 바울은 환영받지 못하고, 돌과 매와 채찍에 맞고, 감옥에 갇히고, 죽을 고비를 넘기고, 목마르고 굶주린 삶을 살았습니다(고후 11:23-27). 그러면 바울을 포함해서 사도들은 왜 그렇게 피곤하고 고달픈 삶을 살았을까요? 그 이유는 그들이 맡은 바 책임과 사명이, '빛을 비추는 것'이었기 때문입니다. "무리가 일제히 일어나 고발하니"(22)라고 했습니다. 이것 참 이상합니다. 여종의 주인들은 바울 때문에 금전적인 손해를 봤으니 고발할 이유가 있었습니다. 그런데 군중들까지 여종의 주인들과 한패가 되어서 바울을 고발했다고 했습니다. 그렇다면 저 군중들은 무슨 이유로 바울을 고발하는 것일까요? 우리가 이것을 알아야 세상이 교회를 미워하고, 성도를 미워하는 이유를 알 수 있습니다.

'어둠'은 그들 속에 '빛'이 들어오는 것 자체가 피해이고, 손해입니다. 바울이 자기를 고발하는 군중들에게 어떤 피해도 준 것이 없지만, 그들은 바울이 전하는 복음, 바울이 그들에게 비추는 '그리스도 예수의 빛'이 싫은 것입니다. '빛으로 오신 예수님'조차 거부한 사람들이었으니, 그 빛을 비추는 바울을 싫어하여 고발한 것은 어쩌면 당연한 결과입니다. 앞서 예수님께서 마태복음 10장에서 하신 말씀처럼, 예수님께서는 제자들에게 각종 기적을 행할 수 있는 능력을 주셨습니다. 그리고 제자들은 그들이 가는 곳마다 예수님께서 주신 능력으로 병자를 고치고 귀신을 쫓아내면서도, '거저 받았으니 거저 주는' 자세를 잃은 적이 없습니다. 오직 '빛을 전하고, 빛을 비추는' 목적대로의 삶을 정확하게 산 것입니다. 하지만 그분들의 결말이 어떠했습니까? 핍박의 삶이었고, 순교의 삶이었습니다.

우리가 이것을 알아야 합니다. 교회가 선행을 많이 하고, 성도들이 착한 일을 많이 하면, 세상이 교회를 환영하고 성도들을 좋아할까요? 그건 우리 생각입니다. 성경과 교회사의 역사를 보면, 세상은 빛을 밝히는 교회를 좋아하지 않았습니다. 제사장이나 선지자라 할지라도 '죄'를 묵인하고 방조하는 사람은 왕궁에 초대되어 왕의 권력을 등에 업고 호가호위하면서 대접도 잘 받았습니다(왕상 22:10-12). 하지만 엘리야 시대에는, 이스라엘 자손이 주의 언약을 버리고 주의 제단을 헐며, 칼로 주의 선지자들을 죽였습니다(왕상 19:10). 요아스 왕은 우상 숭배의 죄를 지적하는 스가랴 제사장을 성전 뜰 안에서 돌로 쳐서 죽였습니다(대하 24:21). 이 일에 대해서 성경은 이렇게 말합니다.

> 역대하 24:22, "요아스 왕이 이와 같이 스가랴의 아버지 여호야다가 베푼 은혜를 기억하지 아니하고 그의 아들을 죽이니 그가 죽을 때에 이르되 여호와는 감찰하시고 신원하여 주옵소서 하니라"

여호야다는 요아스의 생명을 구해 준 은인일 뿐 아니라, 잔혹하게 왕위를 빼앗은 그의 할머니를 죽이고 요아스를 북이스라엘의 왕으로 만들어 준 제사장입니다. 하지만 여호야다의 아들인 스가랴가 요아스와 이스라엘이 범하는 죄를 지적하자, 다른 곳도 아닌 성전 뜰에서 스가랴 제사장을 돌로 쳐서 죽인 것입니다. 성경의 이와 같은 역사 기록이 우리에게 가르쳐 주는 것이 무엇입니까? 어둠인 세상은 원래 '빛'을 싫어한다는 것입니다. 교회가 착한 일을 안 하고, 성도들이 세상에 모범을 보이지 않아서 세상이 교회를 싫어하는 것이 아닙니다. 교회 자체가 어둠인 세상을 밝히는 빛이기 때문에 싫어하는 것이고, 그 빛을 가진 성도들이 세상 곳곳에 흩어져서 빛을 비추고 있기 때문에 싫은 것입니다.

그러면 세상이 모든 교회를 다 싫어하느냐, 그렇지 않습니다. 교회와 성도들이 마땅히 밝혀야 할 '빛'을 꺼 버리고, 어둠과 한편이 되어 그들의 사정을 이해해 주고 '죄'를 드러내지 않으면, 세상은 교회를 싫어하지 않습니다. 동성애를 인정해 주고, 요즘 같은 때는 대면 예배를 하면 안 된다고 하면서 세상과 똑같은 목소리를 내 주는 교회와 목사들은 얼마나 좋아하는지 모릅니다. 그런 목사님들이 설교하는 유튜브에는 구독자와 조회 수도 많고, 교회 계좌로 헌금도 많이 보내 줍니다. 그런데 여러분, 이것을 꼭 기억하시기 바랍니다. 세상이 교회를 좋아하게 만드는 것이 복음이 아닙니다. 세상 사람들이 우리를 좋아하게 만들고, 빛처럼 추앙하게 만드는 것이 복음이 아닙니다. 오히려 세상이 우리를 너무나 좋아하고 있다면 우리 자신을 돌아봐야 합니다.

어둠인 세상이 '빛'을 비추는 우리를 좋아하는 이유가 무엇일지 생각해 봐야 합니다. 혹시 내가 비춰야 하는 '복음의 빛'을 꺼 버리고, '어둠' 속으로 들어가서 그들과 한편이 되었기 때문에 좋아하는 것은 아닌지 확인해 봐야 합니다. '죄'의 습성은 언제나 자기편을 찾고, 무리를 만들어서 덩치를 키웁니다. 나 혼자 죄를 지었을 때는 불안하고 불편하지만, 많은 군중이 같은 죄를 범하고 있으면 자신감을 얻고 더 당당하게 죄를 지을 수 있기 때문입니다. 그래서 다수에 속해 있다고 좋아할 것이 아니라, 그 속에 죄가 있는지 봐야 합니다.

얼마 전에 남아프리카공화국 더반이라는 도시에서 대규모 폭동이 일어났습니다. 그곳에 있는 우리나라 삼성전자, 엘지전자 공장이 약탈당하고 공장이 불탔습니다. 상점의 80% 이상이 폭도들에 의해 약탈당했지만, 경찰들이 막지 못했습니다. 혼자라면 할 수 없는 일을, 군중이 같은 마음으로 모이니까 당당하게 한 것입니다. 그런 일이 아프리카 같은 곳에서만 일어납니까? 미국에서도 자주 일어납니다.

예수님께서 제자들을 세상에 보내고 교회를 세상에 보내신 이유는, 교회와 제자들이 어둠인 세상으로 들어가서 '빛'을 밝히라고 보내신 것입니다. 그런데 교회와 성도들이 마땅히 밝혀야 하는 '빛'을 비출 생각은 하지 않고, 어둠으로부터 착하다는 칭찬을 듣고 싶어 합니다. '빛'의 사명은 구석구석 숨어 있는 어둠을 드러내는 것입니다. 어둠 속에 숨어서 자행되고 있는 '죄'를 불편하게 하는 것입니다. 그곳이 직장이든, 모임이든, 어디든지 성도인 우리가 있으므로 인해서 '죄'가 그 어둠의 기운을 쉽게 드리우지 못하게 하는 것이 우리가 할 일입니다. 하지만 오늘날 성도들이 세상에서 뭘 해야 하는지 모르고 방황하고 있습니다. 목사들이 우리가 '빛'으로 부르심을 받았다는 정체성을 깨우쳐 주지 않아서입니다. '착한 아이 증후군'에 걸린 사람들처럼, 전부 자기가 착하려고 하기 때문입니다.

예수님이 세상에 오신 것은, 사람들이 착하지 않아서 세상에 오신 것이 아닙니다. 예수님은 세상에 '빛'으로 오셨고, 구원의 길을 우리에게 주시려고 오셨습니다. 왜요? 세상은 어둠이고, 죄악이고, 심판 받기 위해 예비된 곳이기 때문입니다. 세상은 우리가 영원히 살 본향이 아닙니다. 나그네처럼 잠시 왔다 가는 곳입니다. 그래서 제자들을 세상에 보내면서 천국이 가까이 왔다고 전하라고 하신 것입니다. 그런데 예수 믿는 사람들의 사는 모습을 보면 천국이 없는 사람처럼 살고 있습니다.

목사들이 사람들에게 '좋아요'와 '구독 버튼'만 받을 수 있다면, 성경과 맞지 않고 하나님의 뜻에 반대되는 이야기도 설교라는 이름으로 당당하게 하고 있습니다.

'하나님의 택하심', '거룩한 나라와 왕 같은 제사장'이라는 성경의 가치를, '당신은 사랑받기 위해서 태어난 사람'이라는 인본주의의 가치로 바꿔 버렸습니다. 성경은 "우리가 뭘 해도 하나님은 다 이해하고 용서하신다. 왜냐하면, 너는 소중하니까, 사랑받기 위해서 태어났으니까." 이렇게 말하지 않습니다. 성경은 하나님께서 택하신 이스라엘 백성들에게 사사를 보내고, 제사장을 보내고, 선지자를 보내서 그들이 행하고 있는 죄를 지적하고 회개를 촉구했습니다. 바울과 요한이 초대 교회에 보낸 편지들을 보면, 교회와 성도들이 잘못하고 있는 행위에 대해서 구체적으로 진술하면서 죄에서 돌이킬 것을 요구하고 있습니다. 교회와 성도들은 무엇 때문에 이 세상에서 존재하는 것입니까? 우리가 은혜로 받은 구원의 빛, 복음의 빛을, 어둠으로 가득한 세상에 비추라고 있는 것입니다.

반복해서 말씀드리지만, 어둠을 비추는 빛은 어둠으로부터 환영받지 못합니다. 그래서 세상에서 미움 받고, 불편한 존재로 취급받는 것이 당연합니다. 하지만 그럼에도 불구하고 우리가 세상과 타협할 수 없는 이유가 무엇입니까? 우리가 '빛'으로 부름을 받았기 때문입니다. 천국이 가까이 왔기 때문입니다. 바울과 초대 교회 성도들은 '천국을 이미 가진 사람들'처럼 살았습니다. 아무 대가도 받지 않고 병을 고쳐 주고, 귀신을 쫓아내 주고도 오히려 매를 맞고, 감옥에 갇히게 되었어도 기쁨의 찬송을 부를 수 있는 사람들이 그들이었습니다. 이 부분에 대해서는 다음 주에 말씀드리도록 하겠습니다.

오늘 마지막으로 저와 여러분이 굳게 다짐하면서 마치기 원합니다. 골목길을 비추는 가로등은, 그가 외로움을 견딤으로 인해 범죄를 막습니다. 세상이 우리를 향해서 착하다고 칭찬하는 것을 좋아하지 마시고, 하나님께서 저와 여러분에게 '착하고 충성된 종'이라고 칭찬하실 것을 기대하시기 바랍니다. 예수님께서 맛 잃은 소금은 바깥에 버려져 사람들에게 밟힐 것이라고 했습니다. 오늘날 교회가 '맛 잃은 소금'처럼 된 것이 아닐까 심히 염려스럽습니다. 세상 사람들은 누구나 쉽게 갖지 못하는 것을 '명품'이라고 하면서 좋아합니다. 우리는 세상이 도무지 받지도 못하고, 행하지도 못할 명품을 받은 사람들입니다. 그것이 무엇입니까? 그리스도께서 저와 여러분에게 주신 '복음'입니다.

예수님께서 "거룩한 것을 개에게 주지 말며 너희 진주를 돼지 앞에 던지지 말라"(마 7:6)라고 하셨습니다. 복음의 거룩하고 귀한 것을 하찮게 여기고, 인본주의에 빠져서 그리스도의 빛을 스스로 꺼 버리고 세상 속으로 들어가는 자들을 따라가서는 안 될 것입니다. 죽음 앞에서도 찬란한 빛을 잃지 않고 밝게 비추었던 사도들과 믿음의 선배들의 신앙을 본받는 저와 여러분이 되길 기원합니다.

기도하고 찬송하매 죄수들이 듣더라

"무리가 일제히 일어나 고발하니 상관들이 옷을 찢어 벗기고 매로 치라
하여 23. 많이 친 후에 옥에 가두고 간수에게 명하여 든든히 지키라 하
니 24. 그가 이러한 명령을 받아 그들을 깊은 옥에 가두고 그 발을 차꼬
에 든든히 채웠더니 25. 한밤중에 바울과 실라가 기도하고 하나님을 찬
송하매 죄수들이 듣더라 26. 이에 갑자기 큰 지진이 나서 옥터가 움직이
고 문이 곧 다 열리며 모든 사람의 매인 것이 다 벗어진지라 27. 간수가
자다가 깨어 옥문들이 열린 것을 보고 죄수들이 도망한 줄 생각하고 칼
을 빼어 자결하려 하거늘 28. 바울이 크게 소리 질러 이르되 네 몸을 상
하지 말라 우리가 다 여기 있노라 하니"

바울과 실라가 점치는 여종에게 붙어 있는 귀신을 쫓아낸 것 때문에 매를 맞고, 발에 차꼬까지 채워진 채 깊은 감옥에 갇히게 됐습니다. 성경학자들은 당시 로마 감옥은 죄수를 세 종류로 분류해서 수감했다고 합니다. 햇볕이 들고 바깥 공기도 들어오는 창문이 있는 보통 감옥이 있고, 내부 깊숙한 곳에 있어서 이중 삼중으로 잠금장치가 되어 있는 감옥이 있었습니다. 그런가 하면 주로 사형수들을 수감하는 지하 감옥이 있었습니다. 24절에 바울과 실라가 '깊은 감옥'에 갇혔다고 한 것은, 내부 감옥 또는 지하 감옥에 갇혔던 것으로 보입니다.

'발에 차꼬까지 든든히 채웠다.'라고 했는데, 당시 차꼬는 벽에 붙어 있는 쇠줄에 양쪽 발이 벌어진 상태로 하나씩 묶여 있어서 고통스러운 자세였다고 합니다. 또한, 바울과 실라가 갇힌 감옥에는 그들만 지키는 간수도 따로 있었습니다[27]. 그런데 본문은 바울과 실라가 죄목도 정해지지 않은 채 갇히게 되었다고 합니다.

37, "바울이 이르되 로마 사람인 우리를 죄도 정하지 아니하고 공중 앞에서 때리고 옥에 가두었다가 이제는 가만히 내보내고자 하느냐 아니라 그들이 친히 와서 우리를 데리고 나가야 하리라 한대"

당시의 행정관은 스스로 판단해서 사법권을 행사할 수 있는 재량이 있었습니다. 하지만 그 재량은 식민지 백성에 한정해서 쓸 수 있는 재량이지, 로마 시민에 대해서는 함부로 행사할 수 없었습니다. 당시 사회에서 로마 시민권은 그 자체가 신분이요 특권이었기 때문입니다. 그러면 빌립보 지역의 행정관이 죄목도 정해지지 않은 바울과 실라를 사형수 같은 중죄인을 수감 하는 장소에 가둔 이유가 무엇일까요? 성경학자들은 바울이 귀신을 쫓아내는 초자연적인 능력을 발휘했다는 말을 들은 행정관이, 그들에 대한 특별한 감시의 필요성을 느꼈을 것으로 추정합니다. 바울과 실라가 중한 범죄자처럼 발에 차꼬까지 채워져서, 그들을 전담하는 간수까지 있는 깊은 감옥에 갇혔다는 것은, 쉽게 풀려날 희망이 없었음을 의미합니다. 이처럼 희망이 보이지 않는 상황에서 우리는 놀라운 장면을 목격하게 됩니다.

25, "한밤중에 바울과 실라가 기도하고 하나님을 찬송하매 죄수들이 듣더라"

우리는 바울과 실라 정도의 사람이라면 어떤 상황에 부닥치더라도, 하나님께 기도하고 찬송할 수 있는 믿음이 있었을 것으로 믿어 의심치 않습니다. 만약 그 정도의 믿음도 없었다면 목숨을 잃는 것도 두려워하지 않고 복음을 전하는 사람이 되지 못했을 것이기 때문입니다. 그렇다 보니 많은 신학자와 목회자들이 사도행전을 가리켜서 '바울 행전'이라고 부르기도 합니다. 그런데 본문에 바울과 실라가 "기도하고 하나님을 찬송했다."라고 하는데, 이것은 우리가 주일 예배를 드리면서 기도도 하고 찬송도 하는, 그런 모습이 아닙니다. 여러분도 많이 경험해 보셨겠지만, 기도하고 찬송하는 것은 두 행위가 동시에 할 수 있습니까, 아니면 따로 하게 됩니까? 일반적으로 따로 하게 됩니다.

찬송은 보통 언제 하지요? 처절하고 괴로울 때 합니까, 기쁘고 감사하고 형통할 때 합니까? 그러면 기도는 언제 간절히 하게 되지요? 괴롭고 힘들 때 하게 됩니다. 기도는 인간적인 방법으로 도무지 문제를 해결할 길이 없을 때 하게 됩니다. 아마 바울과 실라도 깊은 감옥에 갇히게 되었을 때, 그런 마음에서 하나님께 기도했을 것으로 생각합니다. 이것은 제가 바울과 실라의 믿음이 사실은 별 것 아니었다고 말하려고 드리는 말씀이 아니라, 성경 전체에 흐르는 맥락이 그렇다는 것을 말씀드리는 것입니다.

성경에서 기도와 찬송이 가장 많이 기록되어 있는 책이 시편입니다. 시편을 크게 두 부류로 나누면 '찬송의 시'가 있고 '기도의 시'가 있습니다. 시편에 기록된 내용이 주로 기도하는 것이면 '기도의 시'라고 하고, 주로 찬송하는 것이면 '찬송의 시'라고 부릅니다. '찬송의 시'를 구별하는 방법은, 장 옆에 작은 괄호 글씨로 '성전에 올라가며 부르는 노래, 인도자를 따라 부르는 노래' 이렇게 쓰여 있습니다. '기도의 시' 역시, '다윗의 기도, 모세의 기도'처럼 그 내용을 알게 해 주었습니다. 시편의 기도는 인간의 힘으로는 도무지 해결할 수 없는 답답함과 절망 속에서 하게 되는 신음이나 비명과 같은 것입니다. 반면에 찬송은 저자가 모든 일이 잘되고 형통할 때 감사하며 드리는 시입니다.

그런데 어떤 시편에는, '기도'와 '찬송'이라는 전혀 반대되는 상황에서 드려지는 신앙의 행위가, 하나의 시 안에 함께 어우러져 있기도 합니다. 그리고 그러한 시편들은, 우리가 오늘의 본문을 이해하는 데 큰 도움을 줍니다. 먼저 우리가 알아야 할 것은, 기도와 찬송이 함께 있는 '시'도 두 종류의 갈래가 있다는 것입니다. 첫째는, 자기가 저지른 죄와 잘못을 하나님께 고백하고 회개하면서, 혹시 하나님에게서 버림받을까 절망하며 울부짖다가 응답을 받고 찬송하는 시가 있습니다. 둘째는, 원수들과 대적들의 공격을 받아서 절망에 빠져 있을 때, 기도 중에 하나님으로부터 구원의 약속과 응답받은 것을 감사하는 찬송 시가 있습니다.

먼저 첫 번째 종류의 찬송과 기도의 시를 살펴보겠습니다.

> 시편 6:1-10, "여호와여 주의 분노로 나를 책망하지 마시오며 주의 진노로 나를 징계하지 마옵소서 2. 여호와여 내가 수척하였사오니 내게 은혜를 베푸소서 여호와여 나의 뼈가 떨리오니 나를 고치소서 3. 나의 영혼도 매우 떨리나이다 여호와여 어느 때까지니이까 4. 여호와여 돌아와 나의 영혼을 건지시며 주의 사랑으로 나를 구원하소서 5. 사망 중에서는 주를 기억하는 일이 없사오니 스올에서 주께 감사할 자 누구리이까 6.

내가 탄식함으로 피곤하여 밤마다 눈물로 내 침상을 띄우며 내 요를 적시나이다 7. 내 눈이 근심으로 말미암아 쇠하며 내 모든 대적으로 말미암아 어두워졌나이다 8. 악을 행하는 너희는 다 나를 떠나라 여호와께서 내 울음 소리를 들으셨도다 9. 여호와께서 내 간구를 들으셨음이여 여호와께서 내 기도를 받으시리로다 10. 내 모든 원수들이 부끄러움을 당하고 심히 떫이여 갑자기 부끄러워 물러가리로다"

시편 6편은 다윗의 시로, 본인이 지은 죄 때문에 혹시 하나님께서 자기를 외면하고 버리지 않을까 불안해하면서 하나님을 찾는 기도로 시작합니다. 다윗은 하나님께서 얼마나 '죄'를 미워하시며, 죄에 진노하시는지 알고 있습니다. 또한, '죄'는 하나님의 책망과 진노와 징계를 빠져나갈 수 없음도 잘 압니다. 그래서 죄에 대한 하나님의 진노와 징계하심에 대한 두려움이 얼마나 컸던지, 다윗은 그의 뼈가 떨리고 영혼까지 떨릴 만큼 쇠약해졌다고 고백했습니다(2-3). 그는 자신의 죄 때문에 하나님에게서 멀어질까 봐 밤마다 탄식과 눈물로 그의 침상을 적셨고, 근심으로 눈이 어두워져 잘 볼 수 없게 될 정도였습니다(6-7). 그런데 다윗이 기도하는 중에 깨닫게 된 것이 있었습니다.

8-9, "악을 행하는 너희는 다 나를 떠나라 여호와께서 내 울음소리를 들으셨도다 9. 여호와께서 내 간구를 들으셨음이여 여호와께서 내 기도를 받으시리로다"

다윗이 깨달은 바가 무엇입니까? "내가 언제 하나님 앞에 상 받을 만한 일을 해서, 뭘 잘해서 하나님이 내게 상을 주고, 내 편을 들어 주셨더냐."라는 것입니다. 비록 내가 지금 큰 잘못을 했지만, 그렇다고 그런 이유로 하나님께서 나를 버릴 분이냐, 하나님은 그런 분이 아니라는 사실을 깨닫고 당당하게 고백하는 것입니다. 그래서 "하나님은 그의 인자와 성실하심과 그분의 사랑과 무궁하신 능력으로 자기를 사랑해 주시고 편들어 주셨다는 것"을 깨닫고 찬송하는 것입니다.

그렇습니다. 하나님은 당신을 찾는 자에게서 절대 얼굴을 돌리지 않는 분입니다. 세상은 죄를 범한 다윗을 향해, "네 인생은 이제 끝났다. 이생망(이번 생애는 망했다)"이라며 조롱하겠지만, 하나님께서는 다윗을 그렇게 대하지 않으십니다. 그래서 다윗이 하는 말이, "악을 행하는 자들아, 너희는 다 나를 떠나가라. 하나님께서는 내 울음소리를 외면하지 않으시고, 내 간구를 들으신다."라는 것입니다. 또한, 다윗이 찬송하는 것이 무엇입니까? "자신을 조롱하던 자들이 부끄러움을 받을 것이요, 하나님 앞으로 돌아온 자신을 회복시켜 주실 것"이라는 것입니다.

이처럼 시편 6편은 죄의 절망에 빠진 우리가 어떻게 하나님 앞에 나와야 하는지 가르쳐 주는 내비게이션과 같은 말씀입니다. 그런가 하면, 원수와 대적들의 공격을 받아서 절망에 빠져 있을 때 하나님께 기도한 후, 구원의 응답을 받아서 감사하는 찬송 시도 있다고 말씀드렸습니다.

> 시편 44:1-8, "하나님이여 주께서 우리 조상들의 날 곧 옛날에 행하신 일을 그들이 우리에게 일러 주매 우리가 우리 귀로 들었나이다 2. 주께서 주의 손으로 뭇 백성을 내쫓으시고 우리 조상들을 이 땅에 뿌리 박게 하시며 주께서 다른 민족들은 고달프게 하시고 우리 조상들은 번성하게 하셨나이다 3. 그들이 자기 칼로 땅을 얻어 차지함이 아니요 그들의 팔이 그들을 구원함도 아니라 오직 주의 오른손과 주의 팔과 주의 얼굴의 빛으로 하셨으니 주께서 그들을 기뻐하신 까닭이니이다 4. 하나님이여

주는 나의 왕이시니 야곱에게 구원을 베푸소서 5. 우리가 주를 의지하여 우리 대적을 누르고 우리를 치러 일어나는 자를 주의 이름으로 밟으리이다 6. 나는 내 활을 의지하지 아니할 것이라 내 칼이 나를 구원하지 못하리이다 7. 오직 주께서 우리를 우리 원수들에게서 구원하시고 우리를 미워하는 자로 수치를 당하게 하셨나이다 8. 우리가 종일 하나님을 자랑하였나이다 우리는 하나님의 이름에 영원히 감사하리이다 (셀라)"

시편 44편은 '고라 자손의 시'라고 소개되어 있습니다. 고라는 출애굽 당시에 유명한 족장 250명과 함께 세력을 만들어서 모세를 대적했다가, 고라뿐만 아니라 온 집안까지 하나님의 심판을 받아 죽은 사람입니다. 그런데 고라의 아들 중에서 일부가 아버지 편에 서지 않고 모세의 편에 남아 있었고, 살아남은 고라의 자손들이 경험에서 얻은 고백의 찬송을 남겼습니다. 우리가 읽은 시편 44편도 그와 같은 종류의 찬송시 가운데 하나입니다. 4절에 기록된 야곱은 이스라엘의 다른 이름입니다.

창세기 35:10, "하나님이 그에게 이르시되 네 이름이 야곱이지마는 네 이름을 다시는 야곱이라 부르지 않겠고 이스라엘이 네 이름이 되리라 하시고 그가 그의 이름을 이스라엘이라 부르시고"

이렇게 야곱에서 이스라엘로 이름이 바뀐 후, 야곱의 열두 아들은 '이스라엘'의 아들들이 되었고, 가나안 땅 정복 후에는 '이스라엘'이 나라 이름이 되었습니다.

본문에 이스라엘이 그들을 치러 오는 대적들로 인하여 곤궁한 상황에 빠졌습니다. 대적의 힘은 너무나 강했고, 야곱 곧 이스라엘의 힘은 너무나 약했기 때문입니다. 이런 상황에서 이스라엘이 할 수 있는 것은, 하나님께 기도하는 것밖에 없습니다. 그런데 고라 자손이 기도하는 중에 깨닫게 된 것이 있었습니다. 대적들이 이스라엘을 향해 쳐들어오는 현재 상황은 분명 두려운 일이지만, 그들의 역사를 되짚어 보니 그와 비슷한 사건들이 너무나 많았더라는 것입니다. 애굽에서 나올 때, 그들의 힘으로 애굽을 물리치고 나온 것이 아니었고, 홍해를 건널 때 배를 타거나 다리를 건설해서 건넌 것이 아니었습니다. 하나님께서 홍해를 갈라 건너게 하셨고, 반석에 물을 내어 마시게 하셨습니다. 광야에서는 구름 기둥과 불기둥으로 그들과 함께하셨고, 그들이 가나안 땅에 정착하여 첫 수확을 할 때까지 하루도 빠짐없이 만나를 내려 주셨습니다.

광야 이스라엘이 '르비딤'이라는 지역에 머물 때는 아말렉이 군사를 이끌고 와서 전쟁을 걸어왔습니다. 그날에 하나님께서는 이스라엘이 아말렉과의 전쟁에서 승리하도록 해 주셨습니다. 하지만 아말렉에 대해서는 여호와께서 대대로 싸우겠다고 맹세까지 하셨습니다.

> 출애굽기 17:13-16, "여호수아가 칼날로 아말렉과 그 백성을 쳐서 무찌르니라 14. 여호와께서 모세에게 이르시되 이것을 책에 기록하여 기념하게 하고 여호수아의 귀에 외워 들리라 내가 아말렉을 없이하여 천하에서 기억도 못 하게 하리라 15. 모세가 제단을 쌓고 그 이름을 여호와 닛시라 하고 16. 이르되 여호와께서 맹세하시기를 여호와가 아말렉과 더불어 대대로 싸우리라 하셨다 하였더라"

이렇게 아말렉과 대대로 싸우겠다고 맹세하신 하나님께서는, 이스라엘의 처음 왕이 된 사울에게 아말렉을 진멸할 것을 명령하셨습니다.

> 사무엘상 15:1-3, "사무엘이 사울에게 이르되 여호와께서 나를 보내어 왕에게 기름을 부어 그의 백성 이스라엘 위에 왕으로 삼으셨은즉 이제 왕은 여호와의 말씀을 들으소서 2. 만군의 여호와께서 이같이 말씀하시기를 아말렉이 이스라엘에게 행한 일 곧 애굽에서 나올 때에 길에서 대적한 일로 내가 그들을 벌하노니 3. 지금 가서 아말렉을 쳐서 그들의 모든 소유를 남기지 말고 진멸하되 남녀와 소아와 젖 먹는 아이와 우양과 낙타와 나귀를 죽이라 하셨나이다 하니"

고라의 자손들이 기도하면서 깨달은 것이 무엇입니까? 이스라엘 백성들이 뭘 잘해서 하나님께서 그들의 편이 되어 주시고, 막강한 전투력으로 침략해 오는 대적 앞에서 그들을 지켜 주신 것이 아니었다는 것입니다. 앞서 시편 6편의 저자인 다윗은, 자신이 지은 죄로 인해서 하나님께서 자기를 미워하고 떠나실지도 모른다는 불안감 속에서 기도했다고 말씀드렸습니다. 하지만 다윗이 기도 가운데서 깨달은 것이 무엇이었습니까? 자기가 하나님께 뭘 잘해서 또는, 하나님에 대한 그의 믿음이 대단히 뛰어나서 하나님께서 그의 편이 되어 주신 것이 아니었다는 사실입니다. 비록 다윗이 하나님 앞에 죄를 범하고, 호된 징계를 받아 마땅한 잘못을 범했다 할지라도, 자비와 인내의 하나님께서는 그분의 성품으로 다윗을 품어 주셨습니다. 그래서 절망과 두려움으로 시작한 다윗의 기도는 감사와 찬송으로 마무리됩니다

시편 44편 역시, 막강한 군사력으로 침략해 오는 대적들로 인해서

오직 하나님께 기도하는 것 외에는 다른 대책이 없던 사람들의 찬송이 이어지고 있습니다. 하나님께서 원하신다면, 그리고 그들을 위해서 필요하시다면 바다를 갈라서라도 구해 주실 것이고, 해를 멈춰서라도 대적들을 이기게 하실 것이라는 믿음입니다. 이처럼 '기도와 찬송'이 함께 나오는 시편들은, 자신의 행위나 결정과 상관없이 그들을 편들어 주고 위해 주시는 하나님께 대한 신앙 고백들입니다.

두 발에 차꼬까지 채워진 채 깊은 감옥에 갇혀 있는 바울과 실라는, 밤중까지 기도하는 것 외에 그들이 할 수 있는 다른 방법이 없었을 것입니다. 바나바와 함께 1차 전도 여행을 했던 바울은, 실라와 함께 2차 전도 여행을 하고 있습니다. 그런데 바울이 복음을 전했던 장소마다 환영받고 대접받은 곳이 없습니다. 1차 전도 여행 때 방문했던 루스드라에서는 돌에 맞아 죽을 뻔했었습니다. 지금 드리는 말씀은, 바울이 돌에 맞아 죽을 뻔했는데 맞지 않았다는 것이 아니라, 돌에 맞은 바울이 죽었다고 생각한 사람들이 성 밖으로 내다 버렸습니다. 그런데 정신을 차린 바울이 자기에게 돌을 던졌던 성으로 다시 돌아와서 형제들을 만나서 안심시킨 뒤에 안디옥으로 돌아왔습니다(행 14:19).

2차 전도 여행도 마찬가지입니다. 아시아에서 복음을 전하던 바울에게 환상까지 보여 주면서 마케도니아 쪽으로 방향을 바꾸신 분이 하나님입니다. 그렇게 직접적인 계시까지 보여 주면서 가야 할 방향을 정해 주셨다면, '앞으로 놀라운 전도의 역사가 일어나겠구나.' 이런 생각이 들지 않겠습니까? 그런데 막상 와 보니 만난 사람은 강가에 앉아 있는 여인네 몇 사람이었고, 본격적으로 복음을 전하려고 했더니 매를 맞고 감옥에 갇히게 된 것입니다. 바울은 고린도교회에 보낸 편지에서, 복음을 전하면서 자기가 경험했던 일들에 관하여 이렇게 고백했습니다.

> 고린도후서 1:8-10, "형제들아 우리가 아시아에서 당한 환난을 너희가 모르기를 원하지 아니하노니 힘에 겹도록 심한 고난을 당하여 살 소망까지 끊어지고 9. 우리는 우리 자신이 사형선고를 받은 줄 알았으니 이는 우리로 자기를 의지하지 말고 오직 죽은 자를 다시 살리시는 하나님만 의지하게 하심이라 10. 그가 이같이 큰 사망에서 우리를 건지셨고 또 건지실 것이며 이 후에도 건지시기를 그에게 바라노라"

바울이 하는 말이 무엇입니까? "나는 살 소망이 끊어지고, 사형 선고를 받은 사람이라고 생각될 만큼 심한 고난을 겪었다."라는 것입니다. 우리가 아는 바와 같이 바울은 돌에 맞고, 몽둥이로 맞고, 채찍으로 맞고, 강도를 만나고, 배를 탔더니 파선하고, 춥고 헐벗고 굶주린 삶을 살았습니다. 그런데 문제는 무엇입니까? 죽지 않더라는 것입니다. 제 생각이지만, 바울이 제일 부러워한 사람은 스데반이 아니었을까 싶습니다. 멋지게 복음 전하고, 돌에 맞아서 한 번에 죽었으니 얼마나 좋습니까? 그런데 바울은 수도 없이 많은 매를 맞았음에도 죽지 않았습니다(고후 11:23-27). 그런데 그 많은 핍박을 통해서 바울이 깨달은 바가 있었습니다. 그게 무엇입니까? "이는 우리로 자기를 의지하지 말고 오직 죽은 자를 다시 살리시는 하나님만 의지하게 하심이라."

"여기까지가 끝인가 보오." 이제 마지막이라고 생각했는데, 그게 아니었다는 것입니다. 고린도후서 1장 말씀처럼, "이제는 죽었구나, 사형 선고를 받은 것이나 마찬가지구나." 하며 기도하고 있었는데, 그에게 말씀하시는 하나님의 뜻을 깨닫습니다. 그것이 무엇입니까? "죽은 자를 다시 살리시는 하나님만 의지"하라는 것입니다. 많은 매를 맞고, 쇠사슬에 발목까지 묶인 채 깊은 감옥에 갇혀 있습니다. 바울을 고발했던 여종의 주인들은, 정식 재판을 열지 않고도 바울에게 매를 때리고 감옥에 가둘 수 있는 영향력을 가진, 자기들의 실력을 자랑했을 것입니다. 바울이 매를 맞고 감옥에 갇히는 것을 목격한 사람들은, "이제 저 사람은 끝났다, 귀신을 쫓아내면 뭐하나? 자기가 죽게 생겼는데."라며 조롱했을 것입니다. 그런데 바울이 하는 말이 무엇입니까? "형제들아! 우리가 아시아에서 당한 환난을 너희가 모르기를 원하지 않는다." 하나님께서 하시는 일은, 세상 사람들이 예상하고 기대하는 것과 다르다. 하나님께서 일하시는 방법, 그 일을 성취하는 방법은 세상의 법이나 상식에 얽매이지 않는다, 그분이 하시는 일은 누구도 방해하거나 막을 수 없다는 것입니다.

기도 중에 이 같은 사실을 깨달은 바울은 하나님을 찬송하기 시작했습니다. 그가 했던 찬송은 어떤 것이었을까요? 빌립보에 보낸 편지에서 찾을 수 있습니다. 바울이 로마 감옥에 갇혀 있을 때, 빌립보교회 성도들은 위문품과 함께 에바브로디도라는 사람을 보내서, 바울의 수감 생활을 돕게 했습니다(빌 2:25). 이 빌립보교회가 바로 오늘 우리가 살펴보고 있는, 자색 옷감을 파는 장사 루디아와 바울을 지키던 간수의 가족이 중심이 되어 세워진 교회입니다. 빌립보교회 성도들은 로마 감옥에 갇혀 있는 바울의 처지가 남다르게 여겨졌을 것입니다. 바울이 처음 갇혔던 곳이 바로 빌립보 감옥이었기 때문입니다. 그래서 바울은 그때의 경험을 회상하면서 빌립보교회에 이런 위로를 해 주었습니다.

빌립보서 4:10-13, "내가 주 안에서 크게 기뻐함은 너희가 나를 생각하던 것이 이제 다시 싹이 남이니 너희가 또한 이를 위하여 생각은 하였으나 기회가 없었느니라 11. 내가 궁핍하므로 말하는 것이 아니니라 어떠한 형편에든지 나는 자족하기를 배웠노니 12. 나는 비천에 처할 줄도 알고 풍부에 처할 줄도 알아 모든 일 곧 배부름과 배고픔과 풍부와 궁핍에도 처할 줄 아는 일체의 비결을 배웠노라 13. 내게 능력 주시는 자 안에서 내가 모든 것을 할 수 있느니라"

바울이 빌립보교회에 보낸 편지의 내용을 자세히 보셔야 합니다. "너희가 나를 생각해 줘서 참 고맙고 기쁘다. 그러나 내가 못 먹고, 못 입고 있는데 필요한 것을 보내 줘서 고맙고 기쁘다는 뜻은 아니"라는 것입니다. 세상의 재판장이 바울에게 매를 때리고, 발에 차꼬를 채우고, 깊은 감옥에 가둘 순 있어도 그가 하나님께 기도하고 찬송하는 것을 막을 수는 없습니다. 또한, 하나님께서 친히 바울에 대한 시간표를 종료하시지 않는 한, 세상의 어떤 권세도 하나님의 손에서 그 시간표를 빼앗아서 찢어 버릴 수 없다는 것입니다. 바울의 현재 상황이 배고픔과 비천한 지경에 처할 수도 있을 것입니다. 하지만 세상적으로 그런 최악의 상황이 바울의 실력을 규정하는 것이 아니라, 바울의 실력 즉 그의 믿음이 그가 만난 상황을 이끌어 가는 것입니다.

속담에 "장인(匠人)은 연장을 탓하지 않는다."라는 말이 있습니다. 실력 있는 연주자는 가장 싸구려 악기를 갖고도 최고의 연주를 해냅니다. 바울의 말이 바로 그런 것입니다. "어떠한 형편에든지 나는 자족하기를 배웠다." 그러면 바울은 처음부터 이렇게 탁월한 믿음을 가졌을까요? 처음에는 바울도 "주의 일을 하려면 내가 건강하고, 외형적으로도 괜찮은 사람이었으면 좋겠다."라고 생각했던 것 같습니다.

고린도후서 12:7-8, "여러 계시를 받은 것이 지극히 크므로 너무 자만하지 않게 하시려고 내 육체에 가시 곧 사탄의 사자를 주셨으니 이는 나를 쳐서 너무 자만하지 않게 하려 하심이라 8. 이것이 내게서 떠나가게 하기 위하여 내가 세 번 주께 간구하였더니"

그런데 하나님께서는 바울에게 어떻게 하셨습니까?

고린도후서 12:9-10, "나에게 이르시기를 내 은혜가 네게 족하도다 이는 내 능력이 약한 데서 온전하여짐이라 하신지라 그러므로 도리어 크게 기뻐함으로 나의 여러 약한 것들에 대하여 자랑하리니 이는 그리스도의 능력이 내게 머물게 하려 함이라 10. 그러므로 내가 그리스도를 위하여 약한 것들과 능욕과 궁핍과 박해와 곤고를 기뻐하노니 이는 내가 약한 그 때에 강함이라"

"내 은혜가 네게 족하다. 왜냐? 내가 너에게 준 능력은, 네가 약한 데서 온전해지는 것이다." 바울이 강하고, 바울이 능력 있고, 바울이 대단한 사람이라면 바울이 드러나겠죠. 그런데 약하고, 뭔가 모자라도 한참 모자라 보이고, 저런 사람이 뭘 하겠나 싶은데, 그런 바울에게서 능력이 나타났다면, 그 모든 일은 하나님께서 하신 것이 됩니다. 그래서 바울이 하는 말이 뭡니까? 내가 나의 여러 약한 것들을 자랑한답니다. 왜요? 바울이 약할 때 그리스도의 능력이 그에게 머물기 때문입니다. 그래서 자기가 약한 것, 능욕 받고, 궁핍과 박해와 곤고함도 기쁘다는 것입니다.

빌립보서 4:13, "내게 능력 주시는 자 안에서 내가 모든 것을 할 수 있느니라"

이 말씀은, 이제 사업을 시작하는 사람들이 "주님께서 잠깐만 나를 도와주시면 내가 모든 성공을 이룰 수 있다." 이런 말이 아닙니다. 어떤 맥락에서 바울이 왜 이런 말을 했는지 앞뒤 고려 전혀 하지 않고, 그냥 자기에게 용기를 줄 것 같은 한 절만 외우고 좋아하는 사람들이 있습니다. 앞뒤의 모든 상황을 다 들으셨는데, 그래도 이런 고백을 하고 싶으십니까? 쉽게 생각할 문제가 아닙니다. 이런 고백을 하지 말라는 말씀이 아니라, 이런 믿음의 고백을 할 수 있도록 우리의 신앙과 실력이 자라나야 한다는 말씀입니다.

오늘 우리가 성경의 여러 증거를 통해서, 우리 믿음의 선배들이 어떻게 기도하고 찬송했는지를 확인해 보았습니다. 마지막으로 확인하려는 것은, '죄수들이 듣더라.'라는 말씀입니다.

25, "한밤중에 바울과 실라가 기도하고 하나님을 찬송하매 죄수들이 듣더라"

마치 사형수처럼 발에 차꼬까지 채워져서 깊은 감옥에 갇혀 있는 바울과 실라는, 뭐가 좋아서 온 죄수들이 다 들을 수 있도록 기도하고 찬송했을까요? 이것이 바로 '하나님 있는 사람'과 '하나님 없는 사람'의 차이입니다. '하나님 없는 사람'은 당면한 현실, 자신을 당황스럽게 하고 고통스럽게 하는 현실이 그 사람을 이끌어 갑니다.

하지만 '하나님 있는 사람'은 바울이 고백한 것처럼, 가장 약한 데서 온전하여지고, 가장 당황스럽고 고통스러운 그 상황이 오히려 자랑거리가 됩니다. 왜요? 그때가 바로 하나님께서 그 사람을 위해 역사하는 시간이기 때문입니다. 우리의 문제는, 하나님에 대한 믿음이 없는 것이 문제이고, 하나님께서 일하시는 방법에 대한 이해가 부족한 것이 문제이지, 하나님이 없어서 문제가 아닙니다. 그래서 바울이 고린도교회에 했던 말이 무엇입니까?

> 고린도후서 1:9-10, "이는 우리로 자기를 의지하지 말고 오직 죽은 자를 다시 살리시는 하나님만 의지하게 하심이라 10. 그가 이같이 큰 사망에서 우리를 건지셨고 또 건지실 것이며 이 후에도 건지시기를 그에게 바라노라"

무엇을 의지하지 말고요? "자기를 의지하지 말고", 누구를 의지하라고요? "죽은 자를 다시 살리시는 하나님만 의지하게 하심이라." 하나님께서는 큰 사망과 같은 사건에서 우리를 건지셨고, 또 건지실 것이며, 앞으로도 건지실 것입니다. 이러한 믿음이 저와 여러분에게도 있기 원합니다. 중요한 것은 무엇입니까? '죄수들이 듣더라.' 하나님을 알지 못하는 사람, 믿음이 없는 사람들이 우리가 사는 모습을 보면서 '듣게' 되어야 합니다. '보게' 되어야 합니다. 하나님을 '알게' 되어야 합니다. 다음 주에 말씀드리겠지만, 바울과 실라가 기도하고 찬송하는 소리를 들었던, 그 감옥을 지키던 간수가 그날 밤에 예수님을 영접하고 온 가족이 구원을 받습니다.

저와 여러분이 세상을 사는 방법은, 하나님을 모르는 사람들, 하나님이 없는 사람들이 사는 방법과 분명히 달라야 합니다. 우리는 '상황이 우리를 이끄는 대로 끌려가는 사람'들이 아니고, '우리가 현재 어떤 상황에 있더라도 하나님께서 우리를 이끄시는 대로' 따라가는 사람들입니다. 그 상황이 어떤 모양과 방법으로 우리에게 찾아오든지, 더욱 주님만 의지하면서 내게 능력 주시는 자 안에서 견딤과 오래 참음과 감사를 배우게 되기 원합니다. 이렇게 세상과 다르게 사는 우리들의 모습이 산 위의 동네처럼 보여져야 합니다. 우리 안에서 역사하시는 그리스도의 능력이 빛처럼 비쳐야 합니다. 그래야 세상이 그 빛을 보면서 주님 앞으로 나오지 않겠습니까? '하나님과 함께 사는' 저와 여러분이, 세상과 어떻게 차별된 모습으로 살아가는지 잘 보여 줄 수 있는, '세상이 보더라, 세상이 듣더라.' 이런 삶을 살기 원합니다.

주 예수를 믿으라

"한밤중에 바울과 실라가 기도하고 하나님을 찬송하매 죄수들이 듣더라
26. 이에 갑자기 큰 지진이 나서 옥터가 움직이고 문이 곧 다 열리며 모
든 사람의 매인 것이 다 벗어진지라 27. 간수가 자다가 깨어 옥문들이
열린 것을 보고 죄수들이 도망한 줄 생각하고 칼을 빼어 자결하려 하거
늘 28. 바울이 크게 소리 질러 이르되 네 몸을 상하지 말라 우리가 다 여
기 있노라 하니 29. 간수가 등불을 달라고 하며 뛰어 들어가 무서워 떨
며 바울과 실라 앞에 엎드리고 30. 그들을 데리고 나가 이르되 선생들이
여 내가 어떻게 하여야 구원을 받으리이까 하거늘 31. 이르되 주 예수를
믿으라 그리하면 너와 네 집이 구원을 받으리라 하고 32. 주의 말씀을
그 사람과 그 집에 있는 모든 사람에게 전하더라 33. 그 밤 그 시각에 간
수가 그들을 데려다가 그 맞은 자리를 씻어 주고 자기와 그 온 가족이 다
세례를 받은 후 34. 그들을 데리고 자기 집에 올라가서 음식을 차려 주
고 그와 온 집안이 하나님을 믿으므로 크게 기뻐하니라"

바울과 실라가 매를 맞고, 두 발에 차꼬까지 채워진 채 깊은 감옥에 갇혀 있으면서도, 그곳의 죄수들이 들을 수 있게 기도하고 찬송했다고 말씀드렸습니다. 그들이 그렇게 할 수 있었던 것은, 자기를 의지하지 않고 죽은 자도 다시 살리시는 하나님을 의지하는(고후 1:9) 믿음이 있었기 때문입니다. 삶 속에 하나님이 있는 사람들은, 삶 속에 하나님이 없

는 사람들과 세상을 사는 방법이 근본적으로 다릅니다. '하나님이 없는 사람'은 당면한 현실, 자신을 당황스럽게 하고 고통스럽게 하는 현실이 그 사람을 이끌어 갑니다. 하지만 '하나님이 있는 사람'은 바울이 고백한 것처럼, 가장 약한 데서 온전하여지고, 가장 당황스럽고 고통스러운 그 상황이 오히려 자랑거리가 됩니다. 왜요? 그때가 바로 하나님께서 그 사람을 위해 역사하는 시간이기 때문입니다. 우리의 문제는, 하나님에 대한 믿음이 없는 것이 문제이고, 하나님께서 일하시는 방법에 대한 이해가 부족한 것이 문제이지, 하나님이 없어서 문제가 아닙니다.

오늘 본문은, 하나님이 없는 삶을 살던 빌립보 감옥의 간수가 하나님이 있는 삶을 사는 바울에게 "내가 어떻게 하여야 구원을 받으리이까?" 라며 묻는 내용입니다. 이것은 오늘날 교회와 성도가 반드시 배워야 하고, 꼭 알아야 하는 내용입니다. 하나님이 없는 세상은, 현재 그곳이 아무리 지상 낙원인 것처럼 보여도 그 마지막 끝은 심판이요 멸망입니다.

> 창세기 13:10, "이에 롯이 눈을 들어 요단 지역을 바라본즉 소알까지 온 땅에 물이 넉넉하니 여호와께서 소돔과 고모라를 멸하시기 전이었으므로 여호와의 동산 같고 애굽 땅과 같았더라"

롯이 선택한 땅은 온 땅에 물이 넉넉하여, 여호와의 동산과 같았다고 했습니다. 여호와의 동산과 함께 언급된 애굽 땅 역시 나일강을 중심으로 비옥한 땅이 많았고, 특히 하류에 형성된 삼각주 지역은 지금도 세계에서 가장 비옥한 땅으로, 현재 이집트 8천만 인구 대부분이 그 지역에 거주하는 인구 밀집 지역입니다. 그런데 문제는 무엇입니까? 그 땅이 여호와께서 멸하시기 직전이었다는 것입니다. 세상의 조건으로만 보면, 롯의 선택이 탁월했고 더 좋은 쪽을 선택한 것 같습니다. 하지만 롯이 선택한 땅은 여호와 하나님께 죄를 짓고 있는 악한 사람들이 있는(창 13:13), 하나님이 없는 곳이었습니다. 그렇다면 롯의 반대편을 선택한 아브라함은 어떻게 되었을까요?

> 창세기 13:14-17, "롯이 아브람을 떠난 후에 여호와께서 아브람에게 이르시되 너는 눈을 들어 너 있는 곳에서 북쪽과 남쪽 그리고 동쪽과 서쪽을 바라보라 15. 보이는 땅을 내가 너와 네 자손에게 주리니 영원히 이르리라 16. 내가 네 자손이 땅의 티끌 같게 하리니 사람이 땅의 티끌을 능히 셀 수 있을진대 네 자손도 세리라 17. 너는 일어나 그 땅을 종과 횡으로 두루 다녀보라 내가 그것을 네게 주리라"

아브라함은 하나님이 함께하시는 곳, 하나님의 약속이 있는 곳으로 갔습니다. 이처럼 서로 반대되는 선택을 한 아브라함과 롯이, 그들의 삶 속에서 어떠한 결과물을 얻게 되었는지는 성경의 기록을 통해 우리가 익히 알고 있는 바입니다. 성경이 우리에게 주는 유익이 바로 이것입니다. 비록 우리가 아브라함 같은 믿음이 없고, 사무엘이나 다윗, 엘리야나 바울 같은 믿음이 없을지라도, 그분들이 받아든 믿음의 결과물을 성경에서 배울 수 있습니다.

> 히브리서 12:1-2, "이러므로 우리에게 구름 같이 둘러싼 허다한 증인들이 있으니 모든 무거운 것과 얽매이기 쉬운 죄를 벗어 버리고 인내로써 우리 앞에 당한 경주를 하며 믿음의 주요 또 온전하게 하시는 이인 예수를 바라보자"

1절에 "인내로써 우리 앞에 당한 경주를 하자."라고 했습니다. 보통 '인내'는 기쁘고 좋을 때 합니까, 힘들고 고통스러울 때 합니까? "예수만 믿으면 모든 일이 잘되고, 형통할 것이다?", 그것은 내 기대이고 바람이지 '언제나 그렇게 될 것'이라고 성경이 약속한 바는 아닙니다. 오히려 성경에는 "인내로서 그들 앞에 당한 경주를 했던" 믿음의 사람들이 훨씬 더 많이 소개되고 있습니다. 그러면 그 사람들은 무엇을 근거로 그러한 '인내'를 할 수 있었을까요? 하나님이 그들과 함께하신다는 바로 그 믿음이, '인내'가 요구되는 삶의 경주를 견뎌 내고 이겨 낼 수 있게 한 것입니다. 바울과 실라가 죄목도 정해지지 않았는데, 매를 맞고 두 발에 차꼬까지 채워져서 깊은 감옥에 갇혀 있으면서도 기도하고 찬송할 수 있었던 이유이기도 합니다. 하지만 이렇게 하나님이 있는 삶을 사는 바울과 실라의 모습은, 그때까지 하나님이 없는 삶을 살았던 빌립보 감옥의 간수 눈에 이상하고 미련하게 보였을 것입니다.

> 고린도전서 1:18, "십자가의 도가 멸망하는 자들에게는 미련한 것이요 구원을 받는 우리에게는 하나님의 능력이라"

하지만 미련하게 보였던 십자가의 도가, 한순간에 애타게 구원의 길을 묻게 되는 때로 변했습니다. "큰 지진이 나서 옥터가 움직이고, 문이 다 열리고, 죄수들의 매인 것이 모두 벗어지는", 오직 하나님만이 하실 수 있는 사건이 벌어졌을 때입니다.

> 26, "이에 갑자기 큰 지진이 나서 옥터가 움직이고 문이 곧 다 열리며 모든 사람의 매인 것이 다 벗어진지라"

사람의 능력은 참으로 대단합니다. 어렸을 적에 우리가 공상 과학이라고 생각했던 것들이 지금은 상용화되어 생활필수품으로 사용하고 있는 것들이 많습니다. 심지어 지난달에는 순수한 여행을 목적으로 우주를 다녀온 사람들도 있습니다. 한 여행사는 600여 명에 달하는 사람들이 1인당 25만 달러를 내고 우주여행을 예약했고, 이르면 내년부터 민간 우주여행을 시작할 예정이라고 발표했습니다. 그런데 이처럼 우리가 상상하는 모든 것을 만들어 낼 수 있을 것 같은 인간이지만, 그러나 인간이 도무지 할 수 없는 것들이 있습니다. 오늘 본문 말씀처럼, 하나님께서 창조하시고 섭리하시는 일에 관한 것입니다. 큰 지진이 나거나 화산이 폭발하고, 홍수가 나거나 폭설로 인해 큰 피해가 나고, 이상 고온으로 농작물뿐만 아니라 사람까지 죽는 일들이 잦아지고 있습니다. 이처럼 세상을 창조하시고 보존하시고 섭리하시는 하나님에 속한 일은, 아무리 과학이 발달하고, 인간의 능력이 대단해져도 감당할 수 없는 사건들입니다. 오늘 본문에 등장하는 빌립보 감옥의 간수에게 생긴 문제는 무엇이었습니까?

> 27, "간수가 자다가 깨어 옥문들이 열린 것을 보고 죄수들이 도망한 줄 생각하고 칼을 빼어 자결하려 하거늘"

천재지변이었든 인재로 인한 사고이든, 자기가 지켜야 하는 죄수들이 도망치는 것을 막지 못한 간수는, 자기가 져야 하는 직업적 책임을 피할 수 없습니다. 당시 로마법은, 죄수를 도망가게 한 간수는 도망친 죄수가 받아야 하는 형량만큼 대신 벌을 받게 되어 있었습니다. 사도행전 12장에, 요한의 형제 야고보를 죽인 헤롯 왕이 베드로까지 해치려

하여 감옥에 가두고, 4명씩 4개 조로 묶인 군인들에게 맡겨서 지키도록 했습니다. 하지만 그날 밤, 주의 천사가 베드로를 찾아와서 묶여 있던 쇠사슬을 풀어 주고 바깥으로 나갈 수 있게 해 주었습니다. 그 뒤에 어떻게 됐을까요? 다음 날 헤롯은 베드로를 지키지 못한 군인들을 심문한 뒤 죽이라고 명령했습니다.

> 사도행전 12:18-19, "날이 새매 군인들은 베드로가 어떻게 되었는지 알지 못하여 적지 않게 소동하니 19. 헤롯이 그를 찾아도 보지 못하매 파수꾼들을 심문하고 죽이라 명하니라 헤롯이 유대를 떠나 가이사랴로 내려가서 머무니라"

본문에 간수가 칼을 빼서 자결을 시도한 것은, 자기가 지키던 바울과 실라가 받게 될 형벌이 어떤 종류였는지를 짐작할 수 있는 장면입니다. 그런데 아무도 없을 것으로 예상한 감옥 안에서 큰 소리가 들렸습니다.

> 28, "바울이 크게 소리 질러 이르되 네 몸을 상하지 말라 우리가 다 여기 있노라 하니"

우리는 이 말씀을 단지 글자로만 읽지만, 스스로 목숨을 끊는 것 말고는 다른 방법이 없다고 생각하고 자결을 결심한 순간에 바울의 목소리를 들은 간수의 심정은 어땠을까요? 더 기가 막힌 것은 자기보다 못한 상황에 있던 바울과 실라가, 그와 같은 혼란한 상황에서 더구나 충분히 도망칠 수 있는 기회가 있었음에도 도망가지 않고 감옥 안에 남아 있다가, 그들을 지키던 자신을 오히려 살려 주고 있는 것입니다.

앞서 말씀드린 것처럼, 바울과 실라는 감옥 안에 붙잡혀 있으면 결국 사형을 당하게 되거나, 갇혀 있는 동안은 그와 비슷한 수준의 고통을 받게 될 것입니다. 그런 상황에서 도망칠 기회가 생겼다는 것은, 죄수들에게 있어서 축복 같은 상황이었을 것입니다. 하지만 바울과 실라는 얼마든지 도망칠 그 좋은 기회를 사용하지 않고, 오히려 자기들을 지키던 간수의 목숨을 살려 주고 있습니다. 이러한 상황에서 '구원'에 관한 질문이 나옵니다. 그래서 성경이 말하고 있는 '구원'에 대한 이해를, 우리가 생각하고 기대하는 쪽으로만 치우쳐서 이해해서는 안 됩니다. 다시 말씀드려서 내가 하나님을 잘 믿으면 무에서 유를 창조하신 전능하신 하나님께서, 내가 당한 답답한 현실을 해결해 주신다는 쪽으로만 이해하면 안 됩니다.

지금까지 우리는 "예수 믿고 복 받으세요.", 또는 "예수만 잘 믿으면 모든 문제가 해결됩니다."라는 식으로 전도해 왔던 것이 사실입니다. 물론 복음 안에 들어오면 그와 같은 요소들도 포함되어 있는 것이 사실입니다. 하지만 바울이 간수에게 '주 예수를 믿으라.'라고 말한 데에는 그것보다 훨씬 깊고도 넓은 의미가 담겨 있습니다.

> 29-30, "간수가 등불을 달라고 하며 뛰어 들어가 무서워 떨며 바울과 실라 앞에 엎드리고 30. 그들을 데리고 나가 이르되 선생들이여 내가 어떻게 하여야 구원을 받으리이까 하거늘"

간수가 바울과 실라 앞에 엎드려서, "내가 어떻게 하여야 구원을 받으리이까?"라며 묻고 있습니다. 그렇다면 간수가 말하는 '구원'은 어떤 의미였을까요? 아마도 감옥의 문이 열리고 죄수들이 도망가 버렸다고 생각했던 상황에서, 자기가 어떻게 해야 그 책임을 면하고 생명을 보존할 수 있을지 그 방법을 물었을 것입니다. 그리고 간수가 물어보는 이 같은 질문은, 지금까지 '하나님이 없는 삶'을 살았던 사람들이 할 수 있는 당연한 질문입니다. 그들에게는 현재 직면한 상황이 가장 크고 심각한 문제이기 때문입니다. 이처럼 자기가 살 수 있는 길을 묻는 간수에게 바울은 이렇게 대답해 주었습니다.

> 31, "이르되 주 예수를 믿으라 그리하면 너와 네 집이 구원을 받으리라 하고"

바울의 이 대답은 간수가 고민하는 문제를 해결해 줄 수 있는 답이 될 수 있을까요? 사실 고민의 종류와 내용이 달라서 그렇지, 우리도 세상을 살면서 많은 문제를 안고 살아가고 있습니다. 만약 여러분의 지인이 찾아와서 심각한 모습으로 자신이 겪고 있는 어려움을 토로할 때 "주 예수를 믿으라."라고 하면, 그 사람은 그 대답을 어떻게 생각할까요? "당신 문제는 신에게 물어보고 나를 부담스럽게 하지 말라"는 말로 들릴 것입니다. 그런데 "주 예수를 믿으라."라는 말에는 우리가 알지 못하는 깊은 뜻이 있습니다. 그것은 "네가 알고 있는 것이 전부가 아니다."라는 것입니다.

죄수들을 지키던 간수가 자다가 지진 때문에 깨어 보니, 닫혀 있던 감옥의 문이 모두 열려 있었습니다. 그 상황에서 간수가 알고 있는 지식은 무엇이었습니까? '이제 난 끝났다.'입니다. 그나마 스스로 목숨을 끊는다면, 자기가 지키지 못한 죄수들이 져야 하는 책임이 남아 있는 자신의 가족들에게까지 전가되지는 않을 거로 생각했던 것입니다. 그런데 바울이 하는 말이 무엇입니까? "그 지진은 누가 나게 하셨냐?"라는 것입니다. 그래서 바울이 "주 예수를 믿으라."라고 하는 것은, "죄수들이 이미 다 도망갔고, 이제 당신은 죽을 일만 남았으니 예수라도 믿고 천국 가라."는 말이 아닙니다. "네가 경험하고 알고 있는 지식의 범주에서 벗어나서, 천지를 지으시고 네 영혼을 구원하려고 일하시는 하나님을 의지하라", 그것이 "주 예수를 믿으라."입니다.

우리는 '종교'라는 이해의 범주 안에서 '주 예수를 믿는' 것을 생각하기 쉽습니다. 첫째는, 일반적인 종교의 특성상 신에게 정성을 바친 후, 내 소원을 이루고자 하는 면에서 열심히 주 예수를 믿는 것입니다. 둘째는, 구원받아서 천국과 내세의 삶이 우리 앞에 있으니, "세상에서의 삶은 어찌 되든 상관없다."라는 식으로 이해하는 것입니다. 그리고 이와 같은 신앙을 가진 사람들은, 마땅히 져야 할 삶에 대한 자신의 책임을 지는 대신, 오직 종교적 행위를 열심히 하는 것으로 대신하려고 합니다. 그래서 교회나 기도원 같은 곳에 모여서, 열심히 기도하고 매일 예배드리는 것이 천국의 삶을 준비하는 좋은 신앙이라고 생각합니다.

그런데 바울이 "주 예수를 믿으라 그리하면 너와 네 집이 구원을 받으리라."라고 말한 뜻은 그런 의미가 아닙니다. 바울은 "당신이 예수만 믿으면 죄수들을 지키지 못한 책임을 예수님께서 면하게 해 주신다, 그 문제를 해결해 주신다."라는 의미로 그런 말을 한 것이 아닙니다. 또는, 보장이 약속된 보험처럼 "예수만 믿으면 천국에 가니 믿어라."도 아닙니다. 설교를 시작하면서 말씀드렸던 것처럼, "주 예수를 믿는 사람",

"하나님이 있는 삶"을 사는 사람은, 예수가 없고 하나님 없는 사람들과 다르게 세상을 삽니다. 어떤 면에서 다릅니까? 현재 내 눈앞에 보이는 것, 내 감각으로 느끼는 것에 붙잡히고 얽매여서 살지 않는다는 면에서 다릅니다.

지금 바울이 자신을 지키던 간수에게 구원의 길을 소개하고 있다는 쪽에서 보면, 바울의 형편이 간수보다 더 나아 보이는 면이 있습니다. 하지만 시간을 좀 더 앞당겨서 바울이 매를 맞고 감옥에 갇혀 있던 상황에서도, 바울은 감옥의 온 죄수들이 듣도록 기도하고 찬송했던 사람입니다. 다시 말해서 바울이 두 발에 차꼬까지 채워져서 감옥에 갇혀 있던 때나, 바깥으로 나와서 간수와 대화할 때나, 세상을 살아가는 바울의 자세는 변함이 없었습니다. 바울은 하나님께서 뜻과 목적을 가지고 그의 삶을 이끌어 가신다는 것을 믿었고, 그 일을 다 이루실 때까지 하나님께서 포기하지 않으신다는 믿음이 있었습니다. 그래서 어느 형편에 있든지 '주 예수를 믿는' 사람으로서 살 수 있는 것입니다.

오늘날 우리가 '주 예수를 믿는' 것이 어떤 의미인지 분명히 알아야 합니다. '믿는다'는 말 속에는 '안다'는 뜻과 '사용한다'는 뜻이 함께 있습니다.

> 마가복음 3:11, "더러운 귀신들도 어느 때든지 예수를 보면 그 앞에 엎드려 부르짖어 이르되 당신은 하나님의 아들이니이다 하니"

더러운 귀신들도 예수님을 보면 엎드려서 '당신은 하나님의 아들이

십니다.'라고 하면서 두려워했습니다. 예수님이 누구인지 분명히 알았던 것이지요.

> 야고보서 2:19, "네가 하나님은 한 분이신 줄을 믿느냐 잘하는도다 귀신들도 믿고 떠느니라"

귀신들도 하나님은 한 분이신 것을 믿는다, 잘 안다고 했습니다. 그런데 더러운 귀신들이 예수님이 하나님의 아들인 것도 알고, 하나님도 한 분이신 것을 이렇게 잘 아는데, 왜 귀신들은 믿음이 있다고 하지 않을까요? 그것은 안다고 하는 귀신들의 믿음이 '사용할 수 없는' 믿음이었기 때문입니다. 어떤 면에서 '사용할 수 없는 믿음'입니까? 하나님께서 그들의 주인이 되고, 삶의 법칙이 되어서 살지 않기 때문에 사용할 수 없는 믿음입니다.

오늘날 기독교 신앙이 힘을 잃어버린 가장 큰 이유가 바로 이것 때문입니다. 하나님을 단지 내 소원을 들어주시는 분, 또는 내가 세상에서 어떻게 살았든지 죽으면 천국으로 데려가 주시는 분 정도로만 이해하기 때문입니다. 그러니 세상에서 사소한 어려움만 당해도 전전긍긍하게 되거나, "하나님이 계시면 도대체 나에게 왜 이러시는 거냐?"라며 기도원에 가서 애꿎은 나무만 뽑고 있습니다. 하나님께서 살아 계시고, 우리를 향한 하나님의 뜻과 목표가 있으며, 하나님의 선하고 온전하신 뜻이 이루어지기까지 우리를 인도하실 것이라는 믿음이 없습니다. 그러니 우리가 가진 믿음의 수준이라고 하는 것이, "귀신들도 믿고 떠는" 정도의 수준에 머물러 있는 것입니다. 믿음이 아는 지식에 머물지 않고, 우리가 사용할 수 있는 믿음이 되려면 어떻게 해야 할까요? 다니엘과 그의 친구들에게서 확인할 수 있을 것입니다.

바벨론 포로시기에, 바벨론 왕 느부갓네살은 높이 27m, 넓이 2.7m의 신상을 만들어 놓고, 그 제막식에 바벨론의 모든 관리를 불러 모았습니다. 그리고 그 신상에 절을 하도록 했습니다. 이른바 신격화 정치를 시작한 것입니다. 만약 다니엘의 세 친구가 일반 시민이었다면, 제막식에 참여하지도 않았을 것이고, 당연히 그 신상에 절해야 하는 의무도 없었을 것입니다. 하지만 그 세 사람은 바벨론 지방의 일을 다스리는 관리들이었습니다.

> 다니엘 2:49, "왕이 또 다니엘의 요구대로 사드락과 메삭과 아벳느고를 세워 바벨론 지방의 일을 다스리게 하였고 다니엘은 왕궁에 있었더라"

법령이든, 행정 명령이든, 그 나라에서 정한 모든 법은 법을 집행하는 기관에 가장 먼저 통보되고, 공무원들은 그 법을 잘 지켜야 할 당연한 의무가 부과됩니다. 그런데 다니엘의 세 친구는 왕이 명령한 신격화 정치에 참여하지 않았습니다. 왕이 직접 주관하는 제막식에서 대놓고 참여를 거부했으니 어떻게 됐을까요?

> 다니엘 3:13-15, "느부갓네살 왕이 노하고 분하여 사드락과 메삭과 아벳느고를 끌어오라 말하매 드디어 그 사람들을 왕의 앞으로 끌어온지라 14. 느부갓네살이 그들에게 물어 이르되 사드락, 메삭, 아벳느고야 너희가 내 신을 섬기지 아니하며 내가 세운 금 신상에게 절하지 아니한다 하니 사실이냐 15. 이제라도 너희가 준비하였다가 나팔과 피리와 수금과

삼현금과 양금과 생황과 및 모든 악기 소리를 들을 때 내가 만든 신상 앞에 엎드려 절하면 좋거니와 너희가 만일 절하지 아니하면 즉시 너희를 맹렬히 타는 풀무불 가운데에 던져 넣을 것이니 능히 너희를 내 손에서 건져낼 신이 누구이겠느냐 하니"

느부갓네살 왕이 하는 말이 무엇입니까? "내가 최고의 통치자"라는 것입니다. 15절에 기록된 것처럼, "신이라도 내가 하는 일은 막지 못한다."라는 것입니다. 그때 다니엘의 세 친구가 왕에게 뭐라고 대답했을까요?

다니엘 3:16-18, "사드락과 메삭과 아벳느고가 왕에게 대답하여 이르되 느부갓네살이여 우리가 이 일에 대하여 왕에게 대답할 필요가 없나이다 17. 왕이여 우리가 섬기는 하나님이 계시다면 우리를 맹렬히 타는 풀무불 가운데에서 능히 건져내시겠고 왕의 손에서도 건져내시리이다 18. 그렇게 하지 아니하실지라도 왕이여 우리가 왕의 신들을 섬기지도 아니하고 왕이 세우신 금 신상에게 절하지도 아니할 줄을 아옵소서"

여기 이 세 사람이 "그렇게 하지 아니하실지라도"라고 말한 의미는, "당신이 우리 목숨을 빼앗을 수 있을지는 몰라도 그것이 우리의 끝이 아니라는 것"입니다.

마태복음 10:28, "몸은 죽여도 영혼은 능히 죽이지 못하는 자들을 두려워하지 말고 오직 몸과 영혼을 능히 지옥에 멸하실 수 있는 이를 두려워하라"

"맹렬하게 타는 풀무불 용광로에 던져져서 죽는 것이 문제가 아니라,

그 이후에 있을 심판과 영원한 지옥의 형벌이 더 큰 문제이다."라는 것이지요. 저들의 말에 화가 난 느부갓네살 왕은 평소보다 더 뜨거운 불에 세 사람을 던져 버렸습니다.

> 다니엘 3:19-20, "느부갓네살이 분이 가득하여 사드락과 메삭과 아벳느고를 향하여 얼굴빛을 바꾸고 명령하여 이르되 그 풀무불을 뜨겁게 하기를 평소보다 칠 배나 뜨겁게 하라 하고 20. 군대 중 용사 몇 사람에게 명령하여 사드락과 메삭과 아벳느고를 결박하여 극렬히 타는 풀무불 가운데에 던지라 하니라"

당시 극렬히 타는 풀무불이 얼마나 뜨거웠던지, 그들을 불에 넣은 사람이 불에 타서 죽을 정도였습니다(단 3:22). 하지만 불에 던져진 세 사람은 불 속에서도 머리털 하나 그을리지 않고, 불에 탄 냄새도 없이 멀쩡하게 그 불 속에 있다가 바깥으로 나왔습니다. 우리가 알아야 할 것은, 풀무불에 던져진 이 세 사람이 멀쩡하게 살아 나올 것을 기대하고 왕에게 "그리 아니하실지라도"라고 말한 것이 아니라는 것입니다. 그들이 그렇게 말한 것은, 하나님께서 자기들을 풀무불에서 건지시든, 내버려 두시든 "하나님께서 당신의 뜻을 이루시는 방법"에 순종하겠다는 의미였습니다. 하나님을 알고, 그분께서 하시는 모든 일이 선한 것임을 믿는 사람들이, 어떻게 자신의 믿음을 삶 속에서 사용하고 있는지 정확하게 보여 주는 장면입니다. 세 친구가 무사한 것을 본 느부갓네살은 하나님을 찬송하면서, 만약 하나님에 대하여 좋지 않은 말을 하는 사람에게는 큰 벌을 내리라고 법령까지 만들었습니다. 그리고 하나님 외에는 사람을 구원할 다른 신이 없다고 선포했습니다.

다니엘 3:28-29, "느부갓네살이 말하여 이르되 사드락과 메삭과 아벳느고의 하나님을 찬송할지로다 그가 그의 천사를 보내사 자기를 의뢰하고 그들의 몸을 바쳐 왕의 명령을 거역하고 그 하나님 밖에는 다른 신을 섬기지 아니하며 그에게 절하지 아니한 종들을 구원하셨도다 29. 그러므로 내가 이제 조서를 내리노니 각 백성과 각 나라와 각 언어를 말하는 자가 모두 사드락과 메삭과 아벳느고의 하나님께 경솔히 말하거든 그 몸을 쪼개고 그 집을 거름터로 삼을지니 이는 이같이 사람을 구원할 다른 신이 없음이니라 하더라"

바벨론 왕 느부갓네살이, 자신의 권위와 지배력을 '신의 위치'까지 높이려고 시작했던 신상 제막식이, 하나님께 영광을 돌리는 것으로 마무리되고 있습니다. 하나님께서 일하시는 방법이 이와 같습니다. 인간의 예상과 경험과 기대를 뛰어넘는, 한계가 없는 방법으로 일하십니다.

성경이 '구원'을 이야기하고, '주 예수를 믿으라.'라고 말할 때는, 우리 인간이 어떤 존재인지 그 신분과 자리를 명확하게 확인시켜 주는 것입니다. 빌립보 감옥의 간수가 죄수들을 가두고 지키는 사람의 신분에 있었을 때는, '구원'의 필요성을 느끼지 못했습니다. 하지만 자기가 지키던 감옥의 문이 열리고 죄수들의 차꼬가 다 풀려서, 도망간 죄수들의 형벌을 자기가 받아야 할 처지가 되자 '구원'의 방법을 묻고 있습니다. 그래서 구원이란, "나를 이대로 내버려 두지 마시고 도와주소서. 주께서 해결해 주지 않으시면 나는 희망이 없습니다."라는 고백이 먼저 있어야 합니다.

더러운 귀신 들린 어린 딸을 둔 한 여자가 예수님께 나와서, 딸을 고쳐 달라고 부탁했습니다. 예수님께서는 "자녀의 떡을 취하여 개들에게 던짐이 마땅치 아니하니라."라고 하시면서 여인의 요청을 거절했습니다. 그러자 그 여자가 예수님께 이렇게 다시 부탁했습니다.

> 마태복음 15:27, "여자가 이르되 주여 옳소이다마는 개들도 제 주인의 상에서 떨어지는 부스러기를 먹나이다 하니"

여인의 이 말을 들은 예수님께서는 "네 믿음이 크도다. 네 소원대로 되리라."라고 하시면서 고쳐 주셨습니다.

> 마태복음 15:28, "이에 예수께서 대답하여 이르시되 여자여 네 믿음이 크도다 네 소원대로 되리라 하시니 그 때로부터 그의 딸이 나으니라"

예수님께서는 여인의 어떤 면을 보시고, "네 믿음이 크도다."라고 하셨을까요? "주여, 저는 개가 돼도 좋고 부스러기 미물이 돼도 좋습니다. 하지만 생명은 오직 주님께로만 나오지, 다른 데서는 얻을 수 없습니다. 저는 부스러기일지라도 주인의 밥상에서 떨어진 것을 먹겠사오니, 제 딸을 그냥 두지 마시고 주인이신 주님께서 고쳐 주소서."라고 말한 것입니다.

오늘날 교회와 성도들에게 이와 같은 믿음이 없습니다. 하나님의 말씀과의 뜻, 하나님께서 일하시는 방법에 대한 신뢰와 순종이 없습니다. 대신에 자기들이 하나님을 위해 주고, 하나님을 영광스러운 존재로 만들어 주겠다고 하면서 뭔가를 열심히 합니다. "우리가 당신을 위해서 이런 좋은 일을 해 줄 테니까, 하나님 당신은 우리가 필요로 하는 걸

채워 주면 됩니다.", 이런 걸 기도라고 하고 있습니다. 여러분, 이게 올바른 기도입니까? 하나님은 정말 그런 게 필요할 것 같습니까?

엄마의 생일이 다가오자 딸이 엄마의 생일상을 차려 주겠노라면서 며칠 전부터 기대감을 잔뜩 높여 놨습니다. 그런데 막상 엄마의 생일이 되자 아침 일찍부터 엄마에게 미역 사 와라, 불고기 사 와라, 잡채 만들 재료 사 와라, 오는 길에 엄마가 좋아하는 케이크도 사 오라며 심부름을 보냈습니다. 그리고 재료들을 사 오니까, 이제 음식 재료 손질하고 만드는 법도 가르쳐 달라고 합니다. 그렇게 만들어진 생일상은 누구를 위한 것입니까? 그런 생일상을 받고 싶은 엄마가 있겠습니까? 차라리 엄마가 혼자 알아서 하면 덜 복잡할 것입니다. 그런데 아무것도 할 줄 아는 게 없는 자녀가 요리 만드는 주도권을 쥐고서, 엄마에게 이거 해라 저거 해라 지시하기 시작하면 될 일도 안 됩니다.

> 욥기 38:1-7, "그 때에 여호와께서 폭풍우 가운데에서 욥에게 말씀하여 이르시되 2. 무지한 말로 생각을 어둡게 하는 자가 누구냐 3. 너는 대장부처럼 허리를 묶고 내가 네게 묻는 것을 대답할지니라 4. 내가 땅의 기초를 놓을 때에 네가 어디 있었느냐 네가 깨달아 알았거든 말할지니라 5. 누가 그것의 도량법을 정하였는지, 누가 그 줄을 그것의 위에 띄웠는지 네가 아느냐 6. 그것의 주추는 무엇 위에 세웠으며 그 모퉁잇돌을 누가 놓았느냐 7. 그 때에 새벽 별들이 기뻐 노래하며 하나님의 아들들이 다 기뻐 소리를 질렀느니라"

하나님은 천지를 창조하신 분입니다. 우리라는 존재가 흔적도 없던 때에, 하늘의 천사들이 하나님의 하신 일을 보면서 기뻐 소리를 질렀습니다. 그런데 한 줌 먼지도 안 되는 인간들이, 자기들이 하나님을 위해서 뭘 해 보겠노라고 까불어 댑니다. 그분들께 저는 이렇게 말하고 싶습니다. "정신 차리세요." 하나님께서 하시는 일을 우리가 어떻게 다 이해하겠습니까? "주 예수를 믿으라."라는 말은, "이제 나는 망했습니다. 끝입니다. 나는 아무것도 할 수 없으니 하나님께서 하시는 일에 전적으로 순종하겠습니다."라는 뜻입니다. 그래서 예수님을 믿는 사람, 하나님이 있는 사람들은 '인간의 전적 타락, 전적 무능력'을 인정하고, 하나님 앞에 나와서 그분의 긍휼을 의지합니다.

하지만 예수님을 믿지 않는 사람, 하나님이 없는 사람들은 '인간의 가능성과 능력'을 최대치로 끌어올려서, 인간이 사는 곳으로 하나님을 초대하려고 합니다. 이것이 인본주의에 사로잡힌, 자유주의 신학을 추구하는 신학자들과 목회자들이 주장하는 것입니다. 그 사람들은 "우리가 착한 일을 많이 하고, 공의로운 사회, 공정한 사회로 만들어서 우리가 사는 세상을 하나님께서 오실 수 있는 나라"로 만들자고 합니다. 하지만 그곳에는 예수가 없습니다. 아니, 예수가 필요 없습니다. 우리가 정의롭고 공정한 사회만 만들면 하나님께서 오실 텐데, 예수님이 왜 필요합니까? 예수는 그저 하나님의 뜻에 잘 순종한 착한 선생에 불과한 것이죠. 그럴듯한 말장난과 속임수에 현혹되지 마시고, "주 예수를 믿는" 것이 무슨 뜻인지 '구원'에 대한 분명한 지식을 얻게 되시길 기원합니다.

바울이 스스로 목숨을 끊는 것 외에 방법이 없다고 생각했던 빌립보 감옥의 간수에게 '구원'을 얻을 수 있는 유일한 길을 가르쳐 주었습니다. 길과 진리와 생명이 되시는 “주 예수를 믿으라”는 것입니다. 인간에게 ‘가능성’이라는 것이 남아 있는 한, ‘구원’은 필요가 없습니다. 하지만 우리 인간에게는 공중의 먼지만큼도 가능성이 없습니다. ‘구원’은 절망의 상황에서 그 어떤 가능성도 보이지 않을 때 우리에게 은혜로 주어진 것입니다. 그래서 우리에게 ‘예수’가 필요한 것입니다. 저와 여러분이 구원에 관한 바른 믿음의 지식 안에서, 전적으로 하나님을 믿고 순종하는 믿음의 길을 걸어가길 기원합니다.

천하를 어지럽게 하던 사람들

"그들이 암비볼리와 아볼로니아로 다녀가 데살로니가에 이르니 거기 유대인의 회당이 있는지라 2. 바울이 자기의 관례대로 그들에게로 들어가서 세 안식일에 성경을 가지고 강론하며 3. 뜻을 풀어 그리스도가 해를 받고 죽은 자 가운데서 다시 살아나야 할 것을 증언하고 이르되 내가 너희에게 전하는 이 예수가 곧 그리스도라 하니 4. 그 중의 어떤 사람 곧 경건한 헬라인의 큰 무리와 적지 않은 귀부인도 권함을 받고 바울과 실라를 따르나 5. 그러나 유대인들은 시기하여 저자의 어떤 불량한 사람들을 데리고 떼를 지어 성을 소동하게 하여 야손의 집에 침입하여 그들을 백성에게 끌어내려고 찾았으나 6. 발견하지 못하매 야손과 몇 형제들을 끌고 읍장들 앞에 가서 소리 질러 이르되 천하를 어지럽게 하던 이 사람들이 여기도 이르매 7. 야손이 그들을 맞아 들였도다 이 사람들이 다 가이사의 명을 거역하여 말하되 다른 임금 곧 예수라 하는 이가 있다 하더이다 하니 8. 무리와 읍장들이 이 말을 듣고 소동하여 9. 야손과 그 나머지 사람들에게 보석금을 받고 놓아 주니라 10. 밤에 형제들이 곧 바울과 실라를 베뢰아로 보내니 그들이 이르러 유대인의 회당에 들어가니라"

앞서 16장에서 빌립보 지역에서 복음을 전하다가 매를 맞고 깊은 감옥에 갇혔던 바울과 실라는, 지역 행정관의 요구에 따라 그 지역을 떠나게 됩니다. 이 사건을 보면서 우리는, 바울의 전도 여행에서 몇 가지 특징을 발견합니다. 첫째, 바울이 한 도시에서 다른 도시로 옮겨 갈 때는 대체로 핍박이 일어나서 더는 그 도시에 머무를 수 없게 되었을 때 떠나게 되었다는 것입니다. 1차 전도 여행 때도 그랬고, 빌립보에서 데살로니가로 올 때도, 다시 베뢰아를 거쳐 아테네로 옮겨 가게 되는 결정적인 이유에 핍박이 있었습니다. 이렇듯 바울은 핍박을 그 도시를 떠나라고 하시는 하나님의 계시로 본 듯합니다.

이런 추정을 할 수 있는 이유는, 핍박이 없는 도시에서는 바울이 상당히 오랫동안 머물면서 복음을 전했기 때문입니다. 바울이 고린도에 갔을 때, 그곳에서도 역시 바울을 대적하고 비방하는 사람들이 있었지만, 바울에게 위협을 가하거나 해롭게 하는 사람들은 없었습니다. 그래서 그곳에서 일 년 육 개월을 머물면서 복음을 전했습니다.

> 사도행전 18:9-11, "밤에 주께서 환상 가운데 바울에게 말씀하시되 두려워하지 말며 침묵하지 말고 말하라 10. 내가 너와 함께 있으매 어떤 사람도 너를 대적하여 해롭게 할 자가 없을 것이니 이는 이 성중에 내 백성이 많음이라 하시더라 11. 일 년 육 개월을 머물며 그들 가운데서 하나님의 말씀을 가르치니라"

둘째, 바울은 어디를 가든지 유대인의 회당을 중심으로 복음을 전했습니다. "그들이 암비볼리와 아볼로니아로 다녀가 데살로니가에" 이르렀다고 했습니다[(1)]. '다녀가'라고 번역된 원어의 의미는 '지나쳐서'라는 말입니다. 데살로니가까지 가는 길에 '암비볼리'와 '아볼로니아'라는 도시가 있었는데, 거기서는 복음을 전하지 않고 마치 가야 할 목적지가 정해진 것처럼 지나쳐간 것입니다. '암비볼리'는 빌립보에서 남서쪽으로 약 53km 정도 지점에 있는 도시로, 한때 마케도니아 북부 지방의 수도였던 곳이며, 빌립보보다 크고 중요한 도시였습니다. 그러면 바울과 실라는 왜 이 두 도시에서는 복음을 전하지 않았을까요? 아마도 그 두 도시에는 '유대인의 회당'이 없었기 때문이었던 것으로 보입니다. 앞서 16장에서 살펴봤던 빌립보 지방에서는 회당이 아닌 곳에서 복음을 전하다가, 매를 맞고 감옥에 갇히는 시련을 겪었습니다. 이러한 경험은 바울이 그 두 도시를 지나쳐 가게 되는 이유가 되었을 것입니다. 사실 바울은 유대인들을 향해, 너희가 영생의 말씀을 얻기에 합당하지 않은 자로 자처했으니까 나는 이방인에게로 가겠노라고 호기롭게 선포했던 사람입니다.

> 사도행전 13:45-46, "유대인들이 그 무리를 보고 시기가 가득하여 바울이 말한 것을 반박하고 비방하거늘 46. 바울과 바나바가 담대히 말하여 이르되 하나님의 말씀을 마땅히 먼저 너희에게 전할 것이로되 너희가 그것을 버리고 영생을 얻기에 합당하지 않은 자로 자처하기로 우리가 이방인에게로 향하노라"

바울은 처음 전도 여행을 시작할 때 한 번만 이런 말을 한 것이 아니라, 고린도 지방에서도 똑같은 말을 했습니다.

> 사도행전 18:5-6, "실라와 디모데가 마게도냐로부터 내려오매 바울이 하나님의 말씀에 붙잡혀 유대인들에게 예수는 그리스도라 밝히 증언하니 6. 그들이 대적하여 비방하거늘 바울이 옷을 털면서 이르되 너희 피가 너희 머리로 돌아갈 것이요 나는 깨끗하니라 이후에는 이방인에게로 가리라 하고"

그러면 "이후로는 이방인에게로 가겠노라"고 한 뒤에 바울은 어디로 갔을까요?

> 사도행전 18:7, "거기서 옮겨 하나님을 경외하는 디도 유스도라 하는 사람의 집에 들어가니 그 집은 회당 옆이라"

"나는 이제부터 이방인에게 가겠다." 이렇게 말한 뒤에 간 곳이 바로 회당 옆집입니다. 바울은 왜 이렇게 회당에 집착했던 것일까요? 남자가 칼을 뽑았으면 무라도 썰어야 할 것 같은데, 무는 고사하고 두부도 못 썰 것 같은 행동을 하고 있습니다. 그런데 바울이 이렇게 한 이유가 있습니다. '남아 일언 중천금'이라고, 바울이 이제부터 이방인에게로 가겠다고 말한 자신의 말에 책임을 지려 했다면, '유대인의 회당'이 아닌 다른 곳으로 갔을 것입니다. 하지만 그렇게 말해 놓고도 방문하는 도시마다 '유대인의 회당'을 찾아갔고, "너희랑 이제 말 안 해." 이렇게 말한 뒤에 회당 옆집으로 간 이유가 있었습니다. 그것은 성경을 강론하기에 '유대인의 회당'만큼 좋은 장소가 없었기 때문입니다.

> 2, "바울이 자기의 관례대로 그들에게로 들어가서 세 안식일에 성경을 가지고 강론하며"

바울은 로마 시민권자였습니다. 본문 16절 이후에 나오는 아테네 아레오바고에서 그곳의 철학자들과 논쟁하는 것을 보면, 바울의 학문적 실력도 대단했습니다. 바울이 로마 시민권자인 자신의 신분과 학문적 소양을 자랑하려고 했다면, 얼마든지 자신의 장점을 돋보이게 하는 방법으로도 복음을 전할 수 있었을 것입니다. 하지만 바울은 자신의 철학적 지식을 자랑하려고 사람들 앞에 선 것이 아니라, '성경'이 말씀하고 있는 예수 그리스도를 전해야 하는 사람이었습니다. 그래서 바울은 예수를 전하기에 가장 적합한 장소, 그 예수가 성경에 말씀하신 메시아라는 사실을 가르쳐 주기에 가장 적합한 장소를 찾은 것입니다.

이 같은 바울의 선교 방법은 오늘날 교회가 반드시 기억해야 하는 내용입니다. 바울은 어디를 가든지 예수를 전하기 위해 힘썼습니다. 그 예수는 어떤 분입니까? 하나님께서 모세와 선지자를 통해 성경에 예언하셨던 그 메시아가 바로 예수님을 가리키는 것이라고 전했던 것입니다. 사도행전에는 성령께서 함께하심으로 일어난 기적들이 많이 소개되어 있습니다. 하지만 의외로 이방에 세워진 교회들을 보면, 기적 없이 오직 성경을 풀어 가르치기만 했는데도 큰 무리가 믿고 구원받는 역사가 있었음을 확인하게 됩니다.

> 2-4, "바울이 자기의 관례대로 그들에게로 들어가서 세 안식일에 성경을 가지고 강론하며 3. 뜻을 풀어 그리스도가 해를 받고 죽은 자 가운데서 다시 살아나야 할 것을 증언하고 이르되 내가 너희에게 전하는 이 예수가 곧 그리스도라 하니 4. 그 중의 어떤 사람 곧 경건한 헬라인의 큰 무리와 적지 않은 귀부인도 권함을 받고 바울과 실라를 따르나"

'경건한 헬라인'은 유대교로 개종하지는 않았지만, 안식일에 회당 예배에 참석하여 성경을 배우고 하나님을 믿는 사람을 가리킨다고 말씀드렸습니다. 사도행전에는 성경이 가리키는 그 화살표의 끝이 예수 그리스도를 향하고 있다는 것과 그 예수 그리스도가 바로 복음이라는 것을 분명히 말씀하고 있습니다. 그리고 예수 복음을 들은 사람들은 믿고 세례받는 것에 주저함이 없었습니다. 사도행전 8장에, 주의 사자가 사마리아에서 복음을 전하는 빌립을 찾아와서 예루살렘 남쪽의 광야로 가라고 말씀하셔서 에티오피아 내시를 만나게 하셨습니다(행 8:27). 에티오피아 내시는 경건한 이방인으로, 예루살렘에 예배하러 왔다가 예루살렘에서 이사야서를 구입하여 혼자 읽으며 돌아가다가 빌립을 만난 것입니다(행 8:28-31).

내시는 빌립에게 이사야 선지자가 말한 이가 누구냐고 물었고, 빌립은 이사야서에서 시작하여 예수를 가르쳐 복음을 전하는데, '이 글', 곧 구약 성경인 이사야에서 시작하여 그 끝이 가리키는 예수 그리스도가 곧 복음임을 전해 주었습니다.

> 사도행전 8:34-38, "그 내시가 빌립에게 말하되 청컨대 내가 묻노니 선지자가 이 말한 것이 누구를 가리킴이냐 자기를 가리킴이냐 타인을 가리킴이냐 35. 빌립이 입을 열어 이 글에서 시작하여 예수를 가르쳐 복음을 전하니 36. 길 가다가 물 있는 곳에 이르러 그 내시가 말하되 보라 물이 있으니 내가 세례를 받음에 무슨 거리낌이 있느냐 38. 이에 명하여 수레를 멈추고 빌립과 내시가 둘 다 물에 내려가 빌립이 세례를 베풀고"

본문에도, 바울이 3주 동안 안식일에 회당에서 성경을 강론했다고 했습니다. 그 내용이 무엇이었습니까? 성경에 말씀하신 그리스도가 바로 예수라는 것입니다. 그리고 바울의 설교를 들은 데살로니가의 경건한 헬라인의 큰 무리와 귀부인들은, 성경의 가르침을 따라 예수님을 믿고 따르게 됩니다. 우리가 이 사실을 분명히 알아야 합니다. 기독교는 성경이 말씀하신 메시아가 예수 그리스도이심을 전하는 종교입니다.

기독교는, 구원이라는 개념 자체를 모르는 세상 종교와 근본적으로 다릅니다. 구원이 없는 세상 종교들은, 자기 수양과 절제를 통해 탐심을 버리자고 합니다. 이웃과 공동체를 향해서는 평화를 말하고, 화해를 말하고, 사랑을 말합니다. 그들이 저런 주장을 할 수밖에 없는 이유는, 그들에게 구원이 없기 때문입니다. 그리고 인간이 좋아하는 저런 이야기들은 마음이 불편할 것이 하나도 없습니다. 그런데 성경을 이야기하고, 예수를 이야기하고, 구원을 말했더니 어떤 일이 벌어졌을까요?

> 5, "그러나 유대인들은 시기하여 저자의 어떤 불량한 사람들을 데리고 떼를 지어 성을 소동하게 하여 야손의 집에 침입하여 그들을 백성에게 끌어내려고 찾았으나"

바울을 시기한 유대인들이 바울과 실라를 붙잡으려고 깡패들까지 동원해서 떼를 지어 다니면서 집들을 뒤지느라 도시를 소란하게 했습니다. 그러면 이 유대인들이 바울을 시기해서 잡으려고 했던 이유는 무엇일까요? 4절에 언급된 경건한 헬라인의 큰 무리와 적지 않은 귀부인들은 안식일마다 회당에 나와서 회장장과 바리새인들의 성경 강론을 듣던 사람들입니다. 하지만 그 사람들은 회당장이나 바리새인들의 강론을 듣기는 했어도, 그 말을 믿고 따랐다, 즉 제자가 되었다는 말은 없습니다. 그런데 어느 날 바울이라는 사람이 나타나서 성경을 가르쳤는데, 경건한 헬라인의 큰 무리와 적지 않은 귀부인들이 그의 말을 믿고 제자가 된 것입니다. 그러면 바울이 강론한 성경은 바리새인들과 어떤 차이가 있었던 것일까요?

요한복음 3:21, "진리를 따르는 자는 빛으로 오나니 이는 그 행위가 하나님 안에서 행한 것임을 나타내려 함이라 하시니라"

진리를 따르려는 자들은 빛으로 나온다고 했습니다. '빛'은 예수 그리스도입니다. 똑같은 성경을 읽고 가르쳤지만, 바리새인들의 가르침에는 '빛'이 없었습니다. 그뿐만 아니라 바리새인들은 자기들도 이해하지 못하는 율법을 가르쳤습니다.

마태복음 23:15-17, "화 있을진저 외식하는 서기관들과 바리새인들이여 너희는 교인 한 사람을 얻기 위하여 바다와 육지를 두루 다니다가 생기면 너희보다 배나 더 지옥 자식이 되게 하는도다 16. 화 있을진저 눈먼 인도자여 너희가 말하되 누구든지 성전으로 맹세하면 아무 일 없거니와 성전의 금으로 맹세하면 지킬지라 하는도다 17. 어리석은 맹인들이여 어느 것이 크냐 그 금이냐 그 금을 거룩하게 하는 성전이냐"

그들은 겉으로는 아름다운 말로 포장했으나, 그 안에는 외식과 불법이 가득했습니다.

마태복음 23:27-28, "화 있을진저 외식하는 서기관들과 바리새인들이여 회칠한 무덤 같으니 겉으로는 아름답게 보이나 그 안에는 죽은 사람의 뼈와 모든 더러운 것이 가득하도다 28. 이와 같이 너희도 겉으로는 사람에게 옳게 보이되 안으로는 외식과 불법이 가득하도다"

사실 이러한 현상은 예수님께서 말씀을 가르치실 때도 똑같이 있었습니다.

마가복음 1:22, "뭇 사람이 그의 교훈에 놀라니 이는 그가 가르치시는 것이 권위 있는 자와 같고 서기관들과 같지 아니함일러라"

뭇 사람이 예수님께서 가르치시는 교훈에 놀랐다고 했습니다. 그 말씀이 권위 있는 자와 같고, 서기관들과 같지 않았다고도 했습니다. 그러면 예수님께서 가르쳐 주신 교훈의 어떤 부분이 서기관과 달랐던 것일까요? 예수님께서는 타락한 인간이 가진 근본 문제인 죄와 사망과 영원한 형벌의 문제에 관하여 직접적인 해답을 주시고, 그 증거를 친히 보여 주셨습니다. 그래서 병자를 고치면서 "네 죄 사함을 받았느니라"(막 2:5; 눅 5:20)라고 말씀하셨고, 귀신을 쫓아내시면서 "나오고 다시 들어가지 말라"고 명령하셨습니다.

마가복음 9:25, "예수께서 무리가 달려와 모이는 것을 보시고 그 더러운 귀신을 꾸짖어 이르시되 말 못하고 못 듣는 귀신아 내가 네게 명하노니 그 아이에게서 나오고 다시 들어가지 말라 하시매"

피조물인 인간이 자기가 범한 죄로 인한 죽음의 문제를 어떻게 해결할 수 있을까요? 죽음 이후에 있을 심판과 영원한 형벌의 문제 역시 해결할 수 없습니다. 하지만 예수님께서는 인간 앞에 놓인 죽음과 심판과 영원한 형벌의 문제를 해결해 주실 뿐 아니라, 영원한 생명과 구원을 얻게 해 주실 수 있는 분이십니다. 사람들이 예수님의 교훈에 놀란 것은, 서기관과 바리새인들처럼 본인도 해답을 모르고, 그래서 답을 줄 수 없는 사람들의 교훈과 근본적으로 달랐기 때문입니다.

히브리서 9:27-28, "한 번 죽는 것은 사람에게 정해진 것이요 그 후에는 심판이 있으리니 28. 이와 같이 그리스도도 많은 사람의 죄를 담당하시려고 단번에 드리신 바 되셨고 구원에 이르게 하기 위하여 죄와 상관없이 자기를 바라는 자들에게 두 번째 나타나시리라"

예수님은 타락한 인간이 가진 근본 문제들, 즉 죄와 사망과 심판의 문제를 해결하셨을 뿐 아니라, 자신의 몸을 죄인들을 대신할 제물로 드려서 구원하셨습니다. 그래서 성경은 예수 이름 외에 구원받을 만한 다른 이름이 없다고 한 것입니다.

사도행전 4:12, "다른 이로써는 구원을 받을 수 없나니 천하 사람 중에 구원을 받을 만한 다른 이름을 우리에게 주신 일이 없음이라 하였더라"

그런데 예수만이 유일한 정답이요 구원의 열쇠라는 진리는, 답이 없는 사람들과 구원의 열쇠를 갖지 못한 사람들로부터 공격받는 빌미가 되었습니다. 그래서 정답을 갖지 않은 사람들끼리 똘똘 뭉쳐서, 정답인 예수 그리스도를 가진 사람들을 공격하는 것입니다. 바울과 실라는 안식일에 회당에서 조용히 성경을 가르친 것밖에 없습니다. 하지만 유대인들은 깡패까지 동원해서 "바울은 천하를 어지럽게 하는 사람"이라며 사람들을 선동했고, 바울을 숨겨 줬다고 의심되는 '야손'을 대신 잡아 가뒀습니다.

6, "발견하지 못하매 야손과 몇 형제들을 끌고 읍장들 앞에 가서 소리 질러 이르되 천하를 어지럽게 하던 이 사람들이 여기도 이르매"

오늘 우리가 살펴보려고 하는 것이 바로 이 부분입니다. 도대체 바울은 데살로니가에서 무슨 일을 했기에 "천하를 어지럽게 하는 사람"이라는 비난을 듣고, 현상 수배범처럼 쫓기는 처지가 됐을까, 하는 것입니다. 유대인들이 바울을 붙잡으려고 한 이유는 오직 한 가지 불만 때문입니다. 바울이 성경에 예언된 그 메시아가 바로 예수 그리스도라고 전했기 때문입니다. 데살로니가뿐만 아니라 다른 도시에서도 똑같은 현상이 벌어졌습니다. 경건한 헬라인, 이방인들은 바울이 전하는 복음을 듣고 기뻐하면서 믿었는데, 순종하지 않는 유대인들이 이방인들을 선동해서 바울에게 악감을 품게 했습니다.

> 사도행전 14:1-2, "이에 이고니온에서 두 사도가 함께 유대인의 회당에 들어가 말하니 유대와 헬라의 허다한 무리가 믿더라 2. 그러나 순종하지 아니하는 유대인들이 이방인들의 마음을 선동하여 형제들에게 악감을 품게 하거늘"

만약 바울이 자신을 대적하고 미워하는 유대인들이 있는 회당으로 가지 않았다면, '천하를 어지럽게 하는 사람'이라는 말을 듣지 않았을 것입니다. 당연히 붙잡혀서 감옥에 갇히거나, 돌에 맞고 매를 맞는 일도 없었을 것입니다. 바울이 회당에 가서 복음을 전하다가 험한 꼴을 당한 경험이 한두 번뿐이었다면, 그 도시의 유대인들 성향이 좀 과격했던 것이라고 이해할 수 있을 것입니다. 그런데 가는 곳마다 똑같은 현상이 반복된다면, 한번 생각해 봐야 하지 않을까요? 그런데 바울은 고집스럽게도 '유대인의 회당'을 찾아다니면서 복음을 전했습니다. 유대인들이 자기를 대적하고 비방하는 것에 그치지 않고, 사람들을 선동해서 해칠 거라는 것을 분명히 알면서도, 일부러 그 위험한 곳을 찾아 들어간 것입니다.

바울은 무슨 이유로 자기가 위험한 지경에 처하게 될 수도 있는 것을 알고도 일부러 회당을 찾아가서 복음을 전했을까요? 그것은 앞서 말씀드린 것처럼 유대인의 회당이 성경을 가르치기에 가장 적합한 장소였기 때문입니다. 회당은 구약과 이스라엘 역사를 알고 있는 유대인들이 모이는 곳이고, 회당장이 성경을 읽은 뒤에는 누구든지 그 말씀의 의미하는 바를 말할 수 있었습니다. 바울은 그 기회를 이용하여 성경에 말씀하신 이가 그리스도라고 가르쳤습니다.

> 2-3, "바울이 자기의 관례대로 그들에게로 들어가서 세 안식일에 성경을 가지고 강론하며 3. 뜻을 풀어 그리스도가 해를 받고 죽은 자 가운데서 다시 살아나야 할 것을 증언하고 이르되 내가 너희에게 전하는 이 예수가 곧 그리스도라 하니"

세 번째 특징은, 하나님께서 그 땅에 준비된 영혼을 만나게 하셨다는 것입니다. 빌립보에서는 자색 옷감 장사 루디아와 빌립보 감옥의 간수를 만나게 하셨고, 데살로니가에서는 경건한 헬라인인 '야손과 몇 형제들'을 만나게 하셨습니다.

> 4, "그 중의 어떤 사람 곧 경건한 헬라인의 큰 무리와 적지 않은 귀부인도 권함을 받고 바울과 실라를 따르니"

아테네에서도 마찬가지였습니다. 그리고 이렇게 바울이 만나서 복음을 전한 사람의 이름과 장소가 특정된 곳에는 대부분 교회가 세워지게 됩니다. 빌립보교회, 데살로니가교회, 고린도교회 등이 다 그렇게 세워진 것입니다.

> 33-34, "이에 바울이 그들 가운데서 떠나매 34. 몇 사람이 그를 가까이 하여 믿으니 그중에는 아레오바고 관리 디오누시오와 다마리라 하는 여자와 또 다른 사람들도 있었더라"

바울이 전도해서 세운 교회들만 그런 것일까요? 지금도 마찬가지일 것입니다. 한국 사람인 저와 여러분이 미국 땅 하와이에서, 그것도 한빛장로교회라고 하는 작은 교회의 성도가 되어 만나게 된 것도 하나님께서 하신 일입니다. 우리는 세상을 '나'를 중심으로 바라보고 생각하기 쉽습니다. 그래서 내가 하와이에 이민을 왔고, 내가 이 교회를 선택해서 왔다고 생각합니다. 하지만 사실은 하나님께서 나를 이곳 하와이로 보내신 것이고, 이 땅의 그 많은 교회 중에서 한빛장로교회의 성도가 되게 하신 것입니다. 왜 그렇게 하셨을까요? 그것이 저와 여러분의 신앙에 가장 유익하기 때문입니다.

어떤 면에서 우리의 신앙에 유익하다는 말일까요? 성경에 바울이 각 교회에 보낸 서신서들을 보면, 문제가 없는 교회가 없습니다. 우상에게 바친 음식을 먹거나 음행의 문제도 있었고, 파벌 싸움하는 교회, 이단의 위험에 노출된 교회, 율법과 할례를 지키는 문제로 분쟁하는 교회도 있었습니다. 심지어 이방인도 하지 않는 죄를 범한 교회도 있었습니다(고전 5:1). 그런데도 그런 교회들이 성경을 통해, 마치 모범 답안처럼 우리에게 소개되고 있는 것은, 그 교회들이 바울이 가르쳐 준 대로 성경을 따르는 교회였기 때문입니다.

바울이 신변의 위험뿐만 아니라 목숨을 잃을 뻔한 박해를 감내하면서도, 자기를 대적하는 유대인들이 있는 회당을 굳이 찾아가서 복음을 전한 이유가 무엇일까요? 교회를 세울 때도 회당 옆집, 또는 회당 가까운 곳에 세운 이유는 또 무엇일까요? 그것은 성경을 가르치기에 가장 좋은 장소, 성경을 듣기 위해 사람들이 모이는 장소가 바로 회당이었고, 교회이기 때문이었습니다. 오늘날 교회가 존재해야 하는 이유가 무엇입니까? 사회봉사를 하기 위해서일까요? 아니요, 성경을 가르치고 배울 수 있는 유일한 장소가 교회이기 때문입니다. 교회는 세상의 모든 착한 사람들이 모여서 좋은 일을 많이 하는 곳이 아닙니다. 교회는 마음 상할 일 없고, 불편하거나 부당한 일도 없는 완전한 곳도 아닙니다.

어쩌면 교회는 세상의 그 어떤 모임보다 불편한 사람 많고, 마음 상할 일도 많아서, 예배 모임만 잠깐 하고 빨리 떠나고 싶은 장소일지도 모릅니다. 교회에서 상처받은 사람들이 얼마나 많던지, 차라리 집에서 혼자 예배드리면서 신앙생활을 하는 소위 '가나안 성도들'이 점점 많아지는 것도 현실입니다. 그렇다 보니 코로나로 대면 예배를 강조하지 않는 요즘 같은 때는, '가나안 성도들'에게 마음의 위로와 행위의 정당성을 부여해 주는 기회로 여겨지기도 합니다. 하지만 이러한 외적인 조건들은 교회의 존재 이유를 설명하지 못합니다.

오직 성경의 증거만이 교회가 존립해야 하는 이유를 설명할 수 있을 것입니다. 바울은 자기 신변의 안전과 목숨까지 위험해질 것을 알면서도, 일부러 회당을 찾아가서 성경을 가르치고 복음을 전했습니다. 왜요? 구원의 진리가 성경 안에 있기 때문입니다. 하나님께서 그 아들 예수 그리스도를 세상에 보내신 이유가 성경에 있기 때문입니다. 교회를 세울 때도 회당 옆에 세웠습니다. 참 이상하지 않습니까? 예수 믿는 사람을 가장 많이 핍박한 사람들이 유대인데, 유대인들이 안식일마다 모이는 회당 옆에 교회를 세웁니다. 이것을 우리가 어떻게 이해할 수 있을까요? 성경을 가르치고 복음을 전하는 데 있어서 가장 적합한 곳이었기 때문입니다. 이처럼 교회는 처음 세워질 때부터, 성경과 예수 그리스도를 전하는 목적 외에는 그 어떤 다른 조건도 고려해야 할 조건이 아니었습니다. 그리고 그 목적에 의해서 세워진 교회와 성도들은, 성경이 가르치는 예수 복음을 전하다가 옆집에 모인 유대인들에게 핍박받는 것을 두려워하지 않았습니다.

오늘날 교회가 존재해야 하는 이유가 무엇입니까? 세상에 선한 영향력을 끼치고, 봉사 활동과 구제하는 일을 하려고 있는 것입니까? 그런 일들은 교회가 아니라 사회 구호 단체나 다른 종교도 다 하는 일입니다. 제가 드리려는 말씀은, 그런 일들은 별로 중요하지 않으니 교회까지 나서서 할 필요가 없다는 것이 아닙니다. 교회가 마땅히 그와 같은 일을 해야 하고, 실제로 그 어떤 기관이나 단체보다 더 많이 해 오고 있습니다. 하지만 교회가 그와 같은 일을 많이 해서, 그래서 세상과 지역 사회가 교회를 칭찬하고 좋아해서 교회가 교회다워지는 것은 아닙니다. 교회의 교회다움은 성경의 진리가 온전히 선포될 때 교회다워지는 것입니다. 바울이 했던 것처럼, 초대 교회 성도들과 종교 개혁자들이 했던 것처럼, '빛으로 오신 예수 그리스도'를 분명하게 가르쳐 줄 수 있어야 교회다워지는 것입니다.

오늘날 교회가 교회다움을 잃어 가고 있는 것 같아서 안타깝습니다. 마땅히 전해야 하고, 선포해야 하는 성경의 진리 대신에, 사람들이 환호하고 좋아하는 말을 전하는 교회로 변질되고 있는 것 같아서 안타깝습니다. 다시 여러분께 강조하여 말씀드립니다. 교회는 빛을 비추는 일을 해야 합니다.

> 마태복음 5:14-16, "너희는 세상의 빛이라 산 위에 있는 동네가 숨겨지지 못할 것이요 15. 사람이 등불을 켜서 말 아래에 두지 아니하고 등경 위에 두나니 이러므로 집 안 모든 사람에게 비치느니라 16. 이같이 너희 빛이 사람 앞에 비치게 하여 그들로 너희 착한 행실을 보고 하늘에 계신 너희 아버지께 영광을 돌리게 하라" 16절에 너희 빛이 사람 앞에 비치게 하라고 했습니다.

빛은 무엇입니까? 예수 그리스도입니다. 그래서 교회는 예수를 전해야 합니다. 바울은 가는 곳마다 미움과 박해를 받았음에도 예수 전하는 것을 쉬지 않았습니다.

> 요한복음 3:17-21, "하나님이 그 아들을 세상에 보내신 것은 세상을 심판하려 하심이 아니요 그로 말미암아 세상이 구원을 받게 하려 하심이라 18. 그를 믿는 자는 심판을 받지 아니하는 것이요 믿지 아니하는 자는 하나님의 독생자의 이름을 믿지 아니하므로 벌써 심판을 받은 것이니라 19. 그 정죄는 이것이니 곧 빛이 세상에 왔으되 사람들이 자기 행위가 악하므로 빛보다 어둠을 더 사랑한 것이니라 20. 악을 행하는 자마다 빛을 미워하여 빛으로 오지 아니하나니 이는 그 행위가 드러날까 함이요 21. 진리를 따르는 자는 빛으로 오나니 이는 그 행위가 하나님 안에서 행한 것임을 나타내려 함이라 하시니라"

하나님이 그 아들을 세상에 보내신 것은 세상을 구원하기 위해서입니다. 하나님의 목적이 심판이 아니라 구원이기 때문에, 그 아들 예수 그리스도를 믿는 자들은 누구든지 구원을 얻습니다. 진리를 따르는 자, 세상을 구원하기 원하는 하나님의 뜻을 따르는 자들은, 하나님께서 세상에 보내신 빛, 곧 예수 그리스도께로 나옵니다. 성경은 그들이 빛이신 예수 그리스도께로 나오는 것 자체가, 하나님의 뜻을 따라 살고 있음을 나타내는 것이라고 분명히 말씀하고 있습니다.

하지만 자기 행위가 악한 자들은 빛보다 어둠을 더 사랑하여 빛을 미워합니다. 어둠은 빛을 제외하면 모든 것을 자기 안에 다 포용할 수 있습니다. 그것이 어떤 색깔이든, 어떤 모양이든, 어떤 길이와 무게이든 어둠으로 들어가는 순간 다 어둠이 되고 말기 때문입니다. 하지만 그 어둠에 빛이 들어오는 순간, 어둠은 빛에 의해 물러가게 됩니다. 그래서 어둠은 빛이신 예수를 미워하는 것이며, 그 예수가 하나님께서 세상을 구원하기 위해 보내신 메시아라는 것을 증명하는 성경을 싫어하는 것입니다. 마지막 때에 마귀가 교회를 무력화시키는 방법은 너무나 간단합니다. 교회가 지금 하고 있는 일은 다 그냥 두고, 성경 가르치는 것만 빼 버리면 됩니다. 왜요? 그 성경이 바로 예수 그리스도를 말하고 있기 때문입니다.

오늘 본문에 깡패들을 동원해서 바울과 실라를 찾던 유대인들이, 바울 대신 '야손과 몇 형제들'을 대신 붙잡아 가겠다고 했습니다(6-7). 그리고 보석금을 내고 풀려난 야손과 형제들은, 밤이 되자 사람들의 눈을 피해 바울과 실라를 베뢰아로 보냈습니다. 이렇게 밤중에 도망친 바울과 실라는 어디로 갔을까요? 다시 회당으로 갔습니다.

> 10, "밤에 형제들이 곧 바울과 실라를 베뢰아로 보내니 그들이 이르러 유대인의 회당에 들어가니라"

이와 같은 집요함이 바로 오늘날 교회가 회복해야 하는 신앙의 정체성입니다. 자기 목숨을 위협하는 사람들이 항상 있지만, 성경을 가르치고 예수를 전하는 데 가장 적합한 장소가 '회당'이기에, 가는 곳마다 목숨 걸고 들어간 것입니다.

오늘날 교회가 이 '정체성'을 회복해야 합니다. 성경이 아니고, 예수 그리스도가 아닌, 세상의 모든 좋은 이야기들은 교회가 아닌 다른 곳에서도 얼마든지 들을 수 있는 이야기입니다. 하지만 인간의 근본 문제인 죄에 관하여, 심판에 관하여, 죽음과 영원한 형벌에 관하여 설명해 줄 수 있는 곳은 오직 교회밖에 없습니다. 우리 인간에게 이런 근본 문제들이 있다는 것만 말해 준다면 무슨 유익이 있을까요? 그 모든 문제를 해결해 주시고, 우리에게 영생의 천국에 들어갈 수 있는 구원을 주시는 유일한 열쇠가 되는 예수 그리스도를 가르쳐 줄 곳은 교회밖에 없습니다.

교회가 왜 존재해야 하는지 우리가 그 분명한 이유를 알지 못하면, 아주 무난하게 그리고 천천히 조용하게, 교회는 그 빛을 잃고 세상에서 사라져갈 것입니다. 우리가 좋은 일을 많이 해서 거대하고 찬란한 업적을 남기자는 것이 아닙니다. 어두운 밤길에 겨우 내 발 앞만 비출 수 있는 작은 빛이라도 꺼뜨리지 말자는 것입니다. 종교 개혁 시대의 목회자들은 '그루터기 신앙'의 자세로 교회를 지켜 냈습니다. 비록 핍박 때문에 자신의 목숨을 잃는다고 해도, 그루터기만 남아 있으면 된다는 것입니다. 잘리고 베어져서 아무것도 남지 않은 나무처럼 보일지라도, 그 그루터기에 생명만 남아 있으면 언젠가는 다시 커다란 나무가 되고 열매가 맺는다는 것입니다. 그렇게 그분들이 자기들의 목숨을 바쳐서 교회를 지켜 냈습니다.

저와 여러분이 그분들이 목숨으로 지켜 낸 신앙의 유산을 받은 것입니다. 이제 우리 차례입니다. 어떤 비난과 핍박이 와도 교회를 지켜 내야 합니다. 예배드리고, 성경 가르치고, 예수 그리스도를 전하는 이 '교회의 정체성'을 잃지 말아야 합니다. 저와 여러분도 이 일을 잘 감당하게 되길 기원합니다.

날마다 성경을 상고하므로

"베뢰아에 있는 사람들은 데살로니가에 있는 사람들보다 더 너그러워서 간절한 마음으로 말씀을 받고 이것이 그러한가 하여 날마다 성경을 상고하므로 12. 그 중에 믿는 사람이 많고 또 헬라의 귀부인과 남자가 적지 아니하나 13. 데살로니가에 있는 유대인들은 바울이 하나님의 말씀을 베뢰아에서도 전하는 줄을 알고 거기도 가서 무리를 움직여 소동하게 하거늘 14. 형제들이 곧 바울을 내보내어 바다까지 가게 하되 실라와 디모데는 아직 거기 머물더라"

파란만장한 바울의 2차 전도 여행이 계속되고 있습니다. 성령의 지시함을 따라 찾아갔던 빌립보에서는 매를 맞고 두 발에 차꼬까지 채워진 채 깊은 감옥에 갇혔었고, 데살로니가에서는 깡패들의 추격을 받았습니다. 바울과 실라가 이와 같은 고초를 당하게 된 이유는, 그들을 미워하고 대적하는 유대인들이 언제나 모이는 회당에서 성경을 강론하고 복음을 전했기 때문입니다. 야손과 형제들의 도움으로 깡패들을 피해 데살로니가를 빠져나온 바울과 실라는 '베뢰아'라 하는 도시에 도착해서는 또다시 회당으로 가서 복음을 전했습니다. 그런데 바울은 베뢰아에서 특이한 경험을 하게 됩니다. '베뢰아' 사람들은 지금까지 바울이 만났던 다른 지역 사람들과 분명히 달랐습니다. 그들은 열린 마음과 간절한 마음으로 말씀을 받아들였고, 그 말씀을 확인하려고 날마다 성경을 연구할 정도로 말씀에 대한 사모하는 마음이 컸습니다.

> 11, "베뢰아에 있는 사람들은 데살로니가에 있는 사람들보다 더 너그러워서 간절한 마음으로 말씀을 받고 이것이 그러한가 하여 날마다 성경을 상고하므로"

그런데 이 말씀은 그러니 "우리도 베뢰아 사람들처럼 날마다 성경 공부를 해야 한다."라고 가르치는 것이 아닙니다. 어떤 면에서 보면, 우리나라 성도들은 유난히도 성경 공부를 많이 합니다. 특히 이단에 속한 단체들을 보면 성경을 열심히 가르치고 공부한다는 공통점이 있습니다. 그래서 이단에 속한 사람들은 자기들이 기존 교회에 다니는 사람들보다 성경을 더 잘 안다고 생각합니다. 그래서 오늘 본문에 "베뢰아 사람들이 간절한 마음으로 말씀을 받아들이고 날마다 성경을 연구했다." 라고 하는 이 말씀의 뜻을 정확하게 알아야 할 것입니다.

성경을 연구하고 공부한다는 것은 생각보다 참 어렵습니다. 하나님께서 성경을 통해 우리에게 전하시려는 뜻을 발견하지 못하면, 이단이나 자유주의 신학을 추구하는 사람들처럼, 잘못된 길로 빠질 수 있기 때문입니다. 성경은 하나님께서 하나님 자신을 사람들에게 분명하게 보여 주신 책입니다. 이 말씀의 의미는 하나님께서 친히 자신을 우리 인간에게 보여 주시지 않는다면, 인간 혼자서 도를 닦거나 연구해서 하나님을 만날 수 없다는 것을 의미합니다. 기독교가 세상의 다른 종교들과 근본적으로 구별되는 것이 바로 이 지점입니다. 성경은 하나님께서 죄인을 구원하러 세상에 보내신 그리스도를 설명한 책입니다. 그래서 기독교인은 인간을 찾아오신 성자 하나님인 예수 그리스도를 믿고 그 뜻에 순종합니다.

하지만 세상 종교의 경전은 인간이 신을 향해 나가는 방법을 기록한 책입니다. 우리에게 익숙한 대표적인 경전을 예로 들면, 불교의 '반야심경'이 있습니다. '반야심경'은 고대 인도어를 중국 한자음으로 옮겨 적은 것으로, 한문으로는 해석이 안 되고, 고대 인도 문학 언어인 '산스크리트어'로 해석해야 한다고 합니다. '반야심경'은, 지혜로운 삶을 모범적으로 산 석가모니를 본받아서 지혜로운 삶을 살도록 요청되는 수행자 즉, '반야바라밀다'가 배워야 할 지침 같은 것입니다. 제가 그 '반야심경'을 찾아서 읽어 봤는데, 마치 성경 전도서 말씀처럼 반야심경도 그 내용이 세상은 헛되다는 것으로 가득합니다.

그중의 한 부분을 인용하면, "시제법공상 불생불멸 불구부정 부증불감", 모든 존재들이 우리 눈에는 생겨나는 것 같기도 하고, 없어지는 것 같기도 하다. 더러운 것 같기도 하고, 깨끗한 것 같기도 하고, 증가하는 것 같기도 하고, 감소하는 것 같기도 하지만, 본질적으로는 생겨나는 것도 없고, 없어지는 것도 없다. 그러면서 마지막 결론에 이르러 이렇게 말합니다. "반야바라밀다 주즉설주왈", 그러므로 반야바라밀다, 즉 지혜를 찾는 자에게 말한다. 주문(핵심)은 이러하니 "아제아제 바라아제 바라승아제 모지 사바하", "가자. 가자. 저 동산으로 가자, 저 동산으로 가서 깨달음에 이르자. 가자. 가자. 저 해 뜨는 동산으로 가자. 해 뜨는 동산으로 가서 깨달음에 이르자. 가자. 가자. 극락으로 가자. 저 극락으로 가서 괴로움과 걱정 없는 안락하고 자유로운 세상으로 나아

가자. 가자. 가자. 천국으로 가자. 천국으로 가서 하나님과 신불(신령과 부처)이 있는 도의 결론, 곧 번뇌와 고뇌가 소멸된 상태인 열반에 이르자."

목사인 제가 '반야심경'까지 찾아보면서 이렇게 말씀드리는 이유를 아시겠습니까? 세상 모든 것이 헛되어 있는 것 같기도 하고, 없는 것 같기도 하고, 뭐가 뭔지 하나도 모르겠으니 해 뜨는 동산으로 가자, 극락으로 가자, 천국으로 가자고 합니다. 여러분, 인간이 극락으로 가고 천국으로 가자고 외치고 선동하면 갈 수 있습니까? "아제아제 바라아제 바라승아제 모지 사바하" 이런 말을 천 번을 외치고 만 번을 외워도, 아니 일평생 그 구절을 암송해도 천국에 못 갑니다. 왜 못갑니까? 하나님께서 열어 주지 않고, 받아 주지 않으시면 갈 길이 없습니다.

그런데 하나님께서 너무나 분명하고 너무나 쉬운 길을 열어 주셨음에도 불구하고, 하나님을 인정하지 않는 교만한 인간들은 하나님께서 주신 길로 나오지 않습니다. 그 대신 자기들이 길을 만들어서, 스스로 찾아가겠다고 하고 있습니다. 경전을 만들어서 스스로 신을 찾아가겠다고 하고, 우상을 만들어서 신을 위해 주고 섬겨 줄 테니 당신은 우리가 주는 잿밥이나 배불리 먹으라고 하고 있습니다. 그게 무엇입니까? 그것이 바로 세상의 종교들입니다. 그런데 성경을 연구하고 공부한다는 사람들도, 마치 세상 종교를 믿는 사람들이 자기들의 방식으로 신을 찾듯이, 자기들의 방법으로 성경을 연구하고 해석합니다. 성경을 주신 하나님의 뜻을 찾고, 구하고, 따르는 것이 아니라 자기들의 생각에 옳다 인정되고, 자기들의 지식과 수준에 이해되는 것만 믿으려고 하는 것입니다.

하지만 성경은 인간의 지혜나 세상의 지식으로 이해할 수 있는 책이 아닙니다. 바울 사도는 이 세상이 자기 지혜로는 하나님을 알지 못한다고 하면서, 하나님께서도 사람들의 지혜나 총명에 기대어 사람을 구원하는 것이 아니라 '전도'라는 미련한 방법으로 믿는 자들을 구원하시기를 기뻐하셨다고 말했습니다.

> 고린도전서 1:19-21, "기록된 바 내가 지혜 있는 자들의 지혜를 멸하고 총명한 자들의 총명을 폐하리라 하였으니 20. 지혜 있는 자가 어디 있느냐 선비가 어디 있느냐 이 세대에 변론가가 어디 있느냐 하나님께서 이 세상의 지혜를 미련하게 하신 것이 아니냐 21. 하나님의 지혜에 있어서는 이 세상이 자기 지혜로 하나님을 알지 못하므로 하나님께서 전도의 미련한 것으로 믿는 자들을 구원하시기를 기뻐하셨도다"

우리 주변에 너무나 많은 이단과 사이비 교회가 있고, 진리에서 벗어난 자유주의 신앙을 추구하는 교회들이 있습니다. 무엇이 진짜이고, 무엇이 가짜일까요? 진짜와 가짜를 구별하기 어려운 것은, 가짜가 너무나 그럴 듯해서 진짜처럼 보인다는 것입니다. 왜 가짜가 진짜처럼 보입니까? 가짜들은 세상의 지혜와 인간을 위하는 본성에 일치하는 주장을 하기 때문입니다. 종교란 인간이 추구해야 할 도덕성과 윤리성을 극대화하기 위해서, 신적인 요소와 신화적인 요소를 끌어와서 종교적인 형태로 만든 것이라고 주장합니다. 사람들이 착하게 살고 어려운 이웃을 도우며 살아야 하는데, 그런 행위를 할 수 있도록 천국이나 구원 같은 종교적 요소를 가미해서 설명한 것이라고 합니다. 그래서 어느 종교를 믿든지 인간을 위하고, 정의롭게 살면 구원에 이른다고 하고, 기독교는 하나님이 오실 수 있는 공의로운 세상을 만들어야 한다고 주장합니다.

이것이 바로 종교다원주의를 주장하는 자유주의 신학자들의 주장입니다.

그럴듯하게 들리고, 참 지혜인 것처럼 들리나 인간의 지혜에는 구원이 없습니다. '구원'은 오직 하나님만 주실 수 있는데, 하나님께서 주신 방법이 아닌 다른 방법으로 어떻게 구원을 얻을 수 있겠습니까? 인간이 지혜를 말하고 총명을 자랑해도, 인간에게는 답이 없습니다. 앞에서 살펴봤던 '반야심경'이 인간의 지혜로 구원을 찾는 대표적인 예입니다. 불교가 주장하는 것이 무엇입니까? 세상이 돌아가는 이치와 방법을 모두 깨우친, 소위 지혜 있는 사람의 대표 모델로 제시된 석가모니 부처처럼 살자는 것입니다. 그런데 석가모니가 가졌다는 지혜 역시 뭔가 확실한 것이 하나도 없습니다. 있는 것 같기도 하고, 없는 것 같기도 하고, 깨끗한 것 같기도 하고, 더러운 것 같기도 하고, 증가하는 것 같기도 하고, 감소하는 것 같기도 하답니다.

여러분, 이게 지혜입니까? 결정적으로 세상의 모든 지혜를 가졌다는 석가모니는 정말로 극락에 갔는지, 천국에서 하나님과 함께 있는지도 확실하게 말하지 못합니다. 그저 동산으로 가자, 해 뜨는 동산으로 가자, 극락으로 가고, 천국으로 가서 하나님을 만나고, 번뇌와 고뇌가 사라진 열반에 이르자고 합니다. 대단하게 지혜를 추구하는 것 같고, 엄청나게 도를 닦는 것 같은데, 어떻게 인간이 그 지혜에 이르고, 그 도에 이를 수 있는지는 아무도 모릅니다. 그래서 하나님 없이 사는 인간이 말하는 지혜, 인간이 스스로 구원을 찾아가는 방법이 얼마나 헛된 것인지 분명하게 확인할 수 있는 것이 바로 불교입니다. 그저 열심히 '반야심경'을 외우고, 천 배, 삼천 배 절이나 열심히 하는 것입니다.

고린도전서 2:1-5, "형제들아 내가 너희에게 나아가 하나님의 증거를 전할 때에 말과 지혜의 아름다운 것으로 아니하였나니 2. 내가 너희 중에서 예수 그리스도와 그가 십자가에 못 박히신 것 외에는 아무 것도 알지 아니하기로 작정하였음이라 3. 내가 너희 가운데 거할 때에 약하고 두려워하고 심히 떨었노라 4. 내 말과 내 전도함이 설득력 있는 지혜의 말로 하지 아니하고 다만 성령의 나타나심과 능력으로 하여 5. 너희 믿음이 사람의 지혜에 있지 아니하고 다만 하나님의 능력에 있게 하려 하였노라"

바울이 고린도 지방에서 복음을 전할 때 가장 조심했던 것이 무엇이라고 합니까? '말과 지혜의 아름다운 것', 다시 말해서 인간의 지혜로 할까 조심했다고 합니다. 하나님의 존재와 그분께서 하시는 일을, 인간의 지혜와 인간의 상식을 통해서 설명할 수 있고 이해할 수 있다면, 그것은 '신학'이라고 말할 수 없습니다. 인간의 지식과 경험을 초월하시는 분이 하나님이신데, 인간의 감각과 경험을 통해 하나님을 설명할 수 있다면 그것을 어떻게 '초월'이라고 말할 수 있겠습니까? 그러면 우리 인간은 어떻게 하나님을 알 수 있습니까? 하나님께서 자신을 인간에게 나타내 보여 주시고, 알려 주셔야 알 수 있습니다. 이처럼 하나님께서 여러 가지 모양과 방법으로 인간에게 '자기 자신'을 나타내 보이신 것을 '계시'라고 말합니다. 그래서 기독교는 '계시'의 종교입니다.

바울은 고린도에서 복음을 전하면서, 그가 하는 말이 인간의 지혜와 이해력에 호소하는 아름다운 말로 하지 않으려고 노력했다고 고백하고 있습니다. 복음이란, 성령의 나타나심과 능력으로 이해되고 설득되어 믿음에 이르는 것이지, 사람의 말과 지혜로 깨달아져서 믿게 되는 것이 아니기 때문입니다. 그래서 우리는 베뢰아 사람들이 신사적이고 열린 마음을 가지고 하나님의 말씀을 늘 연구하고 묵상했더니 믿음을 갖게 된 것은 아니었다는 것을 알아야 합니다. 우리가 성경 많이 읽고 열심히 기도하면 신앙이 깊어지는 것이 아니라는 것입니다. 그것은 기독교가 아닌 다른 종교를 믿는 사람들도 모두 하는 신앙 행위입니다. 그러면 우리는 어떻게 성경을 읽고 배워야 합니까? 성경을 읽되 읽는 자의 열심이나 읽는 자가 가진 진심이 아니라, 하나님께서 우리에게 무엇을 말씀하시고 어떻게 하라고 하시는지를 알아야 합니다.

지난주에도 말씀드렸던 것처럼, 에티오피아 내시가 예루살렘에 왔다가 자기 나라로 돌아가면서 '이사야' 성경을 읽고 있었습니다. 그때 빌립이 그 사람에게 가까이 와서 "네가 읽고 있는 말씀이 무슨 내용인지 깨달아 알겠는지" 물었습니다(행 8:27-31). 내시는, "설명해 주는 자가 없는데 내가 어떻게 알겠느냐?"라고 대답했습니다. 빌립은 내시가 읽고 있는 이사야에서 시작해서 그 말씀이 가리키고 있는 예수 복음을 전했고, '이사야' 성경의 뜻을 깨달은 내시는 빌립과 함께 물에 내려가서 세례를 받았습니다(행 8:38). 성경은 하나님께서 인간에게 여러 가지 방법으로 자신을 보여 주신 기록들입니다. 그러면 하나님께서는 왜 이렇게 인간에게 자신을 보여 주길 원하시는 것일까요? 하나님께서 세상을 창조하시고, 인간을 만드신 목적이 인간과 대화하고 교제하며 사랑을 나누는 것이었기 때문입니다.

> 창세기 3:8-9, "그들이 그 날 바람이 불 때 동산에 거니시는 여호와 하나님의 소리를 듣고 아담과 그의 아내가 여호와 하나님의 낯을 피하여 동산 나무 사이에 숨은지라 9. 여호와 하나님이 아담을 부르시며 그에게 이르시되 네가 어디 있느냐"

'그들이 그 날'이라고 했습니다. 그 날은 아담과 하와가 선악과를 따 먹은 날입니다. 그들은 동산을 거니시는 하나님의 소리를 듣고, 동산 나무 사이에 숨었습니다. 하나님은 그 넓은 동산에서 왜 하필이면 아담과 하와가 있는 곳을 찾아와 거니셨을까요? 그리고 아담과 하와는 어떻게 하나님이 거니시는 소리를 들었을까요?

이것은 매일 그 시간이 되면, 하나님께서 아담과 하와를 찾아와서 만나고 대화하셨다는 것을 알 수 있는 장면입니다. 하나님께서는 당신의 형상과 모양을 따라 만든 인간과 교제하길 원하셨습니다. 하지만 뱀의 유혹을 받은 인간이 스스로 하나님이 되고자 하여 선악과를 따 먹고 타락하여, 하나님과 맺은 관계를 파기했습니다. 하나님께서 처음 아담과 하와를 만드셨을 때는, 하나님과 함께 동산을 거닐며 대화하는 것이 가능했지만, 죄를 짓고 타락한 이후에는 그것이 불가능해졌습니다.

> 출애굽기 20:18-19, "뭇 백성이 우레와 번개와 나팔 소리와 산의 연기를 본지라 그들이 볼 때에 떨며 멀리 서서 19. 모세에게 이르되 당신이 우리에게 말씀하소서 우리가 들으리이다 하나님이 우리에게 말씀하시지 말게 하소서 우리가 죽을까 하나이다"

출애굽기 20장은 하나님께서 시내산에서 모세에게 주신 십계명이 있는 장입니다. 하나님께서 모세에게 자신을 나타내 보이실 때, 이스라엘 백성들이 목격한 현상이 '우레와 번개와 나팔 소리와 산의 연기' 같은 것이었습니다. 이스라엘 백성들은 하나님을 직접 목격한 것도, 그의 음성을 직접 들은 것도 아니었지만, 커다란 두려움에 빠져 떨면서 멀리 떨어져서 모세에게 부탁했습니다. "하나님이 우리에게 직접 말씀하지 않도록 해 주십시오. 그렇지 않으면 우리가 죽게 될 것입니다. 모세 당신이 듣고 우리에게 전달해 주면 우리가 듣겠습니다.

이 말씀을 통해 우리가 알 수 있는 것이 무엇입니까? 죄를 범한 인간은 하나님의 음성을 듣는 것조차도 죽음을 걱정해야 할 만큼 감당할 수 없다는 것입니다. 그래서 그들의 말을 들은 모세는 이스라엘 백성들에게 이렇게 대답했습니다.

> 출애굽기 18:20-21, "모세가 백성에게 이르되 두려워하지 말라 하나님이 임하심은 너희를 시험하고 너희로 경외하여 범죄하지 않게 하려 하심이니라 21. 백성은 멀리 서 있고 모세는 하나님이 계신 흑암으로 가까이 가니라"

모세가 이스라엘 백성에게 '두려워하지 말라'고 말하고 있습니다. 그런데 이와 똑같은 말을 아담이 하나님께 했었습니다.

> 창세기 3:10, "이르되 내가 동산에서 하나님의 소리를 듣고 내가 벗었으므로 두려워하여 숨었나이다"

이스라엘 백성과 아담이 하나님을 두려워한 이유가 똑같습니다. 무엇 때문입니까? '죄' 때문입니다. 그래서 모세가 백성들에게 뭐라고 합니까? 하나님께서 이스라엘 백성들에게 내려오신 것은 "그들에게 두려운 마음을 주어, 그들로 하여금 죄를 범하지 않게 하려고 오신 것"이라는 것입니다. 그런데 모세는 이 말씀과 똑같은 내용을 신명기 4장에서는 더욱 분명하게 설교했습니다.

신명기 4:13-14, "여호와께서 그의 언약을 너희에게 반포하시고 너희에게 지키라 명령하셨으니 곧 십계명이며 두 돌판에 친히 쓰신 것이라 14. 그 때에 여호와께서 내게 명령하사 너희에게 규례와 법도를 교훈하게 하셨나니 이는 너희가 거기로 건너가 받을 땅에서 행하게 하려 하심이니라"

하나님께서는 이스라엘 백성들이 지켜야 할 계명과 규례와 법도를 주셨습니다. 우리가 먼저 확인해야 할 것은, '계명'(율례)과 '규례'와 '법도'의 차이점입니다. 출애굽기 20장에서 모세에게 주신 십계명은 율법의 기초가 되는 명령입니다. 십계명의 각 조항은 세부적인 내용이 없이 단순한 명령 문장으로 되어 있습니다. 그래서 단순한 명령으로 주신 계명이 무엇을 의미하는지 출애굽기 21~23장까지 상세하게 설명해 주셨습니다. 이것을 가리켜서 '율례'라고 합니다. 그런데 '계명'(율례)에는 심판에 관한 내용이 없습니다. 예를 들어 '안식일을 지키라는 계명'(출 20:8)에 관해서, 안식일에 무엇을 해야 하는지, 무엇을 하면 안 되는지 말씀하신 것(출 20:9-11)은 '율례'입니다.

이 율례에 심판이 추가되면 그것은 '규례'가 됩니다. 그래서 안식일을 지키지 않는 자는 죽이라고 명령하시는데(출 31:14-15), 이 명령은 심판이 추가되어 있기 때문에 '규례'가 되는 것입니다. 그러면 '법도'는 무엇일까요? '법도'는 '다스리다, 재판하다'는 뜻으로, 인간 상호 간에 지켜야 할 관계법, 실정법입니다. 하나님께서는 '법도'를 통해서, 하나님의 백성이 서로를 돕고 위하며 화목하게 사는 법을 가르쳐 주셨습니다. 그리고 계명과 율례와 규례와 법도 모두를 다 합쳐서 '율법'이라고 합니다. 그러면 하나님께서는 왜 이스라엘 백성에게 율법을 주셨을까요? 그들이 율법을 지키면 하나님께서 그들과 함께하면서 복을 주시겠다는 것입니다.

> 레위기 26:3-4, "너희가 내 규례와 계명을 준행하면 4. 내가 너희에게 철따라 비를 주리니 땅은 그 산물을 내고 밭의 나무는 열매를 맺으리라"

우리가 알아야 할 것은, 하나님께서는 단지 "너희가 내 말을 잘 들으면 내가 너희에게 복을 주겠다."라는 식의, 하늘 높은 곳에 거하는 '신'으로서 명령을 주신 것이 아닙니다.

> 레위기 26:9, "내가 너희를 돌보아 너희를 번성하게 하고 너희를 창대하게 할 것이며 내가 너희와 함께한 내 언약을 이행하리라"

여기서 "내가 너희와 함께한 내 언약을 이행하리라."는 말씀을 우리가 주목해야 합니다. 인간은 자기의 유불리를 따라 굳게 맺은 약속도 깨기도 하고, 아무리 중요한 약속이라도 상황이 변하거나 피치 못할 사정이 생기면 지키지 못할 때가 있습니다. 하지만 하나님께서는 자신이 한 약속을 반드시 지키시는 분입니다. 그런데 하나님은 약속을 이행하겠다고 한 것보다 더 중요한 말씀을 주셨습니다.

> 레위기 26:11-12, "내가 내 성막을 너희 중에 세우리니 내 마음이 너희를 싫어하지 아니할 것이며 12. 나는 너희 중에 행하여 너희의 하나님이 되고 너희는 내 백성이 될 것이니라"

높은 하늘에 계시면서 자기 말을 잘 듣는 사람들은 선별해서 복을 주고, 말 안 듣는 사람은 벌을 주는 그런 하나님이 아니라, 너희와 함께하겠다고 하십니다. 내 성막, 곧 하나님이 거하실 집을 그들 중에 세우고, 내 마음 곧 하나님의 마음이 너희를 싫어하지 않을 것이며, 내가 너희의 하나님이 되겠다고 하셨습니다. 하지만 하나님의 이 약속은, 이스라엘 백성들도 하나님이 명하신 계명을 지켜야 하는 조건이 전제된 약속입니다.

그래서 이스라엘 백성들이 가나안 땅에 정착한 이후에는, 그들이 하나님께 받은 율법을 지켰는지, 안 지켰는지가 그들의 역사에서 가장 중요하게 등장합니다. 그들이 하나님의 약속을 믿고 율법을 지켰을 때 하나님께서 그들과 함께하시면서 어떻게 복을 주셨는지 율법책에 기록하여 후손들로 하여 알게 했습니다. 그래서 '율법'은 하나님께서 시내산에서 모세에게 주신 십계명이나 각종 규례와 법도를 명한 법전만 말하는 것이 아니라, 구약 성경 전체를 뜻하는 것입니다.

> 여호수아 24:25-28, "그 날에 여호수아가 세겜에서 백성과 더불어 언약을 맺고 그들을 위하여 율례와 법도를 제정하였더라 26. 여호수아가 이 모든 말씀을 하나님의 율법책에 기록하고 큰 돌을 가져다가 거기 여호와의 성소 곁에 있는 상수리나무 아래에 세우고 27. 모든 백성에게 이르되 보라 이 돌이 우리에게 증거가 되리니 이는 여호와께서 우리에게 하신 모든 말씀을 이 돌이 들었음이니라 그런즉 너희가 너희의 하나님을 부인하지 못하도록 이 돌이 증거가 되리라 하고 28. 백성을 보내어 각기 기업으로 돌아가게 하였더라"

죽음을 앞둔 여호수아가 세겜에서 이스라엘 백성들과 함께 다시 한 번 언약을 맺고, 그 내용을 율법책에 기록한 후 기념석까지 세우면서 기억하게 했습니다. 그것을 가리켜서 '세겜 언약'이라고 말합니다. 다윗 시대에는 율법에 기록된 대로 하나님께 제사하고 찬송할 뿐만 아니라, 그들이 행한 것을 율법에 기록하여 백성들로 하여 지키게 했습니다.

> 역대상 16:39-40, "제사장 사독과 그의 형제 제사장들에게 기브온 산당에서 여호와의 성막 앞에 모시게 하여 40. 항상 아침 저녁으로 번제단 위에 여호와께 번제를 드리되 여호와의 율법에 기록하여 이스라엘에게 명령하신 대로 다 준행하게 하였고"

히스기야 시대에는 여호와의 율법에 기록된 대로 왕의 재산 중에서 얼마를 정해서 매일 드리는 번제와 안식일과 절기에 쓸 번제에 사용하게 했습니다. 이처럼 율법은 그 율법을 따라 살았던 이스라엘의 모든 역사인 성경을 뜻합니다.

> 역대하 31:3-4, "또 왕의 재산 중에서 얼마를 정하여 여호와의 율법에 기록된 대로 번제 곧 아침과 저녁의 번제와 안식일과 초하루와 절기의 번제에 쓰게 하고 4. 또 예루살렘에 사는 백성을 명령하여 제사장들과 레위 사람들 몫의 음식을 주어 그들에게 여호와의 율법을 힘쓰게 하라 하니라"

하지만 우리가 알고 있는 것처럼, 이스라엘은 율법을 온전히 지키지 못했습니다. 사도 바울의 고백처럼, "율법으로는 죄를 깨달음 뿐"(롬 3:20)이었습니다. 그래서 하나님께서는 이스라엘 백성에게 새 언약에 대한 약속을 주셨습니다.

예레미야 31:31-34, "여호와의 말씀이니라 보라 날이 이르리니 내가 이스라엘 집과 유다 집에 새 언약을 맺으리라 32. 이 언약은 내가 그들의 조상들의 손을 잡고 애굽 땅에서 인도하여 내던 날에 맺은 것과 같지 아니할 것은 내가 그들의 남편이 되었어도 그들이 내 언약을 깨뜨렸음이라 여호와의 말씀이니라 33. 그러나 그 날 후에 내가 이스라엘 집과 맺을 언약은 이러하니 곧 내가 나의 법을 그들의 속에 두며 그들의 마음에 기록하여 나는 그들의 하나님이 되고 그들은 내 백성이 될 것이라 여호와의 말씀이니라 34. 그들이 다시는 각기 이웃과 형제를 가리켜 이르기를 너는 여호와를 알라 하지 아니하리니 이는 작은 자로부터 큰 자까지 다 나를 알기 때문이라 내가 그들의 악행을 사하고 다시는 그 죄를 기억하지 아니하리라 여호와의 말씀이니라"

"내가 나의 법을 그들의 마음에 기록하겠다, 그들의 악행을 사하고 다시는 그 죄를 기억하지 않겠다."라고 하셨습니다. 인간이 경전을 만들고, 공덕을 쌓아서 하나님이 계신 곳에 도달하거나, 인간이 좋은 세상을 만들어서 우리가 사는 곳에 하나님을 모실 수 있는 것이 아닙니다. 하나님께서 "당신의 법을 우리 마음에 새겨 주시고, 우리가 지은 모든 악행과 죄를 용서하고 기억하지 않으시겠다.", 이 모든 일은 인간이 공덕을 쌓아서 되는 것이 아니라 하나님께서 인간에게 해 주시는 은혜입니다. 그래서 우리 기독교는 하나님께서 인간을 위해 하신 일을 마음으로 믿고, 입으로 시인하여 구원을 얻는, 하나님 중심의 종교입니다.

로마서 10:10, "사람이 마음으로 믿어 의에 이르고 입으로 시인하여 구원에 이르느니라"

오늘 본문에 베뢰아 사람들이 너그러운 마음, 열린 마음으로 하나님의 말씀을 받고, 날마다 성경을 연구하고 생각했다는 말씀이 무엇인지 살펴보고 있습니다. 성경은 그 말씀을 주신 하나님께서 가르쳐 주지 않으시면, 인간의 지혜와 총명으로 해석할 수 없습니다. 하나님께서 왜 아담에게 약속을 주시고, 아브라함과 이삭과 야곱에게 약속을 주시고, 모세에게 계명과 규례와 법도를 주셨는지 알아야 합니다. 또한, 하나님께서 주신 율법을, 여호수아와 다윗, 히스기야 시대의 사람들이 어떻게 순종했는지 하나하나 기록해서 율법책과 함께 남겼는지 알아야 합니다. 결국, 성경이 우리에게 가르쳐 주는 내용이 무엇입니까? 사람과 함께하겠다고 약속해 주신 하나님께서, 인간의 반역과 범죄에도 불구하고 얼마나 신실하게 하나님 편에서 그 약속을 지켜 내셨는지를 기록한 것입니다. 또한, 하나님의 약속을 믿고 순종한 사람들이 얼마나 많은 복을 누리며 살았는지, 순종하지 않은 사람들은 어떤 삶을 살았는지 역사의 기록으로 보여 준 것입니다. 그래서 구약 성경의 모든 내용을 합해서 '율법'이라고 부릅니다.

빌립이 나다나엘을 찾아와서 나사렛 예수를 설명하면서 이렇게 말했습니다.

> 요한복음 1:45, "빌립이 나다나엘을 찾아 이르되 모세가 율법에 기록하였고 여러 선지자가 기록한 그이를 우리가 만났으니 요셉의 아들 나사렛 예수니라"

모세가 기록한 율법, 여러 선지자가 기록한 그이, 곧 하나님께서 약속하시고 구약 성경이 가리키는 단 한 사람의 메시아가 바로 '나사렛 예수'라는 것입니다. 베뢰아 사람들이 열린 마음으로 하나님의 말씀을 받고, 날마다 성경을 연구했다는 것은 무엇을 의미하는 것일까요? 성경이 말하는 그리스도가 바로 예수님이었다는 것입니다.

> 2-3, "바울이 자기의 관례대로 그들에게로 들어가서 세 안식일에 성경을 가지고 강론하며 3. 뜻을 풀어 그리스도가 해를 받고 죽은 자 가운데서 다시 살아나야 할 것을 증언하고 이르되 내가 너희에게 전하는 이 예수가 곧 그리스도라 하니"

바울이 복음을 전할 때 유대인이든 헬라인이든, 헬라의 귀부인이든 예수님을 믿게 되었습니다.

> 12. "그 중에 믿는 사람이 많고 또 헬라의 귀부인과 남자가 적지 아니하나"

그런데 세상에는 성경을 풀어 주고 해석해 주는 사람들이 너무나 많습니다. 더 심각한 문제는 그 사람들 중에는 진짜 같은 가짜들도 있다는 것입니다. 그러면 우리가 진짜와 가짜를 어떻게 분별할 수 있을까요? 성경을 설명하는 사람이 성경의 주인공이 되시는 예수님을 중심으로 설명하고 있는지만 보면 됩니다.

> 요한복음 14:6, "예수께서 이르시되 내가 곧 길이요 진리요 생명이니 나로 말미암지 않고는 아버지께로 올 자가 없느니라"

예수 그리스도가 아버지 하나님께로 가는 유일한 길이요, 진리요, 생명입니다. 그리고 예수님께서 또 다른 보혜사로 우리에게 보내 주신 성령께서 우리 안에 계시면서 우리를 진리, 곧 예수 그리스도를 알고 믿는 길로 인도하십니다.

> 요한복음 14:16-17, "내가 아버지께 구하겠으니 그가 또 다른 보혜사를 너희에게 주사 영원토록 너희와 함께 있게 하리니 17. 그는 진리의 영이라 세상은 능히 그를 받지 못하나니 이는 그를 보지도 못하고 알지도 못함이라 그러나 너희는 그를 아나니 그는 너희와 함께 거하심이요 또 너희 속에 계시겠음이라"

영생은 유일하신 참 하나님과 그가 보내신 자 예수 그리스도를 아는 것입니다.

> 요한복음 17:2-3, "아버지께서 아들에게 주신 모든 사람에게 영생을 주게 하시려고 만민을 다스리는 권세를 아들에게 주셨음이로소이다 3. 영생은 곧 유일하신 참 하나님과 그가 보내신 자 예수 그리스도를 아는 것이니이다"

이처럼 기독교 진리인 성경은, 하나님께서 인간을 사랑하여 구원하기 위해 보내 주신 예수 그리스도를 알고 믿는 것이 구원의 유일한 방법임을 설명하고 있습니다. 이치에 합당하고, 마음을 움직이는 감동적인 설교와 가르침이라도, 그 내용이 예수 그리스도와 무관하다면, 그것은 성경이 말씀하는 바는 아닙니다. 하나님께서는 이 세상의 지혜가 아니라 전도의 미련한 것으로 믿는 자들을 구원하시기를 기뻐하셨다고 했습니다(고전 1:21). 왜 전도가 미련한 것입니까? 세상의 지혜와 상식이 아니라 하나님께서 하시는 방식을 사람에게 전하는 것이기 때문에 미련하게 들리는 것입니다(고전 1:18). "모든 길은 로마로 통한다."라는 명언이 있습니다. 로마가 주변 나라를 정복하고 제국을 이룰 때, 로마에서 그 나라로 가는 길을 만들었다는 의미입니다. 또한, 로마에 정복당한 모든 나라는 로마의 법을 따라야 한다는 뜻이기도 합니다.

그런데 "성경의 모든 길도 예수 그리스도로 통합니다." 그래서 우리 기독교는 '예수교'입니다. 그러면 이단은 어떤 자들입니까? '예수'를 말하지 않는 자들입니다. 그리고 '예수' 대신 다른 누군가를 앞세우는 자들도 이단입니다. '예수'가 아닌 다른 좋은 말로 사람들을 위로하고, 마음에 감동을 준다면, 그것은 설교가 아니라 강연이고, 교회가 아니라 문화 센터나 방송입니다. 마지막 때에 악한 마귀는 교회라는 건물과 시스템은 그대로 두고, 딱 하나 '예수 그리스도'만 빼 버릴 것입니다. 그러면 그 교회는 더 이상 교회가 아니기 때문입니다.

성경을 많이 읽고, 많이 공부한다고 해서 '성경 공부'가 되는 것이 아니라, 성경의 핵심인 예수 그리스도를 배우고 믿어야 '성경 공부'라고 할 수 있습니다. 성경을 펴 놓고 다른 이야기를 하는 사람들이 많습니다. 그들의 말이 아무리 그럴듯해도 세상의 지혜에는 구원이 없습니다. 구원이 없으니 참 소망을 줄 수도 없습니다. 저와 여러분은 성경이 말씀하는 예수 그리스도를 잘 배우고 믿기를 기원합니다.

새로운 가르침이 무엇인지

"바울이 아덴에서 그들을 기다리다가 그 성에 우상이 가득한 것을 보고 마음에 격분하여 17. 회당에서는 유대인과 경건한 사람들과 또 장터에서는 날마다 만나는 사람들과 변론하니 18. 어떤 에피쿠로스와 스토아 철학자들도 바울과 쟁론할새 어떤 사람은 이르되 이 말쟁이가 무슨 말을 하고자 하느냐 하고 어떤 사람은 이르되 이방 신들을 전하는 사람인가보다 하니 이는 바울이 예수와 부활을 전하기 때문이러라 19. 그를 붙들어 아레오바고로 가며 말하기를 네가 말하는 이 새로운 가르침이 무엇인지 우리가 알 수 있겠느냐 20. 네가 어떤 이상한 것을 우리 귀에 들려 주니 그 무슨 뜻인지 알고자 하노라 하니 21. 모든 아덴 사람과 거기서 나그네 된 외국인들이 가장 새로운 것을 말하고 듣는 것 이외에는 달리 시간을 쓰지 않음이더라"

14절에 깡패들을 동원해서 바울을 추적하던 데살로니가의 유대인들이 베뢰아까지 쫓아와서 소동을 피우는 바람에, 형제들이 바울을 아테네로 도망가게 했습니다. 바울을 피난하게 하는 상황이 얼마나 급했던지 일행이었던 실라와 디모데는 함께 피하지 못했습니다(15). 그래서 아테네로 먼저 온 바울은, 자기를 데리고 온 사람들에게 실라와 디모데를 자기 있는 곳으로 데려와 달라고 부탁하고 아테네에 머물게 됩니다. 이렇게 일행들보다 먼저 와서 동료들을 기다리던 바울이 회당과 장터에서 만난 사람들, 그리고 철학자들과 논쟁을 했다는 내용이 오늘 본문 말씀입니다.

오늘 본문은 지난 시간에 우리가 살펴봤던 말씀과 연결되는 일치점이 있습니다. 베뢰아 사람들은 마음이 너그럽고 신사적이어서 하나님의 말씀을 받아들이고, 그 말씀을 확인하려고 날마다 성경을 상고(연구)했던 사람들이었습니다[11]. 바울이 아테네에서 만난 사람들도 '새로운 가르침'을 듣기 원했고[19], 그 뜻이 무엇인지 바울에게 물었습니다[20]. 오늘 본문은, 아테네 사람들의 성향과 지적 호기심에 관해서 이렇게 설명합니다.

> 21, "모든 아덴 사람과 거기서 나그네 된 외국인들이 가장 새로운 것을 말하고 듣는 것 이외에는 달리 시간을 쓰지 않음이더라"

아테네 사람들과 그곳을 찾는 사람들은 "가장 새로운 것을 말하고 듣는 데만 시간을 보냈다." 한마디로 새로운 정보와 지식 얻는 것에 몰두했다는 것입니다. 그리고 그러한 성향을 지닌 아테네 사람들 중에는, 에피쿠로스학파 철학자와 스토아학파 철학자들이 있었다는 것도 함께 말하고 있습니다[18]. 에피쿠로스나 스토아 철학자들 모두 인생의 목적을 '행복'이라고 주장했습니다. 하지만 과연 무엇이 행복이고, 인간이 어느 때 행복한가에 대해서는 서로 의견이 달랐습니다. 스토아학파 사람들은 '이성을 따라 살며 덕을 실현할 때' 행복하다고 주장하면서 '금욕주의'를 추구했습니다. 에피쿠로스학파 사람들은 인간에게 행복을 가져다주는 것이 '기쁨과 쾌락'이라고 주장하면서 '쾌락주의'를 추구했습니다.

설교 시간에 이들의 철학적 차이점을 설명하는 것은 적합하지 않은 것 같습니다. 하지만 그들이 행복을 찾아가는 방법론적인 차이점에도 불구하고, 그 행복에 도달하기 위해 인간이 지녀야 하는 마음 자세에서는 비슷한 결론을 내놓았습니다. 스토아학파는 '부동심'이라고 해서 "외부의 충동에도 흔들리지 않는 마음"이라고 했고, 에피쿠로스학파는 '무욕'이라고 해서 "자아를 비우는 마음"이라고 했습니다. 그러고 보면 서양 철학의 큰 기둥과 같은 그리스 철학자들의 주장과 유교와 더불어서 동양 철학의 양대 기둥을 이루는 불교의 주장이 너무나 비슷합니다.

불교의 교리 역시 사물의 움직임에 따라 마음을 움직이지 않는 '마음의 평정심'과 대상에 따라 마음을 움직이지 않는 '부동심'을 추구해야 할 지혜로 꼽습니다. 또한, 허망한 것에 욕심을 내는 마음을 버리고 적게 가졌어도 만족할 줄 알고, 남을 위해 베풀 줄 아는 '무욕, 무소유'의 삶을 살 것을 가르칩니다. 불교는 종교인데, 그들의 교리는 서양 철학과 똑같은 가치를 주장하는 것입니다. 그러고 보면, 그리스 철학의 발생지라 할 수 있는 아테네는, 그리스 신화의 중심이라고 할 수 있는 '판테온 신전'이 있는 곳으로 종교적 배경도 함께 있습니다. "가장 새로운 것을 말하고 듣는 것에 모든 시간을 쏟는"(21) 아테네 사람들은, 같은 맥락에서 종교심도 대단했습니다.

22-23, "바울이 아레오바고 가운데 서서 말하되 아덴 사람들아 너희를 보니 범사에 종교심이 많도다 23. 내가 두루 다니며 너희가 위하는 것들을 보다가 알지 못하는 신에게라고 새긴 단도 보았으니 그런즉 너희가 알지 못하고 위하는 그것을 내가 너희에게 알게 하리라"

'새로운 정보'와 '새로운 지혜(지식)'에 열광하는 아테네 사람들은, '알지 못하는 신'까지 챙겨서 섬길 정도로 종교심은 대단했지만, 참된 진리는 몰랐습니다. 그래서 바울이 그들에게 했던 말이, "그런즉 너희가 알지 못하고 위하는 그것을 내가 너희에게 알게 하리라."였습니다. 당시 아테네에는 에피쿠로스학파 철학자와 스토아학파 철학자들이 매일 장마당에 나와서 자기들의 지식을 자랑했습니다. 또한, 그리스 신화에 등장하는 신들에 관한 수많은 이야기도 넘쳐났습니다. 그렇다 보니 당시 아테네에는, 그 도시 사람뿐만 아니라 '그곳을 찾는 외국인'(21), 다시 말해서 새로운 정보를 듣기 위해 찾아온 관광객들도 많았습니다.

그러면 새로운 정보와 새로운 지식을 찾는 사람들은 당시 아테네에만 있었을까요? 새로운 정보와 지식에 열중하는 현상은 과거보다 현재가 더 심하고, 현재보다는 미래가 더욱 심할 것입니다. 그래서 우리가 자주 듣는 말이 '정보화 사회'라는 말 아닙니까? '주식'이든 '부동산'이든 '첨단 기술'이든, 새로운 정보와 개발에 대한 소식 하나가 곧 '돈'이 되고, '권력'이 되고, '미래'가 되는 세상을 우리가 살고 있습니다. '주식 시장'에서 다른 사람보다 1분이라도 먼저 정보를 얻은 사람은 큰 이익을 얻을 수도 있고, 반대로 큰 손실을 볼 수도 있습니다. 똑같은 제품을 만들고 있더라도 경쟁 회사보다 하루라도 먼저 제품 발표회를 하고 시장에 출시한다면, 그 하루의 차이는 대기업과 중소기업으로 나뉠 것입니다.

이렇게 보면, 다른 사람들보다 빠르게 정보를 얻고, 새로운 기술과 지식을 먼저 습득하는 것이, 세상을 살아가는 데 있어서 너무나 중요할 것 같습니다. 고급 인재를 교육하고 양성하는 대학교도 새로운 지식에 민감합니다. 대학도 과거에는 경제학, 경영학, 어문학이나 공학 등의 기초 학문을 가르치는 학과들이 많았지만 지금은 여러 학과를 하나로 뭉쳐서 만든 실용학과들이 많습니다. 그래서 '다이어트건강관리과', '애완동물뷰티패션과', '쇼핑호스트과'처럼 익숙하지 않지만, 생활에서 필요한 학과들을 대학에서 가르치고 있습니다. 이처럼 새로운 지식과 뉴스에 민감한 사람들은 오래된 것, 새롭지 않은 것들은 낡고 쓸모없는 것, 개혁하고 바꿔야 할 것으로 인식합니다.

그러면 사람들이 갈망하는 새로운 것들은 어떻게 만들어지는 것일까요? 오늘 본문에 나오는 스토아학파의 창시자인 제논이 처음 가르쳤고, 그의 철학을 체계화한 헤겔에게서 그 힌트를 얻을 수 있습니다. 헤겔은 '정반합이라고 하는 변증법 논리'를 구체화한 사람으로 알려져 있습니다. 어떤 논리적 주장을 '정正'이라고 한다면, '정'이 가진 논리적 모순을 지적하는 주장이 '반反'입니다. 이처럼 변증법 논리에서는 대립이나 모순이 논리의 핵심적인 계기가 합니다. 하지만 모순과 대립의 극단을 향하는 것이 아니라, 서로 대립하는 두 견해는 모순을 없애고 변화하고 발전되는 제3의 입장으로 '지양止揚'해야 한다고 합니다. 이것을 가리켜서 '합合'이라고 합니다. 그래서 '지양止揚' 또는 '합合'이라는 말은, 두 견해의 좋은 점은 취하고 나쁜 점은 버려서 한 단계 더 높고 좋은 것을 만든다는 뜻을 지니고 있습니다.

그런데 헤겔의 변증법은 철학만의 논리가 아니라, 오늘날 과학기술에도 동일하게 적용되고 있습니다. 오늘의 기술은 어제 만들어진 기술의 부족함을 보완한 기술이고, 내일의 기술은 오늘 사용하면서 불편하거나 부족한 점을 보완한 새로운 기술로 나올 것입니다. 철학이나 과학만 변증법적 논리를 따르겠습니까? 종교를 포함해서 인간이 만들고 발전시켜 온 모든 것들이 이와 같은 논리적 기초에서 출발합니다. 내가 믿는 신이 있고, 다른 사람이 믿는 신이 있습니다. 그 사람들은 서로 자기가 믿는 신이 '참 신'이요 '절대적인 신'이라고 주장할 것입니다. 그럴 때 서로 대립하는 두 종교가 '지양止揚'해야 하는 '합合'은 무엇일까요? 비록 서로 다른 '신神'을 믿고 있지만, '신'을 섬기는 종교적인 면이나 종교를 믿는 사람들이 지향하는 도덕적이고 이웃을 위하는 삶의 방법은 같다는 것입니다. 그러니 '서로 다름'을 지적하기보다는, '서로 같은' 것을 칭찬하고 격려하면서 '공존共存'하자는 것입니다. 그것이 바로 '종교다원주의'입니다.

앞서도 말씀드렸던 것처럼 서양 철학의 근간이라 할 수 있는 에피쿠로스학파와 스토아학파의 주장과 불교와 유교가 주장하는 것이 닮았습니다. 동서양의 철학자들과 불교의 이론을 만든 사람들은 모든 일에 시비가 없게 하고, 누구의 편도 들지 않는 '평정심', '정중앙', '부동심'을 최고선으로 생각했습니다. 서양 철학이 '변증법'을 가르친다면, 유교는 '중용中庸'의 도를 가르칩니다. 어느 쪽에도 치우치지 않고 둘 사이에서 평정심을 유지하는 것이 '최고의 선'이요, 지혜(진리)라고 가르치는 것입니다. 그러면 그들이 말하는 '중용中庸', 곧 '정중앙'은 그 위치가 언제나 '중간'에 있는 것일까요, 그 '중간'의 위치는 늘 변할까요? 실제로는 늘 그 위치가 변합니다.

여기서 우리가 생각해 봐야 할 것이 있습니다. 상황에 따라 변하고, 시대에 따라 변하고, 유행과 여론에 따라 변하는 것을 '진리'라고 할 수 있습니까, 없습니까? 변하는 것은 '진리'가 될 수 없습니다. '진리'는 무엇입니까? '진리'는 어떤 상황에도 변하지 않는 것입니다. 그래서 우리가 '불변의 진리'라고 할 때 말하는 것들이 있습니다. "해는 동쪽에서 떠서 서쪽으로 진다, 봄 여름 가을 겨울은 순서대로 진행된다."와 같은 것입니다. 여기서 또 우리가 확인할 수 있는 것이 있습니다. 우리가 '불변의 진리'라고 말하는 것들은 모두 하나님께서 만드신 것들입니다. 하나님께서는 세상을 일회용품으로 만들지 않으셨습니다. 우리 눈에 보이지 않는 땅속과 물속의 생물 하나까지도 하나님께서 만드신 창조의 원리를 따라, 천지창조의 때부터 지금까지 탄생과 소멸의 과정이 반복됩니다.

하와이는 산불이 별로 없지만, 캘리포니아 지역만 해도 산불이 잦습니다. 때로는 한국 땅의 몇 배, 수십 배에 달하는 지역이 화재로 인해 다 타 버려서 생명체를 찾을 수 없을 것처럼 보이기도 합니다. 그런데 희한하게도 시간이 지나면 그 자리에 새로운 풀과 나무가 자랍니다. 인간이 관리하지 않아도, 뜨겁게 다 타 버린 땅에서 생명체가 탄생하는 것입니다. 물도 없고 메마른 사막에도 생명체가 살고, 혹한의 남극과 북극에도 생명체가 삽니다. 심지어 수천 미터 바닷속에도 생명체가 삽니다. 그리고 그 모든 생명체들은 하나님께서 창조하신 원리를 따라 살고 있습니다. 이처럼 우리가 '불변의 진리'라고 말하는 것은 전부 하나님께서 만드신 것들입니다.

하나님께서 만드신 것이 '변하지 않는 진리'라면, 그 진리를 만드신 하나님은 어떤 분이실까요? 당연히 하나님은 '진리'이신 분입니다. 그래서 '진리'라는 말에는, '오래된 것'이라는 의미도 포함되어 있습니다. 오늘 아침에 뜬 태양은 어제도 떴었고, 1년 전에도, 100년 전에도, 1천 년 전에도 떴던 태양입니다. 당연히 오래전부터 있었던 태양입니다. 밤이 되면 달이 뜨고, 별도 보일 것입니다. 그것들 역시 오래전부터 있던 것입니다. 그런데 사람들은 태양이나 달과 별을 오래된 낡은 것이라고 싫어하지 않습니다. 오히려 연말연시가 되면 일출을 보기 위해 높은 산이나 바다를 찾고, 1년 중 가장 큰 보름달이 뜨는 날을 명절로 만들어서 달을 보면서 즐거워합니다. 왜 그렇습니까? 그것이 하나님께서 만든 '진리'이기 때문입니다.

이처럼 진리가 '변하지 않는 것', '오래된 것'을 의미하지만, 인간은 오래된 것, 낡은 것보다는 최신의 것, 새것을 더 좋아합니다. 그래서 TV나 라디오에 보면, 새로운 제품에 대한 광고를 30초에 하나씩 봅니다. 하지만 인간이 만든 '새것'은, 얼마 지나지 않아서 유행이 지나고, 낡아져서 옷장 한구석에 처박혀 있다가 구세군에 갖다 주거나, 쓰레기통에 버립니다.

> 19-20, "그를 붙들어 아레오바고로 가며 말하기를 네가 말하는 이 새로운 가르침이 무엇인지 우리가 알 수 있겠느냐 20. 네가 어떤 이상한 것을 우리 귀에 들려 주니 그 무슨 뜻인지 알고자 하노라 하니"

아테네 사람들이 바울에게 "당신이 말하는 새로운 가르침이 무엇인지 듣고자" 한다고 하면서 바울을 데리고 아레오바고 광장으로 데리고 갔습니다. 아레오바고 광장은 그리스 신화에 등장하는 모든 신을 위한 '판테온 신전'이 있는 고등 법원으로, 중요한 재판이나 회의가 열리는 장소입니다. 역사적으로는 이곳에서 소크라테스가 사형 선고를 받은 곳이기도 합니다. 사람들이 바울에게 요구하는 것이 무엇이었습니까? '새로운 가르침'입니다. '새롭다'라는 말은, 그 가치를 판단하고 결정하는 주체가 인간이라는 것입니다. 그리고 '새로움'에 대한 인간의 판단과 결정은, '진리의 절대성'이 아니라, 언제나 '상대적인 재미'를 향하게 됩니다. 이처럼 인간의 판단과 결정이 '절대적 진리'가 아니라, '새로움'과 '새것'을 추구하는 인간 자신에게 있을 때 어떤 현상이 벌어질까요?

> 디모데후서 3:1-5, "너는 이것을 알라 말세에 고통하는 때가 이르러 2. 사람들이 자기를 사랑하며 돈을 사랑하며 자랑하며 교만하며 비방하며 부모를 거역하며 감사하지 아니하며 거룩하지 아니하며 3. 무정하며 원통함을 풀지 아니하며 모함하며 절제하지 못하며 사나우며 선한 것을 좋아하지 아니하며 4. 배신하며 조급하며 자만하며 쾌락을 사랑하기를 하나님 사랑하는 것보다 더하며 5. 경건의 모양은 있으나 경건의 능력은 부인하니 이같은 자들에게서 네가 돌아서라"

마지막 때가 되면 일어나는 현상이 무엇이라고 했습니까? 사람들이 자기를 사랑하고, 돈을 사랑하며, 자랑한다고 했습니다. 한마디로 자기가 최고가 되어 삽니다. 이런 사람들은 교만하고, 감사를 모릅니다. 여기서 우리가 주목해야 할 말이 있습니다. "부모를 거역하며"(3)라는 말입니다. 성경에서 '부모'를 말할 때는, 마땅히 순종해야 하는 '권위'를 가진 자를 뜻합니다. 하나님께서 모세에게 십계명을 주실 때, 사람에 대한 계명의 첫 번째로 "네 부모를 공경하라."라고 말씀하신 이유가 바로 그런 뜻입니다.

보이지 않는 하나님을 대신하여 순종해야 할 '권위 있는 존재'로 부모를 주셨으니, 부모님께 마땅히 순종하고 공경하라는 것입니다. 그런데 말세에 사람들이 자기를 사랑하게 되면, '부모를 거역'하게 된답니다. 다시 말해서 순종해야 할 권위의 대상이 없이, 자기가 왕이 되어 사는 것입니다. 부모의 권위가 있던 시절에는, 형제간에 다툼이 일어나서 마음에 원통함이 있더라도, 부모님의 훈계로 원통함도 풀고, 절제할 줄도 알고, 노여움도 삭혔습니다. 하지만 부모의 권위가 상실한 요즘에는, 형제간에도 원통함을 풀지 않고, 사납고, 그 마음의 분노를 절제하지 못합니다.

> 3, "무정하며 원통함을 풀지 아니하며 모함하며 절제하지 못하며 사나우며 선한 것을 좋아하지 아니하며"

자기를 낳아 준 부모마저도 공경하지 않고 거역하는 사람들은 무슨 일을 할까요?

> 4, "배신하며 조급하며 자만하며 쾌락을 사랑하기를 하나님 사랑하는 것보다 더하며"

자기 이익을 위해 친구마저도 배신하고, 경솔하고, 허세를 부리고, 하나님보다 쾌락을 더 사랑한다고 말합니다. 지금 이 말씀은, 예수 믿지 않는 불신자들은 그렇게 산다는 말씀이 아닙니다. 하나님을 아는 사람, 예수를 믿는 사람, 겉으로는 신앙심이 있는 것처럼 보이는 사람들이 그렇게 산다는 말씀입니다. "경건의 모양은 있으나 경건의 능력은 부인하니"[(5)]라고 했습니다. 겉으로는 믿음을 따라 사는 것 같지만, 실제로는 경건(복음)의 능력을 부인한다는 뜻입니다. '복음의 능력'은 무엇일까요?

> 에베소서 3:6, "이는 이방인들이 복음으로 말미암아 그리스도 예수 안에서 함께 상속자가 되고 함께 지체가 되고 함께 약속에 참여하는 자가 됨이라"

복음의 능력은, 아무런 자격 없는 자가 그리스도 안에서 하나님의 상속자가 되고, 그리스도의 지체가 되고, 아브라함처럼 약속의 직접적인 대상자가 되는 것입니다. 그리스도께서 우리 대신 형벌을 받으시기 전까지 우리는 철저히 이방인이었습니다. '철저히 이방인'이었다는 말은, 하나님의 약속과 전혀 상관없는 사람이었다는 뜻입니다. 하지만 "그리스도를 믿음으로 말미암아 모든 믿는 자에게 차별이 없이 구원을 주시는 하나님의 의"(롬 3:22)로 인해서, 우리도 약속의 대상자가 됐습니다. 바울은 자신이 그 은혜의 대상자가 된 것이 얼마나 감사하고 좋았던지, 그 복음의 능력을 이방인에게 전하는 사도가 되었습니다.

> 에베소서 3:7-9, "이 복음을 위하여 그의 능력이 역사하시는 대로 내게 주신 하나님의 은혜의 선물을 따라 내가 일꾼이 되었노라 8. 모든 성도 중에 지극히 작은 자보다 더 작은 나에게 이 은혜를 주신 것은 측량할 수 없는 그리스도의 풍성함을 이방인에게 전하게 하시고 9. 영원부터 만물을 창조하신 하나님 속에 감추어졌던 비밀의 경륜이 어떠한 것을 드러내게 하려 하심이라"

바울이 아테네에 온 것도 바로 이 복음을 전하기 위해서 온 것입니다. 아테네 사람들은 '새로운 것과 재미있는 것'을 찾아다니며 살고 있습니다. 하지만 바울은 그들에게 '오래된 것과 영원한 것'을 가르쳐 주려 하고 있습니다. '오래된 것'이 무엇입니까? 앞서 말씀드린 것처럼 '진리'에 관한 것입니다. '진리'는 하나님 자신이 진리이고, 하나님께서 만드신 것이 진리이고, 하나님께서 세상에 보내신 예수 그리스도가 진리이고, 그분의 말씀인 성경이 진리입니다. 그런데 바울이 '진리'에 관해 말할 때, 아테네 사람들은 바울이 전하는 복음을 들으면서 뭐라고 반응했습니까?

> 18, "어떤 에피쿠로스와 스토아 철학자들도 바울과 쟁론할새 어떤 사람은 이르되 이 말쟁이가 무슨 말을 하고자 하느냐 하고 어떤 사람은 이르되 이방 신들을 전하는 사람인가보다 하니 이는 바울이 예수와 부활을 전하기 때문이러라"

"이 말쟁이가 도대체 무슨 말을 하는 거야?"라고 하면서 조롱했습니다. '말쟁이'라고 번역된 원어의 뜻은, '곡식을 쪼아 먹는 새'를 뜻하는 말로, 당시 사람들이 '쓰레기를 주워 모으며 사는 변변치 못한 사람'을 가리킬 때 썼던 말입니다. 바울은 '진리'인 "예수와 부활"에 관해서 전하고 있는데, 사람들은 그 바울을 쓰레기나 주워 모으는 하찮은 사람의 말로 취급했습니다. 왜 그랬을까요? 항상 '새로운 것'과 '재미있는 것'을 추구하는 그들의 성향이, '변하지 않는 진리'를 전하는 바울의 가르침에 거부감을 느꼈기 때문입니다.

'새로운 것'과 '재미있는 것'은, 사람의 호불호에 따라 언제든지 바뀔

수 있습니다. 그래서 거기에는 마땅히 그래야 하는 '절대적인 기준'이 없습니다. 언제든 변할 수 있고, 움직일 수 있습니다. 그러니 항상 새롭고 재밌습니다. 하지만 '진리'는 변하지 않는 것이기 때문에, 내가 좋아하든, 좋아하지 않든 인정하고 따라야 합니다. 내가 싫어한다고 해서 내일은 해가 서쪽에서 뜨는 것 아니고, 내가 해야 일이 많이 남았기 때문에 태양이 지지 않고 중천에 계속 머물러 있을 수 없습니다. 기독교 진리가 세상의 철학이나 다른 종교들과 구별되는 차이점이 이것입니다. 세상의 철학이나 다른 종교들의 가르침에는 '절대적'이라는 것은 없습니다. '정반합正反合'의 원리에 따라 서로 다르게 보는 점을 최소화하고, 함께 어울릴 수 있는 중간 지점을 찾아 만나는 '상대적' 개념의 진리입니다.

하지만 기독교는 '진리이신 하나님'과 그분의 말씀인 '성경'을 절대적인 권위로 인정하고, 믿고, 순종하는 종교입니다. 그래서 기독교 신앙생활은 재미있어서 하는 것이 아니라, 창조주요 심판 주이신 하나님의 두려운 권세 앞에 순종하는 것이고, 그 말씀에 충성하는 것입니다. 지난 시간에 율법에 관해서 설명하면서, 하나님께서 모세에게 주신 십계명이나 규례, 법도만이 율법이 아니라, 이스라엘 역사 전체가 율법이라고 말씀드렸습니다. 모세와 여호수아, 다윗과 히스기야 등 하나님의 말씀에 순종했던 사람들이, 자기들의 역사 기록을 율법과 함께 남겨서 후손들로 하여 읽고 따라 하게 했습니다. 그것이 바로 우리가 가지고 있는 구약 성경입니다.

그러면 그 구약 성경이 말하는 전체적인 내용은 무엇입니까? 하나님은 사람을 창조하시고 사랑하셨는데, 사람이 하나님을 배신했다는 것입니다. 하나님께서 아브라함에게 약속을 주시고, 모세와 여호수아를 통해 그 약속을 지켜 주셨지만, 이스라엘 백성들이 하나님을 배신하고 우상을 섬겼다는 것입니다. 하나님께서 당신의 백성들에게 가장 좋은 땅도 주시고, 그들이 요구한 왕도 세워 주셨지만, 그 왕을 중심으로 더욱 우상을 섬기고 죄를 범했습니다. 하나님께서 수많은 선지자를 보내서 경고하며 돌아오라고 말씀하셨지만, 이스라엘은 나라가 멸망할 때까지 하나님 대신 우상을 섬겼습니다. 심지어 하나님께서 바벨론 왕 느부갓네살의 마음을 움직여서 포로 생활에서 돌아오게 해 주었지만, 그 후에도 그들은 여전히 하나님께 돌아오지 않았습니다.

그래서 구약 성경 전체가 가르쳐 주는 것은, 인간은 지지리도 하나님의 말을 듣지 않는다는 것입니다. "야단맞고, 매 맞고, 나라까지 빼앗겨도 하나님께 돌아올 생각을 하지 않더라." 이것이 바로 구약 성경이 우리에게 가르쳐 주는 것입니다. 이처럼 인간은 하나님을 찾지 않고, 하나님의 권위에 순종하지 않는 존재입니다. 그런데 하나님께서는 그런 배은망덕하고, 쳐 죽여도 시원치 않을 인간을 위해서 당신의 아들을 세상에 보내시고, 그런 인간을 대신해서 십자가에서 죽게 했습니다. 그것이 무엇입니까? 그게 바로 '복음'이고, '구원'입니다. 그리고 우리는 그것을 가리켜서 '진리'라고 말합니다. '진리'는 인간이 연구하거나 노력해서 만든 것이 아닙니다. '진리'는 순전히 하나님께서, 패역한 인간에게 은혜와 선물로 주신 것입니다. 그리고 '진리'는 역사 속에서 증명되고, 역사와 함께 기록되어 이어지는 것입니다.

그런데 오늘날 기독교회 역사를 보면, 교회가 성도들에게 '진리'를 가르치기보다는, '새로운 것'을 가르쳐 주는 것에 몰두하고 있었다는 것을 알 수 있습니다. 1980년대 이후 40여 년 정도만 살펴봐도 충분히, 명백히 알 수 있습니다. 여의도순복음교회를 중심으로 방언 기도 바람이 불었습니다. 1차 성령 운동입니다. 그러다가 온누리교회를 중심으로 경배와 찬양, 빈야드 찬양 바람이 불었습니다. 사랑의교회 옥한음 목사님이 만드신 제자훈련 바람도 있었고, 비슷한 시기에 셀그룹 모임, 알파 코스 모임, 두 날개 성경 공부 같은 소그룹 공부 열풍도 있었습니다. 1990년대에는 가정 사역이라는 이름으로 상담과 상처치유를 가르쳤고, 적극적 사고방식과 긍정적 마인드를 일깨우는 부흥의 신학이 유행이었습니다.

2천 년 대에 들어서는 '신사도운동'이라고 하는 2차 성령 운동이 불었고, 곧이어 관상기도를 하는 교회와 신학교들이 생겨났습니다. 뉴욕이나 파리가 '패션'의 유행을 선도한다고 하지만, 한국 교회도 그에 못지않게 유행에 민감해서, 새로운 것이 나올 때마다 각종 세미나가 우후죽순 생겼습니다. 그리고 요즘은 목사님들이 '인문학'에 빠졌습니다. 그래서 인문학적 설교를 하지 않으면 공부를 게을리하는 목사, 고리타분한 설교로 예배시간에 성도들을 잠들게 하는 목사로 취급하는 시대가 됐습니다. '인문학'을 주장하는 교수들은, "하나님을 알기 위해서는 하나님이 만드신 사람과 자연, 그리고 그들이 살아가는 사회와 그 구성원인 사람"을 잘 알아야 한다고 합니다. 그것이 철학, 문화, 역사, 종교, 예술 등과 같은 것이라고 합니다. 성경은 문자로 기록되어 있고, 그 기록된 성경을 잘 이해하려면 문학, 철학, 역사와 예술과 같은 인문학적인 지식이 필요하다고 합니다.

제가 이렇게 바꿔서 예를 드리겠습니다. 오늘날 우리에게 없어선 안 될 가장 필수적인 물품은 아마도 스마트폰일 것입니다. 예전 전화기는 통화만 잘 되면 됐지만, 지금은 스마트폰의 기능이 너무 많습니다. 어쩌면 몇 년 뒤에는 스마트폰으로 X-ray 촬영을 할 수 있을지도 모릅니다. 그런데 이 휴대전화기(핸드폰)를 만든 사람이 누군지 아십니까? 애플의 스티브 잡스나 삼성의 이건희는 아닙니다. 1973년에 모토롤라 회사의 마틴 쿠퍼 박사라는 사람이 만들었다고 알려져 있습니다. 새로운 기능을 가진 스마트폰이 해마다 쏟아져 나오고 있는데, 정작 그 핸드폰을 처음 만든 사람이 누군지 아는 사람은 별로 없습니다. 여러분, 인간을 연구하고 철학과 역사, 문학, 예술, 자연과학과 사회과학을 연구하면 하나님을 잘 알 수 있습니까? 그건 그럴 듯한 거짓말입니다.

구약 성경의 내용을 살펴봤지만, 인간은 하나님께서 직접 약속해 주시고, 하나님의 능력을 인간의 역사 속에서 반복해서 보여 줘도 믿지 않는, 그런 존재입니다. 홍해가 갈라지고, 반석에서 물이 솟아나고, 단 3백 명의 군사만으로 13만 5천 명의 적군을 이기는 기적을 직접 경험하고도 하나님을 믿지 않았던 사람입니다. 그런데 하나님이 만든 사람을 연구하고, 자연을 연구하고, 철학과 문학과 예술을 공부하면 하나님을 더 잘 믿게 된다고요? 인문학 풀 뜯어 먹는 소리입니다.

> 고린도전서 2:4-5, "내 말과 내 전도함이 설득력 있는 지혜의 말로 하지 아니하고 다만 성령의 나타나심과 능력으로 하여 5. 너희 믿음이 사람의 지혜에 있지 아니하고 다만 하나님의 능력에 있게 하려 하였노라"

성경은 '성령의 나타나심', 곧 하나님의 은혜가 아니면 깨달을 수 없습니다. 성령께서 우리에게 성경의 모든 것을 가르쳐 주시고 생각나게 하십니다.

> 요한복음 14:26, "보혜사 곧 아버지께서 내 이름으로 보내실 성령 그가 너희에게 모든 것을 가르치고 내가 너희에게 말한 모든 것을 생각나게 하리라"

오늘 본문에 "아테네 사람들이 새로운 가르침을 말하고 듣는 것에 그들의 모든 시간을 다 사용했다."라는 말씀을 살펴보고 있습니다(19-21). '새로운 것'은 '진리'가 아닙니다. 그것은 일시적인 재미와 만족을 줄 뿐입니다. 하지만 '진리'는 변하지 않는 것, 장구한 역사 속에서 계속 반복되는 것입니다. 그것이 무엇입니까? 인간을 위하시는 하나님의 사랑이고, 인간을 구원하신 하나님의 은혜입니다. 그 하나님은 오직 '성경' 안에서만 찾을 수 있고, 그 성경의 지혜도 성령께서 깨닫게 해 주시고, 우리에게 믿음을 주셔야만 비로소 우리의 것이 될 수 있습니다.

기독교 역사의 암흑기라고 불리는 중세 시대 로마 가톨릭교회에 인문학이 없고, 철학, 예술, 문학이 없어서 타락했던 것이 아닙니다. 오히려 15세기 르네상스 시대의 미술, 음악, 문학 작품, 철학 사상은 지금도 최고의 가치를 지니고 있습니다. 심지어 그때의 미술 작품은 교회 천장에 그렸고, 벽에 걸렸습니다. 그때의 음악은 성가대의 찬양곡으로 만들어졌습니다. 소위 인문학의 전성기였던 것입니다. 하지만 그때의 교회는 타락한 교회였고, 성도들에게는 절망적인 시기였습니다.

그 암흑과 같은 교회의 역사를 종교 개혁자들이 깨뜨리고, 성도들을 일깨웠습니다. 무엇으로 그 일을 했습니까? 성경으로 했습니다. '오직 성경'으로 했습니다. 그래서 오늘날 교회가 회복해야 할 것이 무엇입니까? 바로 '진리'입니다. '진리'의 말씀인 '성경'을 제대로 가르치는 것을 회복해야 합니다. 종교 개혁을 이끈 신학자들과 그 이후의 목회자들은, 성도들에게 성경을 정확하게 가르치기 위해서 신앙 고백서와 교리 문답서를 만들어서 주일 학교 교육을 했습니다. 그것이 우리가 매주 수요일마다 배우고 있는 웨스트민스터 신앙 고백서, 하이델베르크 요리 문답, 벨직 신앙 고백서 등입니다.

때마다 철마다 변하는 세상의 유행을 따르지 마시고, 태초부터 지금까지 그리고 앞으로도 영원히 변치 않는 진리의 말씀인 성경을 제대로 배우시기 바랍니다. '새로움', '유행', '시대정신' 이런 것들은 결코 '진리'가 될 수 없습니다. 그것들은 시간이 지나면 잊혀지고, 소멸되고, 새로운 것으로 대체될 것입니다. '불변의 진리'이신 하나님과 그분의 말씀인 성경을 우리에게 깨닫게 해 주시는 성령을 의지하면서, 더욱 '진리' 가운데로 나가는 저와 여러분이 되길 기원합니다.

너희에게 알게 하리라

"바울이 아레오바고 가운데 서서 말하되 아덴 사람들아 너희를 보니 범사에 종교심이 많도다 23. 내가 두루 다니며 너희가 위하는 것들을 보다가 알지 못하는 신에게라고 새긴 단도 보았으니 그런즉 너희가 알지 못하고 위하는 그것을 내가 너희에게 알게 하리라 24. 우주와 그 가운데 있는 만물을 지으신 하나님께서는 천지의 주재시니 손으로 지은 전에 계시지 아니하시고 25. 또 무엇이 부족한 것처럼 사람의 손으로 섬김을 받으시는 것이 아니니 이는 만민에게 생명과 호흡과 만물을 친히 주시는 이심이라"

오늘 본문은 바울이 아테네의 아레오바고 광장에 모인 철학자들과 종교인들, 아테네 사람들, 그리고 그곳에 방문한 외국인들에게 복음을 전하는 내용입니다. 지난 시간에도 말씀드린 것처럼, 아테네는 그리스(헬라) 철학의 뿌리와 같은 곳임과 동시에 그리스 신화의 파르테논 신전이 있는 종교적 성지 같은 곳입니다. 그런가 하면 아테네는, 유권자의 투표로 입법과 행정을 담당할 대표자를 선정하는, 오늘날 민주주의 정치 체계를 만들고 시행한 최초의 도시이기도 합니다. 이렇듯 아테네는 철학, 종교, 정치 등 모든 분야가 오늘날 도시와 닮아 있습니다.

그런 면에서 오늘 본문은, 바울이 2천 년 전에 우상이 가득했던 어떤 도시에서 한 설교로만 볼 것이 아니라, 오늘 우리가 듣고 기억해야 할 설교이기도 합니다. 깡패까지 동원해서 바울을 추격하던 데살로니가의 유대인들은 바울이 있는 베뢰아까지 쫓아와서 소동을 일으키는 바람에 바울 혼자서 아테네로 피해야 했습니다. 아테네에 먼저 도착해서 실라와 디모데를 기다리던 바울은, 그 도시에 우상이 가득한 것을 보고 격분해서 회당과 장터 등에서 사람들과 논쟁을 벌였습니다. 오늘은 바울이 분을 내면서까지 그들에게 전하려 했던 내용을 살펴보려고 합니다.

> 18, "어떤 에피쿠로스와 스토아 철학자들도 바울과 쟁론할새 어떤 사람은 이르되 이 말쟁이가 무슨 말을 하고자 하느냐 하고 어떤 사람은 이르되 이방 신들을 전하는 사람인가보다 하니 이는 바울이 예수와 부활을 전하기 때문이러라"

당시 아테네는 에피쿠로스학파 철학자들과 스토아학파 철학자들이 두 그룹으로 나뉘어서, 사람들 앞에서 이른바 '토론 배틀'을 벌였습니다. 당시 아테네에는 단 하나의 시장이 있었다고 알려져 있습니다. 이 시장은 상업뿐만 아니라 철학과 정치에 관한 웅변과 토론이 펼쳐지던 생활의 중심지였습니다. 그리고 이 시장은 아테네 사람들뿐만 아니라, 그곳을 방문한 관광객들도 '가장 새로운 것을 말하고 듣는' 것을 접할 수 있는 대표적인 장소였습니다[21]. 아테네 철학자들은, 지금까지 자기들이 주장하던 것과 전혀 다른 주장을 하는 바울이 무슨 새로운 지식을 전하는지 알고 싶어 했습니다. 그리고 그런 사람들 앞에서 바울이 누구의 도움도 없이 혼자의 몸으로, 그 두 그룹의 철학자들과 맞서서 논쟁을 벌인 것입니다. 그런데 장터에서 벌어지던 논쟁이, '행정과 사법'의 중심지인 '아레오바고'로 옮겨집니다. 어떤 사람들이 "바울을 붙들어 아레오바고"로 데리고 간 것입니다.

> 19, "그를 붙들어 아레오바고로 가며 말하기를 네가 말하는 이 새로운 가르침이 무엇인지 우리가 알 수 있겠느냐"

'아레오바고'는 '법정' 또는 '아레스의 평의회'라는 뜻으로, 주로 종교와 도덕적인 문제에 관하여 재판권을 행사하던 일종의 권력 기구(사법, 입법)입니다. '아레오바고'는 500명의 배심원이 참석한 민중 재판을 통해, 소크라테스에게 사형을 선고한 곳이기도 합니다. 소크라테스는 토론 과정에서 상대방이 대답하지 못할 때까지 질문을 던져서 면박을 주는 것으로 유명해서, 소피아학파(소피스트)로부터 미움을 받았습니다. 역사학자들에 의하면, 이 같은 논쟁 방법을 즐겼던 소크라테스가 당시 배심원들에게 조금만 공손하게 말을 했다면, 사형까지 당하지는 않았을 거라고 말합니다. 그렇게 보면 바울은 그 '민중 재판'에 배석한 배심원들을 논리적으로, 심정적으로 설득하지 못하면 사형 선고를 받고 죽을 수도 있는 곳으로 끌려간 것입니다. 이런 상황에서 바울은 겁도 없이 '아레오바고'에 모인 사람들을 향하여, 마치 꾸짖는 것 같은 모습으로 복음을 전하고 있습니다.

> 22-23, "바울이 아레오바고 가운데 서서 말하되 아덴 사람들아 너희를 보니 범사에 종교심이 많도다 23, 내가 두루 다니며 너희가 위하는 것들을 보다가 알지 못하는 신에게라고 새긴 단도 보았으니 그런즉 너희가 알지 못하고 위하는 그것을 내가 너희에게 알게 하리라"

아테네는 소크라테스와 아리스토텔레스, 플라톤 등 서양 철학의 근본이자 전부라고 할 수 있는 사람들이 만든 학교가 있는 곳입니다. 당연히 지성知性과 이성적理性的인 면에서는 최고의 도시라 할 수 있습니다. 그런데 그런 사람들이, '알지 못하는 신'까지도 만들어서 섬기고 있었던 것입니다. 아테네 사람들은, 세상에는 수많은 신이 존재한다고 믿었고, 같은 맥락에서 아직 알려지지 않은 신들도 존재할 것으로 생각해서, 그런 신까지도 섬겼던 것입니다.

인간의 지성으로 '진리'를 발견하고, 그 끝인 '행복'에 이를 수 있다고 주장하는 사람들이, '알지 못하는 신'까지 만들어 섬기는 것을 어떻게 이해할 수 있을까요? 오늘 본문은 인간의 지성으로 도달할 수 있는 최대치라고 하는 '철학'도, 실제로는 인간이 지닌 한계를 스스로 드러낼 수밖에 없다는 사실을 보여 줍니다. 그래서 바울은 아테네 철학자들의 논리적 모순을 지적하면서, 그들이 섬기는 '신'이 무능할 뿐만 아니라 인간들보다 부족한 존재임을 지적했습니다. 그들이 섬기고 있는 '신'들이 독립적으로 자유롭게 사는 것이 아니라, 인간이 손으로 지은 '신전'에 모여 살고, 사람의 도움을 받으며 산다는 것입니다.

> 24-25, "우주와 그 가운데 있는 만물을 지으신 하나님께서는 천지의 주재시니 손으로 지은 전에 계시지 아니하시고 25. 또 무엇이 부족한 것처럼 사람의 손으로 섬김을 받으시는 것이 아니니 이는 만민에게 생명과 호흡과 만물을 친히 주시는 이심이라"

'신'이라고 할 수 있으려면, 인간의 도움을 받으며 사는 존재가 아니라 인간에게 생명과 호흡을 주시고, 인간이 살 수 있는 만물을 줄 수 있어야 한다는 것입니다. 바울은 창조주이신 하나님 없이 사는 사람들, 인간의 지성을 최고로 여기면서도 '알지 못하는 신'까지도 의지하며 사는 사람들의 무지함을 지적하고 있습니다. 아테네 사람들은 지성과 사상적인 면에서뿐만 아니라, 정치 구조를 통해서 '행복'을 누릴 수 있는 최고의 사회를 만들려고 했습니다. 그래서 군주 한 사람이 통치하는 사회가 아니라, 시민의 투표로 선출된 사람들이 '민의'에 따라 정해진 기간만 통치하는 '민주주의 사회'를 만들었습니다. '재판'을 할 때도 최고 권력자 한 사람이 자기 마음대로 재판하는 것이 아니라, 500명의 선출된 배심원이 다수결을 통해 죄의 유무와 형량을 결정했습니다. 그들이 신전까지 만들어서 '신'을 섬기고, 심지어 '알지 못하는 신'까지 섬겼던 것도, 알고 보면 종교성을 지닌 인간이 자신의 행복을 만들어가는 과정이었습니다.

이렇듯 모든 사상(철학)과 종교와 법과 행정 등의 최종적인 결정권을 '인간'이 가졌다고 믿는 아테네 사람들은, 바울이 전한 복음을 받아들이지 않았습니다. 단지 몇 사람만이 복음을 받아들이고 믿었을 뿐입니다. 그래서 어떤 성경학자들과 선교학을 가르치는 교수들은, 바울의 아레오바고 전도를 '실패한 선교'라고 평가하기도 합니다.

> 34, "몇 사람이 그를 가까이하여 믿으니 그 중에는 아레오바고 관리 디오누시오와 다마리라 하는 여자와 또 다른 사람들도 있었더라"

하지만 오늘 본문은, 바울이 복음을 전했을 때 얼마나 많은 사람이 예수님을 믿게 되었는지, 또는 그곳에 교회가 세워졌는지를 말하려고 기록된 것이 아닙니다. 다시 말씀드려서 바울의 선교가 성공한 선교인지, 실패한 선교인지를 판별하면서 모범 사례, 성공 사례를 소개하기 위해서 기록한 것이 아니라는 뜻입니다. 그보다는 '창조주이신 하나님의 권위'를 인정하지 않고, '인간의 지성과 종교성'을 의지하며 살아가는 사람들의 실상을 지적하는 것으로 보는 것이 마땅합니다.

> 고린도전서 3:18-20, "아무도 자신을 속이지 말라 너희 중에 누구든지 이 세상에서 지혜 있는 줄로 생각하거든 어리석은 자가 되라 그리하여야 지혜로운 자가 되리라 19. 이 세상 지혜는 하나님께 어리석은 것이니 기록된 바 하나님은 지혜 있는 자들로 하여금 자기 꾀에 빠지게 하시는 이라 하였고 20. 또 주께서 지혜 있는 자들의 생각을 헛것으로 아신다 하셨느니라"

성경은 '진리'를 알기 위해서 '지성'(철학)에 빠지지 말 것을 요구합니다. 그래서 바울은 "누구든지 이 세상에서 지혜 있는 줄로 생각하거든 어리석은 자가 되라", 즉 "철학적 사고방식과 그 깨달음을 '지혜'라고 생각하지 말라"고 말했습니다. "세상의 지식과 사상을 '지혜'로 생각하는 것은 자기를 속이는 것"과 같다고 하면서, 차라리 세상 지혜에 어리석은 자가 되면, 지혜로운 자가 된다고 말합니다.

이 말씀은 철학과 우상에 빠진 사람들에게 생각의 전환을 요구하고 있습니다. 어떤 전환을 말하나요? '인본주의'에서 '신본주의'로 생각을 바꾸라는 것입니다. "이 세상 지혜는 하나님께 어리석은 것"이라고 했습니다. 또한, 하나님께서는 세상의 "지혜 있는 자들의 생각을 헛것으로 아신다."라고 했습니다. '헛것으로'라고 번역된 원어의 의미는, '열매

없는', '공허한', '무익한'입니다. 농부가 봄부터 여름까지 열심히 수고했는데 가을에 추수할 열매가 없다면, 봄부터 가을까지 농부가 흘린 땀과 수고는 모두 '헛것'입니다. 베드로와 제자들이 바다에서 밤새도록 그물을 던졌지만, 물고기 한 마리 잡지 못하고 빈 그물에 걸린 쓰레기만 치우고 있었습니다. 그것이 '공허한 것'입니다.

어젯밤에 일론 머스크가 세운 우주여행 기업인 스페이스 X라는 회사에서, 민간인 4명을 태운 우주선이 사흘간의 여행을 마치고 성공적으로 도착했습니다. 이 우주선은 지구에서 575km 떨어진 상공에서, 90분마다 지구를 한 바퀴씩 돌면서 사흘간 여행한 뒤에, 플로리다 해안의 착륙 지점으로 돌아왔다고 합니다. 인간이 지구를 떠나서 우주를 여행하고 돌아올 수 있다는 소식은, "가장 새로운 것을 말하고 듣는 것"을 좋아했던 아테네 사람들처럼 흥미로운 사건입니다. 그런데 우리가 생각해야 할 것은, 가장 최근 기술로 우주에 도달해서 여행할 수 있게 한 인간의 능력이 가진 최대치가 겨우 지구에서 585km까지였다는 것입니다.

우주는 얼마나 클까요? 과학자들은 그 크기를 측정할 수 없다고 말합니다. 다만 현재의 기술로 지구에서 측정할 수 있는 거리는, 빛의 속도로 움직인다고 가정했을 때 반경 465억 년(총 930억 년) 떨어진 곳까지 가능하다고 합니다. 이렇게 보면, 인간이 과학적 지성과 기술이 우주까지 도달했다고 자랑할 것이 아니라, 우주는 인간이 도무지 도달할 수 없는 곳이라는 것을 확인한 것입니다. 사람들은 자기들이 공부하고 연구한 것, 수많은 실패의 경험과 고민을 통해 지금까지 알려지지 않은 새로운 깨달음(지혜, 지식)을 얻는 것을 자랑스러워합니다. 그리고 인간 문명은 그러한 깨달음들의 토양 위에서 발전해 왔습니다.

하지만 아무리 문명이 발전하고 과학과 의료 기술이 발달해도, 그것은 인간의 지식과 기술이 발전한 만큼 알지 못하는 부분이 더 많아진 것과 같습니다. 그래서 우리는, "우리가 알고 있는 것이 전부가 아니다, 우리가 경험한 것이 전부가 아니"라는 것을 빨리 인정해야 합니다. 우리의 사고방식과 최대치로 잡아도 100년도 넘지 않은 우리의 경험을 근거로 하나님의 진리를 구속하고 판단하려는 어리석음을 버리고, 겸손해야 합니다. 그래서 예수님은, '천국은 어린아이와 같은 사람'이 소유하게 된다고 했습니다.

> 마태복음 19:14, "예수께서 이르시되 어린아이들을 용납하고 내게 오는 것을 금하지 말라 천국이 이런 사람의 것이니라 하시고"

이 말씀은 교회 안에서 상당히 오해받고 있는 성경 구절 가운데 하나입니다. '어린아이와 같아야 한다.'라고 하면, '순진하고 순수해야' 한다고 생각합니다. 그런데 성경에는 어디에도 '어린아이'는 순진하고 순수하다고 말하지 않습니다. 아이들이 저지르는 죄가 어른과 비교했을 때 덜 치명적이고, 규모가 작아서 꿀밤 한 대로 봐 줄 수 있는 차이가 있을 뿐이지, 죄 짓는 면에서는 똑같습니다. 그래서 "세 살 버릇 여든까지 간다.", "오냐오냐해 줬더니 할아버지 상투까지 잡는다." 이런 속담들이 있는 것입니다. 이런 속담들의 의미가 무엇입니까? 어린아이의 잘못된 행동이 잘못된 습관으로 굳어지지 않도록 일찍부터 바로 잡으라는 것입니다.

예수님께서 '어린아이'를 말씀하신 것은, "권위 아래 있다."라는 것을 뜻합니다. 동서양을 막론하고 아이들은 자기주장과 뜻으로 책임을 져야 하는 어떤 결정을 하지 못합니다. 당연히 사회도 어린아이 혼자의 결정을 인정해 주지 않습니다. 학교에 가든, 병원을 가든, 어디를 가든지 아이의 동의 여부를 물을 때는 반드시 부모의 허락이 있어야 합니다. 오늘날 '인본주의' 교육을 주장하는 사람들의 말처럼, 어린아이의 판단과 결정을 어른과 같은 것으로 여기고 인정해 주면 평화롭고 안전한 사회가 만들어질까요? 어느 때나 어른들의 말을 듣지 않는 아이들이 있었습니다. 그래서 고대 사람들이 살았던 것으로 추정된 동굴에서 발견된 글씨에, "말세야, 요즘 애들은 너무 말을 안 들어" 이런 말이 있었다는 것 아니겠습니까?

아이들이 어른들의 말을 듣지 않는 것은, 어른들이 아이들의 인권을 존중해 주지 않고, 어른들이 아이들의 결정과 판단을 무시해서 그렇게 된 것이 아닙니다. 어른들이 옳고 그름의 분명한 기준과 상황의 유불리에 따라서 치우치지 않는 공명정대한 행동을 보여 주지 않으니까, 아이들 눈에 어른이 어른답지 않아서 따르지 않는 것입니다. 그렇다면 그 옳고 그름과 공명정대의 기준은 어디에 두어야 할까요? 변하지 않는 하나님의 말씀인 진리 위에 있어야 합니다.

두 번째로 어린아이는, "가르쳐 준 대로 받아들인다."라는 뜻이 있습니다.

누가복음 10:21, "그 때에 예수께서 성령으로 기뻐하시며 이르시되 천지의 주재이신 아버지여 이것을 지혜롭고 슬기 있는 자들에게는 숨기시고 어린아이들에게는 나타내심을 감사하나이다 옳소이다 이렇게 된 것이 아버지의 뜻이니이다"

예수님께서 말씀하신 '이것'은 무엇일까요? 진리(복음)에 관한 말씀입니다. 진리에 관한 말씀을 들었을 때, 스스로 지혜롭다고 생각하는 사람들은 이 말씀을 들으려 하지 않고, 그 말씀을 믿지 않습니다. 하지만 어린아이들은 가르쳐 준 대로 받아들이고 믿습니다. 왜 그렇습니까? 아이들이 어른보다 순수한 마음을 가져서 그런 것이 아니라, 아이들은 '진리와 아님'에 관한 판단을 스스로 내릴 수 없는 존재이기 때문입니다. 그래서 어린아이들은 '권위 있는 사람'을 의존하며 살게 되어 있습니다. "천국이 이런 사람(어린아이 같은)의 것"이라고 한 말씀의 뜻이 무엇입니까? 천국에서 사는 사람은 "하나님의 권위에 순종하고, 그분의 말씀을 들으며 살며, 그 권위를 의존하며 사는 사람"이라는 뜻입니다. 앞서 우리의 생각을 '인본주의'에서 '신본주의'로 바꿔야 한다고 말씀드렸습니다. '인본주의'는 처음부터 끝까지 '인간'을 능동적인 존재로 생각하면서, 모든 판단과 결정을 '인간'이 선택한다는 사상입니다. 그래서 '인본주의'에는 마땅히 따라야 할 '권위 있는 존재'가 필요 없습니다.

"무엇이 진리인가?"라고 했을 때, 인간이 이성적, 논리적으로 이해하고 경험할 수 있는 것, 그리고 그것을 결정하는 주체가 인간이라는 것이 '인본주의'입니다. 그리고 그 '인본주의' 사상을 대표하는 논리가 바로 '진화론'입니다. '진화론'은 과학의 제1원칙에도 맞지 않는, 전혀 과학적이지 않은 논리입니다. 과학에는 '운동량 보존의 법칙'이라는 것이 있습니다. "외부의 힘을 받지 않는 고립된 물체에서, 전체 운동량의 합이 보존된다."라는 법칙입니다. 쉽게 말씀드려서 가만히 정지된 물체에 외부에서 어떤 힘이 가해지지 않는다면, 그 정지된 물체가 스스로 움직이는 '운동'은 일어날 수 없다는 뜻입니다. 이 논리, 이 법칙은 진화론보다는 창조론을 설명하고 증명하는 데 더 가깝습니다. 창조는 하나님께서 생명을 주고 능력을 주어 움직이게 했다는 것입니다. 반면에 진화론은 무엇입니까? 정지된 상태의 물질이 오랜 시간이 흐르자, 혼자 움직이기 시작했고, 그것이 우연히 결합해서 생명체가 만들어졌다는 것입니다. 무엇이 더 과학적입니까? 당연히 창조론이 과학적입니다.

하지만 하나님을 인정하지 않은 인간들, 마땅히 복종해야 하는 하나님의 권위에 무릎을 꿇지 않는 인간들은, 자기들도 증명하지 못하는 진화론을 주장합니다. 진화론자들이 창조론을 거부하고 부정하는 이유 중에 대표적인 것이 있습니다. 과학적으로 연구해 보니 지구의 나이가 약 46억 년 정도 된다는 것입니다. 공룡의 화석이라든지, 남극이나 북극, 캐나다 등지에서 발견된 오래된 암석들을 방사선으로 검사해 봤더니, 그 돌들의 나이가 46억 년 정도였다는 것입니다. 그런데 성경에 기록된 인류의 족보를 따라 올라가 보면, 창조부터 지금까지 아무리 많이 잡아도 1만 년도 되지 않더라는 것입니다. 그렇다 보니 교회에 다니고, 성경을 배우는 사람들도, 과학자들의 그러한 주장에 딱히 반박할 말을 찾지 못하고 당황해하면서, "그냥 믿어." 이렇게 말합니다. 그런데 여러분, 하나님의 창조에 대해서 우리가 분명히 알아야 할 것이 있습니다.

창세기 2:10-16, "강이 에덴에서 흘러 나와 동산을 적시고 거기서부터 갈라져 네 근원이 되었으니 11. 첫째의 이름은 비손이라 금이 있는 하윌라 온 땅을 둘렀으며 12. 그 땅의 금은 순금이요 그곳에는 베델리엄과 호마노도 있으며 13. 둘째 강의 이름은 기혼이라 구스 온 땅을 둘렀고 14. 셋째 강의 이름은 힛데겔이라 앗수르 동쪽으로 흘렀으며 넷째 강은 유브라데더라 15. 여호와 하나님이 그 사람을 이끌어 에덴 동산에 두어 그것을 경작하며 지키게 하시고 16. 여호와 하나님이 그 사람에게 명하여 이르시되 동산 각종 나무의 열매는 네가 임의로 먹되"

하나님께서 세상을 창조하신 후에, 아담이 거할 동산을 특별히 만드셨습니다. 그 에덴동산에서는 네 개의 강이 흘러나와서 온 땅을 둘렀다고 했습니다. 세 번째와 네 번째 강은 지금도 남아 있는 티그리스강과 유프라테스강입니다. 그리고 이 두 강을 중심으로 '메소포타미아 문명'이 만들어졌습니다. 비손과 기혼강은 지금은 보이지 않지만, 위성 촬영 사진을 통해 땅속에 숨겨진 두 강의 흔적을 발견했고, 성경학자들은 그곳에 대해 발굴을 하고 있습니다.

중요한 것은, 하나님께서 사람에게 '동산 각종 나무의 열매를 임의로' 먹으라고 주셨다는 것입니다. 하나님께서 아담을 창조하실 때, 결혼이 가능한 나이의 남자로 창조하셨습니다. 하나님께서 아담에게로 동물들을 이끌어 오셨을 때는, 하나하나 이름을 지어 줄 수 있을 정도로 지능이 있고 지혜가 있는 사람이었습니다. 하지만 '진화론자'의 입장에서 아담을 보면, 아담은 몇 살입니까? 한 살입니다. 같은 맥락에서 아담이 임의로 따 먹을 수 있는 열매 맺는 나무 역시 한 살입니다. 그러면 아담의 나이와 그 열매 맺는 나무는 정말 한 살이었을까요?

예를 들어, 반찬 가게에 가면 많은 반찬이 있어서, 사는 즉시 먹을 수 있습니다. 그중에 어떤 반찬들은 가게 사장님이 "지금 만든 거예요."라고 말하는 것도 있습니다. 그러면 '지금 만든' 반찬은 정말로 지금 뚝딱 만들어진 것일까요? 사실은 반찬의 재료를 사고, 다듬고, 어떤 것은 불리거나 숙성도 해야 하고, 그것을 먹을 수 있도록 조리해서 나올 때까지는 많은 시간이 필요합니다. "지금 만든 거예요."라는 말 속에는, 그 전의 모든 준비 과정은 생략된 것입니다. 하나님께서 세상을 창조하시고, 아담에게 살 수 있는 공간을 만들어 주셨을 때, 이미 열매가 달리는 나무가 있는 동산을 만들어 주셨습니다.

하나님께서 세상을 창조하셨다고 할 때, 그때부터 1년이 아니라 사람과 동물이 살 수 있고, 나무와 식물이 자랄 수 있는 강이 있고, 보석이 있는 세상을 창조하셨다는 것을 기억해야 합니다. 성경에 에덴에서부터 네 개의 강이 흘러나왔다는 말과 함께 등장하는 것이, '순금과 베델리엄, 호마노'라고 하는 보석입니다. 과학자들은 현대의 기술로 '금'이 어떻게 만들어지는지 설명할 수 없다고 합니다. '금'이라는 원소가 원래 지구에는 없었고, 우주에만 있는 것이기 때문이랍니다. 그 '금'이 만들어지려면 태양보다 뜨거운 열기가 폭발하면서 60개의 원소가 생겨나고, 결합해서 만들어지는데, 그게 어떻게 지구까지 왔는지 모른다는 것입니다.

각종 보석도, 과학 기술로 보석에 함유된 원소가 어떤 물질로 이루어졌는지는 알 수 있지만, 그 물질들이 어떻게 결합해서 보석이 됐는지는 설명하지 못합니다. 0.2g에 불과한 다이아몬드 하나가 만들어지려고 해도 지하 200km, 지구 심장부에 있는 뜨거운 마그마 250t이 결합하여 작용해야 만들어진다고 합니다. 그리고 그렇게 만들어진 다이아몬드가 있는 광산의 나이는 약 10~33억 년 정도라고 합니다. 과학자들이 오랫동안 연구했다고 하는 주장이 이렇습니다. 하나님께서 창조하셨다는 것을 인정하면 되는데, 보석의 원소를 규명하고 그것들이 어떻게 우연히 결합해서 보석이 되는지 설명하려니, 30억 년이 필요한 것이지요.

진화론자들은, 아무것도 없었는데 우연히 움직이는 뭔가가 생겨났고, 그것들이 결합해서 아미노산과 단백질이 되고, 그것들이 모여서 생명체인 아메바가 되고, 그것이 진화해서 물고기로, 새로, 원숭이, 사람으로 진화됐다고 합니다. 진화론자들이 지구의 생명이 30억 년이다, 46억 년이다 주장하는 이유가 뭘까요? 그렇게 아무것도 없는 것에서 뭔가가 생겨나고 결합해서 생명이 생기고, 그것들이 진화해서 사람까지 만들어지려면 적어도 그 정도 기간이 필요하기 때문입니다.

원래 과학이라는 학문은, 똑같은 재료를 가지고 똑같은 방법으로 실험을 하면, 그 실험한 장소가 어디이든지, 똑같은 결과가 나오는 것이 과학입니다. 그런데 찰스 다윈이 1859년도에 《종의 기원》이라는 책으로 '진화론'을 처음 주장한 이후 160년이 지난 현재까지, 진화 과정에 있는 어떤 생명체도 없습니다. 진화론이 과학적인 이론이 되려면 그 160년의 기간에도, 동물이든 식물이든 진화되고 발전되는 어떤 것이라도 있어야 하지 않겠습니까? 그런데 단 한 가지도 증명해 내지 못하는 주장을 '과학적'인 이론이라고 하면서 지금까지 학교에서 가르치고 있습니다. 그것도 전 세계가 한뜻으로 가르칩니다.

이것은 진화론이 과학적 이론이어서 주장하고 따르는 것이 아니라, 창조주이신 하나님을 인정하기 싫고 믿기 싫어서 아무 소리나 맞다고 우기는 것입니다. 과학자들은 지구의 나이를 46억 년이라고 주장하면서, 성경에는 인간의 창조부터 지금까지 약 6천 년 정도 된다고 하니 창조론이 틀렸고 진화론이 맞는다고 합니다. 그런데 하나님께서 세상을 창조하실 때 인간이 살기에 가장 적합한, 그래서 과학자들의 주장처럼 46억 년 된 지구로 창조하셨다고는 왜 생각하지 못합니까? 반찬 하나를 만드는 것도 준비 과정과 조리 과정이 필요한데, 하나님께서 세상을 창조하실 때도 인간에게 가장 좋은 것을 만들어 주셨다는 것은 왜 생각하지 못할까요?

제가 드리는 말씀이 하나님의 창조를 정확하게 설명했다고 말할 수는 없습니다. 하지만 우리가 과학과 이성으로 확인할 수 없는 부분이 있는 것을 인정해야 합니다. 우리가 아는 범위가 커지는 만큼, 알지 못하는 부분도 커지기 때문입니다. 성경을 읽는 성도들이 혼란스러워하는 부분이, 성경에 기록된 사건들이 과학적 사고와 일치하지 않을 때, 어떻게 이해할 수 있는가 하는 것입니다. 예를 들면, "이스라엘 백성들이 갈라진 홍해 바다를 건넜다, 여리고 성이 나팔만 불었는데 무너졌다, 기드온이 전쟁할 때 해가 멈춰 섰다." 이런 것들입니다. 그럴 때, 인간이 이해하고 확인할 수 있는 부분만 사실로 인정할 것인지, 아니면 하나님께서 하신 일을 사실과 진리로 믿을 것인지에 관한 이해 차이가 있습니다.

그럴 때 인간이 이해하고 확인할 수 있는 부분만 사실로 인정하는 사람은 '인본주의'이고, 하나님께서 하신 일을 사실과 진리로 믿는 사람은 '신본주의'입니다. 이것은 이성적으로 믿느냐, 맹목적 신앙으로 믿느냐의 싸움이 아니라, '하나님의 존재와 권위'를 인정하느냐, 하지 않느냐에 관한 싸움입니다. 성경에 기록된 말씀에 관해서 하나님의 권위를 인정하고 순종하는 사람은, 이해가 되지 않는 부분이 있을 때, 성령 하나님께 도움을 구하고 기다립니다. 그런 사람을 가리켜서 '신본주의' 믿음을 가진 사람이라고 합니다. 이에 비해서 '인본주의'는, 성경에 기록된 사건이 실제인지 아닌지에 대해서 자신의 경험과 이성적 판단으로 결정하는 사람들입니다.

> 갈라디아서 1:6-8, "그리스도의 은혜로 너희를 부르신 이를 이같이 속히 떠나 다른 복음을 따르는 것을 내가 이상하게 여기노라 7. 다른 복음은 없나니 다만 어떤 사람들이 너희를 교란하여 그리스도의 복음을 변하게 하려 함이라 8. 그러나 우리나 혹은 하늘로부터 온 천사라도 우리가 너희에게 전한 복음 외에 다른 복음을 전하면 저주를 받을지어다"

인간이 자신의 이성(철학)을 의존하는 행태는 초대 교회 당시부터 있었던 일입니다. 왜 다른 복음이 생기고, 왜 다른 분파가 생겼습니까? 거기에는 인간의 이성이 받아들일 수 없는 어떤 부분이 있었기 때문입니다. 성경 말씀과 그 성경이 가리키는 메시아인 "예수 그리스도를 믿는 것이 구원의 유일한 길이요 진리"라는 것을 온전히 믿지 못하는 사람들이 있었기 때문입니다.

사람들은 본능적으로 '이해'를 요구합니다. 자기가 인정할 수 있고 받아들일 수 있도록 설득해 줄 것을 요구합니다. 내가 들어보고 판단하겠다는 것입니다. 그래서 하나님께서 하시는 일을 내 눈으로 확인하고 경험해 봐야 믿겠다고 합니다. 역사를 공부할 때 얻는 유익은, 역사를 통해 인간의 성공과 실패를 배울 수 있다는 점입니다. 하지만 아무리 역사를 공부해도 유익한 결과를 얻지 못하는 이유는 인간이 역사를 통해 교훈을 얻지 못한다는 점입니다. 전 세대가 실패한 것을 다음 세대가 또 하고, 그다음 세대가 또 실패합니다. 성경이 왜 이렇게 두꺼운지 아십니까? 성경은 인간이 하나님께 끝까지 항복하지 않고 버틴 역사이기 때문입니다. 그래서 우리가 무엇을 알아야 합니까? '인본주의'에는 답이 없다는 것입니다.

성경에는 지구가 언제 만들어졌는지에 대한 답은 없습니다. 하나님께서 행하신 기적을 믿지 않는 사람들의 머리에 '불과 벼락'을 내리겠다는 식의 엄포도 없습니다. 오히려 동산 중앙에 생명나무와 함께 선악을 알게 하는 나무를 함께 만들어 놓으시고, 인간에게 '먹지 말 것'을 요구하신 것처럼 자유 의지를 허락하셨습니다. 이럴 때 '신본주의'의 신앙생활을 하는 사람들은, 자신의 자유 의지로 하나님의 말씀을 생명인 줄 알고 믿고 지켜 낼 것입니다. 하지만 '인본주의' 신앙생활을 하는 사람들은 하나님의 말씀을 자기의 생각과 판단에 따라 선택적으로 받아들이고, 자기 마음이 가는 대로 믿을 것입니다. 잠시 있다가 사라질 안개와 같은 인생을 살면서, 뭘 더 얻을 것이 있다고 내 지성과 경험을 의지하며 살겠습니까? 하나님 제일 중심, 성경 중심의 '신본주의'의 신앙생활을 하기를 기원합니다.

함께 살며 일을 하니

"그 후에 바울이 아덴을 떠나 고린도에 이르러 2. 아굴라라 하는 본도에서 난 유대인 한 사람을 만나니 글라우디오가 모든 유대인을 명하여 로마에서 떠나라 한 고로 그가 그 아내 브리스길라와 함께 이달리야로부터 새로 온지라 바울이 그들에게 가매 3. 생업이 같으므로 함께 살며 일을 하니 그 생업은 천막을 만드는 것이더라 4. 안식일마다 바울이 회당에서 강론하고 유대인과 헬라인을 권면하니라"

본문은 바울이 '아테네'를 떠나 '고린도'라는 도시로 갔는데, 그곳에서 아굴라, 브리스길라 부부를 만나서 천막 만드는 일을 하면서 함께 살았다는 내용입니다. 바울이 '고린도'에 온 것은, 먹고사는 문제를 해결하려고 온 것이 아닙니다. 만약 바울이 '먹고사는' 문제를 걱정해서 떠돌아다니며 직장을 찾던 사람이었다면, '안디옥교회'를 떠날 이유가 없었습니다. 안디옥교회는 이방 전도를 위해 바울을 선교사로 파송했던 교회일 뿐만 아니라 전도 여행을 마치고 돌아왔을 때도 기쁘게 환영해줬던, 바울에게 있어서는 고향과 같은 교회였습니다.

사도행전 14:26-28, "거기서 배 타고 안디옥에 이르니 이곳은 두 사도가 이룬 그 일을 위하여 전에 하나님의 은혜에 부탁하던 곳이라 27. 그들이 이르러 교회를 모아 하나님이 함께 행하신 모든 일과 이방인들에게 믿음의 문을 여신 것을 보고하고 28. 제자들과 함께 오래 있으니라"

안디옥교회에는 바울과 같은 믿음을 가진 제자들이 많이 있었고, 그들과 함께 오래 머물면서 영적으로, 육체적으로 재충전을 할 수 있는 교회였습니다. 덕분에 충분한 휴식과 영적인 재정비를 마친 바울은, 자기들이 다니면서 복음을 전했던 도시들을 다시 방문해서 전도했던 형제들을 만나 보고자 했습니다. 이것이 바울이 두 번째 전도 여행을 시작한 이유였습니다. 비록 1차 여행을 함께 했던 바나바와 의견이 달라서, 각자 다른 파트너를 정해서 다른 도시로 떠나긴 했지만, 그들이 2차 여행을 시작한 이유는 똑같았습니다.

사도행전 15:36, "며칠 후에 바울이 바나바더러 말하되 우리가 주의 말씀을 전한 각 성으로 다시 가서 형제들이 어떠한가 방문하자 하고"

이렇게 마음을 먹고 2차 여행을 시작했을 때까지만 해도 분위기가 좋았습니다. 1차 전도 여행 때 세운 교회들을 다시 방문한 바울은 사도와 장로들이 정해준 규례, 즉 예루살렘 회의에서 결정된 사항을 전해줬습니다(행 15:13-22). 그 결과 가는 곳마다 성도의 수가 늘어나고, 교회도 세워지고, 심지어 그 교회들의 믿음이 더 굳건해졌습니다.

사도행전 16:4-5, "여러 성으로 다녀갈 때에 예루살렘에 있는 사도와 장로들이 작정한 규례를 그들에게 주어 지키게 하니 5. 이에 여러 교회가 믿음이 더 굳건해지고 수가 날마다 늘어가니라"

이렇게 바울의 2차 전도 여행이 순조롭게 잘 진행되는 상황에서 성령께서 바울을 찾아오셨습니다. 성령께서는 바울이 처음에 계획하고 가려고 했던 길이 아니라 마케도니아 방향으로 가게 하신 것입니다(행 16:6-7). 그래서 가게 된 도시들이 빌립보, 데살로니가, 베뢰아, 아테네를 지나서 고린도까지 오게 된 것입니다. 그런데 바울이 성령의 인도하심을 따라갔던 도시에서는 어떤 일이 일어났을까요? 첫 방문지였던 빌립보에서는 점치는 여종에게 들린 귀신을 쫓아낸 것 때문에, 여종의 주인에게 고소를 당해서 매를 맞고 깊은 감옥에 갇혔다가 풀려났습니다. 데살로니가에서는 유대인들이 고용한 깡패들의 추격을 받아 도망쳐야 했습니다.

베뢰아 사람들은 신사적이고 너그러워서 말씀을 전할 만했는데, 깡패들이 그곳까지 쫓아와서 소동을 부리는 바람에, 바울 혼자서 아테네로 도망쳐야 했습니다. 그리고 아테네에서는 에피쿠로스학파와 스토아학파 철학자들과 그곳에 모인 사람들에게 복음을 전하기는 했지만, 불과 몇 사람만이 복음을 받아들였습니다.

> 사도행전 17:32-34, "그들이 죽은 자의 부활을 듣고 어떤 사람은 조롱도 하고 어떤 사람은 이 일에 대하여 네 말을 다시 듣겠다 하니 33. 바울이 그들 가운데서 떠나매 34. 몇 사람이 그를 가까이하여 믿으니 그중에는 아레오바고 관리 디오누시오와 다마리라 하는 여자와 또 다른 사람들도 있었더라"

1차 전도 여행 때와는 달리, 2차 전도 여행에서는 복음을 듣고 좋아하는 사람도 별로 없었고, 회개하고 그리스도께로 돌아오는 사람도 별로 없었습니다. 어떤 곳에서는 매 맞고 감옥에 갇히고, 어떤 곳에서는 깡패들의 추격을 받아서 허겁지겁 도망쳐야 했고, 어떤 곳에서는 조롱을 당했던 것입니다. 가는 곳마다 힘든 경험을 했던 바울은, '아가야' 지방의 고린도로 오게 됩니다. 지도를 보시면, '아가야' 지역은 '섬'은 아니지만, 마치 '섬'과 같은 곳입니다. '아가야'는 '마케도니아' 지역이 있는 본토와 가느다란 육지로 연결되어 있습니다. 그리고 두 도시가 연결되는 지점에 있는 도시가 바로 '고린도'입니다. '고린도'는 서쪽으로는 '이탈리아'와 연결되는 항구가 있고, 동쪽으로는 튀르키예가 있는 '소아시아 반도'와 연결되는 교통과 상업의 핵심 요충지입니다.

지금도 세계의 유명한 도시들은 항구와 연결된 곳들이 많이 있습니다. 다른 나라와 인적, 물적 자원을 교류할 수 있는 첫 번째 도시이기 때문입니다. 비행기나 철도, 자동차가 없던 고대 사회일수록 항구의 역할은 그만큼 컸습니다. 그런 면에서 동쪽과 서쪽에 두 개의 항구가 있고, 내륙과 만나는 유일한 길이 있는 '고린도'는 경제, 종교, 문화 등 모든 면에서 남다른 곳이었습니다. 그런데 이렇게 경제가 활성화된 곳에는 '돈'이 몰리고, '돈'이 있는 곳에는 언제나 유흥과 쾌락, 범죄가 따라옵니다. 가장 심각한 것은, '돈'은 하나님의 자리를 대신할 만큼 힘이 있다는 것입니다. 예수님께서는 "너희가 하나님과 재물을 겸하여 섬길 수 없다."라고 하셨습니다.

마태복음 6.24, "한 사람이 두 주인을 섬기지 못할 것이니 혹 이를 미워하고 저를 사랑하거나 혹 이를 중히 여기고 저를 경히 여김이라 너희가 하나님과 재물을 겸하여 섬기지 못하느니라"

바울 사도는 '돈'을 사랑하는 것이 일만 악의 뿌리가 된다고 경고했습니다.

> 디모데전서 6:10, "돈을 사랑함이 일만 악의 뿌리가 되나니 이것을 탐내는 자들은 미혹을 받아 믿음에서 떠나 많은 근심으로써 자기를 찔렀도다"

그러면 '돈'은 하나님을 믿지 않는 사람들이나 좋아하고 힘과 자랑으로 삼지, 하나님을 믿는 사람들은 '돈'보다 하나님을 더 사랑할까요? 딱히 그렇지도 않습니다.

> 미가 3:11, "그들의 우두머리들은 뇌물을 위하여 재판하며 그들의 제사장은 삯을 위하여 교훈하며 그들의 선지자는 돈을 위하여 점을 치면서도 여호와를 의뢰하여 이르기를 여호와께서 우리 중에 계시지 아니하냐 재앙이 우리에게 임하지 아니하리라 하는도다"

미가 선지자는 남유다의 요담 왕부터 히스기야 왕 때까지 활동하던 선지자입니다. 당시 북이스라엘은 앗수르에 의해 멸망하기 일보 직전이었고, 남유다 역시 바벨론에 의해 멸망하기 150여 년 전이었습니다. 하나님의 택하심과 특별한 사랑을 받았던 두 나라가, 우상을 섬기는 앗수르와 바벨론에 의해 멸망하기 직전에 어떤 상태였는지 분명하게 가르쳐 주고 있습니다. 제사장은 삯을 위하여 교훈했고, 선지자는 돈을 위해서 예언했다고 했습니다. 그들이 돈을 위해서 설교하고, 기도해 주면서 했던 말이 뭐였다고 했습니까? "여호와께서 우리 중에 계시지 아니하냐, 재앙이 우리에게 임하지 아니하리라" 이처럼 남북 이스라엘이 멸망하던 시기에 성전에서 하나님의 일을 하던 제사장과 하나님의 말씀을 전하는 선지자들이 마치 돈을 받고 점치는 사람처럼 하나님의 이름을 빙자하여 자기 배만 채우는 일을 거리낌 없이 했습니다.

'돈'은 사람이 문명화된 사회에서 생존과 사람다운 삶을 위해 꼭 필요한 것입니다. 그래서 종교 개혁자들은 '돈' 자체를 터부시하거나, 죄악시하지 않았습니다. 오히려 제8계명인 "도둑질하지 말지니라"에 관하여 설명하면서, 자신의 직업에 근면하게 일해서 돈을 벌 것과 이웃의 유익을 위해 잘 사용할 것을 가르쳤습니다. 그 실행 방법으로, 임금 지급을 하지 않거나 늦게 주지 말 것, 사재기를 금할 것, 고리대금을 하지 말 것, 속이는 저울을 사용하지 말 것 등을 가르쳤습니다. 또한, 타인의 번영을 질투하지 말 것, 게으름과 방탕을 금할 것, 재물에 대한 과도한 사랑(자랑)이나 염려를 금할 것 등을 가르쳤습니다. 이러한 가르침들은 더 많은 재물을 얻기 위해서 타인에게 손해를 끼치지 말고, 하나님께서 자기에게 주신 재물에 감사하고 만족하며 살 것을 권면한 것입니다.

> 히브리서 13:5, "돈을 사랑하지 말고 있는 바를 족한 줄로 알라 그가 친히 말씀하시기를 내가 결코 너희를 버리지 아니하고 너희를 떠나지 아니하리라 하셨느니라"

하나님을 모르는 사람, 하나님이 없는 사람들은 '돈'이 그들의 힘이고 전부입니다. 하지만 하나님을 믿는 우리는 하나님이 우리의 힘이고 전부여야 합니다. 그런데 문제는 무엇입니까? 일단 '돈'이 우리 마음에 더 많은 자리를 차지하고 있으면, 예수님을 믿는다고 해도 그 자리를 하나님께 돌려드리기가 어렵습니다. 그래서 예수 믿고 구원받아서 교회의 구성원이 되고, 그리스도의 지체가 되어도, '돈'이 자기의 힘이 되고 권세가 되고, 자랑이 됩니다. '돈'에 관한 내용을 이렇게 길게 말씀드리는 이유는, 종교심을 가진 인간들은 돈의 성취인 '부富'를 자신의 믿음과 동일시하는 경향이 너무나 많기 때문입니다. "큰 부자는 하늘이 낸다."라는 말이 있습니다. 하늘의 도움이 없다면 큰 부자는 될 수 없다, 바꿔 말하면 신의 도움을 받는 자라야 부자가 된다는 것입니다. 예수님께서 낙타가 바늘귀로 나가는 것이 부자가 천국에 들어가기보다 쉽다고 했을 때, 제자들은 "그러면 누가 구원을 얻겠는가?" 하면서 매우 놀랐습니다.

> 마가복음 10:25-26, "낙타가 바늘귀로 나가는 것이 부자가 하나님의 나라에 들어가는 것보다 쉬우니라 하시니 26. 제자들이 매우 놀라 서로 말하되 그런즉 누가 구원을 얻을 수 있는가 하니"

예수님의 말씀에 제자들이 놀란 이유가 무엇입니까? 부자는 하나님께서 복을 주시고 도와주셔서 된 것인데 이렇게 하나님의 특별한 도움을 받은 부자마저도 천국에 못 간다면, 도대체 누가 가겠냐는 것입니다. 한마디로 '부자는 곧 믿음이 좋은 사람'이라는 공식이 있다는 것입니다. 그런데 예수님은 '돈 많은 부자'가 천국에 들어가는 것이 아니라고 했습니다. 오히려 심령이 가난 한 사람(마 5:3), 어린아이 같은 사람(마 18:3)이 간다고 했습니다. 가난한 사람과 어린아이 같은 사람의 공통점은 무엇일까요? 본인의 힘으로는 아무것도 할 수 없는 사람, 누군가에게 의존할 수밖에 없는 사람입니다. 그러면 부자는 어떤 사람일까요? 자기가 가진 돈으로 무엇이든지 할 수 있는 사람입니다.

바울이 찾아간 '고린도'라는 도시의 지리적 배경과 특징을 설명하면서, '돈'에 관하여 성경의 가르침과 종교 개혁자들이 설명한 것들을 말씀드리고 있습니다. 앞서 설명해 드린 것처럼, '고린도'는 그 지리적 특징으로 인해 돈이 많은 도시였고, 고린도교회 성도 중에도 부자들이 많았던 것으로 보입니다. 그리고 부자 성도들은, 자기들이 세상에서 성공하고 부자가 된 이유가 하나님에게 믿음을 인정받아서 된 것이라고 여겼습니다. 그렇다 보니 자기들에게 복음을 전해 준 바울을 무시하는 성도들도 많았습니다. 기껏해야 천막이나 만들어 파는 주제에 자기들에게 뭘 하라, 뭘 하지 말라고 말하는 것이 꼴사납게 여겨진 것입니다.

성경학자들은 고린도라는 도시가 옮겨 다니면서 천막을 치고 양을 치는 유목민이 사는 시골이 아니라, 항구와 교통이 발달한 경제 도시인 것을 주목합니다. 그래서 바울이 만들었다는 '천막'은, 염소의 가죽으로 만든 군용 막사이거나 부자들과 상류층 사람들의 운동 경기나 파티를 위한 그늘막이었을 것으로 해석합니다. 주목할 것은, 율법에는 죽은 동물의 사체를 만지지 말라고 명령하고 있습니다. 그런데 생계를 위해서 어쩔 수 없이 해야 했다고 해도, 천막 만드는 일은 염소의 가죽으로 만들기 때문에 율법을 지속적으로 어기는 것과 같았습니다. 그래서 유대인에게 있어서 천막을 만드는 직업은, 비천한 직업일 뿐만 아니라 율법을 어기는 죄인과 같은 존재로 여겨지는 직업이었습니다.

그렇다 보니 고린도교회에는 율법에 어긋난 직업을 가진 바울이 아니라, 베드로나 아볼로를 따르는 사람이 있었고, 심지어 자기들은 '그리스도'께 속했다고 하는 사람들도 있었습니다. 천막 만드는 일을 하는 바울을 사도로 인정하려고 하지 않은 것입니다(고전 1:11-12). 만약 고린도 교회 성도들이, 바울이 생계를 위해 천막 만드는 일하는 것을 불편하게 생각했다면, 바울이 복음에 전념하도록 물질로 그를 도왔어야 마땅합니다. 하지만 그들은 가장 기본적인 생활비조차 주지 않았습니다(고전 9:7-15). 세상에서 얻은 성취에 대해서 자랑할 것이 너무 많았던 고린도교회 성도들이(고전 1:26-29), 정작 자기들을 구원의 길로 이끈 바울에 대해서는 외면한 것입니다. 고린도교회의 이 같은 모습은, 바울이 로마 감옥에 갇혔을 때 두 번이나 그의 필요를 도왔던 빌립보교회와 비교됩니다(빌 4:11-19). 고린도교회에 관해서는 다음에 말씀드릴 기회가 또 있을 것입니다.

오늘은 바울이 '고린도'에 와서 아굴라와 브리스길라 부부를 만나 함께 천막 만드는 일을 하면서, 복음을 전했다는 초기 이야기를 말씀드리고 있습니다. 앞서도 말씀드렸지만, 처음뿐만 아니라 바울이 고린도에 와서 사역할 때는 교회로부터 어떤 도움도 받지 않고, 스스로 생활비를 벌어가면서 복음을 전했습니다.

> 고린도전서 9:13-15, "성전의 일을 하는 이들은 성전에서 나는 것을 먹으며 제단에서 섬기는 이들은 제단과 함께 나누는 것을 너희가 알지 못하느냐 14. 이와 같이 주께서도 복음 전하는 자들이 복음으로 말미암아 살리라 명하셨느니라 15. 그러나 내가 이것을 하나도 쓰지 아니하였고 또 이 말을 쓰는 것은 내게 이같이 하여 달라는 것이 아니라 내가 차라리 죽을지언정 누구든지 내 자랑하는 것을 헛된 데로 돌리지 못하게 하리라"

바울이 그렇게 한 이유가 무엇이라고 합니까? "차라리 죽을지언정

내 자랑하는 것이 헛된 데로 돌려지지 않기 원한다." 그 대신 바울이 자랑하고 싶은 것이 무엇입니까? 그리스도의 십자가입니다(갈 6:14). 예수 그리스도의 십자가 대속의 은혜로 받은 구원, 곧 복음의 은혜 외에 다른 것은 자랑하지 않겠다는 것입니다.

오늘 우리가 살펴보려는 내용은, 바울이 성령의 강권하심을 따라 고린도까지 오게 되었지만, 그의 전도 여행은 더욱 힘들어지고 있었다는 것입니다. 사실 마케도니아나 아가야 쪽은 바울이 가야겠다고 생각하지 않았던 곳입니다. 그런데 환상까지 보여 주시면서 가라고 하셨으면, 가는 곳마다 더 좋아야 하지 않을까요? 하지만 막상 가라고 한 곳으로 가 보니, 가는 곳마다 반대하는 사람들이 있었고, 심지어 바울을 잡아 죽이겠다고 깡패까지 풀어서 쫓아다니게 했습니다. 하다하다 이제는, 생계를 위해서 천막 만드는 일까지 해야 했습니다. 그리고 앞서도 말씀드렸지만, 바울이 처음 고린도에 왔을 때뿐만 아니라 그 후에 교회가 세워진 이후에도, 바울은 교회에서 재정적인 지원을 받지 못했습니다.

이쯤 되면 우리가 생각하게 되는 것이 있을 것입니다. "여기는 하나님께서 보내신 곳이 아닌가 봐. 내가 복음을 전하라고 파송 받은 사람이지 천막이나 만들며 살려고 여기까지 왔겠어? 여긴 하나님의 뜻이 아니야!" 제가 만약 바울의 입장이었다면 그렇게 생각했을 것 같습니다. 그런데 하나님의 생각, 하나님의 계획은 우리의 생각보다 언제나 높습니다.

> 이사야 55:9, "이는 하늘이 땅보다 높음 같이 내 길은 너희의 길보다 높으며 내 생각은 너희의 생각보다 높음이니라"

만약 바울이 고린도에 갔을 때, 부유한 도시 사람들로부터 환영받고 대접받으면서 복음을 전했다면, 아굴라와 브리스길라 부부를 만나지 못했을 것입니다. 하지만 가장 힘들고 어렵던 시기에 그 부부를 만나서 천막 만드는 일을 하면서, 그들과 신앙적 공통점을 공유했고, 안식일에는 회당에 가서 복음을 전했습니다(3-4). 바울과 아굴라, 브리스길라 부부가 얼마나 신앙적으로 일치했는지 알 수 있는 대표적인 사건이 있습니다. 그것은 아굴라, 브리스길라 부부가 바울의 후계자인 '아볼로'를 키워 낸 것입니다.

> 24-26, "알렉산드리아에서 난 아볼로라 하는 유대인이 에베소에 이르니 이 사람은 언변이 좋고 성경에 능통한 자라 25. 그가 일찍이 주의 도를 배워 열심으로 예수에 관한 것을 자세히 말하며 가르치나 요한의 세례만 알 따름이라 26. 그가 회당에서 담대히 말하기 시작하거늘 브리스길라와 아굴라가 듣고 데려다가 하나님의 도를 더 정확하게 풀어 이르더라"

아굴라, 브리스길라 부부가 '아볼로'에게 하나님의 도를 가르쳐 주게 된 이유는, 바울이 안디옥으로 돌아가서 고린도에 없었기 때문입니다(22-23). 신약 성경에는 바울이 쓴 서신서가 로마서부터 빌레몬서까지 총 13권 있습니다. 성경학자들 중에는 '히브리서'도 바울이 쓴 것으로 보는 분들이 상당히 많은데, 그 일을 성경에 능통했던 '아볼로'가 함께 썼을 것으로 추정하기도 합니다. 그리고 '아볼로'는 바울이 세운 고린도 교회의 담임 목회자가 됩니다.

> 고린도전서 3:4-7, "어떤 이는 말하되 나는 바울에게라 하고 다른 이는 나는 아볼로에게라 하니 너희가 육의 사람이 아니리요 5. 그런즉 아볼로

는 무엇이며 바울은 무엇이냐 그들은 주께서 각각 주신 대로 너희로 하여금 믿게 한 사역자들이니라 6. 나는 심었고 아볼로는 물을 주었으되 오직 하나님께서 자라나게 하셨나니 7. 그런즉 심는 이나 물 주는 이는 아무것도 아니로되 오직 자라게 하시는 이는 하나님뿐이니라"

만약 바울이 아굴라, 브리스길라 부부를 만나지 않았다면, 바울이 없는 상태에서 고린도에 온 '아볼로'라고 하는 귀한 목회자를 만들어 내지 못했을 것입니다. 바울은 이방인의 모든 교회에 아굴라, 브리스길라 부부를 이렇게 소개했습니다.

로마서 16:3-4, "너희는 그리스도 예수 안에서 나의 동역자들인 브리스가와 아굴라에게 문안하라 4. 그들은 내 목숨을 위하여 자기들의 목까지도 내놓았나니 나뿐 아니라 이방인의 모든 교회도 그들에게 감사하느니라"

바울이 아굴라, 브리스길라 부부를 인정하는 것은, 단지 그들이 바울의 든든한 후원자였기 때문만은 아닙니다. 고린도교회가 아굴라와 브리스길라 부부의 집에서 시작되었고(고전 16:19), 바울의 서신 중에서 가장 많은 분량을 차지할 만큼 그 역할이 있었습니다.

우리가 지금까지 살펴본 것처럼 고린도에 교회가 세워진 것은 바울이 계획하고 실행해서 된 것이 아닙니다. 만약 바울이 빌립보에서 쫓겨나지 않았다면, 또는 데살로니가와 베뢰아에서 깡패들의 추격을 받지 않았더라면 남쪽 지방인 아가야까지 오지 않았을 것입니다. 만약 아테네 사람들과 철학자들이 바울이 전하는 복음을 귀담아듣고, 회개하고 복음을 영접했다면, 바울은 그곳에 오랫동안 머물렀을 것입니다. 하지만 인본주의 철학에 익숙한 사람들이 바울을 조롱하면서 복음을 받아들이지 않았기 때문에, 밀리고 밀려서 고린도까지 오게 된 것입니다. 그리고 생계를 위해 직업을 찾다가 아굴라, 브리스길라 부부를 만나게 됐고, 그들과 1년 6개월을 함께 살면서 그들에게 하나님의 말씀을 가르쳤던 것입니다[11].

여기서 우리가 발견하는 사실이 하나님의 인도하심, 곧 하나님의 섭리입니다. 하나님은 세상을 창조하셨고, 말씀으로 창조된 세상은 그때부터 지금까지, 그리고 주님 재림하실 때까지, 하나님께서 정하신 법칙을 따라 보존되고 통치됩니다. 우리는 언제 태풍이 불고, 언제 화산이 폭발하고, 지진이 발생할지 모릅니다. 어느 때 국가 간에 전쟁이 발생하게 될지, 테러나 총기사고 같은 끔찍한 사건이 발생하게 될지, 자기 몸이 불치병에 걸렸다는 진단을 받게 될지 모릅니다. 하지만 이 모든 일은 우연히 발생하는 것이 아닙니다. 하나님의 섭리(통치) 안에서 허락된 일들이 우리에게 일어나는 것입니다. 마치 바울이 밀리고 밀려서 고린도까지 오게 된 것처럼, 우리 인생도 어쩌다 보니 지금 이 자리까지 오게 된 것처럼 보입니다. 그럴 때 하나님을 잘 모르는 사람들이나 하나님의 섭리하심에 불만을 가진 사람들은, "하나님이 계시면 어떻게 이런 일이 일어날 수 있냐?"라며 원망할 것입니다. 그런가 하면, 우리가 겪고 있는 불행한 사태가 선하신 하나님에게서 온 것이 아니라고 믿고 싶은 사람들은, 이런 불행은 마귀가 준 것으로 생각하기도 합니다. 하지만 성경은 참새 두 마리가 사람에게 팔리는 것도, 하나님의 허락이 없다면 이루어질 수 없다고 말합니다.

마태복음 10:29, “참새 두 마리가 한 앗사리온에 팔리지 않느냐 그러나 너희 아버지께서 허락하지 아니하시면 그 하나도 땅에 떨어지지 아니하리라”

이 말씀은 참새 두 마리가 사람에게 붙잡혀 팔리는 것을 말하려는 것이 아니라, 작은 생명이라도 하나님께서 다스리고 통치하신다는 뜻입니다. 다시 말해서, 우리 아버지 하나님께서 우리를 지키고 보호하신다는 뜻입니다. 그런데 ‘하나님의 섭리’를 오해하는 사람들은, 우리가 범한 죄의 결과로 자초한 형벌까지도 하나님이 준 것이라고 불평합니다. 참새 두 마리가 팔리는 것까지도 하나님이 허락하셔야만 한다고 했으니, 우리가 당한 불행도 하나님이 준 것 아니냐는 것입니다.

그런데 하나님은 우리에게 형벌을 주려고 세상을 창조하신 분이 아닙니다. 하나님은 가장 좋은 세상을 만드셨고, 그 세상을 다스리고 정복할 권세까지 사람에게 모두 주셨습니다(창 1:27-30). 하지만 사람에게 주신 권세는 “선악을 알게 하는 나무의 열매를 먹지 말라. 그것을 먹는 날에는 반드시 죽으리라.”라는 명령이 전제된 것이었습니다(창 2:17). 아담과 하와가 하나님의 말씀을 잘 듣고 순종하며 살 때는, 인간에게 어떤 해로운 일도 일어나지 않았습니다. 하지만 아담이 죄를 지은 이후에는 땅도 저주를 받아서 가시와 엉겅퀴를 내기 시작했으며, 수고와 고통과 늙음과 죽음을 겪어야 했습니다(창 3:17-19). 인간이 불행한 일을 겪고, 고통과 죽음을 겪게 이유는 자신의 죄 때문입니다.

신호등이 있는 사거리에서 빨강 신호등이 켜져 있는데도 무시하고 직진하다가, 파랑 신호등에 직진하는 차량에 부딪히는 사고가 났습니다. 그러면 누가 잘못한 것입니까? 신호를 무시하고 운전한 사람입니까, 아니면 그 사거리에 신호등을 세운 정부가 잘못한 것입니까? 하나님의 섭리는 그 신호등과 같은 것입니다. 신호등이 없다면 교통 혼잡과 사고가 늘어날 것이기에 신호등을 세운 것입니다. 그 신호등이 무엇입니까? 믿는 자에게는 율법이고, 안 믿는 자에게는 양심입니다. 잘못은 본인이 하고, 죄는 자기가 지어 놓고, 하나님이 계시면 왜 이런 일이 나에게 일어났느냐고 따지는 것은, 본인의 무지함을 대놓고 드러내는 것과 같습니다. 흉악한 독재자가 전쟁을 일으키고 국민을 탄압하는 것은 하나님이 하신 것입니까? 아니요, 인간의 탐욕과 죄악이 그와 같은 방법으로 드러난 것입니다.

그런데 오늘 본문 말씀처럼, 하나님께서 누군가의 인생을 인도하여 구원의 길을 여시는 방법으로 섭리하실 때가 있습니다. 바울이 매를 맞고, 감옥에도 갇히고, 도망 다녀야 하고, 자기가 전도한 사람들에게 인정받지 못하는 삶을 살게 되지만, 그를 통해 교회가 세워지게 하는 것입니다. 그런데 하나님께서 이런 방법으로 섭리하실 때도, 바울을 억지로 이끌어 그렇게 하게 하시는 것이 아니라, 바울이 기쁨과 자원함으로 감당하게 하십니다.

> 고린도후서 11:23-27, “그들이 그리스도의 일꾼이냐 정신 없는 말을 하거니와 나는 더욱 그러하도다 내가 수고를 넘치도록 하고 옥에 갇히기도 더 많이 하고 매도 수없이 맞고 여러 번 죽을 뻔하였으니 24. 유대인들에게 사십에서 하나 감한 매를 다섯 번 맞았으며 25. 세 번 태장으로 맞고 한 번 돌로 맞고 세 번 파선하고 일 주야를 깊은 바다에서 지냈으며 26. 여러 번 여행하면서 강의 위험과 강도의 위험과 동족의 위험과 이방

인의 위험과 시내의 위험과 광야의 위험과 바다의 위험과 거짓 형제 중의 위험을 당하고 27. 또 수고하며 애쓰고 여러 번 자지 못하고 주리며 목마르고 여러 번 굶고 춥고 헐벗었노라"

바울의 이 말은, "하나님 때문에 내가 너무 괴롭고 힘들었다."는 말이었을까요?

고린도후서 11:28, "이 외의 일은 고사하고 아직도 날마다 내 속에 눌리는 일이 있으니 곧 모든 교회를 위하여 염려하는 것이라"

앞에 열거한 그런 일보다도, 자신은 모든 교회를 위해 염려하는 그 일이 더 무거웠다고 말합니다. 다시 말해서, 교회를 위해 자기가 할 수 있는 일이 있다면 자기가 능욕을 받고, 궁핍과 박해와 곤고함을 당해도 자기는 기쁘게 감당할 수 있다는 말입니다.

고린도후서 12:10, "그러므로 내가 그리스도를 위하여 약한 것들과 능욕과 궁핍과 박해와 곤고를 기뻐하노니 이는 내가 약한 그 때에 강함이라"

우리는 하나님의 다스리심(섭리) 안에서 살고 있습니다. 하나님의 섭리는 두 가지 모습으로 우리가 경험하게 될 것입니다. 첫째는, 인간이 범한 죄의 결과로 경험하게 되는 모든 불행한 일들입니다. 이런 형태의 불행은, 우리가 거하게 될 처소가 죄악으로 가득 찬 세상이 아니라 영원한 천국에 있음을 깨닫고, 더욱 천국을 소망하는 쪽으로 향하게 됩니다. 둘째는, 하찮은 우리를 통해 이루고자 하시는 하나님의 뜻이 있다는 것입니다. 저와 여러분의 현재 모습이 보잘것없게 느껴지고, 때로는 까닭 없는 고난의 길을 걷고 있는 것처럼 생각될 수도 있을 것입니다. 그런데 우리가 약한 바로 그때가 하나님의 능력이 나타날 때입니다(고후 12:9).

바울이 고린도까지 쫓겨 오지 않았다면, 브리스길라와 아굴라 부부를 만나지 못했을 것입니다. 당연히 그 뒤에 만나게 되는 '아볼로'도 없었을 것입니다. 오늘 우리는, "왜 내가 이 교회에 오게 됐는지, 왜 내가 이런 경험을 하는지" 이해하지 못할 수도 있을 것입니다. 하지만 이러한 일들이 하나도 우연히 만들어진 사건이 아니라, 하나님의 계획과 다스리시는 역사 안에서 이루어지는 일이라는 것을 믿으시기 바랍니다. 오늘 우리가 드린 이 예배와 우리가 연보해서 지켜 낸 하와이한빛장로교회를 통해서 훗날에 '아볼로' 같은 귀한 믿음의 사람이 양성될 수도 있는 것입니다. 우리의 역할이 어디까지 허락되었는지, 우리 자신은 잘 모릅니다. 하지만 먼 훗날, 교회를 새롭게 하고 세상에 복음의 빛을 비추는 어떤 믿음의 사람이, '아볼로'가 브리스길라와 아굴라 부부가 키워 낸 목회자인 것처럼 한빛장로교회 출신이라면 그 사람은 우리가 맺은 열매일 것입니다.

그래서 오늘 여러분의 하루는 하찮은 하루가 아닙니다. 오늘 여러분이 만나는 사람도 우연히 만나서, 그냥 지나치는 사람이 아닙니다. 하나님의 섭리 안에서 만나는 것이고, 하나님의 통치하심을 이루어 내는 하루를 사는 것입니다. 그러니 여러분의 하루하루를 귀하게 여기시고, 더욱 하나님을 의지하며 살아 내시기를 주님의 이름으로 축원합니다.

일 년 육 개월을 머물며

"밤에 주께서 환상 가운데 바울에게 말씀하시되 두려워하지 말며 침묵하지 말고 말하라 10. 내가 너와 함께 있으매 어떤 사람도 너를 대적하여 해롭게 할 자가 없을 것이니 이는 이 성중에 내 백성이 많음이라 하시더라 11. 일 년 육 개월을 머물며 그들 가운데서 하나님의 말씀을 가르치니라"

기독교뿐만 아니라 종교 생활을 하는 사람들이라면 누구라도 이런 생각을 해 봤을 것입니다. '단 한 번이라도 어떤 방법으로든지 신을 경험해 보는 것'입니다. 환상이든지, 음성이든지, 기적이나 특별한 경험을 통해서 '내가 믿는 신이 나를 지켜 준다, 또는 나를 찾아왔다' 이런 방법으로 경험해 보기 원하는 것입니다. 그렇다 보니 교회 주변에는 기도나 안수나 어떤 방법을 통해서, 신을 경험을 하도록 도와줄 수 있다는 사람도 많고, 그런 곳을 찾아다니는 사람들도 많습니다. 그런 면에서 오늘 본문에 "밤에 주께서 환상 가운데 바울에게 말씀하셨다."라는 기록은 어떤 면에서 너무나 부러운 말씀입니다. 바울은 얼마나 믿음이 좋고 특별한 사람이었기에, 주님께서 이렇게 자주 찾아오셔서 직접 말씀해 주시는가 하는 궁금함과 부러움이 동시에 있는 것이지요.

그런데 기독교 신앙은 '토정비결'이나 '타로점'처럼 누군가를 통해 자신의 운수를 점쳐 보고, 부적이나 굿을 통해서 액운을 쫓아내는 그런 종류의 신앙이 아닙니다. 기독교 신앙은 "내가 믿음을 갖게 되었다."라는 확신만 있으면 되는 것이 아니라, 일생에 거쳐서 자라고 성장해야 하는 '전인적 신앙인'으로 만들어지는 것입니다. '전인적 신앙'이란, 하나님의 모양과 형상으로 지음을 받은 인간이(창 1:26), '지정의知情意'의 측면에서 인간의 원형이신 하나님을 닮아 가는 것입니다. 사람이 태어난 후 신체뿐만 아니라 지성과 인격 면에서 자라는 것과 같습니다. 그래서 성경은 구원받지 못한 사람이, 처음 예수님을 믿고 구원받는 것을 가리켜서 '거듭남', 또는 '중생'과 같은 말로 표현합니다.

> 요한복음 3:3, "예수께서 대답하여 이르시되 진실로 진실로 네게 이르노니 사람이 거듭나지 아니하면 하나님의 나라를 볼 수 없느니라"

> 디도서 3:5, "우리를 구원하시되 우리가 행한 바 의로운 행위로 말미암지 아니하고 오직 그의 긍휼하심을 따라 중생의 씻음과 성령의 새롭게 하심으로 하셨나니"

이렇게 거듭난 사람, 새로 태어난(중생한) 사람은 이제 어떻게 해야 합니까?

> 히브리서 5:12-14, "때가 오래되었으므로 너희가 마땅히 선생이 되었을 터인데 너희가 다시 하나님의 말씀의 초보에 대하여 누구에게서 가르침을 받아야 할 처지이니 단단한 음식은 못 먹고 젖이나 먹어야 할 자가 되었도다 13. 이는 젖을 먹는 자마다 어린아이니 의의 말씀을 경험하지 못한 자요 14. 단단한 음식은 장성한 자의 것이니 그들은 지각을 사용함으로 연단을 받아 선악을 분별하는 자들이니라"

아기가 태어난 것으로 끝이 아니라, 단단한 음식을 먹을 수 있는 성인으로 자라고 성장하듯이, 지각을 사용하여 선악을 분별할 수 있을 만큼 성장해야 합니다. 그래서 베드로는, "예수님의 은혜와 그를 아는 지식에서 자라 가라."고 했습니다.

> 베드로후서 3:18, "오직 우리 주 곧 구주 예수 그리스도의 은혜와 그를 아는 지식에서 자라 가라 영광이 이제와 영원한 날까지 그에게 있을지어다"

이처럼 기독교 신앙은 특별한 경험을 통해 '확신'을 갖게 되었다는 것에 머무르는 것이 아니라, '전인적 신앙인'으로 자라고 성장할 것을 가르칩니다. 그런 면에서 본문에 "주님께서 환상 가운데 바울을 찾아오셔서 말씀해 주셨다."라는 말씀은, 일회성 경험이 아니라 '전인적 신앙'의 측면에서 바라봐야 합니다. 만약 기독교 신앙이 세상의 종교들이나 점치는 미신을 믿는 신앙과 같은 수준이라면, 바울처럼 환상을 본 것은 대단한 경험이요 자랑이 될 수 있을 것입니다. 그런데 '전인적 신앙'으로 자라고 성장해야 하는 기독교 신앙은, '환상을 본 것'에서 그치는 것이 아니라, 그래서 어떻게 되었는지 마지막까지 다 봐야 합니다.

이렇게 예를 들어 설명하겠습니다. 사람들은 '꿈' 이야기하는 것을 좋아합니다. 그래서 간밤에 조상님이 자기를 찾아왔다거나, 용을 본 꿈을 꾼 뒤에 '복권'을 샀는데, 그게 1등에 당첨됐다고 하는 그런 종류의 이야기들을 자주 듣습니다. 이런 '꿈 이야기'는 세상 사람들뿐만 아니라 예수 믿는 사람들도 관심이 많습니다. "꿈에 예수님을 봤다, 천국과 지옥을 다녀왔다, 그분이 누군지는 모르겠지만 나에게 해 주신 말씀이 지금도 너무나 선명하다.” 이런 식의 이야기입니다. 그런데 ‘꿈 이야기’가 신빙성을 가지려면, 반드시 따라와야 하는 조건이 있습니다. 그게 무엇입니까? “간밤에 꾼 꿈이 실제로 이루어”져야 합니다. 꿈은 거창하게 꾼 것 같은데 하나도 이루어지지 않았다면, 그건 개꿈입니다. 꿈에 조상이 나타나서 번호 6개를 불러 주셔서, 꿈에서 깨자마자 그 번호대로 복권을 샀는데 추첨하는 날 보니까 한 개도 안 맞았다고 하면 그 꿈은 소용없는 꿈이지요.

바울이 밤에 환상을 봤습니다. 그 환상에서 바울은 주님을 만났습니다. 그런데 중요한 것은, 바울이 ‘환상 가운데 주님을 만난’ 것에서 그치는 것이 아니라, 그래서 바울은 무엇을 했나, 그 다음에 어떻게 되었나가 더 중요합니다. 바로 그런 면에서 바울이 환상을 본 뒤에 어떻게 되었는지를 봐야 합니다. 사도행전 15장에 보시면, ‘바나바’와 함께 1차 전도 여행을 했던 바울이, 2차 전도 여행은 바나바와 헤어지고 ‘실라’와 함께 떠났습니다(행 15:40). 2차 전도 여행을 시작한 바울은, 1차 전도 여행 때 방문했던 ‘루스드라’라는 지역으로 가서 ‘디모데’를 만납니다. ‘디모데’는 유대인 엄마와 헬라인 아빠에게서 태어났는데, 그는 고향인 ‘루스드라’에서만 아니라 ‘이고니온’에 있는 형제들에게도 칭찬받는 사람이었습니다(행 16:1-2).

바울은 그런 ‘디모데’를 자신의 전도 여행에 함께 데리고 가길 원했습니다. 그렇게 바울은 ‘실라’, ‘디모데’와 함께 여러 성을 다니면서 복음을 전했고, “여러 교회가 믿음이 더 굳건해지고 수가 날마다 늘어”갔습니다(행 16:5). 그런데 이렇게 바울이 여러 도시를 다니면서 복음을 전하고 있는데, 성령께서 그곳에서 말씀을 전하지 못하게 막으셨습니다(행 16:6). 바울 일행은 오늘날 튀르키예에 속한 소아시아의 다른 지역들로 옮겨 다니면서 복음을 전하려고 했지만, 그것마저도 허락하지 않으셨습니다(행 16:7). 그러다가 바울에게 환상을 보여 주시면서 '마케도니아'로 갈 것을 명하셨습니다.

> 사도행전 16:9-10, "밤에 환상이 바울에게 보이니 마게도냐 사람 하나가 서서 그에게 청하여 이르되 마게도냐로 건너와서 우리를 도우라 하거늘 10. 바울이 그 환상을 보았을 때 우리가 곧 마게도냐로 떠나기를 힘쓰니 이는 하나님이 저 사람들에게 복음을 전하라고 우리를 부르신 줄로 인정함이러라"

바울 일행은 자기들이 왜 마케도니아 쪽으로 가야 하는지 전혀 알지 못했습니다. 하지만 하나님께서 그곳 사람들에게 복음을 전하라고 자기들을 부르셨다는 것을 확신하고 하나님께서 가라고 하시는 곳으로 순종하며 간 것입니다. 그런데 문제는 무엇입니까? 하나님께서 가라고 하신 곳으로 갔더니 많은 매를 맞고, 중범죄자들을 수용하는 깊은 감옥에 갇히게 된 것입니다(행 16:22-24). 우리의 일반적인 기대나 상식에 맞지 않는 상황이 벌어진 것입니다. 그런데 문제는 바울이 환상 속에서 주님을 만나고, 자기에게 주신 명령을 따랐다가 이런 일을 당하게 된 것이 이번이 처음 겪은 사건이 아니라는 것입니다. 바울이 유대교의 열심당원이던 시절에, 대제사장으로부터 공문서까지 받아서 다메섹에 있는 예수 믿는 사람들을 추격해 가다가 길에서 예수님을 만났습니다.

사도행전 9:3-6, “사울이 길을 가다가 다메섹에 가까이 이르더니 홀연히 하늘로부터 빛이 그를 둘러 비추는지라 4. 땅에 엎드러져 들으매 소리가 있어 이르시되 사울아 사울아 네가 어찌하여 나를 박해하느냐 하시거늘 5. 대답하되 주여 누구시니이까 이르시되 나는 네가 박해하는 예수라 6. 너는 일어나 시내로 들어가라 네가 행할 것을 네게 이를 자가 있느니라 하시니”

바울이 해야 할 일이 무엇인지는, ‘아나니아’라 하는 제자에게 말씀해 주셨습니다.

사도행전 9:15, “주께서 이르시되 가라 이 사람은 내 이름을 이방인과 임금들과 이스라엘 자손들에게 전하기 위하여 택한 나의 그릇이라”

바울이 강력하고 특별한 방법으로 부활하신 예수님을 만나고, 앞으로 그가 해야 할 일이 무엇인지 직접 듣게 된 것은 너무나 감격스러운 일이었을 것입니다. 하지만 특별한 방법으로 예수님을 만난 뒤에 바울은 어떤 삶을 살게 됩니까?

사도행전 9:16, “그가 내 이름을 위하여 얼마나 고난을 받아야 할 것을 내가 그에게 보이리라 하시니”

그러면 바울은 언제부터 이와 같은 고난의 삶을 살게 되었을까요? 주님을 만난 후 며칠도 지나지 않아서 그를 죽이려고 하는 유대인들 때문에, 그곳 형제들의 도움을 받아 밤중에 광주리를 타고 성벽을 내려와서 다메섹에서 도망쳤습니다(행 9:23-25). 그렇게 몸을 피한 바울은 예루살렘으로 도망쳐 왔지만, 그곳에서도 바울을 죽이려고 하는 사람들이 있어서, 또다시 바울은 자기 고향으로 도망가야 했습니다(행 9:29-30).

환상 가운데 예수님을 만나고, 그분의 음성을 직접 듣고, 그분께서 자기에게만 명령하신 일을 하면서 살게 된다면, 정말 멋질 것 같지 않습니까? 그런데 환상 속에서의 삶이 아니라, 바울이 실제로 살았던 삶은 어땠나요? "주의 이름을 위해 고난받는 삶"을 살았습니다. 그가 받은 고난에 대해서는, 바울이 고린도교회에 보낸 편지에서 확인할 수 있습니다(고전 11:22-27). 환상을 보고, 주의 명령을 듣고 순종하고도 고난의 삶을 살아야 했던 바울의 모습은, 고린도교회에서도 똑같이 반복됩니다.

> 9-10, "밤에 주께서 환상 가운데 바울에게 말씀하시되 두려워하지 말며 침묵하지 말고 말하라 10. 내가 너와 함께 있으매 어떤 사람도 너를 대적하여 해롭게 할 자가 없을 것이니 이는 이 성중에 내 백성이 많음이라 하시더라"

밤에 환상 가운데 주님께서 바울을 찾아오셔서 주신 말씀이 무엇입니까? "두려워하지 말며 침묵하지 말고 말하라."라고 하셨습니다. 이것은 두려워할 일이 있다는 말입니까, 없다는 말입니까? 바울은 자기가 고린도에 와서 머물 때, 두려워하고 심히 떨었다고 했습니다.

> 고린도전서 2:3, "내가 너희 가운데 거할 때에 약하며 두려워하며 심히 떨었노라"

그러면 무엇이 바울에게 약하고, 두렵고, 심히 떨리는 일이었을까요? 바울이 다른 도시에서 경험했던 것처럼, 바울이 회당에서 복음 전하는 것을 싫어했던 유대인들이, 바울에게 심한 적대감을 나타내 보였을 것입니다[(6)]. 바울을 대적하는 유대인들은 기득권을 형성한 다수였고, 바울 일행은 소수였습니다. 당연히 바울은 유대인들의 핍박이 더 거세지기 전에, 다른 도시에서도 그랬던 것처럼 조용히 그 도시를 떠나고 싶었을 것입니다. 하지만 주님께서 환상을 보여 주며 말씀하시니 고린도에 계속 머물게 됩니다.

11, "일 년 육 개월을 머물며 그들 가운데서 하나님의 말씀을 가르치니라"

이 말씀을 기록된 문맥으로만 보면, 하나님의 보호를 받은 바울은 고린도에서 아무 걱정할 것 없이 편안하게 복음을 전한 것처럼 보입니다. 하지만 고린도교회는 바울에게 있어서 언제나 '아픈 손가락' 같은 곳이었습니다. 고린도교회 성도 중에는, 자기들을 구원의 길로 인도한 바울을 사도로 인정하지 않으려는 사람이 있었고, 그로 인해 분쟁이 그치지 않았습니다(고전 1:11). 그토록 오랫동안 하나님의 말씀을 가르쳤지만, '전인적 신앙인'으로 성장하지 못하고, 어린아이 같은 신앙에 머무른 채 육신을 따라 살았습니다(고전 3:1). 그들 중에는 이방인도 하지 않는 음행에 빠진 사람도 있었고(고전 5:1), 사소한 일도 참지 못하고 형제들끼리 서로 소송하는 사람도 있었습니다(고전 6:1-6). 우상의 제물을 함부로 먹는 사람들 때문에, 믿음이 약한 사람들의 신앙 양심이 상처를 입게 되거나, 죄에 빠지게 되는 일도 있었습니다(고전 8장). 하지만 하나님께서는 그런 고린도교회에 많은 은혜를 부어 주셨습니다. 그들 중에는 하나님의 은혜로 성경의 지식과 언변에 능한 사람이 있었습니다. 그리스도의 증거를 받은 사람도 있었고, 성경에 언급된 각종 은사도 부족함 없이 받아서 그 종류가 수도 없이 많았습니다(고전 11, 13장).

> 고린도전서 1:4-7, "그리스도 예수 안에서 너희에게 주신 하나님의 은혜를 인하여 내가 너희를 위하여 항상 하나님께 감사하노니 5. 이는 너희가 그의 안에서 모든 일 곧 모든 구변과 모든 지식에 풍족하므로 6. 그리스도의 증거가 너희 중에 견고케 되어 7. 너희가 모든 은사에 부족함이 없이 우리 주 예수 그리스도의 나타나심을 기다림이라"

하지만 그들은 하나님으로부터 받은 각종 은혜와 은사들을 하나님의 영광과 구원의 유익을 위해 사용된 것이 아니라, 자기를 자랑하는 것으로 사용했습니다. 그래서 바울이 고린도교회에 보낸 편지에는, '자랑하지 말라'는 말씀이 계속 반복해서 등장합니다. 고린도교회 성도들이 믿음(구원의 복음)을 얻게 된 것은, 자기 스스로 연구해서 발견하고 깨달은 것이 아니라 바울의 전도로 된 것입니다(고전 9:2). 하지만 그들은 바울을 '사도'로 인정하려고 하지 않았고, 바울이 복음 전하는 일에 전념할 수 있도록 그의 생활을 돕는 일도 하지 않았습니다(고전 9:15).

소아시아에서 복음을 전하던 바울이, 환상 가운데 주의 명령을 따라 마케도니아로 왔지만, 그 후 방문했던 도시들마다 핍박 때문에 도망쳐야 했습니다. 그런데 고린도에서는 육체적으로 받는 핍박은 덜했다 할지라도, 자기가 전도한 사람들로부터 받는 마음의 상처와 영적인 시험이 계속 이어졌습니다. 그래서 바울은 마치 일기처럼 써서 고린도교회에 보낸 편지에서 이렇게 말했습니다.

고린도전서 10:12-13, "그런즉 선 줄로 생각하는 자는 넘어질까 조심하라 13. 사람이 감당할 시험 밖에는 너희에게 당한 것이 없나니 오직 하나님은 미쁘사 너희가 감당치 못할 시험 당함을 허락지 아니하시고 시험 당할 즈음에 또한 피할 길을 내사 너희로 능히 감당하게 하시느니라"

바울에게 있어서 고린도교회는, 자기 몸에 있는 가시와 같은 질병과 더불어서 바울을 겸손하게 하고, 더욱 주를 바라보게 하는 도구와 같은 곳이었습니다. 바울과 고린도교회와의 관계를 이렇게 길게 설명하는 이유는, 바울이 환상을 보고 주의 명령을 듣고 순종한 결과 어떤 일이 벌어졌는지 보기 위해서입니다. 우리는 '환상을 보거나 신앙 상으로 특별한 경험을 했다'고 하면, 신앙적으로 대단한 성취를 얻은 것처럼 생각하는 경향이 있습니다. 하지만 성경에 이처럼 '환상을 보거나 주님의 음성을 듣고, 특별한 명령'을 받은 사람들이, 그러한 경험 자체를 자기들의 자랑과 힘으로 삼은 예가 없습니다. 오히려 바울의 예에서 보신 것처럼 '환상을 보거나 특별한 주님의 명령'을 받은 뒤에, "이제부터 고생 시작"이라는 출발 신호가 된 사람들이 대부분입니다.

가장 대표적인 사람이 '호세아 선지자'입니다. 하나님은 당신이 사랑했던 이스라엘 백성이 하나님을 배신하고 우상을 섬기고, 그와 같은 일을 반복하는 죄를 지적하기 위해 '호세아 선지자'를 불렀습니다. 그리고 호세아에게, 음란한 여자와 결혼하여 자식들을 낳으라고 하셨습니다.

호세아 1:2, "여호와께서 처음 호세아에게 말씀하실 때 여호와께서 호세아에게 이르시되 너는 가서 음란한 여자를 맞이하여 음란한 자식들을 낳으라 이 나라가 여호와를 떠나 크게 음란함이니라 하시니"

성경 '호세아'는 당신의 백성을 사랑하시는 하나님의 마음과 그 하나님의 말씀에 전적으로 순종하는 '선지자'의 믿음을 이해하지 못하면 해석할 수 없는 책입니다. 사람들은 결혼을 가리켜서 '인륜지 대사'라고 말합니다. "사람이 살아가면서 치르는 가장 중요한 행사"라는 뜻이지요. 결혼은 남녀가 만나서 사랑을 느끼고, 그 사랑의 감정이 순간적인 불꽃으로 끝나는 것이 아니라, 변하지 않을 것이라는 확신이 생겨야 생각해 볼 수 있습니다. 그리고 그 사랑의 확신은 '서로에 대한 믿음'이 두 사람 모두에게 있어야 합니다.

그런데 '호세아'에게는 '사랑의 감정'이나 '결혼할 여자에 대한 믿음'이라는 가장 기본적인 조건조차도 허락하지 않으시고, 음란한 여자와 결혼하라고 하십니다. 아무리 호세아가 하나님의 뜻을 전하는 '선지자'라 할지라도, 이 같은 명령을 하시는 것은 너무하다는 생각이 들지 않습니까? 그런데 하나님의 명령은 여기에서 그치지 않았습니다. 호세아 선지자와 결혼해서 세 명의 아들까지 낳은 음란한 아내는, 남편과 자식들을 버리고 다른 남자를 따라 집을 나가 버렸습니다. 그런데 하나님은 바람나서 도망간 아내를 다시 데려오라고 하셨습니다.

> 호세아 3:1-3, "여호와께서 내게 이르시되 이스라엘 자손이 다른 신을 섬기고 건포도 과자를 즐길지라도 여호와가 그들을 사랑하나니 너는 또 가서 타인의 사랑을 받아 음녀가 된 그 여자를 사랑하라 하시기로 2. 내가 은 열다섯 개와 보리 한 호멜 반으로 나를 위하여 그를 사고 3. 그에게 이르기를 너는 많은 날 동안 나와 함께 지내고 음행하지 말며 다른 남자를 따르지 말라 나도 네게 그리하리라 하였노라"

이 말씀이 일반적인 우리의 상식으로 이해가 되는 내용입니까? 하지만 하나님께서 말씀하시니, 호세아 선지자는 하나님의 명령대로 순종했습니다. 내가 이해가 되고 마음으로 받아들일 수 있냐 하는 것은 중요하지 않습니다. 호세아든 바울이든, 하나님께서 말씀하신 명령에 그들이 순종했다는 것입니다.

엘리야 선지자는 "이스라엘 자손이 주의 언약을 버리고 칼로 주의 선지자들을 죽여서 오직 나만 남았다"(왕상 19:10) 라고 할 만큼 위태로운 삶을 살았습니다. 예레미야 선지자도 자기가 태어난 생일을 저주할 만큼, 끊임없이 사람들로부터 목숨의 위협을 받았고, 그가 사는 동안 고난의 삶을 살았습니다(렘 20:14-18). 호세아, 엘리야, 예레미야 선지자는 어떻게 이런 삶을 살 수 있었을까요? 바울은 어떻게 그런 순종을 할 수 있었을까요? 그래서 우리는 '환상을 봤다, 직통 계시를 받았다.' 이런 말에 관심을 보일 것이 아니라, 그래서 그다음에 어떻게 했는지까지 봐야 합니다.

유년기에서 청소년기로 넘어가게 될 때, 아이들의 가장 큰 관심은 빨리 어른이 되는 것입니다. 그래서 여자아이들은 엄마 화장품에 관심이 많습니다. 엄마가 없을 때, 립스틱도 발라 보고, 색조 화장도 해 보고, 눈도 무섭게 그려 보면서 어른 흉내를 냅니다. 남자아이들은 화장실에서 담배도 피우고, 술도 마셔 보면서 어른 흉내를 냅니다. 그러면 아이가 일찍부터 얼굴에 화장하고, 술 마시고 담배 피우면 어른이 됩니까? 어른이 되고 부모가 되는 것은 어른이 하는 어떤 행동을 따라 하는 것이 아니라, 어른이고 부모이기에 져야 하는 책임을 지는 것입니다. 자신의 결정에 책임을 지고, 부양하는 가족에 대한 책임을 지는 것입니다. 얼굴에 화장하는 것도 그 책임을 지기 위해서 하는 것이고, 술 담배를 하는 것도 책임의 무게를 감당하는 과정에 따라오는 그림자 같은 것입니다.

'환상을 보고, 직접적인 계시를 듣는 것'도 그와 같은 이치입니다. 지금까지 살펴본 것처럼, 그가 모세나 사사든지, 선지자나 사도든지, '환상을 보고, 직접적인 계시를 들은 사람'들은 모두, '책임'져야 하는 일을 맡은 사람들입니다. 그리고 그들이 하나님으로부터 받은 '사명'을 그들의 삶 속에서 '책임 있게' 수행하는 과정은, 고난과 죽음의 골짜기를 수없이 건너야 했고, 실제로 죽었습니다. 그래서 오늘 우리가 살펴보려고 하는 핵심 주제가 "일 년 육 개월을 유하며 그들 가운데서 하나님의 말씀을 가르치니라"(11) 라고 하는 '순종'입니다.

설교를 시작하면서, 기독교 신앙은 특별한 신앙적 체험이 아니라 '전인적 신앙'으로 자라는 일생의 과정이라고 말씀드렸습니다. '전인적 신앙'은 구원받은 성도가 그의 일생의 삶 속에서 하나님의 말씀을 듣고, 순종하고, 넘어졌다가 일어서고 하는 과정을 통해서 만들어지는 것입니다. 그리고 '순종'은 '전인적 신앙'이라는 가지의 끝부분에 달린 열매 중의 하나입니다. 여러분은 '순종'이 무엇이라고 생각합니까? 순종은 말 잘 듣는 것이 아닙니다. 목사가 시키는 대로 하는 것이 순종이 아니고요, 신앙 상으로 옳다고 여겨지는 어떤 일을 '주님의 이름으로' 사심 없이 한다고 해서 순종이 되는 것도 아닙니다. 순종이란, "내게 명령하신 분이 있고, 그것을 해야 하는 의무"를 행하는 것입니다. 당연히 순종은 "나에게 있는 것을 주는 것이 아니라, 내가 받은 것을 명령하신

분의 지시를 따라 받아야 할 사람에게 전해 주는 것"입니다. 이것을 제대로 알지 못하면, 자기 마음대로 신앙생활 하면서도 자기는 '순종'을 아주 잘하는 사람처럼 착각합니다.

사울이 아말렉족속의 모든 것을 멸하고 하나도 남겨 두지 말라는 하나님의 말씀을 듣지 않고 아말렉 왕 아각과 살진 소들을 남겨 두었습니다(삼상 15:14). 사무엘이 사울에게 "왜 여호와의 목소리를 듣지 않고 탈취하기에만 급했는지" 묻자, 사울 왕은 여호와께 제사 드리려고 그랬다고 변명했습니다(삼상 15:21). 그러자 사무엘이 이렇게 말했습니다.

> 사무엘상 15:22, "사무엘이 가로되 여호와께서 번제와 다른 제사를 그 목소리 순종하는 것을 좋아하심 같이 좋아하시겠나이까 순종이 제사보다 낫고 듣는것이 수양의 기름보다 나으니"

'순종'의 첫 번째 요소가 뭐라고 했습니까? "내게 명령하신 분이 있고, 그것을 해야 하는 의무"를 내가 행하는 것입니다. 그런데 사울은 '자기가 해야 하는 의무'를 하지 않았습니다. 아마도 사울은 이성적인 판단을 했을 것입니다. "항복한 왕은 죽이지 않는다."라는, 당시 국가간 전쟁에서 승리한 왕이 지켜야 하는 '외교적 불문율'을 지킨 것입니다. 또한, 아름답고 좋은 소를 잔인하게 죽여서 없애는 것보다는, 제물로 하나님께 드리는 것이 훨씬 더 신앙적이라고 생각했을 것입니다. 그런데 그건 '사울 왕'의 생각이고 판단이었지, 하나님의 뜻은 그게 아니었습니다. 이렇게 '순종'하지 않은 사울 왕은 하나님께 버림을 받게 됩니다.

사무엘상 15:26, "사무엘이 사울에게 이르되 나는 왕과 함께 돌아가지 아니하리니 이는 왕이 여호와의 말씀을 버렸으므로 여호와께서 왕을 버려 이스라엘 왕이 되지 못하게 하셨음이니이다 하고"

두 번째로 순종은 뭐라고 했습니까? "나에게 있는 것을 주는 것이 아니라, 명령하신 분의 지시를 따라 내가 받은 것을 받아야 할 사람에게 전해 주는 것"입니다. 바울의 순종이 바로 이것이었습니다.

디모데전서 1:12-16, "나를 능하게 하신 그리스도 예수 우리 주께 내가 감사함은 나를 충성되이 여겨 내게 직분을 맡기심이니 13. 내가 전에는 훼방자요 핍박자요 포행자이었으나 도리어 긍휼을 입은 것은 내가 믿지 아니할 때에 알지 못하고 행하였음이라 14. 우리 주의 은혜가 그리스도 예수 안에 있는 믿음과 사랑과 함께 넘치도록 풍성하였도다 15. 미쁘다 모든 사람이 받을만한 이 말이여 그리스도 예수께서 죄인을 구원하시려고 세상에 임하셨다 하였도다 죄인 중에 내가 괴수니라 16. 그러나 내가 긍휼을 입은 까닭은 예수 그리스도께서 내게 먼저 일절 오래 참으심을 보이사 후에 주를 믿어 영생 얻는 자들에게 본이 되게 하려 하심이니라"

바울이 하는 말이 무엇입니까? 내가 전에 어떤 인간이었는지 잘 안다는 것입니다. 자기는 죄인이고 죄인 중에 괴수와 같은 인간인데, 멸망받아 마땅한 자기를 구원하시려고 그리스도께서 세상에 오셨고, 자기에게 긍휼을 주셨다고 말합니다. 그래서 자기 같은 사람이 구원받은 것은, 자기보다 늦게 믿는 사람들에게 일종의 표본으로 보여 주기 위해서, 예수께서 자기를 구원하셨다는 것입니다. 바울의 이 같은 고백은 '순종하는 삶'으로 발전하게 됩니다.

고린도전서 9:16, "내가 복음을 전할지라도 자랑할 것이 없음은 내가 부득불 할 일임이라 만일 복음을 전하지 아니하면 내게 화가 있을 것임이로라"

내가 복음을 전할지라도 나는 자랑할 것이 없다. 그것은 당연히 내가 할 일이다. 왜 그렇습니까? 그 복음이 바울 자신에게서 나온 것이 아니라, 자기가 받은 것을 주님께서 예비한 사람, 받아야 할 사람에게 전해 주는 일을 한 것이기 때문입니다. 고린도교회 성도들이 어린아이의 신앙에 머무르고, 자라지 못했다고 말하는 이유가 바로 여기에 있습니다. 고린도교회는 성령의 각양 은사를 받은 성도들도 많았고, 바울과 필적할 만큼 성경의 지식과 언변에 뛰어난 성도들도 많았습니다. 하지만 그들의 신앙은 '순종'까지 자라지 못하고, '자기 자랑'에 머물렀습니다. 그런 면에서 보면, '순종'의 반대말은 '불순종'이 아니라 '자기 자랑'입니다. '내 것'을 주는 것이 아니라 단지 받은 것을 전달하는 것에 불과한데, 그것을 '자기의 자랑'으로 삼는 것은, 결국 '내게 주신 분'을 숨긴 것이기 때문입니다.

고린도후서 10:12-18, "우리는 자기를 칭찬하는 어떤 자와 더불어 감히 짝하며 비교할 수 없노라 그러나 그들이 자기로써 자기를 헤아리고 자기로써 자기를 비교하니 지혜가 없도다 13. 그러나 우리는 분수 이상의 자랑을 하지 않고 오직 하나님이 우리에게 나누어 주신 그 범위의 한계를 따라 하노니 곧 너희에게까지 이른 것이라 14. 우리가 너희에게 미치지 못할 자로서 스스로 지나쳐 나아간 것이 아니요 그리스도의 복음으로 너희에게까지 이른 것이라 15. 우리는 남의 수고를 가지고 분수 이상의 자랑을 하는 것이 아니라 오직 너희 믿음이 자랄수록 우리의 규범을 따라 너희 가운데서 더욱 풍성하여지기를 바라노라 16. 이는 남의 규범으로 이루어 놓은 것으로 자랑하지 아니하고 너희 지역을 넘어 복음을 전하려 함이라 17. 자랑하는 자는 주 안에서 자랑할지니라 18. 옳다 인정함을 받는 자는 자기를 칭찬하는 자가 아니요 오직 주께서 칭찬하시는 자니라"

12절에 "자기를 칭찬하는 자"라고 말합니다. 이들은 "성령의 은사를 받은 사람, 성경의 지식이 있고 바울보다 언변에 능하다고 자랑하는" 사람들을 말합니다. 그들은 바울이 전한 복음을 듣고 교회에 들어온 사람들이었는데, 마지 자기들이 무언가를 이룬 것처럼 남의 것을 가지고 분수 이상의 자랑을 했습니다(15). 그래서 바울이 하는 말이 무엇입니까? "자랑하는 자는, 주 안에서 자랑하라" "옳다 인정받는 사람은 주님께서 칭찬하는 사람이지, 자기가 자기를 칭찬하는 사람이 아니"라고 말합니다.

오늘 우리가 환상을 보고, 주의 명령을 직접 들었던 많은 사람을 살펴봤습니다. 우리의 일반적인 기대와 달리, 성경에 소개된 그런 사람들은 주의 명령을 따라 순종한 것이 그들 자신에게는 고통스럽고 괴로운 삶을 살았던 것을 발견합니다. 그래서 '환상, 직통 계시' 이런 경험이 '순종'으로 이어진다는 것을 알아야 합니다. 그리고 '순종'에 이르렀던 사람들은, '자기를 자랑'하는 것이 아니라 '마땅히 내가 할 일'을 했다고 하면서, 오히려 자기를 감추는 사람들이었습니다. '전인적 신앙'에 이른다는 것이 바로 이런 것입니다.

고린도전서 15:31, "형제들아 내가 그리스도 예수 우리 주 안에서 가진 바 너희에 대한 나의 자랑을 두고 단언하노니 나는 날마다 죽노라"

바울이 자랑하는 것이 무엇입니까? "나는 날마다 죽노라."입니다. '순종'은 내 자아가 죽어야만 할 수 있습니다. 바울이 자기에게 전혀 우호적이지 않고, 심지어 그의 사도성까지 끊임없이 공격을 받으면서도 고린도에서 사역할 수 있었던 것도, '순종'이 있었기 때문입니다. 성경에서 '순종'했던 사람들은 바울처럼 '자기를 날마다 죽였던 사람'들입니다. 나에게 명령하시는 하나님을 '내 생각, 내 의지, 내 경험, 사회적 통념' 이런 것으로 이해하려고 하면 절대로 '순종'할 수 없습니다. '순종'은 나에게 명하시는 하나님이 계시고, 그분께서 명하신 일이 바로 '선하고 온전한' 것임을 믿어야 할 수 있습니다.

'전인적 신앙'은 인간의 원형이신 하나님의 '지정의知情意'를 닮아가는 것입니다. '내 지식, 내 경험'이 아니라 '하나님의 지식, 하나님의 방법'입니다. '내 마음, 내 감정'이 아니라 '하나님의 뜻, 하나님의 마음'입니다. '내 의지, 내가 옳다고 여기는 것'이 아니라 '하나님의 선하심과 온전하심'입니다. 우리가 원형原型이 아니라 '하나님이 원형原型'입니다. 순종은 '원형原型이신 하나님'을 닮아 가는 것이고, 따르는 것입니다. 저와 여러분, 우리 하와이한빛장로교회가 이런 순종을 할 수 있기 원합니다.

성경에 '환상을 보고, 주의 명령을 직접 들었던 사람들'을 생각해 보십시오. 하나님께서는 '책임을 감당하고 순종할 수 있는' 사람들에게 명령하셨지, 회피하고 뒤로 숨을 사람들에게 명령하시지 않았습니다. 화장하고, 술, 담배 한다고 어른이 되는 것이 아니라 자기가 져야 하는 책임을 감당하는 사람이어야 어른이라고 할 수 있습니다. 하나님께서 저와 여러분에게 '환상을 보여 주지 않고 직통 계시로 말씀하지 않으시는 것'은 안타깝고 서운한 일입니까, 참말로 다행한 일입니까? 그러나 우리가 언제까지 어린아이 같은 신앙에 머물러 있어서는 안 됩니다. 언젠가는 우리도 '환상과 주의 명령'을 감당할 수 있는, '전인적 신앙인'으로 성장해야 할 것입니다. 저와 여러분도 그와 같은 믿음까지 자랄 수 있기를 기원합니다.